Kerstin Hohenstein

Berufskonzepte zwischen Psychotherapie und Erwachsenenbildung

Zur Entwicklung und Konstitution des professionellen Selbst von Kursleitenden in der Erwachsenenbildung mit psychotherapeutischer Zusatzausbildung

D1668078

Dissertation zur Erlangung des akademischen Grades
Doktor der Sozialwissenschaften
in der Fakultät für Sozial- und Verhaltenswissenschaften
der Eberhard-Karls-Universität Tübingen
2007

ziel

Grundlagen der Weiterbildung

Herausgegeben von
RA Jörg E. Feuchthofen
Prof. Dr. Michael Jagenlauf MA
Prof. Dr. Arnim Kaiser

Die Reihe Grundlagen der Weiterbildung bietet Raum für

- Theorien, die das berufliche Handeln anregen und vertiefen,
- praktische Grundlagen und Tools,
- Ausarbeitungen, die konkurrierende Theorien, Praxen, Modelle und Ansätze gedanklich und empirisch weiterführen.

Wichtiger Hinweis des Verlages: Der Verlag hat sich bemüht, die Copyright-Inhaber aller verwendeten Zitate, Texte, Bilder, Abbildungen und Illustrationen zu ermitteln. Leider gelang dies nicht in allen Fällen. Sollten wir jemanden übergangen haben, so bitten wir die Copyright-Inhaber, sich mit uns in Verbindung zu setzen.

Inhalt und Form des vorliegenden Bandes liegen in der Verantwortung der Autoren.

Bibliografische Information der Deutschen Bibliothek
Die Deutsche Bibliothek verzeichnet diese Publikation in der Deutschen Nationalbibliografie; detaillierte bibliografische Daten sind im Internet über *http://dnb.ddb.de* abrufbar.

Printed in Germany

ISBN 978-3-940 562-24-1

Verlag:	ZIEL – Zentrum für interdisziplinäres erfahrungsorientiertes Lernen GmbH Zeuggasse 7–9, 86150 Augsburg, www.ziel-verlag.de 1. Auflage 2009
Grafik und Layoutgestaltung:	Petra Hammerschmidt, Friends Media Group GmbH Zeuggasse 7, 86150 Augsburg
Titelbild:	Shutterstock
Druck und buchbinderische Verarbeitung:	Kessler Druck + Medien Michael-Schäffer-Straße 1 86399 Bobingen

Inhaltsverzeichnis

Abbildungsverzeichnis 8

Danksagung 10

I. Hinführung 11

1. Einleitung 13

1.1 Persönliche Vorbemerkungen 14

1.2 Problem- und Fragestellung: Die therapeutische Zusatzausbildung
aus professionstheoretischer Sicht 15

1.2.1 Psychotherapeutische Ausbildung als Professionalisierungsersatz? 16

1.2.2 Subjektorientierte Bestimmung von Professionalität 17

1.3 Theoretische Grundannahmen und analytischer Bezugsrahmen 18

1.4 Methodisches Vorgehen 21

1.5 Aufbau der Arbeit 22

II. Theoretischer Hintergrund 27

2. Die professionstheoretische Perspektive auf den Forschungsgegenstand und die Problemstellung der Studie 29

2.1 Die professionstheoretische Perspektive 31
    2.1.1 Professionstheoretische Kategorien und Begrifflichkeiten 33

2.2 Die professionstheoretische Diskussion in der Erwachsenenbildung – Entwicklung und Positionen 41

2.3 Strukturen des erwachsenenpädagogischen Berufsfeldes und Entwicklungstendenzen 45
    2.3.1 Berufsrollen und Tätigkeitsfelder 46
    2.3.2 Institutionen der Erwachsenenbildung und ihre Verankerung innerhalb gesellschaftlicher Funktionssysteme 47
    2.3.3 Grenzen der Professionalisierung 50
    2.3.4. Auswirkungen für Kursleitende in der Erwachsenenbildung 52

2.4 Psychotherapie: Begriffsklärung und Skizzierung des Berufsfeldes 55
    2.4.1 Das psychotherapeutische Berufsfeld 56
    2.4.2 Qualifikation und Ausbildung 61

3. Der Therapeut als Kursleiter – zum Verhältnis von Therapie und Erwachsenenbildung 64

3.1 ‚Therapeutisierung' der Erwachsenenbildung 65

3.2 Chancen und Gefahren einer Therapeutisierung 75

3.3 Das Gemeinsame von Psychotherapie und Erwachsenenbildung 77

3.4 Differenzen und Übergänge 78

3.5 Wann wird ein Seminar zu Therapie? 86

3.6 Zusammenfassung und Bewertung der Vergleichskriterien von Erwachsenenbildung und Psychotherapie 89

4. Professionalität von Kursleitenden – das Modell des professionellen Selbst   94

4.1   Perspektiven von Professionalität in der Erwachsenenbildung   94

4.2   Das Modell des professionellen Selbst   99
     4.2.1   Professionelles Selbst und Unterrichtstheorie als Ergebnis professioneller Biographie   100
     4.2.2   Das professionelle Selbst als zentrale Komponente pädagogischer Professionalität   103

4.3   Vertiefung: Zentrale Elemente des Professionellen Selbst   106
     4.3.1   Die biographische Perspektive von Professionalität   108
     4.3.2   Sichtweisen auf Lehren und Konzepte des Unterrichts   114
     4.3.3   Berufliches Selbstbild/Identität   120
     4.3.4   Der professionelle Kontext   123
     4.3.5   Fachwissen, Berufswissen und Handlungsrepertoire   123

4.4   Zusammenführung: Das theoretische Rahmenkonzept für die empirische Studie   124

III. Methodisches Vorgehen   127

5. Theoretisch-methodische Anlage der Studie   129

5.1   Das Konzept der Grounded Theory   133
     5.1.1   Die Bedeutung und Funktion theoretischen Vorwissens im Konzept der Grounded Theory   133
     5.1.2   Biographieforschung und Grounded Theory   135
     5.1.3   Typenbildung und Grounded Theory   136

5.2   Bewertung der Studie und Grenzen der Methodik   139

6. Durchführung der Studie – Forschungsdesign und Forschungsprozess   145

  6.1 Datenerhebung   145
     6.1.1 Probandenauswahl   145
     6.1.2 Datenerhebung über problemzentrierte Interviews   147
     6.1.3 Dokumentation/Transkription   149

  6.2 Datenauswertung   151
     6.2.1 Kodieren der Daten   152
        6.2.1.1 Zum Umgang mit Theorie   156
        6.2.1.2 Der Kodierleitfaden   157
     6.2.2 Typisierende Auswertung   158
     6.2.3 Dokumentation des Forschungsprozesses durch Memos und Diagramme   162
     6.2.4 Bewertung des Forschungsprozesses   163

IV. Ergebnisse und Ausbilck   165

7. Die Vergleichskategorien   167

  7.1 Ergebnisbereiche und Kategorien im Überblick   167

  7.2 Beschreibung und theoretische Fundierung der Vergleichskategorien   170
     7.2.1 Biographische Perspektive: Die Bedeutung der therapeutischen Ausbildung im beruflichen Werdegang   170
     7.2.2 Das Berufskonzept   177
     7.2.3 Das Lehr-Lernkonzept   184
     7.2.4 Der professionelle Kontext   192
     7.2.5 Die Bedeutung der therapeutischen Zusatzausbildung für die Professionalität der Kursleitenden und das Verhältnis der eigenen Arbeit zur Psychotherapie   195

  7.3 Verflechtung der Kategorien untereinander   204

8. Typologie und Kursleitertypen 209

8.1 Einführung in die Typologie 209
    8.1.1 Die Kursleitertypen zwischen Psychotherapie und
    Erwachsenenbildung 212
    8.1.2 Übersicht: Kurzcharakterisierung der Typen 217

8.2 Charakterisierung Typ 1: Trainer sozialer Kompetenzen 220

8.3 Charakterisierung Typ 2: Trainer und Helfer 227

8.4 Charakterisierung Typ 3: Berater zur Leistungssteigerung und
Personalentwicklung 234

8.5 Charakterisierung Typ 4: Begleiter persönlichen Wachstums 241

8.6 Charakterisierung Typ 4a: Begleiter zielgerichteter Persönlichkeitsentwicklung 248

**9. Typenübergreifende Ergebnisse mit Implikationen für die
Erwachsenenbildung** 254

9.1 Professionalisierung durch eine psychotherapeutische Zusatzausbildung 255
    9.1.1 Fachwissen, Hintergrundwissen und Fallverstehen 256
    9.1.2 Methodisch-didaktisches Handlungsrepertoire 258
    9.1.3 Psycho-soziales Handlungsrepertoire 260
    9.1.4 Die Professionelle Grundhaltung 262

9.2 In Seminaren einen „sicheren Rahmen" schaffen 265

9.3 Die begrenzende Wirkung des professionellen Kontexts 268

**10. Implikationen für die Erwachsenenbildung:
Zusammenfassung und Bewertung der Ergebnisse** 272

10.1 Die Auswirkung einer therapeutischen Zusatzqualifikation auf die
Professionalität der Kursleitenden 273

10.2 Erweiterung des professionellen Auftrags der Erwachsenenbildung
ohne Therapeutisierung 276

Literatur- und Quellenverzeichnis 281

Die Autorin 300

Abbildungsverzeichnis

Abb. 1:   Aufbau und Gliederung der Arbeit   24/25
Abb. 2:   Richtungen und Schulen in der Psychotherapie   59/60
Abb. 3:   Einflussfaktoren Therapeutisierung der Erwachsenenbildung   90
Abb. 4:   Vergleichskriterien Psychotherapie – Erwachsenenbildung   92
Abb. 5:   Das professionelle Selbst nach Bauer/Kopka/Brindt (1999, S. 97)   104
Abb. 6:   Interaktionistisch-biographisches Modell beruflicher Sozialisation
          nach Heinz (1995, S. 46)   109
Abb. 7:   Allgemeines Unterrichtsmodell nach Pratt (1998, S. 4)   115
Abb. 8:   Unterrichtskonzepte von Kursleitenden nach Hof   119
Abb. 9:   Theoretischer Bezugsrahmen – das Modell des professionellen Selbst   125
Abb. 10: Kriterien zur Bewertung des Forschungsprozesses nach Steinke 2000   142
Abb. 11: Kriterien zur Bewertung der Forschungsergebnisse nach Steinke 2000   143
Abb. 12: Der Interviewleitfaden   149
Abb. 13: Ausschnitt aus dem Kodierleitfaden   157/158
Abb. 14: Stufen der Typenbildung in Verbindung mit Kodierarten und
          systematischem Fallvergleich   159
Abb. 15: Bewertungskriterien der Studie   163/164
Abb. 16: Anordnung von Ergebnisbereichen, Kategorien und Dimensionen   167
Abb. 17: Ergebnisbereiche und Vergleichskategorien im Überblick   168
Abb. 18: Erklärungsmuster für die Verknüpfung der therapeutischen
          Zusatzausbildung mit dem Kursleiterberuf   175
Abb. 19: Die Kategorie Problembezug zwischen Zentralwertbezug und
          Wissensform   182
Abb. 20: An Veränderungsprozessen beteiligte Persönlichkeitsebenen
          (angelehnt an Lewin 1936, S. 282)   185
Abb. 21: Das Johari-Fenster (Luft 1963, S. 22)   186
Abb. 22: Vorstellungen über Lernformen   189
Abb. 23: Lernform und Aufgabe im Zusammenhang   190
Abb. 24: Professionelle Kontexte im Überblick   193
Abb. 25: Verhältnis der eigenen Tätigkeit zur Therapie   202
Abb. 26: Kernkategorien im Zusammenhang mit den anderen Ergebnisbereichen   204
Abb. 27: Verflechtung der Kategorien   205
Abb. 28: Kurzübersicht Kursleitertypen   211
Abb. 29: Kategorien vor dem Hintergrund des Vergleichs von
          Erwachsenenbildung und Psychotherapie   212

Abb. 30: Positionierung der Typen zwischen den Polen Typ 1 und Typ 4   214
Abb. 31: Die Pole des Merkmalsraums   215
Abb. 32: Kurzübersicht – die Kursleitertypen im Vergleich   218/219
Abb. 33: Qualifizierungselemente therapeutischer Zusatzausbildungen   255
Abb. 34: Das professionelle Selbst der Kursleitenden mit therapeutischer
Zusatzausbildung   273

Danksagung

Beim Entstehen, Schreiben und Fertigstellen dieser Doktorarbeit wurde ich von vielen Menschen unterstützt. Ohne den wissenschaftlichen, seelischen und finanziellen Beistand, den ich von verschiedenen Seiten erfahren habe, wäre diese Arbeit nur schwer möglich gewesen. Dass mir die Arbeit an meinem Forschungsprojekt die meiste Zeit Freude gemacht hat, habe ich unter anderem folgenden Menschen zu verdanken: Herrn Prof. Kunert und Herrn Prof. Huber, den Mitstreiterinnen meiner Doktorandinnengruppe, meiner Familie und meinen Freunden und nicht zuletzt natürlich meinem Mann, der sich mit meiner Doktorarbeit das wohl teuerste Buch seines Lebens geleistet hat.

Ihnen und Euch allen sei an dieser Stelle mein herzlichster Dank ausgesprochen. Ich weiß die Unterstützung, die ich bekommen habe, sehr zu schätzen.

Ich möchte die Doktorarbeit meinem Opa widmen,
der mit am ungeduldigsten auf die Fertigstellung gewartet hat.

I. Hinführung

1. Einleitung

    1.1 Persönliche Vorbemerkungen

    1.2 Problem- und Fragestellung: Die therapeutische Zusatzausbildung
         aus professionstheoretischer Sicht
         1.2.1 Psychotherapeutische Ausbildung als Professionalisierungs-
                ersatz?
         1.2.2 Subjektorientierte Bestimmung von Professionalität

    1.3 Theoretische Grundannahmen und analytischer Bezugsrahmen

    1.4 Methodisches Vorgehen

    1.5 Aufbau der Arbeit

1. Einleitung

Drei Kursleitende stellen sich vor (vgl. TrainerGuide 06/07):

Kursleiterprofil 1

Motto	*Ich lerne, also bin ich.*
Inhaltliche Schwerpunkte	Persönlichkeitsentwicklung, Präsentation/Moderation, Teambildung/Teamführung, Coaching, Train-the-Trainer
Ausbildung/ Qualifikation	Dipl.-Kfm., Zwischenprüfung Pädagogik, NLP-Practicioner, NLP-Master, Kinesiologie, Provokative Therapie, systemische Organisations- und Strukturaufstellungen

Kursleiterprofil 2

Motto	*authentisch – empathisch – intelligent – loyal – integrativ – praktisch – unternehmerisch denkend – geistig wendig – kreativ – mitreißend – strukturiert – veränderungsbereit – wertekonservativ – zupackend* *„Es wurde alles schon gesagt, nur noch nicht immer verstanden und umgesetzt."*
Inhaltliche Schwerpunkte	Organisationsentwicklung, Mitarbeiterführung, Persönlichkeitsentwicklung, Coaching, Stressbewältigung/Gesundheit
Ausbildung/ Qualifikation	Einzelhandelskauffrau, Studium Germanistik, Anglistik, Kommunikationswissenschaften, Heilpraktikerin – Hypnose – Gestalt- und Körpertherapie – systemische Beratung und Therapie

Kursleiterprofil 3

Motto	*Der Erfolg meiner Kunden liegt mir am Herzen. Mein Beruf ist meine Berufung.* *„Probleme kann man niemals mit den selben Denkweisen lösen, durch die sie entstanden sind." (Albert Einstein)*
Inhaltliche Schwerpunkte	Zeitmanagement/Selbstorganisation, Persönlichkeitsentwicklung, Mitarbeiterführung, Teambildung/Teamführung, Coaching
Ausbildung/ Qualifikation	Dipl.-Psychologin, NLP, Systemisches Coaching, Supervision, Aufstellungsarbeit, Kinesiologie, TA, Gruppendynamik, CQM, Energiemanagement, Berufserfahrung in Konzernen

1.1 Persönliche Vorbemerkungen

Kursleiterprofile[1] wie die oben genannten sind keine Seltenheit, wenn für Seminare in den Themenbereichen soziale Kompetenzen oder Persönlichkeitsentwicklung geworben wird. Aus Sicht der Erwachsenenbildung werden damit gleich zwei sowohl für die Wissenschaft als auch für die Praxis relevante Bereiche angesprochen, und zwar die Frage nach den notwendigen Kompetenzen und der Professionalität von Kursleitenden[2] sowie den Wechselwirkungen und Überschneidungen von Erwachsenenbildung und Psychotherapie.

Ich selbst habe in diesem Feld ganz unterschiedliche Erfahrungen gesammelt. Als Seminarteilnehmerin konnte ich miterleben, wie eine Kursleiterin mit therapeutischer[3] Zusatzausbildung aus der Therapie stammende Methoden einsetzte, die dazu führten, dass Teilnehmende vor allen anderen in Tränen ausbrachen. Wohlgemerkt, es war kein gruppentherapeutisches Angebot. Später habe ich als Praktikantin in einem privaten Trainingsunternehmen gearbeitet und konnte bei einigen Seminaren hospitieren, in denen alle Kursleitenden über eine Ausbildung in Neurolinguistischem Programmieren (NLP) verfügten und Elemente daraus in den Seminaren einsetzten. Diese Seminare mit ganz unterschiedlichen Zielgruppen, in denen es zu keinen grenzüberschreitenden Situationen kam, habe ich als sehr lernintensiv und produktiv erlebt.

In meiner Arbeit als Personalentwicklerin in einem mittelständischen Unternehmen habe ich weitere positive Erfahrungen mit Kursleitenden im Bereich der Persönlichkeitsentwicklung die über einetherapeutische Zusatzausbildung verfügen, sammeln können. Obwohl ich aus eigener Erfahrung die Gefahr einer Verletzung der Intimsphäre durch therapeutische Interventionen in einem Seminar sehe und solche Grenzüberschreitungen ablehne, nahm ich dennoch eine therapeutische Zusatzausbildung und deren ‚gekonnten‘ Einsatz in Seminaren als ein wichtiges Element für die Professionalität von Kursleitenden wahr.

Als Wissenschaftlerin interessiert mich nun die Frage: Warum streben Kursleitende nach einer therapeutischen Zusatzausbildung und wie und warum setzen sie diese in Seminaren ein? Überwiegt die pädagogische oder die therapeutische Sicht bei Einsatz dieser Zusatzqualifikation und welchen Stellenwert hat sie bei der Erreichung der (versprochenen) Seminarziele?

---

1   Ich habe mich für den Begriff ‚Kursleiter‘ entschieden, da er mir als Bezeichnung für Lehrende in der Erwachsenenbildung relativ neutral hinsichtlich des Unterrichtskonzepts und möglicher Inhalte und Zielgruppen erschien.

2   Um eine weitestgehend geschlechtneutrale Bezeichnung zu verwenden, spreche ich im Folgenden von Kursleitenden und auch von Teilnehmenden. Ansonsten beinhalten ‚männliche‘ Begriffe selbstverständlich auch die jeweilige weibliche Entsprechung (z.B. bezieht sich der Begriff „Psychotherapeut"auch auf Psychotherapeutinnen.

3   Im Folgenden werden die Begriffe ‚Therapie‘ und ‚Psychotherapie‘ synonym verwandt. Mit ‚Therapie‘ oder ‚therapeutisch‘ wird in der vorliegenden Arbeit immer auf Psychotherapie Bezug genommen.

1.2 Problem- und Fragestellung: Die therapeutische Zusatzausbildung aus professionstheoretischer Sicht

„Die fehlenden Kenntnisse über das Personal in der Weiterbildung/Erwachsenenbildung und die Bewertung derselbigen über das eigene professionelle Handeln sind umso erstaunlicher, da gerade das Weiterbildungspersonal als Schlüsselfaktor für die Weiterbildungsqualität angesehen wird" (Nittel/Schütz 2005, S. 57).

Aus meinen Vorbemerkungen leitet sich die Frage nach der Profession der Erwachsenenbildung sowie der Professionalisierung und Professionalität von Kursleitenden in der Erwachsenenbildung ab.

Seit den 1960er Jahren ist die berufliche und gesellschaftliche Entwicklung der Erwachsenenbildung von Professionalisierungsbemühungen gekennzeichnet. Bis zu den 1980er Jahren war zunächst die Etablierung einer ‚Profession‘ Erwachsenenbildung mit dem Fokus auf eher berufsständischen und machtpolitischen Aspekten das Ziel. Nach dem „Ende der Professionalisierung" (Schlutz/Siebert 1988) – oder auch ihrem Scheitern – stand zunehmend das (professionelle) Handeln der hauptberuflichen Mitarbeiter und später auch der meist selbständigen und/oder freiberuflichen Kursleitenden im Blickpunkt.

Der Frage nach den notwendigen Kompetenzen und der Bestimmung von Professionalität wurde sowohl wissenschaftlich als auch mit Projekten in der Praxis nachgegangen, seit den 1990er Jahren unter einer zunehmenden Berücksichtigung der subjektiven Perspektive der Kursleitenden.

Der Schwerpunkt lag zunächst auf der Entwicklung ausgefeilter Kompetenzkataloge und Weiterbildungskonzepte, die vor allem hohe und teilweise nicht erfüllbare Anforderungen an die Kursleitenden stellten und die in der Praxis nur schwer umsetzbar waren. Folglich hat sich die Wissenschaft in den 1990er Jahren verstärkt der Sicht der Kursleitenden und ihrer Wahrnehmung und Gestaltung von Professionalität gewidmet (z.B. Hof 2001; Bastian 1997). So konnte ein weniger defizitorientiertes und ein differenziertes Bild von Kursleiterprofessionalität gewonnen werden. Jedoch auch diese Phase der Professionalisierung kann nicht als abgeschlossen betrachtet werden. Die Situation der in der Erwachsenenbildung Tätigen ist nach wie vor durch Professionalisierungsbemühungen gekennzeichnet (vgl. Nittel 2000, S. 184 ff.; vgl. auch Peters 2004; Dewe/Wiesner/Wittpoth 2002). Es gibt auch heute noch keine formal festgelegten Qualifikationsstandards für Kursleitende. Es bleibt ihnen mehr oder weniger selbst überlassen, wie sie sich für ihre Tätigkeit aus- und weiterbilden und wie sie ihre Professionalität bestimmen.

1.2.1 Psychotherapeutische Ausbildung als Professionalisierungsersatz?

Vor diesem Hintergrund der noch nicht abgeschlossenen Professionalisierung der Erwachsenenbildung stellt sich die Frage, wie die Qualifizierung von Kursleitenden durch eine therapeutische Zusatzausbildung zu bewerten ist. In der Literatur sind zwei Tendenzen der Bewertung zu finden: Zum einen wird die These vom „Professionalisierungsersatz" (Schaeffer 1990) aufgestellt. Zum anderen stellen der gesellschaftliche Wandel (erwähnt seien hier nur kurz zunehmende Individualisierung durch das Verschwinden verbindlicher biographischer Muster und die Notwendigkeit lebenslang zu lernen und zu verlernen, vgl. Beck 1986, Bauer 2002) und die davon abgeleiteten veränderten Bedürfnisse des Einzelnen und der Gesellschaft neue Anforderungen an die Erwachsenenbildung und an die in ihr Tätigen (vgl. Zech 1997), die ein aus der Psychotherapie kommendes Wissen und Können notwendig machen könnten.

Letzteres wird vor allem im Kontext der betrieblichen Aus- und Weiterbildung gefordert und umgesetzt. So gehören in diesem Bereich Kenntnisse zum Beispiel in Transaktionsanalyse (TA), NLP und systemischer Beratung in der Zwischenzeit zum Handwerkszeug der Kursleitenden, die hier meist als Trainer und Coaches bezeichnet werden (vgl. managerSeminare, BDVT).

Die Befürchtung, bei einer therapeutischen Ausbildung für pädagogische Tätigkeitsfelder könne es sich um einen Professionalisierungsersatz handeln, ist im Zusammenhang mit der Sorge hinsichtlich einer Therapeutisierung der Erwachsenenbildung beziehungsweise der Pädagogik insgesamt zu sehen. Das heißt, hier wird die Frage nach einem originären Aufgabenbereich und den Grenzen der Erwachsenenbildung im Verhältnis zur Psychotherapie aufgeworfen. Diskussionen um das Verhältnis zwischen Psychotherapie und Pädagogik gibt es im Grunde seit dem Aufkommen der Psychoanalyse. Erst mit dem ‚Psychoboom', der mit der Verbreitung der humanistischen Psychotherapien in den 1960er Jahren einsetzte und in den 1980ern zunächst seinen Höhepunkt fand, wuchs jedoch die Besorgnis bezüglich einer Therapeutisierung. Gemeint ist damit vor allem die Übertragung therapeutischer Methoden und therapeutischer Deutungsmuster auf pädagogische Handlungsfelder, was die Gefahr einer ‚Pathologisierung' pädagogischer Situationen und einer Abwertung pädagogischer Handlungsmuster in sich birgt. Auch wenn dies in der Literatur selten so deutlich formuliert wird, kann eine Therapeutisierung pädagogischer Situationen und im Endeffekt der Pädagogik nur durch die Handelnden, die sich an therapeutischen Ansätzen orientieren, realisiert werden. Auf der Suche nach Handlungsrichtlinien für die durch den gesellschaftlichen Wandel ausgelösten veränderten Anforderungen ist in den therapeutischen Angeboten – mangels Alternativen von pädagogischer Seite – scheinbar Unterstützung zu finden. Eine therapeutische Ausbildung als Professionalisierung für eine pädagogische Tätigkeit ist dieser These nach jedoch eher ungeeignet und eben nur ein ‚Ersatz'.

Angesichts des schon erwähnten gesellschaftlichen Wandels stellen sich der Erwachsenenbildung neue Herausforderungen, die eine neue Bestimmung der eigenen Aufgaben und Grenzen gerade auch im Hinblick auf die Psychotherapie erforderlich machen. Bei den Menschen äußern sich diese Entwicklungen in einem verstärkten Bedürfnis der Selbstvergewisserung der eigenen Identität und der Orientierungs- und Sinnsuche. Themen, die sich auch verstärkt in Angebot und Nachfrage der Erwachsenenbildung zeigen. Hier können der Lebensweltansatz, das biographische Lernen und die wachsende Bedeutung von Beratung als pädagogische Handlungsform als Reaktionen auf die veränderten Bedürfnisse und Anforderungen gesehen werden. Während die Praxis scheinbar keine Probleme damit hat, sich das aus der Psychotherapie kommende Angebot nutzbar zu machen, tut sich die Wissenschaft hier schwer mit einer Bewertung beziehungsweise mit der Entwicklung ‚eigener‘ Ansätze.

Kursleitende mit therapeutischer Ausbildung können demnach für vielerlei stehen: für die Verbindung von Psychotherapie und Pädagogik in der Praxis, für das Nutzbarmachen therapeutischer Erkenntnisse für pädagogische Handlungsfelder oder für deren Therapeutisierung, aber auch für die Entwicklung neuer Handlungsmuster angesichts veränderter Anforderungen. Es ist aber auch nicht auszuschließen, dass die therapeutischen Qualifikationen keinerlei Bedeutungen für die Professionalität der Kursleitenden haben. Eine erste Antwort darauf soll diese Arbeit liefern.

1.2.2 Subjektorientierte Bestimmung von Professionalität

Im Fokus der Untersuchung steht die Perspektive der Kursleitenden, ihre Motive und ihre Wahrnehmung der eigenen Tätigkeit. Nur so können Antworten auf die eben formulierten Überlegungen gefunden werden. Die Arbeit lässt sich somit in den subjektorientierten Forschungszusammenhang einordnen, der sich seit den 1990er Jahren der Professionalitätsfrage von einem subjekttheoretischen Standpunkt nähert (z.B. Duxa 2001; Hof 2001; Bastian 1997; Kade 1989; Scherer 1987).

Die Ergebnisse dieser Untersuchungen weisen darauf hin, dass im Zusammenhang mit Professionalisierung und Professionalität innerhalb der Erwachsenenbildung den ‚Lehrenden‘ und ihrer Wahrnehmung der Tätigkeit eine entscheidende Rolle zukommt. Ob sich ein Kursleitender bei der Planung und Umsetzung von Seminaren an erwachsenenpädagogischen oder therapeutischen Handlungsmaximen orientiert, hat einen entscheidenden Einfluss darauf, wie die professionelle Aufgabe umgesetzt wird. Der Zugang zu der Fragestellung über die subjektive Perspektive der Kursleitenden erscheint demnach angemessen und zielführend.

Daher versuche ich in dieser Arbeit auf die Kernfrage: Welche Bedeutung und Funktion hat die therapeutische Ausbildung für die Professionalität und Professionalisierung der Kursleitenden? eine Antwort zu finden. Ziel ist es herauszufinden, wie sich Kursleitende bezogen auf ihren Werdegang und ihre Tätigkeit in ihrer Selbstwahrnehmung unterscheiden und welche Gemeinsamkeiten professioneller Verwendung der therapeutischen Qualifikation zu finden sind. Dabei wird auch ein grundsätzlicher Blick auf das Verhältnis von Psychotherapie und Erwachsenenbildung geworfen. Die Ergebnisse sollen schließlich vor dem professionstheoretischen Hintergrund der Erwachsenenbildung bewertet werden.

1.3 Theoretische Grundannahmen und analytischer Bezugsrahmen

Da sich meine Untersuchung auf die Analyse von Professionalität einer bestimmten Berufsgruppe innerhalb der Erwachsenenbildung richtet, wird auch ein professionstheoretischer Zugang mit biographischen Elementen als Bezugsrahmen für die empirische Studie angewendet. Ich beschränke mich hierbei jedoch nicht nur auf eine Professionstheorie, sondern nutze die jeweils unterschiedlichen Perspektiven der verschiedenen Theorien, um ein möglichst differenziertes Bild zu bekommen. Die systemtheoretische Perspektive ermöglicht einen gesamtgesellschaftlichen Bezug, die strukturtheoretische Perspektive eröffnet den Blick auf eine spezifische Handlungsstruktur der Professionen und die interaktionistische Perspektive widmet sich Fragen der Identität, der Sozialisierung und der unauflösbaren Paradoxien professionellen Handelns.

Dieser Ansatz beinhaltet zunächst, dass trotz der noch nicht abgeschlossenen Professionalisierung der Erwachsenenbildung hin zu einer Profession an das Handeln von Kursleitenden ein theoretischer Anspruch von Professionalität gerichtet wird. Das heißt, professionstheoretische Kategorien dienen als Orientierungsrahmen für die Selbstdarstellung der Kursleitenden. Es geht eben nicht nur um die Selbstdarstellung der einzelnen Kursleitenden, sondern um den Rückbezug von deren Wahrnehmung auf die Erwachsenenbildung mit ihrer Professionalisierungsdiskussion.

Professionstheoretische Kategorien bieten außerdem eine relativ klare Vergleichsebene für Therapie und Erwachsenenbildung. Es geht weder um einen rein begrifflichen Vergleich noch um Überlegungen zu oder Beweise für die Praxistauglichkeit psychotherapeutischer Methoden. Vielmehr geht es vor dem Hintergrund zweier professioneller Bereiche (professionell impliziert hier eben Theorie und Praxis) um die Frage der Übertragbarkeit von Ansätzen aus einem Bereich auf einen anderen.

Die Sorge hinsichtlich der Therapeutisierung zeigt, dass hier sowohl Fragen der Positionierung einer Profession als auch ethische Aspekte in Bezug auf die Teilnehmenden/Klienten angesprochen werden. Eine notwendige Voraussetzung für die Entwicklung von Professionalität in einem Arbeitsbereich ist die genaue Bestimmung der eigenen Aufgaben und deren Grenzen.

In dieser Studie werden dabei die folgenden grundlegenden Annahmen vertreten:

- Therapie und Erwachsenenbildung sind unterschiedliche professionelle Bereiche, haben jedoch einen Überschneidungsbereich.
- Beide beziehen sich auf Lernprozesse (auch wenn diese weiter ausdifferenziert werden können) und richten sich auf die Identität der Teilnehmenden oder Klienten.

Als analytischer Bezugsrahmen für die Erarbeitung der Professionalität der Kursleitenden wurde das Modell des professionellen Selbst ausgewählt. Dieses Modell, das in Studien zur Professionalität von Lehrern, aber auch Erwachsenenbildnern entwickelt und angewandt wurde, zeigt Komponenten eines professionellen Selbstverständnisses auf und nimmt außerdem die biographische Perspektive und das professionelle Umfeld mit in den Blick (vgl. Arnold/Milbach 2003; Dlugosch 2003; Duxa 2001; Bauer/Kopka/Brindt 1999; Bauer 1998; Kelchtermans/Vandenberghe 1994 oder ähnlich Hof 2001; Pratt 1998). Neben einem bestimmten Handlungsrepertoire sind die subjektiven Lehr-, Lern-, Unterrichts- und Wissenskonzepte von Lehrenden zentrale Elemente des professionellen Selbst, die das Handeln der Kursleitenden bestimmen. Ergebnisse bereits durchgeführter Studien hierzu werden zum einen als Orientierungsrahmen für die Datenerhebung und -auswertung genutzt; zum anderen aber auch immer wieder als Vergleichsebene für die Interpretation und Bewertung der Ergebnisse dieser Studie herangezogen.

Das professionelle Selbst als analytischer Bezugsrahmen baut dabei auf den theoretischen Grundannahmen des symbolischen Interaktionismus (strukturtheoretische Ausrichtung) (z.B. Strauss 1991, 1985; Stryker 1980; Goffman 1977, 1969), der Biographieforschung (z.B. Marotzki 2002; Hoerning 2000; Alheit/Dausien 2000; Alheit 1995;) und Studien zur beruflichen Sozialisation und beruflichen Biographie (z.B. Dausien 2002; Kraul/Marotzki/Schweppe 2002; Heinz 2000; Corsten 1995; Hoerning 1995) auf.

Die Durchführung der Studie wird von folgenden Annahmen geleitet:

- Ein professionelles Selbst entwickelt sich in Interaktion mit dem professionellen Umfeld und den Strukturen des Berufsfeldes und wird durch die professionelle Biographie und die berufliche Sozialisation mitgeprägt (Dlugosch 2003; Dausien 2002; Alheit 1995; Hoerning 1995; Hughes 1984, S. 338 ff.; Cornish 1972).
- Menschen handeln in Situationen entsprechend der Bedeutung, die sie ihnen zumessen (Blumer 1969, S. 50 ff.). Kursleitende eines Seminars gestalten in hohem Maße den Rahmen dieses Seminars (Goffman 1977) und die verschiedenen Situationen (Kaiser 1985), die das Seminar ausmachen und können somit beeinflussen, ob es sich jeweils um eine therapeutische oder eine erwachsenenpädagogische Situation handelt (Schmitz 1983). In einem Seminar, das von einem Kursleitenden geführt wird, der zwischen Therapie und Erwachsenenbildung keinen Unterschied sieht, wird es wahrscheinlich leichter zu Grenzüberschreitungen in Richtung Therapie kommen als bei einem Kursleiter, der hier eine klare Grenze zieht (Schaeffer 1992).
- Das professionelle Selbstverständnis eines Kursleitenden hat jedoch nicht nur einen Einfluss auf sein Handeln in bestimmten Situationen, sondern prägt auch das Berufsbild insgesamt. Wenn Kursleitende auf die Anforderungen der Praxis mit einer bestimmten Qualifizierung reagieren, können sie damit Maßstäbe für die Qualifikation und einen bestimmten Habitus für diesen beruflichen Bereich setzen (Nittel 2002b; Wagner 1998; Wittpoth 1994; Gieseke 1996, 1989; Bucher/Strauss 1972).

Die Fragestellung nach der Bedeutung und der Funktion therapeutischer Zusatzausbildungen für die Professionalität und Professionalisierung von Kursleitenden lässt sich auf Basis der oben genannten Annahmen weiter ausdifferenzieren. Im Hinblick auf die biographische Dimension des professionellen Selbst ergibt sich explizit die Frage nach der Funktion, die die therapeutische Zusatzausbildung im beruflichen Werdegang der Kursleitenden einnimmt. Neben der Frage, welche Handlungsmaximen und welche Grundhaltungen sie haben, ist außerdem zu klären, auf welche Komponenten des professionellen Selbst sich die therapeutische Zusatzqualifikation möglicherweise auswirkt und welche Rolle die therapeutische Zusatzqualifikation im professionellen Kontext der Kursleitenden spielt. Insgesamt geht es bei der Fragestellung sowohl um die Herausarbeitung der verschiedenen Typen eines professionellen Selbst dieser bestimmten Gruppe von Erwachsenenpädagogen als auch um die Darstellung der (möglichen) Gemeinsamkeiten.

1.4 Methodisches Vorgehen

Wie bereits gesagt, stehen die subjektiven Perspektiven der Kursleitenden im Zentrum dieser Studie. Grundsätzlich bietet sich hierfür ein qualitatives Vorgehen an (vgl. Oswald 2003). Als methodisches Rahmenmodell für die Datenerhebung und Auswertung wurde das Konzept der Grounded Theory nach Strauss/Corbin (1996) und Glaser (1978) ausgewählt, da es zum einen ein umfassendes methodologisches Konzept bietet (vgl. Kelle 1995, S. 44 f.), und zum anderen der relativ offenen Fragestellung der Studie und ihren theoretischen Grundannahmen entspricht.

Da es um die Erfassung eines subjektiven Selbstbildes und biographischer Erzählungen geht, sind schriftliche oder mündliche Selbstbeschreibungen geeignete Daten (vgl. Nittel 2002b). Für die Studie wurden problemzentrierte Interviews (vgl. Flick 2002, S. 134 ff.; Mayring 2002, S. 67 ff.; Witzel 1995, 1985) als Form der Datenerhebung ausgewählt. Das problemzentrierte Interview als halbstrukturiertes Leitfadeninterview (vgl. Friebertshäuser 2003, S. 372, 379 ff.; Flick 2002, S. 117 ff.; Mayring 2002, S. 65 ff.) integriert die Erfassung der biographischen Perspektive durch narrative Elemente und konzentriert sich dennoch auf ein bestimmtes Thema. Der Leitfaden des Interviews, insbesondere die thematisch orientierten Fragen, wird dabei durch den analytischen Bezugsrahmen (das Modell des professionellen Selbst) bestimmt und verkörpert damit auch „das Prinzip der Theoriegeleitetheit" (Witzel 1995, S. 55, vgl. auch Friebertshäuser 2003, S. 375 ff., 381).

Entsprechend dem Konzept der Grounded Theory erfolgte die Auswahl der Probanden über ein zweistufiges theoretisches Sampling, also über eine schrittweise Auswahl (vgl. Flick 2002, S. 16 ff.; Strauss/Corbin 1996, S. 148 ff.). Leitend war dabei der Gedanke der maximalen Variation der Fälle (vgl. Flick 2002, S. 109 ff.). Aufbauend auf den ausgeführten theoretischen Grundannahmen (Bedeutung der professionellen Biographie und des professionellen Kontexts) wurden zunächst möglichst unterschiedliche Fälle hinsichtlich Grundausbildung, Berufserfahrung, Alter und Richtung der therapeutischen Zusatzqualifikation ausgewählt. Zur Unterstützung bei der Auswahl möglichst unterschiedlicher Fälle wurden in einer Vorstudie zwei Online-Trainernetzwerke ausgewertet, um die mögliche Bandbreite zu erfassen. [4]

---

4 Um einen Überblick über den Gegenstand „Kursleitende in der Erwachsenenbildung mit einer therapeutischen Zusatzausbildung" zu bekommen, wurden Ende 2004 zwei Internetdatenbanken ausgewertet, in denen Profile von Kursleitenden präsentiert werden. Dabei wurde erfasst, welche Art der Qualifikation die Kursleitenden haben, welche Zusatzqualifikationen, welche berufliche Erfahrung, das Alter, in welchem Themenspektrum sie Seminare anbieten, in welcher Form die Kursleitertätigkeit ausgeübt wird, das heißt freiberuflich, nebenberuflich etc., und welche weiteren Tätigkeiten noch ausgeübt werden. Hierbei ging es nicht um eine statistische Aufbereitung, sondern darum das Spektrum z. B. möglicher Grund- und Zusatzausbildungen und möglicher Werdegänge zu erfassen, um für die Datenerhebung die maximale Variation der Fälle auswählen zu können.

Die Datenerhebung wurde abgeschlossen, als eine „theoretische Sättigung" eintrat, das heißt, als die entwickelten Kodes und Kategorien durch neue Daten nicht mehr weiter ausdifferenziert werden konnten und keine für die Fragestellung relevanten neuen Aspekte mehr hinzukamen (vgl. Flick 2002, S. 104 ff.).

Die Auswertung der Interviews erfolgte mittels eines kodierenden Verfahrens, genauer nach den im Konzept der Grounded Theory empfohlenen drei Kodierarten: dem offenen, axialen und selektiven Kodieren. Aussagen der Interviewpartner werden dabei in Sinneinheiten zerlegt und mit Begriffen/Kodes versehen. Dabei können theoretische Konzepte als Orientierung für die Vergabe von Kodes dienen (vgl. Flick 2002, S. 263 f.). In meiner Studie wurde der analytische Bezugsrahmen bei der Kategorienbildung als Kodierparadigma herangezogen. Zur Erleichterung der Auswertung wurde eine Software für qualitative Sozialforschung eingesetzt (Programm Aquad 6)[5]. Das Programm entspricht der methodischen Anlage der Studie und ermöglicht außerdem eine Typenbildung beziehungsweise den Vergleich komplexer Fallstrukturen im Sinne Ragins (1986).

1.5 Aufbau der Arbeit

Grundsätzlich ist die Arbeit in drei große Abschnitte gegliedert: Im Abschnitt eins wird der theoretische Hintergrund der Studie dargestellt und erarbeitet. Zunächst wird in Kapitel 2 der Gegenstand der Studie analysiert. Das heißt, sich mit Begriffsklärungen und der Frage zu befassen, was es bedeutet Kursleitender in der Erwachsenenbildung mit einer therapeutischen Zusatzausbildung zu sein. Hier geht es hauptsächlich um die berufliche Situation von Lehrenden in der Erwachsenenbildung. Um diese verständlich zu machen, wird kurz auf die Entwicklung der Erwachsenenbildung im gesellschaftlichen Zusammenhang sowie auf ihren Professionalisierungsprozess und den aktuellen Forschungsstand hierzu eingegangen. Außerdem wird das psychotherapeutische Arbeitsfeld kurz skizziert.

---

5   Erklärungen zum Programm siehe unter www.aquad.de und in dem dazugehörenden Manual. Das Programm wurde von Herrn Prof. Günter L. Huber, Universität Tübingen, Institut für Erziehungswissenschaft, entwickelt. Es ermöglicht neben der Kodierung von Tonbandaufnahmen ohne vollständige Transkription auch Hypothesentestung und Typenbildung, fallorientierte Vergleiche, das heißt Vergleiche komplexer Zusammenhänge, und unterstützt das Schreiben von Memos (vgl. Huber 1998b; Huber 1992; vgl. auch Mayring 2002, S. 138).

Das darauf folgende Kapitel dieses Abschnitts, Kapitel 3, befasst sich mit dem Verhältnis von Therapie und Erwachsenenbildung. Die professionstheoretische Sichtweise der Problemstellung steht dabei im Zentrum. Ziel ist es, auf die besonderen Strukturen therapeutischer und erwachsenpädagogischer Arbeit hinzuweisen, Gemeinsamkeiten und Unterschiede herauszuarbeiten sowie die Schwierigkeiten der Abgrenzung darzustellen.

Im anschließenden grundlegenden theoretischen Kapitel 4 wird das professionelle Selbst als geeigneter analytischer Bezugsrahmen für die empirische Studie entwickelt und vorgestellt. Das Modell des professionellen Selbst beschreibt zentrale Elemente pädagogischer Professionalität und gibt Hinweise auf die Entwicklung dieser Professionalität. Nach einer kurzen Darstellung verschiedener Studien, die mit diesem Modell arbeiten, werden seine zentralen Aspekte herausgearbeitet und vertiefend erklärt. Hierzu wird auf aktuelle Studien und deren Ergebnisse zurückgegriffen. Abschließend werden die einzelnen Elemente zu einem analytischen Bezugsrahmen zusammengefügt und die Fragestellung vor diesem Hintergrund nochmals konkretisiert.

Abschnitt zwei widmet sich der methodischen Vorgehensweise des empirischen Teils der Studie. In Kapitel 5 werden zunächst das methodologische Rahmenkonzept der Grounded Theory als grundlegende methodisch-theoretische Anlage der Studie sowie die einzelnen Elemente der Datenerhebung und Auswertung dargestellt und begründet. Außerdem werden Kriterien für die Bewertung der Studie erarbeitet. Die konkrete Umsetzung, der Ablauf des Forschungsprozesses sowie die einzelnen Methoden der Datenerhebung und -auswertung werden in Kapitel 6 beschrieben.

Der dritte Abschnitt schließlich präsentiert die Ergebnisse der Studie. In einem ersten Schritt werden in Kapitel 7 die für die Typenbildung herausgearbeiteten Vergleichskategorien vorgestellt. Eine Übersicht über die Typologie und eine Charakterisierung der unterschiedlichen Kursleitertypen erfolgen dann in Kapitel 8. Über die Erarbeitung von Kursleitertypen hinaus hat die Studie noch weitere, typenübergreifende Ergebnisse hervorgebracht, die ebenfalls Antworten auf die Fragestellung geben. Ihnen widmet sich Kapitel 9. Schließlich werden die Ergebnisse in Kapitel 10 nochmals zusammengefasst und hinsichtlich ihrer Bedeutung für die Erwachsenenbildung und ihren Professionalisierungsprozess diskutiert und bewertet.

Die Zielsetzungen und Fragestellungen der einzelnen Kapitel und Abschnitte werden in Abbildung 1 nochmals in einem Schaubild dargestellt:

Theoretischer Hintergrund

Was heißt es Kursleitender in der Erwachsenenbildung mit einer therapeutischen Zusatzausbildung zu sein?

- Darstellung der professionstheoretischen Perspektive
- Analyse der beruflichen Situation der Kursleitenden vor diesem Hintergrund
- Skizzierung des psychotherapeutischen Berufsfeldes und, der psychotherapeutischen Ausbildung

Kapitel 2

In welchem Verhältnis stehen Erwachsenenbildung und Therapie zueinander?

- Erarbeitung verschiedener Ebenen der Problemstellung

Kapitel 3

Was ist unter pädagogischer Professionalität zu verstehen und wo könnte sich die therapeutische Zusatzausbildung auswirken?

- Weitere Erarbeitung eines analytischen Bezugsrahmens für die empirische Studie und Konkretisierung der Fragestellung vor diesem Hintergrund

Kapitel 4

Methodisches Vorgehen

Welches methodische Konzept ist für die empirische Studie geeignet?

- Darstellung und Begründung des gewählten methodischen Vorgehens für den empirischen Teil der Studie

Kapitel 5

Welche konkreten Methoden und Techniken werden für die Datenerhebung und -auswertung eingesetzt?

- Darstellung des gesamten Forschungsprozesses und der einzelnen Teilschritte

Kapitel 6

Ergebnisse und Ausblick

Welches sind die zentralen Kategorien für die Erarbeitung der Typen?

- Erläuterung der aus den Daten erarbeiteten Vergleichskategorien zur Typenbildung

Kapitel 7

Welche Kursleitertypen gibt es?

- Beschreibung der Typologieebene
- Charakterisierung der einzelnen Kursleitertypen anhand der Vergleichskategorien

Kapitel 8

Welche weiteren Ergebnisse bietet die Studie?

- Darstellung Typenübergreifender Ergebnisse und deren Bedeutung für die Erwachsenenbildung

Kapitel 9

Welches Fazit lässt sich aus den Ergebnissen für die Erwachsenenbildung ziehen?

- Rückbezug zur Fragestellung und Hinweis auf weitere Implikationen für die Erwachsenenbildung

Kapitel 10

Abb. 1: Aufbau und Gliederung der Arbeit

II. Theoretischer Hintergrund

2. Die professionstheoretische Perspektive auf den Forschungsgegenstand und die Problemstellung der Studie

2.1 Die professionstheoretische Perspektive
    2.1.1 Professionstheoretische Kategorien und Begrifflichkeiten

2.2 Die professionstheoretische Diskussion in der Erwachsenenbildung – Entwicklung und Positionen

2.3 Strukturen des erwachsenpädagogischen Berufsfeldes und Entwicklungstendenzen
    2.3.1 Berufsrollen und Tätigkeitsfelder
    2.3.2 Institutionen der Erwachsenenbildung und ihre Verankerung innerhalb gesellschaftlicher Funktionssysteme
    2.3.3 Grenzen der Professionalisierung
    2.3.4 Auswirkungen für Kursleitende in der Erwachsenenbildung

2.4 Psychotherapie: Begriffsklärung und Skizzierung des Berufsfeldes
    2.4.1 Das psychotherapeutische Berufsfeld
    2.4.2 Qualifikation und Ausbildung

3. Der Therapeut als Kursleiter – zum Verhältnis von Therapie und Erwachsenenbildung

3.1 ‚Therapeutisierung' der Erwachsenenbildung

3.2 Chancen und Gefahren einer Therapeutisierung

3.3 Das Gemeinsame von Psychotherapie und Erwachsenenbildung

3.4 Differenzen und Übergänge

3.5 Wann wird ein Seminar zu Therapie?

3.6 Zusammenfassung und Bewertung der Vergleichskriterien von Erwachsenenbildung und Psychotherapie

4. Professionalität von Kursleitenden – das Modell des professionellen Selbst

4.1 Perspektiven von Professionalität in der Erwachsenenbildung

4.2 Das Modell des professionellen Selbst
4.2.1 Professionelles Selbst und Unterrichtstheorie als Ergebnis professioneller Biographie
4.2.2 Das professionelle Selbst als zentrale Komponente pädagogischer Professionalität

4.3 Vertiefung: Zentrale Elemente des Professionellen Selbst
4.3.1 Die biographische Perspektive von Professionalität
4.3.2 Sichtweisen auf Lehren und Konzepte des Unterrichts
4.3.3 Berufliches Selbstbild/Identität
4.3.4 Der professionelle Kontext
4.3.5 Fachwissen, Berufswissen und Handlungsrepertoire

4.4 Zusammenführung: Das theoretische Rahmenkonzept für die empirische Studie

2. Die professionstheoretische Perspektive auf den Forschungsgegenstand und die Problemstellung der Studie

Die Bedeutung des Forschungsgegenstandes – Kursleitende der Erwachsenenbildung mit psychotherapeutischer Ausbildung – wird vor dem Hintergrund der besonderen Situation der Erwachsenenbildung und des erwachsenenpädagogischen Personals deutlich. Zu den Bemühungen um Professionalisierung und der Bestimmung erwachsenenpädagogischer Professionalität kommen veränderte Anforderungen hinzu, ausgelöst durch einen beständigen gesellschaftlichen Wandel, der die Erwachsenenbildung immer wieder neu vor die Aufgabe stellt, ihre Leistung und die Grenzen ihres Auftrags zu bestimmen. Wie bei den meisten pädagogischen Tätigkeitsfeldern und Wissenschaftsdisziplinen wird hierbei immer wieder das Verhältnis zur Psychotherapie betrachtet und eine klare Abgrenzung versucht.

Die Frage nach der Bedeutung und Verwendung einer psychotherapeutischen Qualifikation in erwachsenenpädagogischen Bereichen möchte ich daher vor dem professionstheoretischen Hintergrund der Erwachsenenbildung betrachten. Der Ausgangspunkt der Erwachsenenbildung – es wäre ja auch die umgekehrte Blickrichtung von der Psychotherapie her denkbar – lässt sich nicht nur mit meinem Blickwinkel als Erwachsenenpädagogin begründen, sondern auch mit der Angebotsplatzierung der Kursleitenden in diesem Umfeld[6].

Die Schwierigkeit einer Bestimmung von Erwachsenenbildung und Psychotherapie besteht darin, dass die Begriffe sowohl eine bestimmte Praxis als auch eine Theorieebene wie auch einen (psychischen) Prozess umfassen. Der professionstheoretische Blick ermöglicht jedoch eine Integration der verschiedenen Dimensionen[7], die im Verlauf des theoretischen Teils dieser Studie erarbeitet werden. An dieser Stelle soll daher lediglich eine erste Arbeitsdefinition stehen, die vor allem die weiten Felder von Erwachsenenbildung und Psychotherapie auf den Gegenstandsbereich dieser Studie einschränkt.

---

6 Für die Vorstudie und auch für die Interviews wurden Internetdatenbanken für die Vermittlung von Kursleitenden benutzt. Die untersuchten Personen haben sich also als Kursleiter angeboten.

7 Allerdings unter dem Aspekt der als Beruf institutionalisierten Strukturen und Prozesse. Informelles Lernen von Erwachsenen, das durchaus auch als Erwachsenenbildung zu begreifen ist, wird damit – sofern es nicht professionell unterstützt werden soll – aus diesem Blickwinkel ausgeschlossen.

Erwachsenenbildung heißt zunächst nichts anderes als die Bildung und Weiterbildung von Erwachsenen (vgl. z.B. Weinberg 2000, S. 9 ff.) und umfasst damit sowohl formelles oder organisiertes als auch informelles und selbstorganisiertes Lernen (vgl. Kaiser 2007, S. 86 ff.; Weinberg 2000, S. 115 ff.). In meiner Studie geht es explizit um institutionalisierte Erwachsenenbildung und um Erwachsenenbildung als Beruf beziehungsweise Profession. Die Kernaufgabe von Erwachsenenbildung in unserer Gesellschaft ist „die didaktische Unterstützung von Lernprozessen Erwachsener orientiert am Zentralwert Bildung" (Peters 2005, S. 63). In welchem institutionellen Rahmen und mit welchen Berufsrollen diese Aufgabe umgesetzt wird, soll in den Kapiteln 2.3.1 und 2.3.2 ausführlich dargestellt werden. Als erste Annäherung an den Gegenstand kann festgehalten werden, dass es nicht allgemein um das Lernen Erwachsener geht, sondern um institutionell organisierte Lernprozesse, die sich einem Berufsfeld mit einer bestimmten (gesellschaftlichen) Aufgabe zuordnen lassen, nämlich der Erwachsenenbildung.

Der Begriff Kursleitender beschreibt *Lehrende* in der Erwachsenenbildung. Damit ist ein bestimmter Tätigkeitsbereich beschrieben, nicht jedoch, ob die Personen ihre Tätigkeit nebenberuflich oder hauptberuflich ausüben. Für meine Studie habe ich jedoch nur Personen ausgesucht, für die Kursleitung zumindest einen wesentlichen Teil ihrer Erwerbstätigkeit darstellt. Für die Bezeichnung ‚Kursleiter' habe ich mich entschieden, weil sie die Breite der erwachsenenbildnerischen lehrenden Tätigkeit umfasst, das heißt nicht gebunden an einen bestimmten institutionellen Hintergrund und unabhängig von einem bestimmten Unterrichtskonzept ist. (Der Begriff ‚Trainer' impliziert z.B. eher den Kontext der betrieblichen Weiterbildung sowie ein bestimmtes Unterrichtskonzept, vgl. hierzu Hof 2001.)

Die von mir interviewten Kursleitenden zeichnen sich dadurch aus, dass sie (mindestens) eine psychotherapeutische Zusatzausbildung haben und damit über psychologisches Wissen verfügen, mit dem psychische Problemlagen beeinflusst werden können. Wie noch gezeigt wird, umfasst ‚die' Psychotherapie – ebenso wie ‚die' Erwachsenenbildung – sehr heterogene Berufsfelder, die durch verschiedene Schulen und Richtungen geprägt werden. Konsequenterweise gibt es verschiedene psychotherapeutische Zusatzausbildungen, je nach psychotherapeutischer Schule oder Richtung. Darüber hinaus gibt es einen gesetzlich anerkannten Bereich (approbierte Psychotherapeuten) und einen eher offenen ‚Psychomarkt'. Mein Ziel war es, Interviewpartner aus möglichst unterschiedlichen Richtungen zu gewinnen.

2.1 Die professionstheoretische Perspektive

„Ohne ein präzises analytisches Werkzeug und eine saubere Trennung unterschiedlicher Sachebenen ist es nicht möglich, die gegenwärtige Lage des Weiterbildungspersonals seriös zu bestimmen" (Nittel/Schütz 2005, S. 55).

Die folgenden Abschnitte beschreiben zentrale professionstheoretische Kategorien, die wie ein ‚analytisches Werkzeug' zuerst an die berufliche Situation der Kursleitenden und dann an das Verhältnis von Erwachsenenbildung und Psychotherapie angesetzt werden können. Zunächst sollen jedoch die unterschiedlichen Bedeutungshorizonte der Begriffe Profession, Professionalisierung und Professionalität, die sich jeweils auf die Struktur-, die Prozess- sowie die Handlungsebene einer spezifischen Beruflichkeit beziehen (vgl. Nittel 2002a, S. 253), kurz erläutert werden.

Der Begriff Profession bezieht sich auf ein soziales Aggregat und beschreibt Berufe besonderen Typs, denen je nach theoretischem Hintergrund bestimmte Attribute zugeschrieben werden (vgl. Combe/Helsper 1996, S. 9). Professionalisierung stellt einen sozialen Prozess dar, der sowohl eine individuelle als auch eine kollektive (Entwicklung eines besonderen Berufes, einer besonderen Berufskultur) Komponente hat (vgl. Nittel 2002a, S. 254 f.; Nittel 2000, S. 49 f., 61). [8] Professionalisierungsstrategien können auch danach unterschieden werden, ob sie auf den quantitativ und machtorientierten Ausbau eines Berufs – Ziel Profession – oder auf seine qualitative Entwicklung – Ziel Professionalität mit Handlungsethik und Handlungsstandards – hin ausgerichtet sind (vgl. Peters 2004, S. 91). Während sich Profession vor allem auf die Struktur eines bestimmten Berufsfeldes bezieht, Professionalisierung den beruflichen Entwicklungsprozess eines Berufsfeldes oder auch eines Individuums beschreibt, ist Professionalität auf der konkreten Handlungsebene anzuordnen. Professionalität wird in den entsprechenden Situationen interaktiv hergestellt und beschreibt eine bestimmte Qualität des Berufshandelns, die mit den Kompetenzen des agierenden Professionellen in Verbindung gebracht wird. Professionalität ist aus diesem Grund kein Zustand, der einmal erreicht wird und dann bestehen bleibt, sondern eine berufliche Leistung, die immer wieder aufs Neue herzustellen ist (vgl. Nittel 2002a, S. 255; Nittel 2000, S. 71 ff.; Combe/Helsper 1996, S. 41). Nittel sieht Professionalisierung und Professionalität nicht unbedingt in einem sachlogischen Zusammenhang mit dem Begriff Profession. Professionalisierung „stellt einen sozialen Prozess dar, dessen Ausgang unbestimmt ist" (2000, S. 49, im Original hervorgehoben)

---

8 Nicht alle Professionalisierungsprozesse enden damit, dass eine Profession entsteht. Oftmals entscheiden „äußere" Instanzen, wie Politik, Recht, Wirtschaft, mehr über die Professionalisierung eines Berufes als die Berufsvertreter selber. Denn nicht nur die Berufsvertreter, sondern auch Politik, Gesellschaft, Wissenschaft und Bereiche der Öffentlichkeit haben einen Einfluss auf die „Verberuflichung" einer Tätigkeit oder die Veränderung eines bestehenden Berufes (vgl. Nittel 2002, S. 254 f.; Nittel 2000, S. 49 f., 61).

und Professionalität ist auch ohne die strukturellen Gegebenheiten einer Profession möglich, so seine These (vgl. Nittel 2002a). Meines Erachtens werden Möglichkeiten der Professionalisierung, insbesondere der individuellen Professionalisierung und der Ausbildung einer bestimmten Professionalität, durchaus durch die strukturellen Bedingungen eines Berufsfeldes geprägt. Ich pflichte hier Peters (2005, S. 60) bei, die die Hervorbringung von Professionalität „auf Dauer an die Existenz und ständige Weiterentwicklung einer Profession als besonderen Beruf" gebunden sieht.

Die *inhaltliche* Bestimmung von Profession (und damit zusammenhängend auch die Bestimmung von Professionalität und Professionalisierung) kann, je nach theoretischer Position, unterschiedlich ausfallen. In aktuellen Studien wird derzeit vor allem auf die systemtheoretische, die strukturtheoretische und die interaktionistische Position zurückgegriffen (vgl. Fabel/Tiefel 2004, S. 12; Helsper 2004, S. 303 f.; Combe/Helsper 2002, S. 30 f.).

Die systemtheoretische Position (vgl. z.B. Stichweh 1996) sieht die Entstehung von Professionen im Zusammenhang der gesellschaftlichen Ausdifferenzierung und schreibt ihnen eine richtunggebende Rolle innerhalb gesellschaftlicher Funktionssysteme zu (vgl. Combe/Helsper 2002, S. 31 f.). Der besondere Fokus des systemtheoretischen Ansatzes ist damit die Einbettung von Professionen in gesellschaftliche Zusammenhänge und gesellschaftliche Entwicklungen.

Ausgangspunkt der interaktionistischen Position (vgl. z.B. Schütze 1996; Strauss 1991; Hughes 1984; Bucher/Strauss 1972) ist die Handlungsebene, die konkrete Interaktion. Schwerpunkte bilden die Analyse von Paradoxien professionellen Handelns, die Entwicklung und der Wandel von Professionen sowie die Entwicklung professioneller Identität (vgl. Combe/Helsper 2002, S. 32 f.; Schaeffer 1990, S. 51 f.).

Die strukturtheoretische Position (Reformulierung der klassischen Professionstheorie[9]), die von Oevermann (2002, 1996) entwickelt wurde, sieht sich als Weiterentwicklung der funktionalistischen Betrachtungsweise. Ausgehend von der gesellschaftlichen Funktion der Professionen, stehen die spezifische professionelle Handlungslogik und das professionelle Arbeitsbündnis im Zentrum dieser Professionstheorie (vgl. Combe/Helsper 2002, S. 33 f.).

Im Zusammenhang mit der Erwachsenenbildung erscheint mir außerdem die wissenssoziologische Position noch interessant. Sie verweist auf die Bedeutung von wissenschaftlichem Wissen für die professionelle Handlungsrationalität (vgl. z.B. Dewe/Ferchhoff/Radtke 1992). Professionen und professionelles Handeln werden als institutionalisierte Relationierung von Theorie und Praxis, Wissen und Können, Wahrheit und Angemessenheit betrachtet.

---

9 Die funktionalistische Betrachtungsweise („klassische" Professionstheorie, vgl. z.B. Hartmann 1972) zeichnet sich dadurch aus, dass sie Professionen vor allem in ihrer gesellschaftlichen Funktion betrachtet.

Jede der Theorierichtungen beleuchtet durch ihren Blickwinkel und Schwerpunkt einen jeweils anderen Aspekt von Professionen als besondere Beruflichkeit [10]. Ich möchte daher dem Beispiel Nittels (2000) folgen und die jeweiligen zentralen Kategorien und Begriffe der verschiedenen Theorierichtungen zur Analyse des erwachsenpädagogischen Berufsfeldes und der Problemstellung ‚Kursleitende mit therapeutischer Ausbildung' heranziehen.

2.1.1 Professionstheoretische Kategorien und Begrifflichkeiten

Über die verschiedenen Theorierichtungen hinweg gibt es gemeinsame Elemente in Bezug darauf, was zentrale Bestimmungsmerkmale einer Profession ausmachen. So weist Schütze (1996, S. 183 ff.) auf die Gemeinsamkeiten der interaktionistischen und strukturfunktionalistischen Professionstheorien hin. „Man zitiert sich in bezug auf das genannte Gegenstandsfeld gegenseitig und ergänzt sich in wichtigen Gesichtspunkten." (Schütze 1996, S. 185). Wichtig bei den oben genannten Theorien sind die verschiedenen Schwerpunkte und Ausgangspunkte. Nittel (2002) und Peters (2004) haben sich in ihren Studien bezüglich erwachsenenpädagogischer Professionalität und Profession ebenfalls mit den zentralen Aspekten der unterschiedlichen Theorieentwürfe auseinandergesetzt. Ausgehend von den von Schütze, Nittel und Peters identifizierten Gemeinsamkeiten, wird Profession in meiner Studie folgendermaßen verstanden (vgl. Peters 2004, S. 74; Nittel 2002a, S. 254; Combe/Helsper 2002; Schütze 1996):

• Professionen als komplexe Sinnwelten verfügen über ein besonderes Verhältnis zur Gesellschaft, zu den jeweiligen Klienten sowie zur Wissenschaft und zu sich selbst.
  – Die Beziehung zur Gesellschaft zeichnet sich durch einen Zentralwertbezug aus und durch den gesellschaftlichen Auftrag (Mandat) und die Erlaubnis (Lizenz) diesen Zentralwert umzusetzen.
  – Die Beziehung zu den Klienten wird durch ein bestimmtes Arbeitsbündnis mit klarer Rollenverteilung geprägt und durch die Ausrichtung auf einen objektiven Bedarf der professionellen Dienstleistung – damit dürfen kommerzielle Interessen nicht im Vordergrund stehen.

---

10 Wie Schütze (1996, S. 183 ff.) aufzeigt, gibt es in der Beschreibung zentraler Merkmale von Professionen eine relativ große Übereinstimmung zwischen der interaktionistischen und der strukturfunktionalistischen Theorie. Dennoch legen beide einen anderen Schwerpunkt in der Analyse professionstheoretischer Fragestellungen.

- Um den Professionsauftrag angemessen umsetzen zu können, verfügen Professionen über eine gewisse Handlungsautonomie sowohl gegenüber den Klienten als auch gegenüber Auftrag- und Geldgebern.
- Eine Profession sollte sich ausschließlich an ihrer Bezugswissenschaft orientieren, die Reflexions-, Fach- und Orientierungswissen liefert. Die Wissensanwendung zeichnet sich jedoch in der konkreten Situation durch Fallorientierung aus.
- Hinsichtlich der eigenen Berufskultur entwickelt eine Profession eine bestimmte Berufsethik, setzt Standards für die Qualifizierung und bestimmt die Zugangsvoraussetzungen für das Berufsfeld.

Die zentralen professionstheoretischen Kategorien, die Bestandteil dieser Begriffsbestimmung sind, werden in den nächsten Abschnitten näher erläutert: Zentralwertbezug, Mandat/Lizenz, Klientenbezug/Arbeitsbündnis, Fallbezug, Professionswissen/Wissensanwendung, Berufsethik und Einsozialisation. Ergänzt werden sie durch professionstheoretische Kategorien, die darüber hinaus im Rahmen der unterschiedlichen Akzentsetzung der oben genannten Professionstheorien entwickelt wurden: Wandel und Veränderung innerhalb von Professionen und Paradoxien professionellen Handelns.

Zentralwertbezug

Darüber, dass Professionen einen Bezug zu zentralen gesellschaftlichen Werten aufweisen, herrscht über die verschiedenen Theorierichtungen hinweg ein hoher Konsens (vgl. Nittel 2000, S. 254; Schütze 1996, S. 183). Während die interaktionistischen Theorien damit vor allem den Bezug zu einem gesellschaftlich relevanten Wert meinen und diesen meist nicht näher definieren, bestimmt Oevermann (2002, 1996) in seiner revidierten Theorie professionalisierten Handelns (1996, S. 88) diesen Bezug inhaltlich-material.

„Dass die Tätigkeit von Professionen einen besonderen Bezug zu zentralen gesellschaftlichen Werten aufweist, besagt nämlich noch nicht sehr viel. Aufschlussreich wird diese Beobachtung erst, wenn dieser Wertbezug je inhaltlich-material als für die Lösung der Sachproblematik zwingend bestimmt wird" (Oevermann 2002, S. 23).

Der materiale Grund, der den Zentralwert mit einem ganz bestimmten Inhalt verknüpft, erklärt die besondere Handlungsstruktur professioneller Praxis (vgl. Oevermann 2002, S. 23). Oevermann identifiziert drei zentrale Wertbezüge oder „funktionale Foci der Logik des professionalisierten Handelns" (Oevermann 1996, S. 88):
- *Recht und Gerechtigkeit oder Rechtspflege* zur Aufrechterhaltung und Wiederherstellung eines gewissen Konsenses darüber, was unter Recht und Gerechtigkeit zu verstehen ist (vgl. Oevermann 2002, S. 23; 1996, S. 88 ff.).

- *Therapie* ist für die Gewährleistung oder Wiederherstellung somato-psycho-sozialer Integrität ihrer Mitglieder zwingend notwendig (vgl. Oevermann 2002, S. 23; 1996, S. 91 f., 109 ff.).
- *Wissenschaft/Kunst* stellt den beiden anderen Foci methodisch gesichertes Wissen zur Verfügung. Gleichzeitig ist die methodische Sicherung jedoch auch ein eigenlogischer Problembereich und wird deswegen von Oevermann als dritter Fokus professionellen Handelns genannt (vgl. Oevermann 1996, S. 93).

Die beiden ersten Foci werden relevant, wenn die bisherige Lebensführung durch das Scheitern in der Alltagspraxis nicht mehr möglich ist. Der dritte Fokus wird dann zentral, wenn für die Bearbeitung der erstgenannten ein spezifisches methodisches Wissen notwendig ist (vgl. Oevermann 2002, S. 24).

Mandat und Lizenz
Was die Umsetzung eines Zentralwertes anbelangt, so hat Hughes (1984, S. 287 ff.) die Unterscheidung zwischen Mandat und Lizenz in die Berufssoziologie eingeführt und verweist darauf, dass es für die Ausübung bestimmter Tätigkeiten einen gesellschaftlichen Auftrag – Mandat – und die Erlaubnis zu seiner Umsetzung – Lizenz – gibt.

„An occupation consists in part in the implied or explicit license that some people claim and are given to carry out certain activities rather different from those of other people and to do so in exchange for money, goods or services. Generally, if the people in the occupation have any sense of identity and solidarity, they will also claim a mandate to define – not merely for themselves, but for others as well – proper conduct with respect to the matters concerned in their work" (Hughes 1984, S. 287).

Mandat und Lizenz sind keine unveränderbaren Größen, sondern unterliegen gesellschaftlichen Veränderungen (vgl. Nittel 2000, S. 29). Für Schütze gehört es zu einem Merkmal von Professionen, dass sie „im Rahmen ihrer höhersymbolischen (Teil-)Sinnwelt(en) von der Gesellschaft die Lizenz erhalten, mit der Anwendung ihrer Handlungs- und Interaktionsverfahren ihr anbefohlenen Klienten beziehungsweise Patienten Unannehmlichkeiten, Verdruß oder gar Schmerzen zu bereiten, wenn das nach den Regeln der Professionskunst dem Wohle der letzteren dient" (Schütze 1996, S. 184).

Mandat und Lizenz können dabei begrenzt oder sehr weit reichend erteilt werden. Die Lizenz kann sich auf die Ausübung einer bestimmten Technik beschränken oder auch Verhaltens- und Lebensbereiche betreffen. Professionen zeichnen sich meist dadurch aus, dass sie von allgemein gültigen Handlungsweisen abweichen dürfen und dass sie ein breites, rechtliches, moralisches und intellektuelles Mandat für ihre Tätigkeiten beanspruchen (vgl. Hughes 1984, S. 288).

Fallbezug/Wissensverwendung

Professionelles Handeln erfordert eine besondere Form der Wissensanwendung und -verwendung (vgl. Oevermann 2002, S. 24 ff.; Schütze 1996, S. 191 f.; Dewe/Ferchhoff/Radtke 1992). Schütze macht dies deutlich, indem er auf den Fallcharakter der jeweiligen Problematik verweist, aus der sich eine eigene Dynamik entwickeln kann (vgl. Schütze 1996, S. 192 f.). Oevermann stellt diese besondere, nicht-standardisierbare Wissensanwendung, die sich auf eine autonome Lebenspraxis bezieht, einer standardisierten „ingenieurialen" Wissensanwendung gegenüber (vgl. Oevermann 2002, S. 25 f.). Die Nicht-Standardisierbarkeit der professionellen Praxis begründet sich aus deren Aufgabe der stellvertretenden Krisenbewältigung (vgl. Oevermann 2002, S. 2) [11]. Oevermann sieht eine Dreistufigkeit der Krisenbewältigung, auf deren erster Stufe er die normale naturwüchsige Lebenspraxis einordnet, die im Normalfall erfolgreich ist. Erst auf der zweiten Stufe kommen die Professionen mit der klientenbezogenen, stellvertretenden Krisenbewältigung unter Anwendung von methodisch gesichertem Wissen ins Spiel. Stößt auch dieses Wissen an seine Grenzen, so ist die dritte Stufe der Krisenbewältigung notwendig, nämlich die wissenschaftliche Forschung zur Erweiterung des methodischen Wissens (vgl. Oevermann 2002, S. 26 f.; Oevermann 1996, S. 82 ff.).

Als ein zentrales Merkmal von Professionen wird in allen Theorierichtungen der Bezug zu einer den spezifischen Problembereich betreffenden Wissenschaft gesehen. Oevermann nennt es „abstraktes methodisiertes Wissen zur stellvertretenden Krisenbewältigung als Begründungsbasis" (Oevermann 2002, S. 24). Schütze definiert eine Profession als eine „nicht nur ethisch, sondern auch wissenschaftlich begründete Sinnwelt", die er als „höhersymbolisch" bezeichnet und deren Sinnquellen „Sinnsphären (insbesondere solchen der Wissenschaft) entstammen, welche die Alltagswelt transzendieren" (Schütze 1996, S. 190 f.). Eine Profession ist im Besitz eines „anerkannten esoterischen Wissens und Könnens zur Analyse [...] und zur Problem- bzw. Produktbearbeitung [...] mit festgelegten [...] Prozeduren auf wissenschaftlicher Grundlage" (Schütze 1996, S. 191). Für Dewe/Ferchhoff/Radtke (1992) ist das Professionswissen eine eigene Kategorie von Wissen, die zwischen wissenschaftlichem Wissen und praktischem Handlungswissen angesiedelt ist. Professionelles Handeln ist demnach eine Relationierungsleistung zwischen diesen beiden Wissens- und Urteilsformen. Professionen sehen sie als „Institutionalisierung der Relationierung von Urteilsformen" (dies. 1992, S. 80). Dieses Professionswissen kann nur in der Ausübung des Berufs erworben werden (vgl. Dewe/Ferchhoff/Radtke 1992, S. 80 ff.) [12].

---

11 In früheren Veröffentlichungen verwendete er noch den in der Pädagogik ziemlich populär gewordenen Begriff der stellvertretenden Deutung.

12 Verweis auf die Jahrestagung der Sektion Erwachsenenbildung der Deutschen Gesellschaft für Erziehungswissenschaft 2001 zum Thema „Professionswissen und erwachsenpädagogisches Handeln". Die Beiträge sind in dem gleichnamigen Beiheft zum Report (Dewe/Wiesner/Wittpoth 2002) veröffentlicht.

Klientenbezug/Arbeitsbündnis

Im Rahmen der bisher beschriebenen Kategorien wurde bereits das Verhältnis zwischen dem professionell Tätigen und dem Klienten angesprochen. Über die verschiedenen Theorierichtungen hinweg herrscht ein gewisser Konsens darüber, dass die professionelle Tätigkeit durch ein Arbeitsbündnis bestimmt wird, das sich vor allem durch Freiwilligkeit, wechselseitiges Interesse, das heißt keinen kommerziellen Bedarf, Kompetenzzuschreibungen sowie einem Vertrauensvorschuss auszeichnet. Professionen besitzen einen Wissensvorsprung bezüglich der besonderen Problemlage des Klienten (vgl. Combe/Helsper 2002, S. 30; Nittel 2002a, S. 254; Schütze 1996, S. 184). Die systemtheoretische Betrachtungsweise erkennt hier ein bestimmtes Verhältnis von Leistungs- und Komplementärrollen, das als Professionellen-Klienten-Verhältnis institutionalisiert ist. Prinzipiell hat dabei jedes Gesellschaftsmitglied den Zugang zu einer dieser beiden Rollen. Die Leistungsrolle in einem solchen System wird von einer einzigen Profession in einer strategischen Position bestimmt. Das Publikum des Systems steht diesen Professionen als individualisierte Klienten gegenüber. Andere Berufsgruppen in diesem System – die nicht dieser Profession angehören – werden durch eine Hierarchie der professionellen Arbeit von der jeweiligen Leitprofession kontrolliert (vgl. Stichweh 1996, S. 59 ff.).

Einsozialisation, Berufsidentifikation und berufliches Selbstbild

Bei der Frage nach der Berufssozialisation stehen je nach theoretischer Orientierung unterschiedliche Aspekte im Zentrum, wie bestimmte Rollenmuster, Karriereverläufe oder Zugangsvoraussetzungen. Die wissenstheoretische Sicht sieht das Theorie-Praxis- beziehungsweise Können-Wissen-Verhältnis und die Frage, durch welche Art der beruflichen Ausbildung und Einführung das für professionelles Handeln wichtige Wissen und Können vermittelt wird im Zentrum (vgl. Dewe/Ferchhoff/Radtke 1992). In der interaktionistischen Perspektive steht die Herausbildung einer bestimmten professionellen Identität im Mittelpunkt (vgl. Schütze 1996, S. 192). Der Aspekt der beruflichen Identität wird in Kapitel 4 dieser Arbeit vertieft. Grundsätzlich ist von Bedeutung, dass es zur Aufgabe einer Profession gehört, eine Berufssozialisation zu gewährleisten, in der Berufsnovizen in die Werte und Handlungsweisen, in das zentrale Wissen und Können ihrer spezifischen Profession eingeführt werden.

Professionsethik/Handlungsautonomie

Nittel beschreibt Professionen als „relativ abgeschlossene Sinnwelten", die über ein jeweils bestimmtes Verhältnis zur Gesellschaft, zu Klienten, zur Wissenschaft und zu sich selbst verfügen (vgl. Nittel 2002a, S. 254). Das Verhältnis einer Profession zu sich selbst soll hier unter dem Aspekt der Professionsethik und professioneller Standards behandelt werden (vgl. auch Stichweh 1996, S. 51).

Hinsichtlich der eigenen Berufskultur entwickelt eine Profession eine bestimmte Berufsethik, setzt Standards für die Qualifizierung und bestimmt die Zugangsvoraussetzungen für das jeweilige Berufsfeld. Das bedeutet, dass die eben aufgezählten Bezüge einer Profession nach außen und innen artikuliert werden (vgl. Combe/Helsper 2002, S. 30). Gieseke betrachtet für die Arbeit mit Menschen Ethik als eine „zentrale Kategorie professionellen Handelns" (1997, S. 277 f.), und auch Schütze hält im Hinblick auf die im täglichen professionellen Handeln zu bewältigenden Paradoxien eine Berufsethik für unverzichtbar. Allerdings sind entwickelte Ethikrichtlinien nie endgültig. Angesichts des technischen und gesellschaftlichen Wandels sowie des wissenschaftlichen Fortschritts müssen diese immer wieder den aktuellen Gegebenheiten und Wissensständen angepasst werden (vgl. Schütze 1996, S. 193 f. und auch ders. 2002).

Voraussetzung für ethisches Handeln ist jedoch das Vorhandensein von Freiheit zur selbständigen Gestaltung des Handelns sowie ein Bewusstsein für die eigene Aufgabe, deren Ziele und die in der eigenen Person liegenden Möglichkeiten und Grenzen (vgl. Faulstich 1999, S. 196; Peters 1990, S. 49 f.). Ein wichtiger Aspekt der Ausformulierung von spezifischen Standards einer Profession (Interventionspraktiken, Qualifikation der Professionsmitglieder, Zentralwertbezug, Verhältnis zu Klienten, etc.) ist demnach die Handlungsautonomie einer Profession bezüglich ihrer selbst gesetzten Standards und deren Kontrolle. Diese Autonomie hinsichtlich Beurteilung und Kontrolle gilt sowohl gegenüber dem Staat als auch gegenüber nicht zur Profession gehörenden Laien. Bei den ‚klassischen' Professionen, wie z.B. Ärzten, Juristen und auch Pfarrern, ist dies gut zu beobachten (vgl. Combe/Helsper 2002, S. 30; Nittel 2000, S. 42; Schütze 1996, S. 193 ff.). Der zweite wichtige Aspekt ist die Herausbildung eines bestimmten professionellen Bewusstseins durch eine erfolgreiche Einsozialisation.

Die Entwicklung ethischer Standards und Richtlinien wird vielerorts als eine wichtige Aufgabe von Berufsverbänden betrachtet (vgl. Peters 2004, S. 167 f.; Combe/Helsper 2002, S. 30; Gieseke 1997, S. 278).

Wandel und Veränderungen innerhalb von Professionen

Professionen sind keine starren, homogenen Gebilde, wie Bucher/Strauss in ihrer Studie über „Wandlungsprozesse in Professionen" (1972) aufzeigen. Sie verweisen auf die Vielzahl von Interessen, Identitäten und Werten, die auch innerhalb einer Profession vorherrschen. Dadurch können kleinere Untergruppierungen in einer Profession entstehen, für die sie den Begriff des „Segments" eingeführt haben. Eine Profession kann demnach als eine „lose Verbindung einzelner Segmente" (Bucher/Strauss 1972, S. 182) betrachtet werden. Für die Entstehung eines Spezialgebiets oder Segments ist das Bewusstsein der Handelnden entscheidend, eine spezielle Aufgabe, einen speziellen Auftrag auszuführen, für die nur sie – z.B. durch eine besondere

Zusatzausbildung – kompetent sind (Bucher/Strauss 1972, S. 184 f.). Schütze spricht in dem Zusammenhang von „Subsinnwelten" (vgl. Schütze 1996, S. 195). Durch die Zugehörigkeit zu bestimmten Segmenten innerhalb einer Profession wird auch die Beziehung zu den Klienten und zu den Kollegen geprägt (Bucher/Strauss 1972, S. 188 ff.). Segmente beschreiben demnach eine Organisationsform beruflicher Identität (Bucher/Strauss 1972, S. 193). Doch auch sie unterliegen dem Wandel und der Veränderbarkeit. „Die Bewegung in den Segmenten wird durch Veränderungen in ihrem begrifflichen und technischen Apparat, den institutionellen Arbeitsbedingungen und ihren Beziehungen zu anderen Segmenten und Berufen verursacht" (Bucher/Strauss 1972, S. 193). Der Wandel von Professionen wird außerdem durch den gesellschaftlichen und technischen Wandel angestoßen (vgl. Schütze 1996, S. 194).

Profession und Organisation/Antinomien und Paradoxien professionellen Handelns

Insbesondere die interaktionistische Perspektive widmet sich den Paradoxien und Schwierigkeiten professionellen Handelns. Für Schütze sind die „systematischen Fehlerpotentiale […] zusammen mit den unaufhebbaren Kernproblemen professionellen Handelns immer und unvermeidbar gegeben" (Schütze 1996, S. 188). Jede Profession hat dabei mit den für sie typischen Störpotentialen und Paradoxien zu kämpfen. Wichtig ist, sich dieser Paradoxien z.B. durch Supervision bewusst zu werden, um mit ihnen umgehen zu können (vgl. hierzu Schütze 2002). Grundlegende Paradoxien professionellen Handelns sieht Schütze in der Tatsache, dass Professionelle auf einer unsicheren empirischen Basis handeln müssen und ihre abstrakten Wissenskategorien auf einen spezifischen Fall anwenden müssen. Auch das Wissens- und Machtgefälle, das zwischen den Professionellen und den Klienten herrscht, das jedoch in einem freiwilligen Arbeitsbündnis zwischen gleichwertigen Partnern aufgehoben werden sollte, führt zu paradoxen Situationen (vgl. Schütze 1996, S. 193 f.). Als eine zentrale Paradoxie, gerade für den pädagogischen Bereich, wird das Verhältnis von Organisation und Profession gesehen (vgl. Combe/Helsper 2002, S. 33; Nittel 2000, S. 223). Sind Professionelle in einer Organisation eingebunden, so sind sie automatisch Teil einer bestimmten Kontroll- und Verwaltungskultur, die grundsätzlich der Handlungsautonomie von Professionen entgegensteht. Schütze zeigt sehr eindrücklich auf, welches Konfliktpotential, aber auch welche Chancen in dem Zusammentreffen der jeweils unterschiedlichen Handlungsrationalitäten liegen können (vgl. Schütze 1996, S. 196 f.) [13].

---

13 Für eine Analyse der spezifischen Paradoxien und Handlungsantonomien des Lehrerhandelns vgl. auch Helsper 2002.

Welche Bedeutung haben nun diese professionstheoretischen Kategorien und Begrifflichkeiten für meine Arbeit? Für mich ist wichtig, dass sich aus einem professionstheoretischen Zugang ein Handlungszusammenhang eröffnet, der sowohl eine gesellschaftliche Ebene als auch eine Ebene der direkten Interaktion umfasst. Die Kursleitenden als Forschungsgegenstand dieser Studie werden unter dem Aspekt einer besonderen Beruflichkeit betrachtet, und zwar als Mitglieder der Profession Erwachsenenbildung mit einer Zusatzausbildung, die sie eigentlich für das Handeln in einer anderen Profession – Psychotherapie – qualifiziert.

Auf Grundlage der aufgeführten professionstheoretischen Kategorien lässt sich die Fragestellung dieser Studie weiter ausdifferenzieren und konkretisieren. Es wird außerdem deutlich, dass die Berufsbedingungen der Kursleitenden und das Verhältnis der beiden Professionen zueinander im Vorfeld der empirischen Erhebung betrachtet werden sollten. Folgende Fragen ergeben sich aus der professionstheoretischen Perspektive, die zunächst theoretisch in den Kapiteln von Teil I dieser Arbeit und später durch die empirische Studie beantwortet werden:

- Auf welche Zentralwerte beziehen sich die Erwachsenenbildung und die Psychotherapie und wo lassen sich Kursleitende mit einer therapeutischen Zusatzausbildung verorten?
- Welchen gesellschaftlichen Auftrag erfüllen die Erwachsenenbildung und die Psychotherapie und welchen Auftrag nehmen die Kursleitenden wahr?
- Die Bezugswissenschaft für in der Erwachsenenbildung Tätige sollte im Idealfall die Erwachsenenbildung als Teildisziplin der Erziehungswissenschaft sein. Doch auf welche Wissenschaft beziehen sich die Kursleitenden?
- Wie sieht das Verhältnis zwischen Professionellen und Klienten in der Erwachsenenbildung und der Psychotherapie aus? Wie gestalten die Kursleitenden ihre Beziehung zu den Teilnehmenden?
- Wie ist die Einsozialisation in die jeweiligen Berufsfelder geregelt? Inwieweit bedeutet eine therapeutische Zusatzausbildung eine Einsozialisation in den Bereich der Psychotherapie und welche Auswirkungen hat dies auf das berufliche Selbstbild der Kursleitenden?
- Welche ethischen Richtlinien gibt es in der Erwachsenenbildung? Welches professionelle Bewusstsein und welche Handlungsethik liegen dem Handeln der Kursleitenden zu Grunde?
- Inwieweit stehen die Kursleitenden mit therapeutischer Zusatzausbildung für eine Veränderung der Erwachsenenbildung beziehungsweise kann der Erwerb dieser Zusatzausbildung als Reaktion auf einen Wandel in den Aufgabenbereichen der Erwachsenenbildung gesehen werden?
- Ist die Abgrenzung der Erwachsenenbildung zur Psychotherapie ein typisches Spannungsfeld für diese Profession? Wie nehmen die Kursleitenden das Verhältnis von Erwachsenenbildung und Psychotherapie wahr?

In einem nächsten Schritt sollen nun die Bedingungen der Profession Erwachsenenbildung dargestellt werden. Hierfür werden in Kapitel 2.2 die Professionalisierungsprozesse der letzten Jahrzehnte innerhalb der Erwachsenenbildung kurz dargestellt und in Kapitel 2.3 die Strukturen des Berufsfeldes näher beleuchtet.

2.2 Die professionstheoretische Diskussion in der Erwachsenenbildung – Entwicklung und Positionen

Innerhalb der Erwachsenenbildung hat sich insbesondere seit den 1960er Jahren ein Verberuflichungsprozess mit dem Streben nach der Entwicklung einer Profession und der Bestimmung erwachsenenpädagogischer Professionalität vollzogen. Die sich etablierende Erwachsenenbildungswissenschaft hat diesen Prozess zum Teil vorangetrieben und vor allem mit Beginn der 1980er Jahre auch erforscht und durch eigene professionstheoretische Positionen bereichert. Im Folgenden sollen kurz die Entwicklung der Erwachsenenbildung zu einem Beruf sowie die begleitenden professionstheoretischen Diskussionen nachgezeichnet werden [14].

Erwachsenenbildung – damals noch Volksbildung – hat sich mit der Industrialisierung und der Aufklärung ab dem 19. Jahrhundert entwickelt. Zunächst standen zum einen die Arbeiterbildung, und zum anderen die intellektuelle Entwicklung der bürgerlichen Gesellschaft im Zentrum (z.B. Lesezirkel). Initiiert und durchgeführt wurden die verschiedenen Veranstaltungen auf ehrenamtlicher und gelegentlich auch nebenberuflicher Basis (vgl. Gieseke 1994, S. 285 ff.). Die ersten hauptberuflichen Erwachsenenbildner, z.B. Johannes Tews, Wilhelm Flitner, Eduard Weitsch etc., traten um die Jahrhundertwende auf, blieben aber eher Ausnahmen, die die Regel bestätigten (vgl. Gieseke 1994, S. 287 ff.). In der Weimarer Zeit kam es dann zu einer Expansion der Erwachsenenbildung und es entwickelte sich ein erster Institutionalisierungsprozess. In der Zeit des Nationalsozialismus wurde die Erwachsenenbildung, wie so viele Institutionen, zentralisiert und parteipolitisch vereinnahmt. In den Nachkriegsjahren wurde zunächst versucht an den Status quo der Weimarer Zeit anzuknüpfen. Der Demokratisierung der Erwachsenenbildung wurde gerade auch im Hinblick auf berufliche Bildung von gesellschaftlicher Seite eine immer größere

---

14 „Die Erwachsenenbildung als sachlich, personell, räumlich und zeitlich gegliederte Praxis ist nicht nur ein ‚Anwendungsfall' von Professionalisierung im Gesamtzusammenhang pädagogischer Arbeitsfelder oder gar bloßer Beobachtungsgegenstand der Berufssoziologie, sondern sie vollbringt als wissenschaftliche Teildisziplin der Erziehungswissenschaft auch eigene Reflexionsleistungen" (Nittel 2000, S. 154, im Original hervorgehoben). Nittel verweist in dem Zusammenhang auf die Positionen von Gieseke, Tietgens, Dewe und Arnold (vgl. Nittel 2000, S. 156 ff.). Die Tatsache, dass es allein bei den „Reflexionsleistungen" blieb und die empirische Forschung zu diesem Thema stark vernachlässigt wird, ist auch heute noch ein Kritikpunkt (vgl. z.B. Peters 2004, S. 11 f.).

Bedeutung zugemessen. Im Rahmen der Qualifizierungsoffensive und realistischen Wende und nicht zuletzt durch das Gutachten zur „Situation und Aufgabe der deutschen Erwachsenenbildung" des deutschen Ausschusses für das Erziehungs- und Bildungswesen von 1960 wurde zum ersten Mal von staatlicher Seite aus ein Auftrag an die Erwachsenenbildung gegeben (vgl. Leinweber 2002, S. 55 ff.). [15]

Damit wurde der Verberuflichungsprozess der Erwachsenenbildung auch von außen angestoßen, vor allem durch Gesetzgebung und staatliche Förderung sowie durch den Bedeutungszuwachs von beruflicher und allgemeiner Erwachsenenbildung. Gleichzeitig wurde der Prozess auch von innen durch Verbände und die entstehende und sich etablierende Erwachsenenbildungswissenschaft vorangetrieben. Diese erste Phase der Professionalisierung in der Erwachsenenbildung konzentrierte sich vor allem auf die öffentlichen Träger, insbesondere die Volkshochschulen (vgl. Galiläer 2005, S. 191; Nittel 2000, S. 115 f.) [16].

Legt man die im vorangegangenen Abschnitt dargestellte Differenzierung von Professionalisierung hin zu einer Profession und Professionalisierung hin zu Professionalität zu Grunde, so lassen sich die Professionalisierungsbemühungen und die professionstheoretische Diskussion innerhalb der Erwachsenenbildung diesen beiden Prozessen der Professionalisierung zuordnen. Während in der ersten Phase, beginnend in den 1960er Jahren, die Entwicklung und Etablierung einer Profession Erwachsenenbildung im Zentrum stand, lag der Fokus in der zweiten Phase, beginnend mit den 1980er Jahren, auf dem Aspekt der Professionalität (vgl. Peters 2004, S. 91 f.).

Professionalisierung wurde zunächst eingeführt als „Überzeugungshilfe und als Kampfbegriff" (Tietgens 1998, S. 39) oder als „strategisches Argument [...], mit dem arbeitsmarkt-politische Terraingewinne und disziplininterne Abgrenzungsstrategien [...] betrieben wurden" (Koring 1992, S. 172). Außerdem diente die Professionalisierungsdiskussion in den 1960er/1970er Jahren als Begründung, um den dringenden Bedarf an hauptberuflichen Mitarbeitern in Einrichtungen der Erwachsenenbildung deutlich zu machen. Das Konzept der Professionalisierung wurde durch Schulenberg (1972) in die wissenschaftliche Diskussion innerhalb der Erwachsenenbildung eingeführt (vgl. Gieseke 1994, S. 291 f.) und wird seitdem als Bezeichnung für die einsetzenden Verberuflichungsprozesse benutzt. „Obwohl Professionalisierung nicht der

---

15 Im Zuge der Veränderung und Entwicklung der Erwachsenenbildung haben sich auch die Begrifflichkeiten verändert. Die Volksbildung wurde zur Erwachsenenbildung, die dann wiederum durch die Weiterbildung und das lebenslange Lernen ergänzt bzw. abgelöst wurde (vgl. Gieseke 2002, S. 201).

16 Nicht unbedeutend für diesen Prozess war sicherlich die 1957 gegründete Arbeitsstelle des Deutschen Volkshochschul-Verbandes (heute das Deutsche Institut für Erwachsenenbildung) in Frankfurt, die als Vermittlungsstelle zwischen den Volkshochschulen der Länder und zwischen Wissenschaft und Praxis fungierte (vgl. Leinweber 2002, S. 84 ff.).

richtige Begriff ist, um den sukzessiven Verberuflichungsprozess in der Erwachsenenbildung spätestens seit den beginnenden 70er Jahren zu beschreiben, weist er aber auf einen Anspruch hin und gibt den erwachsenpädagogischen Qualifizierungsprozessen dieser Zeit eine Orientierung" (Gieseke 1994, S. 290).

Insgesamt setzte mit den 1960er/70er Jahren eine Entwicklung auf verschiedenen miteinander verbundenen Ebenen ein, z.B. in Gesetzgebung, Wissenschaft und Institutionalisierung (vgl. Galiläer 2005, S. 190 ff.; Leinweber 2002, S. 51 ff.; Nittel 2000, S. 106 ff.; Seitter 1999, S. 395 f.):

- Es entwickelte sich die Sphäre der öffentlichen Erwachsenenbildung. So kam es durch die Gesetzgebung der Länder zu einer Förderung von Erwachsenenbildung, die als öffentliche Angelegenheit betrachtet wurde [17].
- Zusätzlich setzte ein Institutionalisierungsschub ein, der sowohl den Bereich der öffentlichen Erwachsenenbildung [18] als auch privater Träger betraf.
- Mit der Institutionalisierung und damit einhergehenden wachsenden Beschäftigtenzahlen, kam es zu einer Ausdifferenzierung innerhalb der Berufspraxis in Leitung und Planung von Weiterbildungseinrichtungen, Konzeption und Durchführung von Seminaren, etc.
- Die Erwachsenenbildung hat sich im Rahmen der Erziehungswissenschaften zu einer eigenständigen wissenschaftlichen Disziplin entwickelt. In verschiedenen Diplom- oder Aufbaustudiengängen ist es möglich, sich für eine Tätigkeit der Erwachsenenbildung zu qualifizieren [19].
- Verschiedene Träger arbeiteten eigene Aus- und Weiterbildungskonzepte aus, um bei ihren Beschäftigten eine trägerspezifische Identität zu fördern.
- Hinzu kommt der Wandel von der Volksbildung über die Erwachsenenbildung/berufliche Aus- und Weiterbildung hin zu lebenslangem Lernen (vgl. Gieseke 1994, S. 282 ff.).

„Diese Entwicklungen wurden als Ausdruck bzw. als Elemente eines Professionalisierungsprozesses betrachtet, in dem die Bildung Erwachsener von einem amateurhaften, okkasionellen und gelegentlich missionarischen Tun zu einem auf wissenschaftlicher Ausbildung fußenden Beruf mit entsprechender autonomer Berufspraxis wird" (Galiläer 2005, S. 191).

---

17 Für eine detaillierte Darstellung der gesetzlichen Bestimmungen und Empfehlungen der deutschen Erwachsenenbildung und auf europäischer Ebene siehe Leinweber 2002, S. 51–68.
18 Eine übersichtliche Darstellung über die Entwicklung der Volkshochschulen in Deutschland und ihrer Mitarbeiterstruktur im Zeitraum des 20. Jahrhunderts bietet z.B. Gieseke 1996, S. 681–689, siehe z.B. auch Bechberger 1990, S. 82 ff.
19 Zur Entwicklung eines universitären erwachsenbildnerischen Studiums siehe z.B. Leinweber 2002, S. 69 ff.

Erst mit dem Abschluss des institutionellen Ausbaus Ende der 1980er Jahre schwenkte die Aufmerksamkeit der wissenschaftlichen Diskussion hin zu Aspekten der inneren Struktur pädagogischer Tätigkeiten und der *Qualität der Arbeit* (vgl. Nittel 2000, S. 72 f.; Tietgens 1998, S. 39 f.; Koring 1992, S. 172 f.). Die Frage nach dem „Ende der Professionalisierung" (Schlutz/Siebert 1988) wurde gestellt. Die heutige Beurteilung der Professionalisierungsbemühungen hin zu einer Profession der Erwachsenenbildung und einer spezifischen erwachsen-pädagogischen Professionalität der Tätigen fällt jedoch eher negativ aus:

> „Zu viele verschiedene Interessen, Verwendungssituationen, zu schnell sich wandelnde Anforderungen führen bisher nicht zu einer befriedigenden Lösung, so dass eine noch nicht im Ansatz gelungene Institutionalisierung der Weiterbildung, bei der man wahrlich nicht von einem System sprechen kann, bereits durch Entgrenzung in sich aufgehoben wird" (Gieseke 2002, S. 201).

Auch die anhaltende Beschäftigung mit dem Thema deutet darauf hin, dass der Prozess noch lange nicht abgeschlossen ist.

Mit der Hinwendung zu Fragen der Qualität, Kompetenz und Professionalität rückten auch die überwiegend frei- und nebenberuflichen Kursleitenden stärker in das Interesse der professionstheoretischen Diskussion, das vorher überwiegend den hauptberuflichen Erwachsenenbildnern galt (vgl. z.B. Bechberger 1990; Ziep 1990; Scherer 1988). Mit Beginn der 1990er Jahre entstanden zahlreiche Forschungsarbeiten, die sich mit Aspekten der Kursleiter-Professionalität beschäftigten. Viele von ihnen zeichneten sich durch eine subjektorientierte Perspektive aus (z.B. Hof 2001; Bechberger 1990; Kade 1989).

Im Rahmen der professionstheoretischen Forschung innerhalb der Erwachsenenbildungswissenschaft wurden auf Basis unterschiedlicher Theorierichtungen und Perspektiven verschiedene Aspekte von Professionalität untersucht. Wichtige Arbeiten waren unter anderem die Studie von Gieseke, die der Frage nach der Entwicklung eines spezifischen Habitus bei planend und disponierend Tätigen nachgegangen ist (vgl. Gieseke 1988), die Analyse und Bestimmung des Professionswissens aus dem Blickwinkel der struktur- und wissenssoziologischen Theorien (vgl. z.B. Dewe/Ferchhoff/Radtke 1992), die Anwendung der strukturtheoretischen Theorie von Oevermann (2002, 1996) auf die Situation der Erwachsenenbildung (vgl. Koring 1987), die Herausarbeitung zentraler Kompetenzen erwachsenenpädagogischen Handelns (vgl. z.B. Fuhr 1991) sowie die Einbeziehung des betriebspädagogischen Kontextes in die Erwachsenenbildung (vgl. Arnold 1995).

Den wissenschaftlichen Untersuchungen und Entwürfen stehen eine Vielzahl von praktischen Konzepten und Programmen gegenüber, die vor allem auf eine (Weiter-) Qualifizierung des erwachsenpädagogischen Personals, insbesondere der Kursleitenden, abzielen (vgl. z.B. Brokman-Neeren/Grieb/Raapke 1994; Langenbach 1990). Sowohl in der Wissenschaft als auch in der Praxis gab und gibt es ein starkes Bemühen, die Professionalität der Handelnden herzustellen beziehungsweise zu sichern.

Dennoch fallen die Beurteilungen über den Stand und den Fortschritt hinsichtlich einer Professionalisierung hin zur Professionalität eher ernüchternd aus. So kommt Peters am Ende ihrer Studie über Erwachsenenbildungs-Professionalität zu folgendem Schluss:

„Insgesamt scheinen die Ergebnisse dieser Untersuchung zur Erwachsenenbildungs-Professionalität die Ausgangs-Hypothese von der kaum entwickelten Erwachsenenbildungs-Professionalität eher zu bestätigen als zu widerlegen: Die Einschätzungen Tietgens' aus den 1980er Jahren und Harneys aus diesem Jahrzehnt, die Professionalisierung und damit auch die Professionalität in der Erwachsenenbildung sei nicht gelungen, wird damit empirisch gestützt" (Peters 2004, S. 228).

Inwieweit die besonderen Strukturen des Berufsfeldes mit eine Ursache für diese negative Einschätzung sind, wird im nächsten Kapitel untersucht.

2.3 Strukturen des erwachsenpädagogischen Berufsfeldes und Entwicklungstendenzen

In diesem Kapitel soll die Frage beantwortet werden: Was bedeutet es überhaupt, Kursleitender in der Erwachsenenbildung zu sein? Gleichzeitig wird damit auch die Problemstellung meiner Arbeit, die mit den besonderen Strukturen des erwachsenpädagogischen Berufsfeldes zusammenhängt, konkretisiert.

Die Strukturen des Berufsfeldes der Erwachsenenbildung lassen sich anhand der Träger/Institutionen und ihrer Verankerung in gesellschaftlichen Systemen sowie anhand der Berufsrollen/Tätigkeitsbereiche untersuchen. In einem ersten Schritt werden die unterschiedlichen Tätigkeitsbereiche und Berufsrollen dargestellt. Der sich anschließenden Übersicht über die unterschiedlichen Institutionen der Erwachsenenbildung und ihrer Einbindung in gesellschaftliche Funktionssysteme folgt eine Beschreibung der zentralen Veränderungstendenzen, die dieses Berufsfeld gerade charakterisieren. Eine zusammenfassende Bewertung für die Berufsgruppe der Kursleitenden schließt dieses Kapitel ab.

2.3.1 Berufsrollen und Tätigkeitsfelder

In der Literatur gibt es viele Darstellungen der Berufsrollen und Arten der Berufstätigkeit, die sich im Kern jedoch sehr ähnlich sind (vgl. z.b. Arabin 1996, Otto 1996; Bechberger 1990, S. 82 ff.). Grundsätzlich lassen sich verschiedene Aufgabenfelder und verschiedene Formen der Beruflichkeit unterscheiden. Im Laufe der Verberuflichung der Erwachsenenbildung haben sich die Verbindung des planend-disponierenden Aufgabenfeldes mit dem Festangestellten-Status sowie die Koppelung von lehrenden Tätigkeiten mit einem frei- und nebenberuflichen Status verfestigt. Nittel nennt vier zentrale Berufsrollen in der Erwachsenenbildung, die seit über 100 Jahren trotz aller Veränderungen innerhalb der Erwachsenenbildung relativ konstant geblieben sind, und zeigt damit auch die Verbindung von Aufgabenfeld und Beruflichkeit auf (vgl. Nittel 2000, S. 186 f., vgl. auch Faulstich 2001, S. 284 ff. und Bechberger 1990, S. 306 ff.):

1) Die Berufsrolle des *Leiters oder der Leiterin einer Bildungseinrichtung* – darunter fallen mittlerweile auch private Trainingsinstitute – wird meist hauptberuflich und in einem fest angestellten Arbeitsverhältnis ausgeübt. Dieses Tätigkeitsfeld kann allgemein mit dem Begriff Weiterbildungsmanagement beschrieben werden und beinhaltet unter anderem auch Öffentlichkeitsarbeit, Personalführung und Unternehmensplanung.

2) Zu dem Aufgabenfeld der *pädagogischen Mitarbeiter und Mitarbeiterinnen* zählen die so genannten *makrodidaktischen Tätigkeiten,* das heißt Programm-Planung, -Durchführung und -Evaluation sowie die Betreuung von Dozenten und Dozentinnen. Sie sind meist fest angestellt und üben diesen Beruf hauptberuflich aus.

3) *Hauptberuflich tätige Lehrende* agieren auf der *mikrodidaktischen Handlungsebene.* Das heißt, sie stehen in direkter Interaktion mit den Seminarteilnehmern und -teilnehmerinnen. Diese Gruppe lässt sich hinsichtlich der Berufsform in zwei Untergruppen unterteilen, und zwar in eine kleine Zahl Festangestellter und in überwiegend freiberuflich oder selbständige Lehrende.

4) Die vierte Berufsrolle innerhalb der Erwachsenenbildung übt die gleichen Tätigkeiten aus wie die hauptberuflich tätigen Lehrenden der dritten Gruppe. Allerdings führen sie ihre Aufgaben nur *nebenberuflich oder ehrenamtlich* aus. Das heißt, der ‚Hauptberuf‘ dieser Personengruppe liegt nicht in der Erwachsenenbildung.

Diese Tätigkeitsfelder sind heute jedoch von einer zunehmenden Ausdifferenzierung gekennzeichnet (vgl. Peters 2004, S. 45 f.; Faulstich 2001, S. 282). Die lange vorherrschende Aufteilung in mikrodidaktische (Lehre) und makrodidaktische Tätigkeiten (planende und disponierende Tätigkeiten, Fragen der Programmplanung, der Verwaltung und des Managements) ist so starr nicht mehr gegeben[20]. Peters beschreibt eine Ausdifferenzierung der hauptberuflichen Tätigkeiten in: Leitung und Management; Bedarfserkundung, Auftragsakquisition und Programmplanung; Mitarbeiter- und Auftraggeber-Beratung; Herstellung von Lehr-Lern-Materialien; Lehren, Lernberatung, Lernbegleitung, Moderation, Lern-Coaching sowie Verwaltung, Organisation und Technik. Sie empfindet die Aufteilung in makrodidaktische und mikrodidaktische Tätigkeitsbündel, die entweder von fest angestellten hauptberuflichen Mitarbeitern oder von neben- und freiberuflichen Mitarbeitern ausgeübt werden, nicht mehr als zutreffend. Da einerseits viele der disponierenden Tätigkeiten heute im Grunde Management-Aufgaben sind, und andererseits zum Beispiel die Erstellung von Lernmaterialien weder der Mikro- noch der Makrodidaktik eindeutig zugeordnet werden kann[21] (vgl. Peters 2004, S. 45 f.; vgl. auch Faulstich, 2001, S. 282; Nittel 2000, S. 186, 196).

2.3.2 Institutionen der Erwachsenenbildung und ihre Verankerung innerhalb gesellschaftlicher Funktionssysteme

Das Berufsfeld der Erwachsenenbildung wird meist mit zwei zentralen Begriffen beschrieben: „Entgrenzung" und „mittlere Systematisierung[22]" (vgl. Faulstich 2001; Schrader 2001; S. 227; Harney/Körzel 1997). Nittel hat zudem den Begriff der „lockeren Institutionalisierung" zur Charakterisierung desselben Phänomens eingeführt (vgl. Nittel 2000, S. 211 ff.). Auf welche besonderen Aspekte des Berufsfeldes beziehen sich diese Bezeichnungen? Den jeweiligen Analysen liegt eine systemtheoretische Perspektive zu Grunde. Die Begriffe beschreiben zwei miteinander verbundene Kennzeichen des Berufsfeldes der Erwachsenenbildung:

---

20 Im Rahmen der Professionalisierungsdiskussion wird immer wieder versucht, das didaktische Handeln als gemeinsamen Tätigkeitskern dieser beiden Handlungsbereiche darzustellen und professionstheoretisch zu verwerten (vgl. Peters 2004, S. 124 ff.). Bei diesen etwas erzwungen wirkenden Versuchen, wird meines Erachtens oft versucht, das planende und organisatorische Handeln in der Erwachsenenbildung als pädagogisches und als professionelles Handeln (im Gegensatz zu Expertenhandeln und organisationalem Handeln) darzustellen. Die Schwierigkeiten, die Erwachsenenbildner aber mit ihrer Rolle und der Menge an nicht-pädagogischen Tätigkeiten in diesen Funktionsfeldern haben, weisen darauf hin, dass dem nicht ganz so ist (vgl. Gieseke 1989 und auch Peters 2004).

21 Die von Peters identifizierten Tätigkeiten entsprechen in etwa den Tätigkeitsfeldern, die Nuissl in einer aktuellen Studie europaweit herausgefunden hat: Lehre, Management, Beratung, Programmplanung, Support, Medien (vgl. Nuissl 2005, S. 52 ff.). Interessant gerade auch für die Fragestellung dieser Studie ist das Tätigkeitsfeld der Beratung, dem zunehmende Bedeutung zugeschrieben wird und das eine zusätzliche Anforderung an die Kompetenz der Handelnden stellt (vgl. Sauer-Schiffer 2004; Fuhr 1991).

22 Schrader lehnt den Begriff der „mittleren Systematisierung" ab, da er die Systembildungsprozesse der Erwachsenenbildung als offener sieht, als mit diesem Begriff ausgesagt wird (vgl. Schrader 2001, S. 236).

Zum einen ist die Erwachsenenbildung oder Weiterbildung kein einheitliches System im Sinne der Systemtheorie (vgl. Faulstich 2001; Schrader 2001; Nittel 2000, S. 211 ff.). Im besten Fall kann von einem System als einer „Ansammlung von Organisationen (und damit auch von Berufen)" gesprochen werden (Schrader 2001, S. 233). Sie ist auch nicht Teil des öffentlich-rechtlichen Bildungssystems (vgl. Gieseke 1996, S. 679) und hat auch nie den Institutionalisierungsgrad der Schulen oder Hochschulen erreicht (vgl. Faulstich 2001, S. 278).

Zum anderen ist Erwachsenenbildung in unterschiedlichen gesellschaftlichen Funktionssystemen verankert (vgl. Nittel 2000, S. 213 ff.). „Die Weiterbildung ist Bestandteil sinnhaft getrennter Reproduktionssphären. ‚Für und an sich' gibt es sie gar nicht. Vielmehr tritt sie als Bestandteil anderer Sinnzusammenhänge in Erscheinung" (Harney/Körzel 1997, S. 65). Als betriebliche Weiterbildung ist sie Teil des Wirtschaftssystems, als VHS-Kurs Teil der öffentlichen Erwachsenenbildung und im Rahmen von kirchlichen Bildungsstätten ist sie Teil des Religionssystems etc. Innerhalb dieser verschiedenen Systeme hat sie auch unterschiedliche Funktionen inne (vgl. Harney/Körzel 1997, S. 56 f.).

Der Begriff Entgrenzung weist darüber hinaus darauf hin, dass der Prozess der Ausdifferenzierung der institutionellen und organisatorischen Strukturen weiter voranschreitet (vgl. Gieseke 2002, S. 198).

Die Ursache für diese Anbindung an die verschiedenen gesellschaftlichen Systeme liegt in der Entstehungsgeschichte der Erwachsenenbildung begründet. Die unterschiedlichen Träger und Institutionen der Erwachsenenbildung entstanden im Rahmen von Institutionalisierungsprozessen aus verschiedenen Problem- und Systemzusammenhängen. Beispielhaft sind hier die Arbeiterbildung zu nennen oder die Lesezirkel der bürgerlichen Gesellschaft (vgl. Harney/Körzel 1997, S. 52). Die Strukturen der Trägerlandschaft[23] sind auf die historisch gewachsene politische Förderung und Finanzierung der Erwachsenenbildung zurückzuführen. Die Trägerlandschaft kann als pluralistisch bezeichnet werden.

---

[23] Die Institutionen der Erwachsenenbildung lassen sich außerdem nach verschiedenen Kategorien ordnen, wie z.B. thematisch, nach Rechtsform oder Lernort etc. Faulstich (1997, S. 63) nennt zehn Systematisierungsansätze: nach Funktionsbereichen (z.B. berufliche oder allgemeine Erwachsenenbildung), nach Themenschwerpunkten (Sprachen, Technik, soziale Kompetenzen), nach Adressaten (z.B. Frauen, behinderte Menschen, Manager), nach der Angebotsbreite, nach Zugangsmöglichkeit (offen oder geschlossen), juristisch (kulturhoheitlich oder arbeitsrechtlich), nach der Rechtsform (GmbH, e.V. etc.), nach Trägern (z.B. Kirchen, Gewerkschaften, Unternehmen etc.) und nach Regulationsprinzipien (staatlich, marktmäßig).

So gibt es neben staatlich geförderten Institutionen eine Vielzahl an Interessengruppen, die Weiterbildung anbieten oder Weiterbildungseinrichtungen haben und natürlich auch private Einrichtungen (z.B. Kommunen, Kirchen, Handelskammern, Gewerkschaften, Vereine etc.) (vgl. Schrader 2001; S. 229; Faulstich 1997, S. 64).[24]

Die Institutionen der Erwachsenenbildung lassen sich daher in einen öffentlich regulierten und einen privatisierten Bereich einteilen. Diese Bereiche werden stark durch unterschiedliche Prinzipien – Marktprinzip auf der einen, und öffentliche Regulationsstrukturen auf der anderen Seite – bestimmt. „Die Weiterbildung ist dort vollständig privatisiert, wo sie sich in den von den öffentlichen Regulations- und Finanzierungsstrukturen unbesetzten Räumen bewegt. Dort ist sie sozusagen ‚Markt'" (Harney/ Körzel 1997, S. 52). Allerdings gibt es auch im öffentlich regulierten Bereich eine Verschiebung hin zum Marktprinzip (vgl. Faulstich/Vespermann 2002, S. 63 f.; Harney/ Körzel 1997, S. 52 f.). Außerdem wird das pädagogische Handlungsfeld und damit der Handlungsrahmen für die Akteure maßgeblich durch Organisationsstruktur und Organisationszweck der Institution mitbestimmt (vgl. Schrader 2001; Nittel 2000, S. 211 ff.).

Ein wichtiger Aspekt gerade im Hinblick auf die Tätigkeitsprofile der Erwachsenenbildner ist in diesem Zusammenhang auch, dass es sich bei den verschiedenen Trägern teils um explizite Bildungseinrichtungen, und teils um implizite Bildungseinrichtungen handelt. Letztere vertreten nach außen hin keinen oder nur einen marginalen Bildungsauftrag, wie z.B. Unternehmen (vgl. Nittel 2000, S. 188 f.). Gerade die impliziten Bildungseinrichtungen spielen in der heutigen Professionalisierungsdiskussion eine große Rolle: „Denn in dem gleichen Maße, wie die klassischen Einrichtungen der Erwachsenenbildung (Volkshochschulen) im Zuge der Entgrenzung und Enttraditionalisierung der Weiterbildung ihre ursprüngliche Rolle als Zentren der Verberuflichung verloren haben, sind zunehmend Institutionen auf den Plan getreten, die faktisch Bildungsarbeit betreiben, sich aber in der Öffentlichkeit nicht als Bildungseinrichtungen zu erkennen geben" (Nittel 2000, S. 189, vgl. auch Faulstich 2001, S. 280). Aus professionstheoretischer Sicht ist bei impliziten Bildungseinrichtungen kritisch zu betrachten, dass Weiterbildung zum einen am Organisationszweck ausgerichtet ist, und zum anderen, dass „die Definitionsmacht darüber, was makro- und mikrodidaktisch pädagogisch machbar und ethisch vertretbar ist, kaum oder überhaupt nicht in den Händen der Professionsmitglieder, sondern in letzter Konsequenz bei fremden und fachlich manchmal nicht sonderlich versierten Instanzen liegt" (Nittel 2000, S. 195).

---

24 Faulstich unterscheidet vier Hauptgruppen von Trägern: Öffentliche Erwachsenenbildungsträger, Partikulare Erwachsenenbildungsträger (Interessengruppen), Weiterbildungsunternehmen und Bildungsabteilungen in Unternehmen. Zwischen den einzelnen Trägertypen kann es durchaus zu vielfältigen Überschneidungen kommen (Private Weiterbildungsunternehmen können z.B. für bestimmte Programme der beruflichen Qualifizierung staatliche Zuschüsse bekommen.). Das Profil der jeweiligen Institution ergibt sich aus ihrer Position in diesem Spannungsfeld (vgl. Faulstich 1997, S. 64 f.; vgl. auch Faulstich 2001, S. 280).

Es lässt sich also festhalten, dass es einerseits klar definierte Institutionen der Erwachsenenbildung gibt (wie zum Beispiel eben die Volkshochschule), die sozial, räumlich und zeitlich abgegrenzte Bereiche für Erwachsenenbildung darstellen, andererseits aber auch Erwachsenenbildung als „mitlaufende Aktivität unter den Bedingungen eines nicht pädagogischen Organisationszwecks" (Nittel 2000, S. 213). Eine weitere Entgrenzung und Ausdifferenzierung führt dazu, dass ehemals nicht pädagogische Tätigkeiten einen erwachsenenpädagogischen Charakter bekommen haben. An den Schnittstellen zu anderen Handlungsfeldern hat sich ein erwachsenenpädagogischer Teilberuf in ehemals nicht pädagogischen Handlungszusammenhängen herausgebildet. So gibt es zum Beispiel eine Organisationsentwicklung für das ‚lernende Unternehmen', es gibt Bildungsreisen und Mischformen aus Sozialarbeit und Weiterbildung für Sozialhilfeempfänger. Aber auch unterschiedlichste Mischformen von Weiterbildung und Therapie, die Gegenstand meiner Arbeit sind (vgl. Peters 2004, S. 49 und auch Nittel 2000, S. 213).

In der Erwachsenenbildung, die systemisch betrachtet eine „offene und fluide Struktur" besitzt (Schrader 2001, S. 236), zeichnen sich über die Veränderung von Systemstrukturen und Regulationsmechanismen vier Tendenzen ab (vgl. Faulstich/Vespermann 2002, S. 64 f.):

- Entstaatlichung, das heißt weniger öffentliche Finanzierung von Weiterbildung
- Kommerzialisierung, das heißt, über die Vermarktung von Programmen und die Orientierung an der Nachfrage werden Finanzierungslücken geschlossen
- Diversifizierung, das heißt, die Pluralität der Träger vergrößert sich zunehmend
- Ökonomisierung, das heißt, für die Institutionen der Erwachsenenbildung gelten zunehmend die Regulationsmechanismen des Marktes [25] und auch interne Prozesse unterliegen verstärkt betriebswirtschaftlichen Kriterien [26]

2.3.3 Grenzen der Professionalisierung

Grundsätzlich sind den Professionalisierungsbemühungen der Erwachsenenbildung – hier im Sinne der Entwicklung einer Profession – durch die dargestellten besonderen Gegebenheiten dieses Berufsfeldes Grenzen gesetzt. In vielen Veröffentlichungen werden entsprechend der jeweils zu Grunde liegenden Professionstheorie

---

[25] Insbesondere die zunehmende marktrationale Orientierung hat einen Wandel der Arbeitsprozesse innerhalb der Erwachsenenbildung und ein verändertes professionelles Selbstverständnis zur Folge, was einige Autoren zusätzlich Deprofessionalisierungstendenzen erkennen lässt (vgl. Dewe 2005, S. 11; Faulstich 2001; Nittel 2000, S. 235).

[26] Erkennbar ist dies auch daran, dass vielerorts aus dem zentralen didaktischen Prinzip der Teilnehmerorientierung eine Kundenorientierung wurde. Die Berufsrolle des Erwachsenenbildners wechselte damit tendenziell vom unterstützenden Bildungsarbeiter zum Verkäufer. Auf der anderen Seite wurden die Teilnehmer so zum Käufer einer Ware (vgl. Peters 2004, S. 103).

der augenblickliche Stand und die zukünftigen Professionalisierungsmöglichkeiten der Erwachsenenbildung bewertet. Eine der m. E. umfassendsten Analysen hat Nittel (2000) durchgeführt.

Er identifiziert vier Aspekte der Erwachsenenbildung, die die Professionalisierung auch in Zukunft hemmen werden (Nittel 2000, S. 209 ff.):

- Die besondere Stellung der Erwachsenenbildung zu den verschiedenen gesellschaftlichen Funktionssystemen (vgl. Nittel 2000, S. 211 ff.).
- Die Kluft zwischen gesellschaftlich vergebenem Mandat und der Lizenz der Erwachsenenbildung.

Einem sehr umfassenden und diffusen Auftrag steht eine relativ eng gefasste Erlaubnis, ein enger Gestaltungsspielraum, was mögliche Interventionen und Techniken, aber auch zur Verfügung stehende finanzielle Mittel angeht, gegenüber. Eine große Diskrepanz zwischen Mandat und Lizenz kann die Herausbildung eines bestimmten beruflichen Habitus verhindern. Die berufliche Selbstpräsentation bleibt also eine herausfordernde Aufgabe des Einzelnen, ohne dass eine Orientierung vorgegeben wäre (vgl. Nittel 2000, S. 218 ff.).

- Die Vermischung von Profession und Organisation. Erkennbar war dies bei der Einführung des Qualitätsmanagements in die Erwachsenenbildung. Vielerorts wurde geglaubt, mit einer Standardisierung der Prozesse und Produkte eine höhere Qualität und damit auch Professionalität des Handelns zu erreichen. Damit wurde jedoch ein Rationalitätsmuster auf professionelles Handeln angewandt, das diesem eigentlich diametral entgegensteht. Daher muss es der Erwachsenenbildung in Zukunft gelingen, Organisation und Profession klar zu trennen (vgl. Nittel 2000, S. 223 ff.)[27].

- Das Strukturmerkmal der doppelten oder gespaltenen Wissensbasis. Insbesondere die Lehrenden in der Erwachsenenbildung können sich nicht auf eine Wissensbasis, das heißt auf eine Bezugswissenschaft alleine beziehen. Zu dem Wissen, wie etwas vermittelt wird, gehört auch immer das Wissen darüber, was vermittelt wird. Während in der Schule dieser Aspekt durch eine einheitliche Systematik der Fächer gelöst wurde, sind die Themen und Gegenstände der Erwachsenenbildung nahezu unbegrenzt. Für den Professionalisierungsprozess ergeben sich dadurch zwei Erschwernisse. Das Machtpotential der Professionellen reduziert sich dadurch, dass sie sich nicht auf eine einzelne Wissenschaft beziehen können. Außerdem werden durch das Zusammentreffen verschiedener Fachkulturen und verschiedener beruflicher Selbstbilder die Kommunikation untereinander und die Verständigung auf eine gemeinsame Berufsidentität erschwert.

---

27 Vergleiche hierzu auch Dewe (2005), der Weiterbildung im Spannungsfeld zwischen den Organisationsformen Unternehmen, Administration und Profession sieht.

Insgesamt lässt sich feststellen, dass die aufgeführten Erschwernisse für den Professionalisierungsprozess der Erwachsenenbildung sowohl auf kollektiver Ebene als auch auf individueller Ebene wirksam sind. Gerade im Hinblick auf eine gemeinsame Berufsidentität als Schnittstelle zwischen kollektiver und individueller Professionalisierung wirken sich die mittlere Systematisierung und Entgrenzung, die Diskrepanz zwischen Mandat und Lizenz, die Vermischung von Organisation und Profession sowie das Strukturmerkmal der doppelten Wissensbasis hinderlich aus.

2.3.4 Auswirkungen für Kursleitende in der Erwachsenenbildung

Welchen Einfluss haben die aufgezeigten beruflichen Bedingungen nun auf die Professionalität und vor allem auf die Qualifizierung für das Tätigkeitsfeld ‚Kursleitende in der Erwachsenenbildung' und die Ausbildung eines professionellen Selbstverständnisses?

Faulstich (2001) spricht in diesem Zusammenhang von der „Deprofessionalisierung des Personals der Erwachsenenbildung und Neoregulierung". Eine aktive Professionalisierung des Arbeitsfeldes hinsichtlich Ausbildungswegen, Beruflichkeit, Selbstverständnis und Interessenorganisation sind dringend notwendig, allerdings nicht in Sicht (vgl. Faulstich 2001, S. 292 f.).

Der (wirtschaftliche) Status vieler Kursleitenden, oft bezeichnet als Trainer, Coaches und Berater, kann verglichen werden mit dem von „Beschäftigten, die alle zu Fremdunternehmen gehören, deren Tätigkeiten von einem Unternehmen koordiniert werden, welches nur aus einem Planungsstab besteht". In diesem „Subunternehmer-Modell" verkauft ein Kursleitender sozusagen als Anbieter seiner eigenen Arbeitskraft seine Leistungen. „Institutionen der Erwachsenenbildung oder betriebliche Bildungsabteilungen würden so zu fraktalen Dienstleistungsunternehmen mit einer zentralen Holding und einer Korona von Zulieferern" (jeweils Faulstich 2001, S. 286 f.; vgl. hierzu auch die Ergebnisse von Dröll 1999). Für das thematische Angebot und die Qualifizierung der Kursleitenden bedeutet das: Anstatt sich an einer durch ein einheitliches professionelles Handlungsfeld vorgegebenen Ausbildung und Weiterbildung orientieren zu können, ist der in diesem Berufsfeld Tätige in diesen Fragen auf sich alleine gestellt und handelt nach seinen Vorstellungen und Bewältigungsmustern beziehungsweise richtet sich an den Anforderungen und Bedürfnissen des Marktes aus.

Die lockere Institutionalisierung der Erwachsenenbildung innerhalb verschiedener gesellschaftlicher Funktionssysteme wirkt sich auch auf die konkreten sozialen Situationen in diesem Handlungsfeld aus. Im Bereich der Interaktion in Seminaren kann von einer „lockeren Institutionalisierung" gesprochen werden, das heißt, auch hier gibt es keine festen, ritualisierten und standardisierten Handlungsstrukturen, an denen sich der Praktiker orientieren kann. Damit kann es sowohl auf der Seite der

Teilnehmer als auch auf der Seite der Lehrenden zu Grenzüberschreitungen kommen hinsichtlich politischen Handelns, alltäglicher Kommunikation oder eben auch Psychotherapie (vgl. Nittel 2000, S. 215). Im Hinblick auf die Professionalität von Kursleitenden äußert sich das vor allem bei der professionellen Identität und den professionellen Fertigkeiten, also dem erwachsenenpädagogischen ‚Handwerkszeug‘ (vgl. Nittel 2000, S. 216 f.; Dröll 1999). Die Schwierigkeit einer ‚standardisierten‘ Qualifizierung hat Faulstich treffend beschrieben:

> „Die Zugangswege zum Tätigkeitsfeld sind nach wie vor sehr verzweigt. Diese Vielfalt entspricht einerseits der Vielzahl von Aufgaben, andererseits ist sie aber auch Ausdruck einer defizitären Situation, bezogen auf Professionalität, Stellenausstattung und Kontinuität der Tätigkeiten des Personals in der Erwachsenenbildung, welche dann in der Folge hinsichtlich Quantität, Qualität und Stabilität der Einrichtungen und Angebote die Interessen potentieller Adressaten nur beschränkt ausfüllt" (Faulstich 2001, S. 293).

Entsprechend ihrem ‚Fach‘ beziehungsweise den Inhalten, die sie vermitteln, haben Lehrende der Erwachsenenbildung meist einen anderen fachlichen – nicht-pädagogischen – Hintergrund. Das heißt, schon die Grundqualifizierung entspricht nicht dem ausgeübten pädagogischen Tätigkeitsfeld. Deshalb stand die Frage der Weiterbildung der nicht fest angestellten Mitarbeiter im Zentrum der professionstheoretischen Diskussion in der Erwachsenenbildung. Da sie als Selbständige und Freiberufliche nicht Institutionen angehören, ist auch die Übernahme einer erwachsenenpädagogischen Berufskultur oder eines erwachsenenpädagogischen Habitus eher unwahrscheinlich. Die Professionalisierung dieser Mitarbeiter findet sozusagen unter erschwerten Bedingungen statt und entspricht eher einer Selbst-Professionalisierung oder -qualifizierung (vgl. Schäffter 1988).

Schäffter hat schon 1988 die Problematik der Qualifizierung und individuellen Professionalisierung von Erwachsenenbildnern unter diesen Bedingungen sehr deutlich dargestellt. Seine Analyse ist auch heute noch zutreffend. Charakteristisch für den Erwerb berufspraktischer Kenntnisse in der Erwachsenenbildung ist vor allem bei Selbständigen der „Zwang zu selbständigem Handeln" (Schäffter 1988, S. 203). Normalerweise übernehmen bei Selbständigen Berufsverbände Aufgaben wie die Regelung der Zugangsvoraussetzungen sowie die Sicherung professioneller Standards. Die Erwachsenenbildung wird jedoch gekennzeichnet durch: eine geringe Formalisierung, eine komplexe und teilweise unübersichtliche Vielfalt unterschiedlicher Konzeptionen und Ansätze, eine geringe Transparenz und durch sehr dynamische und offene Strukturen (vgl. Schäffter 1988, S. 201 f.).

Die „praxiserschließende Selbstqualifizierung" (Schäffter 1988, S. 204), gekoppelt mit einer schwach formalisierten Sozialisation, birgt die Gefahr in sich, dass sie „kommerzialisiert" wird und damit Institutionen außerhalb der Erwachsenenbildung die Berufsfelderschließung prägen. Die Tätigkeitsfelder können dann „zunehmend von nicht-pädagogischem Selbstverständnis überformt werden", was sich nach Schäffter in der „Betonung psycho-sozial-therapeutischer Konzeptionen praxisbezogener Fortbildungen" schon zeigt (Schäffter 1988, S. 205).

Kursleitende in der Erwachsenenbildung werden, hinsichtlich ihrer Professionalität, ihrer Aus- und Weiterbildung und ihres beruflichen Selbstverständnisses mit folgender Situation konfrontiert:

- Ein Kursleiter steht einer pluralistischen und unübersichtlichen Trägerstruktur gegenüber.
- Er ist Teil des Weiterbildungsmarktes und muss, um sich zu behaupten, den Anforderungen und Wünschen des Marktes hinsichtlich Qualifikation und auch Themenspektrum genügen.
- Die Arbeit bei verschiedenen Trägern und/oder Institutionen erfordert eine Orientierung an deren möglicherweise unterschiedlichen Werten und Ausrichtungen.
- Die Träger/Institutionen haben keinen einheitlichen Bezugspunkt, keinen Zentralwert auf den sich alle gleichermaßen beziehen.
- Netzwerke, Kollegen übernehmen nicht wie in anderen Berufen die Sozialisation.
- Implizite Erwachsenenbildungseinrichtungen richten ihr Handeln an ihrem, nicht- pädagogischen, Organisationszweck aus.
- Bei fehlender pädagogischer Vorbildung muss die pädagogische Handlungskompetenz selbst erarbeitet werden.
- Weiterbildungsmöglichkeiten für Kursleitende sind ebenfalls kommerziell organisiert und oft nicht Teil der Erwachsenenbildung.
- Bei der Auswahl der Weiterbildungsmöglichkeiten bleiben Kursleitende sich selbst überlassen und folgen damit häufig ihren biographischen Mustern.

In diesem Zusammenhang kommen für die Kursleitenden auch die Aus- und Weiterbildungsangebote des psychotherapeutischen Bereichs in Betracht. Aus Sicht der Erwachsenenbildung stellen sich diese als konkurrierende, aus Sicht der Kursleitenden als Ergänzung zu erwachsenpädagogischen Angeboten dar. Auch die Bedingungen und Anforderungen des Marktes können einen Einfluss darauf haben, für welche Weiterbildungsmöglichkeit sich Kursleitende entscheiden werden. Auf die Bedeutung des Weiterbildungsinteresses von Erwachsenenbildnern als „Seismograph für Entwicklungen und Veränderungen in der Weiterbildung" (Gieseke 2005, S. 38) hat Gieseke hingewiesen. Die Nachfrage nach bestimmten Wissensthemen als Weiterbildung lässt Rückschlüsse über die Vorstellung von (pädagogischer) Professionalität und über die wahrgenommenen Handlungsanforderungen zu (vgl. Gieseke 2005).

Da das Angebot des ‚Psychotherapiemarktes' von Kursleitern in der Erwachsenenbildung angenommen wird, soll dieser ‚Markt' im nächsten Kapitel näher untersucht werden.

2.4 Psychotherapie: Begriffsklärung und Skizzierung des Berufsfeldes

Nachdem nun ein erster Einblick in das Tätigkeitsfeld und das berufliche Umfeld von Kursleitenden gewonnen wurde, soll jetzt noch die andere Seite des Forschungsgegenstandes in den Blick genommen werden. Was ist unter einer psychotherapeutischen Ausbildung zu verstehen und wie sieht hier das berufliche Umfeld aus? Hierbei machen eine Vielzahl an Schulen und Therapierichtungen und der Einsatz von Psychotherapie in ganz unterschiedlichen gesellschaftlichen Systemen und Bereichen eine Bestimmung der Psychotherapie schwierig.

„Betrachtet man Psychotherapie als Profession, dann kann man sehen, daß sie eine spezialisierte Systemleistung universalisiert, also Irritationsbewältigung für die Gesellschaft in einer Weise erbringt, die von keinem anderen Funktionssystem erbracht wird und werden kann. Zugleich tut sie das individualisiert und intimisiert und das hat eine Folge: sie kann allgemein nicht definiert werden" (Buchholz 1998, S. 123).

Psychotherapie ist sicherlich auch deshalb nicht standardisierbar, da es sich um eine, mit den Worten Oevermanns, professionalisierungsbedürftige und -fähige Tätigkeit handelt. Aber ist sie auch nicht definierbar? Fasst man die jeweils zentralen Aspekte verschiedener Definitionen zusammen, so kann Psychotherapie zunächst folgendermaßen bestimmt werden (vgl. Petzold 1996, S. 7; Grawe 1994, S. 17; Schaeffer 1990, S. 28; Strotzka 1978, S. 4):

- Psychotherapie bezieht sich auf psychische und psychosoziale Problemlagen, mit dem Ziel, diese zu überwinden und eine optimale Lebensgestaltung zu ermöglichen.
- Dies geschieht in einem bewussten und geplanten interaktiven Prozess.
- Die Interaktion findet in einem bestimmten psychosozialen Kontext statt, der zum einen die Rollen von Therapeut und Patient/Klient bestimmt, aber auch jeweils bestimmt, was als ein psychisches Problem betrachtet wird.
- Interventionen werden mit Hilfe psychologischer Mittel, verbal, aber auch averbal, durchgeführt[28].
- Die Interventionen finden auf Basis eines bestimmten theoretischen Modells statt, das erwünschtes und abweichendes Verhalten beschreibt.

---

28 Einige Autoren sehen in der Anwendung psychologischer Methoden die einzige Möglichkeit Therapie klar zu definieren (vgl. Grawe 1994, S. 17; Schiedeck/Schäfer 1990, S. 38).

Seit den 1990er Jahren gibt es verstärkt Untersuchungen und Studien über allgemeine, schulenübergreifende Wirkfaktoren der Psychotherapie (z.B. Hain 2001; Grawe 1996 und 1994). Die Wirkung von Psychotherapie beruht demnach (vgl. Eckert 2000, S. 416 f.; Wirsching 1999, S. 44 ff.; Grawe 1994, S. 749 ff.):

- auf einer besonderen Beziehung zwischen Klient und Therapeut;
- auf der Vermittlung von Einsicht und Verständnis hinsichtlich des eigenen Erlebens und Verhaltens;
- auf der Ermöglichung emotionaler Erfahrungen;
- auf der aktiven Unterstützung bei der Problembewältigung durch Analyse und Förderung der notwendigen Kompetenz und der damit verbundenen Vermittlung von Erfolgserlebnissen und der Hoffnung auf Besserung;
- auf der Berücksichtigung von notwendigen Veränderungen im Umfeld der Klienten.

Damit sind auch die eingangs genannten ‚psychischen Mittel‘, welche die Psychotherapie auszeichnen, näher beschrieben.

2.4.1 Das psychotherapeutische Berufsfeld

Rein rechtlich gesehen, scheint die Bestimmung eindeutig, wer Psychotherapeut ist und wie sich das Berufsfeld gestaltet, da der Begriff „Psychotherapie" durch das seit 1999 gültige Psychotherapeutengesetz (PsychThG)[29] geschützt ist. Psychologischer Psychotherapeut und Psychologischer Kinder- und Jugendtherapeut darf sich nur nennen, wer eine Approbation hat.[30] Eine Approbation als Psychotherapeut bekommen Ärzte, die sich dann psychotherapeutisch tätige Ärzte nennen und Psychologische Psychotherapeuten und Kinder- und Jugendlichenpsychotherapeuten, wenn sie eine entsprechende Ausbildung absolviert haben (vgl. Best 2004, S. 441; Jerouschek 2004, S. 3 ff.). Die Ausübung von Psychotherapie ist laut PsychThG § 1 (3) „jede mittels wissenschaftlich anerkannter psychotherapeutischer Verfahren vorgenommene Tätigkeit zur Feststellung, Heilung oder Linderung von Störungen mit Krankheitswert, bei denen Psychotherapie indiziert ist. [...] zur Ausübung von Psychotherapie gehören nicht psychologische Tätigkeiten, die die Aufarbeitung und Überwindung sozialer Kontakte oder sonstiger Zwecke außerhalb der Heilkunde zum Gegenstand haben" (PsychThG § 1 (3) zitiert in Jerouschek 2004, S. 3).

---

29 Bis 1999 war die Heilpraktikererlaubnis nach dem Heilpraktikergesetz Voraussetzung für alle Psychotherapeuten, denn diese bot bis dahin die einzige Möglichkeit legal Heilkunde auszuüben, egal ob als Angestellter oder Freiberufler (vgl. Best 2004, S. 441).

30 § 1 des PsychThG: „§ 1 Berufsausübung. (1) Wer die heilkundliche Psychotherapie unter der Berufsbezeichnung ‚Psychologische Psychotherapeutin' oder ‚Psychologischer Psychotherapeut' oder die heilkundliche Kinder- und Jugendlichenpsychotherapie unter der Berufsbezeichnung ‚Kinder- und Jugendlichenpsychotherapeut' ausüben will, bedarf der Approbation als Psychologischer Psychotherapeut oder Kinder- und Jugendlichenpsychotherapeut." (PsychThG zitiert in Jerouschek 2004, S. 3).

Zu den im Sinne dieses Gesetzes wissenschaftlich anerkannten Verfahren zählen derzeit nur analytisch und tiefenpsychologisch fundierte Psychotherapie, Verhaltenstherapie und Familientherapie in der Kinder- und Jugendpsychotherapie. Voraussetzung hierfür ist, dass ein umfassendes Theoriesystem zur Krankheitsentstehung zu Grunde liegt und die Wirksamkeit spezifischer Handlungsmethoden belegt ist (vgl. Best 2004, S. 446).

Bei diesem ‚offiziellen‘ [31] Bereich der Psychotherapie handelt es sich um einen stark professionalisierten Bereich. Die Psychotherapie ist in das Gesundheitssystem eingebettet, da sie den ärztlichen Behandlungen zugerechnet und über die Krankenkassen abgerechnet werden kann. Außerdem ist sie im Bereich der sozialen Dienste zu finden [32]. Sowohl die Abrechnung der Leistungen als auch die Ausübung der Psychotherapie können in diesen Bereichen jedoch sehr unterschiedlich sein. Zugangsmöglichkeiten und Ausbildung werden über entsprechende Verbände [33] und auch gesetzlich reguliert [34].

Es würde allerdings der Realität nicht gerecht werden, sich nur auf den gesetzlich anerkannten Bereich von Psychotherapie zu konzentrieren. Die zahlenmäßig vermutlich größeren Aktivitäten im psychotherapeutischen Bereich finden außerhalb der gesetzlichen Anerkennung statt. Dieses Feld kann man auch als alternativen Gesundheitsmarkt oder ‚Psychomarkt‘ (vgl. Goldner 2000) bezeichnen. Damit sind zwei wichtige Charakteristika dieses Feldes benannt: zum einen die Tatsache, dass ein Großteil der psychotherapeutischen Versorgung außerhalb des gesetzlich regulierten Bereiches stattfindet, und zum anderen seine den Marktgesetzen unterliegende Organisation. Der alternative Gesundheitsmarkt stellt sich als ein sehr breites und unübersichtliches Feld dar.

---

31 Mit dem offiziellen Bereich ist der Bereich psychotherapeutischer Versorgung gemeint, der einmal durch Integration in das Gesundheitssystem, wie unter anderem durch Anerkennung der Krankenkassen oder Anschluss an Institutionen wie Krankenhäuser, und zum anderen durch Integration in den Bereich der sozialen Dienste gekennzeichnet ist.

32 Vergleiche hier die Diskussion um die Abgrenzung zur Therapie im Bereich der sozialen Arbeit.

33 Es existiert eine Kammer der Psychotherapeuten, als Selbstverwaltungsorgan der Psychotherapeuten (vergleichbar mit der Ärztekammer). Alle Psychotherapeuten sind Zwangsmitglieder der Kammer des jeweiligen Bundeslandes. Die Voraussetzungen für die Einrichtung von Psychotherapeutenkammern müssen in den Heilberufs- und Kammergesetzen der Länder geschaffen werden. Diese Kammern regeln: Wahrnehmung der beruflichen Belange der Therapeuten und Darstellung nach außen, Beratung staatlicher Organe und anderer gesellschaftlicher Institutionen, Erlass einer Berufsordnung mit ethischen Richtlinien, Überwachung der Rechte und Pflichten der Mitglieder und ggf. disziplinarische Maßnahmen bei Verletzung der Berufspflichten, Regelung der Weiterbildung und Qualitätssicherung (vgl. Best 2004, S. 442).

34 Das Gesetz enthält Vorgaben zu Berufsausübung, Legaldefinition Psychotherapie, Approbation, Ausbildung, Gebührenordnung, Zuständigkeiten, wissenschaftlicher Anerkennung, Übergangsvorschriften (vgl. Best 2004, S. 443).

Es ist geprägt durch eine kaum überschaubare Anzahl an therapeutischen Schulen und Richtungen und durch eine unklare Abgrenzung sowohl zum medizinischen als auch zum esoterischen Bereich (vgl. Goldner 2000; Andritzky 1997; Schaeffer 1990, S. 17).

Goldner (2000) kommt in seiner Studie, in der er neuen Therapierichtungen und esoterischen Angeboten auf den Grund geht, zu einer relativ kritischen Einschätzung der „Psychoszene". Er führt insgesamt über 100 Verfahren auf, die er als fragwürdig empfindet. [35] Laut Goldner hat sich ein gigantischer ‚Psycho-Supermarkt' entwickelt, in dem ein undurchsichtiges Sammelsurium verschiedener ‚Heilslehren' angeboten wird. „Bruch- und Versatzstücke jedes nur erdenklichen Kulturkreises werden vereinnahmt und ‚therapeutisch' beziehungsweise zu ‚Selbsterfahrungszwecken' aufbereitet" (Goldner 2000, S. 16). Dabei gibt es unendlich viele Kombinationsmöglichkeiten. Teilweise werden Verfahren mit ernst zu nehmenden Entspannungsvefahren oder Verfahren aus etablierten Richtungen der Psychotherapie verknüpft (vgl. Goldner 2000, S. 14 ff.). Der Alternative Markt hat sich seit den 1960er Jahren mit dem so genannten ‚Psychoboom' entwickelt. Das bedeutet, die Expansion der Psychotherapie wurde weniger aus dem gesetzlich regulierten Bereich heraus betrieben als vielmehr aus dem ‚außerprofessionellen' Bereich mit dem Charakter einer Sozialbewegung (vgl. Schaeffer 1990, S. 17 ff.). Diese Entwicklung hat von Seiten der ‚etablierten' Psychotherapie zu Machtprozessen geführt, die möglicherweise zum „Titelschutz" (Goldner 2000, S. 76) durch das Psychotherapeuten-Gesetz geführt haben.

Es gibt verschiedene Ansätze, die Vielzahl der heute existierenden Therapien zu unterscheiden. So gibt es jeweils Unterschiede hinsichtlich der Intensität und Art der Methoden und Behandlungsverfahren (verbale und handlungsbezogene Psychotherapieverfahren, Musiktherapie, Körperorientierte Psychotherapie, Suggestions- und Entspannungsverfahren, beratende Therapie oder medizinische Therapie), der Teilnehmer (Einzeltherapie, Gruppentherapie, Familientherapie, Therapien für Erwachsene oder Kinder) und des theoretischen Bezugssystems, das die Ziele, den Krankheitsbegriff, die Persönlichkeitstheorie, die Entwicklungstheorie sowie die Rolle und das Verhalten des Therapeuten und die Anwendung bestimmter Techniken umfasst (vgl. Eckert 2000, S. 413 ff.).

---

35 Die New-Age-Bewegung hat sich ab Mitte der 1960er Jahre von Kalifornien aus über die ganze (westliche) Welt ausgebreitet. Mit New Age ist das neue Zeitalter des Wassermanns gemeint, das das Zeitalter der Fische ablöst und damit Kriege und Elend der Vergangenheit angehören und Liebe ab sofort die Welt regiert. Die New-Age-Bewegung ist dabei keine einheitliche Organisation. Es gibt weder gemeinsame Ziele, noch gibt es ein gemeinsames Programm. Als wesentliches Instrument für die erstrebte Bewusstseinsänderung wird die Psychologie betrachtet. Allerdings wird dabei nicht auf die Wissenschaftliche Psychologie zurückgegriffen, sondern auf esoterische Glaubensvorstellungen. (Esoterik bezeichnet eigentlich mystisches und okkultes Geheimwissen, zu dem nur besonders Eingeweihte – Priester, Schamanen, Heiler, Druiden – Zugang haben.) (Vgl. Goldner 2000, S. 14 f.)

In den meisten Veröffentlichungen werden die verschiedenen Psychotherapien jedoch nach ihrer theoretischen Richtung unterschieden. Häufig wird dabei auf die übliche Dreiteilung Psychoanalyse, Verhaltenstherapie und humanistische Psychologie zurückgegriffen. Ich möchte mich bei der Unterscheidung verschiedener Therapierichtungen an der Einteilung von Grawe (1994) und Wirsching (2001) orientieren, da beide die übliche Dreiteilung um die systemischen Verfahren ergänzt haben und Grawe zusätzlich Entspannungsverfahren nennt. Abbildung 2 gibt einen kurzen Abriss über die unterschiedlichen Therapieformen (vgl. auch Stumm/Pritz 2000; Kivits 1993). Es sind nur die meiner Meinung nach bekanntesten Schulen der jeweiligen Richtung aufgeführt. Derzeit gibt es keine vollständige Liste aller existierenden Psychotherapieverfahren (vgl. Grawe S. 734). Die Zahlen über bestehende psychotherapeutische Ansätze und Herangehensweisen schwanken zwischen 250 und 400 (vgl. Miller 2006, S. 220).

Therapierichtung/ Schulen (Auswahl)	Grundannahmen und Behandlungsweisen
Humanistische Therapien • Gestalttherapie • Gesprächs- psychotherapie • Psychodrama • Transaktionsanalyse	**Grundannahme:** Der Mensch wird als körperliche, psychologische und spirituelle Einheit verstanden, mit einem Streben nach Selbstverwirklichung und Wachstum. Es wird davon ausgegangen, dass der Mensch das Potential und die Ressourcen für seine Entwicklung in sich trägt. Ziel ist es, diese zu erkennen und in Interaktion mit anderen zu realisieren. **Behandlung:** Die Behandlung konzentriert sich auf das Erleben und Wahrnehmen von Gefühlen und Körperempfindungen im Hier-und-Jetzt. Durch eine von Empathie, Authentizität und Akzeptanz geprägte Haltung gestaltet der Therapeut eine für Selbsterkenntnis und Wachstum geeignete Beziehung zum Klienten. In der Gesprächspsychotherapie bekommt das klientenzentrierte Gespräch eine besondere Bedeutung.
Psychodynamische/ tiefenpsychologische Therapien • Psychoanalyse • Katathymes Bilderleben • Daseinsanalyse • Individualtherapie	**Grundannahme:** Verhalten wird stark durch unbewusste seelische Vorgänge bestimmt. Diese werden oft abgewehrt, verdrängt. Aktuelle Situationen können ältere Erfahrungen und die damit verbundenen Gefühle hervorrufen. **Behandlung:** über therapeutisches Gespräch, Ausnutzung der Übertragung, Gegenübertragung + Widerstände zu unbewussten Prozessen. Im Zentrum stehen Erinnerungs- und Beziehungsarbeit. Alte Muster werden rekonstruiert und neu ‚gelernt'.
Kognitiv-behaviorale Therapien • Rational-emotive Therapie • Training sozialer Kompetenzen • Biofeedback	**Grundannahmen:** Verhaltenstherapien bauen stark auf Theorien und Ergebnissen der Psychologie (Lern-, Kognitions-, Sozialpsychologie) auf. Sie beruhen auf der Annahme, dass bestimmtem Verhalten Fehlvorstellungen zu Grunde liegen, die psychische und körperliche Reaktionen auslösen. Veränderungen von Denk- und Wahrnehmungsschemata bewirken eine Veränderung des Verhaltens. **Behandlung:** Ziel ist die Durchbrechung typischer ‚Denkfehler', z.B. durch das Herbeiführen von Erfolgserlebnissen oder Tagebuchführen, zum Aufdecken logischer Denkfehler. Aber auch die systematische Desensibilisierung, die Hierarchisierung der Angst machenden Faktoren, das Einüben einer Entspannungsmethode, das stufenweise Herangehen an die Situation gehören zu typischen Behandlungsweisen.

Interpersonale Therapien • Paartherapie • (Systemische) Familientherapie	**Grundannahmen:** Psychische Störungen als Ausdruck/Folgeerscheinung gestörter Beziehungen in Bezugssystemen. Das System steht im Mittelpunkt, hat Fähigkeit zur Selbstorganisation und strebt danach, sich selbst aufrechtzuerhalten. Auch die Psyche ist ein System, das sich durch Selbstreflexion und Interaktion weiterentwickelt. Konstruktivistische Annahmen zur Wahrnehmung und Konstruktion der Wirklichkeit ergänzen die systemische Perspektive. **Behandlung:** Ressourcenorientierung steht im Mittelpunkt. Umdeutung vorhandener Konstrukte (auch Störungen und Probleme sind ein Konstrukt und können verändert werden). Suche nach Ansatzpunkten zur Veränderung im System.
Entspannungsverfahren • Progressive Muskelentspannung • Autogenes Training • Hypnose	**Grundannahmen:** In durch Entspannung hervorgerufenen veränderten Bewusstseinszuständen sind Menschen stärker für Suggestion und Konditionierungen empfänglich. **Behandlung:** Durch hervorgerufene körperliche Entspannungszustände ist eine suggestive Selbstbeeinflussung möglich. Bilder und Vorstellungen, die im Entspannungszustand verankert werden, können beispielsweise Ängsten entgegenwirken. Die Aufmerksamkeit kann sich aber auch auf Körperwahrnehmungen richten, die möglicherweise auf psychische Probleme hindeuten.

Abb. 2: Richtungen und Schulen in der Psychotherapie

Vor allem seit den 1990er Jahren gibt es außerdem einige Versuche, verschiedene psychotherapeutische Richtungen zu integrieren und so das Schulendenken in der Psychotherapie zu überwinden. Als drei zentrale Modelle sind hier zum einen die Allgemeine Psychotherapie von Grawe, das Generische Modell von Psychotherapie von Orlinsky und die Integrative Therapie von Petzold zu nennen (vgl. Stumm/Pritz 2000, S. 18 f.). Grundlage der Allgemeinen Psychotherapie von Grawe ist die Psychotherapieforschung, die allgemeine Wirkfaktoren im psychotherapeutischen Prozess untersucht. Der Entwurf einer Integrativen Therapie von Petzold baut auf einem multi-perspektivischen Herangehen im Therapieprozess sowohl auf theoretischer als auch auf praktischer Ebene auf (Quellen sind unter anderem die Tiefenpsychologie, das Psychodrama und die Gestalttherapie). Es geht ausdrücklich um einen ‚Entwurf‘, da keine starre Lehre oder Richtung begründet werden soll (vgl. Petzold/Schuch 1992, S. 371 ff., 403).

Von einem einheitlichen Berufsfeld kann also bei der Psychotherapie nicht gesprochen werden. Es ist geprägt durch verschiedene Schulen und Richtungen, durch einen rechtlich anerkannten, professionalisierten Bereich und einen alternativen Markt, der sich wiederum durch große Unterschiede auszeichnet, was die Wissenschaftlichkeit und Professionalität der hier vertretenen Institute und Anbieter anbelangt. Die Grenzen zur Pädagogik und zur Medizin, aber auch zur Esoterik, sind jeweils fließend. Wenn also in einem späteren Kapitel Psychotherapie mit Erwachsenenbildung verglichen wird, bietet sich wiederum ein Rückbezug auf professionstheoretische Vergleichsebenen an, da so das jeweils zentrale der beiden Berufsfelder zueinander in Beziehung gesetzt werden kann.

Davor soll jedoch noch ein Blick auf die Inhalte einer psychotherapeutischen Ausbildung geworfen werden.

2.4.2 Qualifikation und Ausbildung

Die verschiedenen Schulen und Richtungen der Psychotherapie prägen auch entscheidend die jeweilige Ausbildung zum Psychotherapeuten. Sie wird von Therapieverbänden und Institutionen, die privatwirtschaftlich organisiert sind, geregelt und durchgeführt[36]. Diese Einrichtungen orientieren sich meist an einer bestimmten Therapierichtung und verfestigen so das unübersichtliche Nebeneinander der verschiedenen Therapiearten. So wird die professionelle Identität eines Psychotherapeuten auch sehr stark durch die Zugehörigkeit zu einer bestimmten Therapieschule bestimmt (vgl. Grawe 1994, S. 22).

Welche Ausbildung, das heißt, welche Art der Psychotherapie sich ein Ausbildungskandidat auswählt, hängt in hohem Maße von situativ-persönlichen Faktoren ab. Psychologen kommen meist mit Vertretern der Verhaltenstherapie und auch der Gestalttherapie, der Familientherapie und Gesprächspsychotherapie in Kontakt, während Medizinstudenten häufig tiefenpsychologisch orientierten Richtungen begegnen (vgl. von Rad 1997, S. 30). Während Anfängern in anderen Berufen die Qualifikationsanforderungen vorher bekannt sind, „tritt ein psychotherapeutischer Ausbildungskandidat von Anfang an in ein spezifisches, in höchstem Maße personal geprägtes Lehrer/Schüler-, Meister/Lehrling-, Therapeut/Patient-Verhältnis ein [...]" (von Rad 1997, S. 30 f.).

Abgesehen von dem gesetzlich geschützten Bereich des Psychotherapeuten ist in Deutschland keine psychotherapeutische Qualifikation erforderlich, um psychotherapeutisch tätig zu werden. Es ist lediglich eine Erlaubnis nach dem Heilpraktikergesetz (HeilPrG) erforderlich. Diese Erlaubnis wird durch die Länder beziehungsweise die jeweiligen Gesundheitsbehörden vergeben, jedoch mit sehr unterschiedlichen Prüfungsmodalitäten. Goldner bewertet die Anforderungen des HeilPrG sehr kritisch und sieht außerdem in allen Bundesländern ein sehr niedriges Niveau der Prüfungsanforderungen (vgl. Goldner 2000, S. 69 ff.).

> „Das zum 1.1.1999 in Kraft getretene Gesetz ändert indes, [...], praktisch gar nichts, außer der Einführung eines (weitgehend wirkungslosen) Titelschutzes bleibt alles beim Alten: Es bleibt Heilpraktikern und nach dem HeilPrG zugelassenen Psychologischen Beratern (oder wie auch immer sie sich nennen) völlig unverwehrt, auch mit unbrauchbarer „Qualifikation" psychotherapeutisch tätig zu werden" (Goldner 2000, S. 76).

---

36 Im Gegensatz zu anderen Länden, dort ist die Ausbildung an Universitäten möglich (z.B. England, Österreich).

Zwischen den beiden Polen von psychotherapeutisch Tätigen mit einer zweifelhaften Qualifikation nach dem HeilPrG und dem gesetzlich geschützten Bereich des Psychologischen Psychotherapeuten liegt jedoch ein weites Feld. Es wäre vermessen und schlichtweg falsch, Psychotherapeuten, die nicht über eine Approbation verfügen, als nicht qualifiziert zu betrachten. Dennoch lässt sich festhalten, dass die Qualifikation von psychotherapeutisch Tätigen höchst unterschiedlich sein kann. Dementsprechend zufällig und auch vom Erstberuf abhängig ist häufig die Auswahl der therapeutischen Richtung. Für die vorliegende Studie sollen jedoch nur Personen ausgewählt werden, die über eine Zusatzqualifikation einer psychotherapeutischen Schule oder Richtung verfügen und nicht nur eine Prüfung nach dem HeilPrG abgelegt haben.

Wirft man einen Blick in die Ausbildungsrichtlinien einiger zentraler Therapieverbände und -vereinigungen in Deutschland (z.B. Deutsche Vereinigung für Gestalttherapie e.V. – DGV, Deutsche Gesellschaft für Verhaltenstherapie e.V. – DGVT, Deutsche Gesellschaft für Psychoanalyse, Psychotherapie, Psychosomatik und Tiefenpsychologie e.V. – DGTP, Deutsche Gesellschaft für Systemtische Therapie/Familientherapie – DGSF, Gesellschaft für wissenschaftliche Gesprächspsychotherapie e.V. – GWG), so lassen sich Gemeinsamkeiten in bestimmten Ausbildungsbereichen erkennen. Neben theoretischen Grundlagen, wie psychologisches Grundwissen, Spezifika der jeweiligen Theorierichtung, Diagnostik, therapeutischer Prozess und Methodik, beinhaltet jede Ausbildung einen praktischen Teil, in dem eine bestimmte Anzahl an psychotherapeutischen Prozessen durchgeführt werden muss. Außer der Vermittlung der Ausbildungsinhalte sind Selbsterfahrung sowie Supervision und/oder der kollegiale Austausch Bestandteile des Curriculums (vgl. die Richtlinien der oben angegebenen therapeutischen Gesellschaften sowie von Rad 1997, S. 31). Zusätzlich erfordern einige Ausbildungsrichtlinien noch die Durchführung einer Eigentherapie (vgl. Richtlinien der GWG, Richtlinien der DGTP) sowie Praktika im klinisch-psychiatrischen Bereich (vgl. Richtlinien der DGVT).

Beim zeitlichen Umfang der Ausbildungen zeigen sich jedoch erhebliche Unterschiede. Für die Ausbildung in Systemischer Therapie und Beratung sind drei Jahre und eine Mindestanzahl von 900 Unterrichtseinheiten erforderlich (vgl. Richtlinien DGSF). Für die Ausbildung in Psychologischer Psychotherapie mit Schwerpunkt Verhaltenstherapie ist ebenfalls eine Dauer von mindestens drei Jahren und 4.200 Ausbildungsstunden vorgegeben (vgl. Richtlinien DGVT). Die Ausbildung in Klientenzentrierter Psychotherapie erfordert eine mindestens fünfjährige Ausbildung und umfasst ca. 1590 Stunden (vgl. Richtlinien GWG).

Die Zulassungsvoraussetzungen für die Ausbildungen sind ebenfalls unterschiedlich geregelt. Während die DGVT ausschließlich Diplom-Psychologen zulässt (vgl. Richtlinien DGVT), schreibt die DGSF einen Hoch- oder Fachhochschulabschluss im humanwissenschaftlichen Bereich vor (vgl. Richtlinien DGSF).

Aus den oben aufgeführten Fakten lässt sich ableiten, dass eine psychotherapeutische Ausbildung in jedem Fall ein hohes persönliches und teilweise auch hohes finanzielles Engagement der Teilnehmenden erfordert. Es ist daher durchaus zu vermuten, dass durch eine drei bis fünf Jahre dauernde Ausbildung eine Einsozialisation in das Berufsfeld der Psychotherapie erfolgt – was unter anderem auch Ziel der Ausbildung ist –, die sich möglicherweise auch auf das Handeln im Bereich der Erwachsenenbildung auswirkt (zur Entwicklung eines professionellen Selbstbildes vgl. z.B. Cornish 1992).

Ergänzend soll noch kurz auf die Ausbildung im Neurolinguistischen Programmieren (NLP) eingegangen werden. Gerade im Bereich des Managementtrainings verfügen viele Kursleitende über eine solche Zusatzausbildung und nicht selten wird eine therapeutische Zusatzausbildung in einer der in Kapitel 2.4.1 genannten Richtungen zusätzlich durch NLP ergänzt. Obwohl NLP auch in der Psychotherapie eingesetzt wird, wird es nicht als psychotherapeutische Richtung verstanden. Der DVNLP selbst schreibt eher von Entwicklungs- und Veränderungsprozessen und der Entdeckung des eigenen Potentials (vgl. Homepage des DVNLP). Die Ausbildung ist mit 145 Stunden auch deutlich kürzer als die oben aufgeführten und verlangt keine Zulassungsvoraussetzungen (vgl. Richtlinien DVNLP). Gerade weil es sich bei NLP um eine prominente, aber auch umstrittene Richtung handelt, sollen Kursleitende mit dieser Ausbildung in die Studie mit einbezogen werden.

3. Der Therapeut als Kursleiter – zum Verhältnis von Therapie und Erwachsenenbildung

„Was berechtigt uns, für den Ausschnitt der Wirklichkeit, von dem wir reden wollen, diese Beziehung der beiden Begriffe aufeinander überhaupt zu formulieren?" (Schumann 1993, S. 287). Zunächst einmal ist es die ‚Wirklichkeit' selbst, die auf der Handlungsebene therapeutisches und pädagogisches Handeln in Beziehung setzt: zum Beispiel durch den Einsatz therapeutischer Methoden in pädagogischen Situationen oder durch Pädagogen mit therapeutischer Zusatzausbildung. Darüber hinaus gibt es eine beachtliche Anzahl an Veröffentlichungen, die sich auf unterschiedlichen Ebenen, Perspektiven und Zielrichtungen dieses Verhältnisses annehmen. Tatsächlich hat das ‚In-Beziehung-Setzen' der beiden Begriffe und der beiden Handlungsfelder sowohl auf theoretischer als auch auf praktischer Ebene ein solches Ausmaß angenommen, dass vielerorts von einer Therapeutisierung der Pädagogik beziehungsweise Erwachsenenbildung gesprochen wird (vgl. Schön 1993; Böhm 1992; Schaeffer 1992, 1990; Schiedeck/Schäfer 1990).

Die meisten Veröffentlichungen zu dem Thema lassen sich zwei unterschiedlichen Zielrichtungen zuordnen. Ein Teil der Veröffentlichungen streicht vor allem die Unterschiede zwischen Therapie und Erwachsenenbildung heraus und warnt meistens auch vor den Gefahren einer Therapeutisierung der Erwachsenenbildung und der Verdrängung der Pädagogik. Weitere Arbeiten verfolgen jedoch das genaue Gegenteil. Sie sehen in der Verwendung und Nutzbarmachung bestimmter therapeutischer Methoden oder Theorien einen Gewinn für die Erwachsenenbildung (z.B. Roos 1996; Heese 1995; Lumma 1988; Knoll 1977).

Ein Blick in die Literatur zeigt, dass es keinen Konsens über das Verhältnis von Therapie und Erwachsenenbildung gibt. Einerseits kann das an den höchst komplexen und unübersichtlichen (Berufs-)Feldern liegen. Andererseits wird bei der Erörterung des Verhältnisses von Therapie und Erwachsenenbildung von unterschiedlichen Vergleichsebenen und Sichtweisen aus argumentiert. Einmal werden wissenschaftliche Leitkategorien, dann die Handlungsstrukturen der Berufsfelder miteinander verglichen und ein weiterer großer Anteil der Veröffentlichungen wiederum bezieht sich auf eine ganz bestimmte therapeutische Richtung.

Ein Vergleich der *äußeren Merkmale* erwachsenenpädagogischer und therapeutischer Situationen – wie z.b. Zeitdauer, Teilnehmerzahl, Vergütung etc. – erscheint für die Fragestellung dieser Arbeit wenig zielführend. Haug (1985) hat sich bei einem Vergleich von Erwachsenenbildung und Gruppentherapie unter anderem diesen äußerlichen Bestimmungsmerkmalen gewidmet und dabei festgestellt, dass sich „eine klare Abgrenzung bzw. Verhältnisbestimmung auf der Ebene *formaler wie theoretischer Vergleichskriterien* sehr schwierig gestaltet" (Haug 1985, S. 197). Allein durch die Beschreibung äußerer Merkmale lässt sich nicht feststellen, ob in diesem Setting nun therapeutische oder erwachsenpädagogische Prozesse ablaufen[37].

Für die Erarbeitung der Vergleichskriterien wurden aus der Literatur daher vor allem die Untersuchungen ausgewählt, die sich den Unterschieden pädagogischen und therapeutischen Handelns widmen. Es geht also weniger um eine Analyse der Begrifflichkeiten (wie z.B. bei Schumann 1993 oder teilweise bei Nussle-Stein 2006).

Begonnen wird jedoch mit der Frage, was unter der Therapeutisierung von Erwachsenbildung unter professionstheoretischen Gesichtspunkten zu verstehen ist. Danach werden die Gemeinsamkeiten oder Überschneidungsbereiche der beiden Handlungsfelder in den Blick genommen und im Anschluss daran die Übergänge und Differenzen[38]. Die Bestimmung der Unterschiede zwischen psychotherapeutischer und erwachsenpädagogischer Handlungsstruktur soll durch Überlegungen zu einer Therapeutisierung in Seminaren vertieft werden. Abschließend werden die erarbeiteten Kriterien nochmals im Zusammenhang präsentiert und hinsichtlich ihres Potentials zur Differenzierung von Psychotherapie und Erwachsenenbildung bewertet.

3.1 ‚Therapeutisierung' der Erwachsenenbildung

Wenn in der Literatur von einer ‚Therapeutisierung' der Pädagogik allgemein oder der Erwachsenenbildung im Besonderen[39] die Rede ist, wird damit auf eine bestimmte Entwicklung Bezug genommen, die in Deutschland in den 1970er und 1980er Jahren ihren Höhepunkt hatte.

---

37 Interessierte Leser seien hier an die Arbeiten von Haug (1985) und Schumann (1993) verwiesen. Schumann nennt zur formalen Grenzziehung zwischen Therapie und Erziehung folgende Kriterien (Schumann 1993, S. 294 ff.): Institutionen, Ziele, Personen, Inhalte und Methoden.

38 Dewe (2005) hat in einem Aufsatz Einheit, Differenz und Übergänge in Bezug auf Erwachsenenbildung, Beratung und Therapie betrachtet. Im Anschluss daran möchte ich ebenfalls die Gemeinsamkeiten, die Unterschiede und die Schnittstellen oder Übergänge von Therapie und Erwachsenenbildung betrachten.

39 Die meisten Veröffentlichungen zum Thema „Therapeutisierung" beziehen sich auf die Pädagogik allgemein, da unter Therapeutisierung auch ein bestimmter Prozess begriffen wird, der im Grunde alle pädagogischen Felder umfasst. Die Aspekte, die dort behandelt werden, sind insofern auch auf die Erwachsenenbildung übertragbar.

Mit dem Begriff der Therapeutisierung wird das Zusammentreffen verschiedener Aspekte beschrieben, und zwar das Aufkommen humanistischer Psychotherapien mit einem veränderten Verständnis von psychischer Krankheit beziehungsweise Gesundheit und die expansive Zunahme sowohl des Angebots an als auch der Nachfrage nach Psychotherapie, was als Psychotherapiebewegung oder Psychoboom beschrieben wird (vgl. Schaeffer 1990, S. 18 ff.). Außerdem kamen die Ausdifferenzierung und Professionalisierung beziehungsweise die Professionalisierungsschwierigkeiten der pädagogischen Berufe hinzu (vgl. Schaeffer 1992, S. 200 f.; Schaeffer 1990, S. 20). Im Zusammenhang mit der Diskussion um die Therapeutisierung wird auf eine Annäherung von Pädagogik und Psychotherapie vor allem in zwei Aspekten verwiesen: auf die Übernahme therapeutischer Interventionstechniken und deren Anwendung in pädagogischen Situationen und auf die Orientierung an therapeutischen Leitkategorien (vgl. Böhm 1992; Schiedeck/Schäfer 1990; S. 40 ff., Schaeffer 1990). Zentral für das Phänomen der Therapeutisierung ist dabei nicht die vereinzelte Anwendung therapeutischer Methoden oder die Orientierung an therapeutischen Leitkategorien, sondern das Ausmaß, in dem therapeutische Elemente Einzug in ein pädagogisches Umfeld gefunden haben.

Was die Orientierung an therapeutischen Leitkategorien betrifft, sollte korrekter von einer Annäherung der Leitkategorien von Pädagogik/Erwachsenenbildung und Therapie gesprochen werden. Sowohl der Bildungsbegriff als Leitkategorie der Erwachsenenbildung als auch der Begriff der psychischen Gesundheit/Krankheit haben sich verändert. Schon Mollenhauer (1965) hat in den 1960er Jahren bei der Untersuchung von Beratung als pädagogischem Phänomen festgestellt, dass sich vor allem in der pädagogischen Praxis der Erziehungsbegriff verändert beziehungsweise erweitert hat. Nur diese Erweiterung hat es möglich gemacht, Beratung als pädagogisches Phänomen zu begreifen (vgl. Mollenhauer 1965, S. 28 f.). In der Erwachsenenbildung wird die Veränderung oder Erweiterung des Bildungsbegriffs deutlich durch Konzepte wie Lebensweltorientierung oder biographisches Lernen. Dabei lässt sich ein Zusammenhang zwischen veränderten Leitkategorien und professionellen Handlungsmustern erkennen (vgl. Arnold 1995, S. 86 ff.).

Auch der Krankheitsbegriff in der Psychotherapie hat sich verändert[40]. Randolph (1990) kommt bei seiner Kritik des Krankheitsbegriffs bei psychosozialen Abweichungen zu dem Schluss, „dass das, was unter psychischer Gesundheit (bzw. Krankheit) verstanden wird, besser als ein Phänomen der Bildung (bzw. Bildungsstörung), mithin mehr als ein philosophisch-pädagogisches und weniger als ein naturwissenschaftlich-medizinisches Phänomen aufzufassen ist" (Randolph 1990, S. 23 f.; vgl. hierzu auch das Salutogenesekonzept von Antonovsky z.b. in Gunkel/Kruse 2004 oder den Krankheitsbegriff bei Rogers 1999).

Nicht zuletzt Studien, die psychotherapeutische Prozesse als Bildungsprozesse begreifen (z.b. Petek 1991; Randolph 1990) machen eine Veränderung in der Leitkategorie der Psychotherapie deutlich. Es ist also eine Annäherung der Leitkategorien von Erwachsenenbildung und Psychotherapie von beiden Seiten her erkennbar. Dies hat es der Pädagogik leichter gemacht, therapeutische Konzepte in ihre Praxis zu integrieren.

Im Hinblick auf ein verändertes Verständnis des Krankheitsbegriffs sowie für den Prozess der ‚Therapeutisierung' insgesamt kommt den humanistischen Psychotherapien eine besondere Bedeutung zu. In einem Exkurs soll die besondere Position dieser Therapierichtung im Vergleich mit der Psychoanalyse und der Verhaltenstherapie kurz herausgestellt werden.

Exkurs: Das Verhältnis von Psychoanalyse und Verhaltenstherapie zur Pädagogik und die besondere Position der humanistischen Psychotherapien

Verbindungen zwischen Therapie und Pädagogik gibt es seit den Anfängen der Psychotherapie, die in der Entwicklung der Psychoanalyse liegen. So war die Pädagogik eine der ersten Disziplinen, die sich intensiv mit den Ergebnissen und Theorien der Psychoanalyse auseinander gesetzt und diese auf das Feld der Pädagogik angewandt hat. Die Gründe hierfür sind zum einen in der Bedeutung zu sehen, die die Psychoanalyse der frühen Kindheit für die gesamte Entwicklung eines Menschen zuschreibt. Zum anderen hat sich die psychoanalytische Therapie auch immer als eine Form der Nacherziehung, der Kindererziehung und der Mentor-Erziehung verstanden (vgl. Randolph 1990, S. 60 ff.; Schiedeck/Schäfer

---

40 In ‚neueren' Therapierichtungen, wie z.B. der systemischen Therapie und den Therapieschulen der humanistischen Psychologie, steht der Krankheitsbegriff eher am Rande oder es wird ganz auf ihn verzichtet. Selbsterkenntnis und eine erhöhte Selbstakzeptanz als Therapieziele verlangen beispielsweise nicht nach einer exakten Krankheitsdefinition. Auch die Vorstellung, dass ein Klient nur der Symptomträger eines krank machenden Systems ist, bedarf keines Krankheitsbegriffs. „In der Psychotherapie ist Heilen eher mit ‚Bessern' in Bezug zu setzen, womit die Option verbunden ist, dass nachher höhere Kompetenzen und Reife vorhanden sind, als je zuvor" (Nussle-Stein 2005, S. 101). Zu den unterschiedlichen Vorstellungen von Krankheit in den verschiedenen Therapierichtungen siehe auch den Sammelband von Pritz/Petzold 1992.

1990, S. 27 f.). Ziel der psychoanalytisch orientierten Pädagogik war es, Erziehung entsprechend der psychoanalytischen Theorie so umzugestalten, dass optimale Erziehungsbedingungen die Entwicklung förderten und Neurosen verhinderten (vgl. Schiedeck/Schäfer 1990, S. 28).[41] Die Psychoanalyse, die für sich beansprucht, sowohl eine Therapieform als auch eine metapsychologische Theorie zu sein, diente dabei als theoretisches Rahmenkonzept zur Strukturierung und Diagnose pädagogischer Situationen und auch als praktische Handlungsanleitung[42] (vgl. Böhm 1992, S. 135; Schiedeck/Schäfer 1990, S. 28 f.). Auch die Methoden der Verhaltenstherapie nehmen Einfluss auf die Pädagogik, dies jedoch eher partiell und auf bestimmte Bereiche beschränkt (vgl. Böhm 1992, S. 136). Die Übernahme verhaltenstherapeutischer Methoden oder Elemente wird vor allem im Rahmen einer deskriptiv-analytischen Erziehungswissenschaft favorisiert. Ihre Handlungsentwürfe scheinen eine Entlastung für den Erziehenden zu sein (vgl. Böhm 1992, S. 135). Insgesamt setzt die Verhaltenstherapie jedoch relativ klare Grenzen zur Pädagogik, da sie sich von Anfang an auf die Behandlung bestimmter psychischer Erkrankungen beschränkte (vgl. Körner 1996, S. 780).

Die Verwendung und Anwendung psychoanalytischer und verhaltenstherapeutischer Elemente blieb jedoch relativ punktuell und auf die Leistung einzelner Pädagogen beschränkt. Im Hinblick auf die Verbindung von Therapie und Pädagogik hatte den intensivsten Einfluss auf die Pädagogik die so genannte dritte Richtung der Psychologie, die humanistische Psychologie.[43] Das Verhältnis von humanistischer Psychologie und Pädagogik kann als gegenseitige Durchdringung bezeichnet werden, die von beiden Seiten aus betrieben wird (vgl. Schiedeck/Schäfer 1990, S. 32 f.). Böhm geht sogar so weit, von einer „Okkupation" der Pädagogik durch die humanistische Psychologie zu sprechen (vgl. Böhm, 1992, S. 136). Für Körner belegen die humanistischen Psychotherapien von Anfang an das Feld zwischen Therapie und Pädagogik (vgl. Körner 1996, S. 780). Bekannte Vertreter der humanistischen Psychologie, wie z.B. Perls, Maslow und Rogers, sehen im Grunde keinen Unterschied zwischen Erziehung und Psychotherapie mehr. Erziehung und Psychotherapie verschmelzen ineinander (vgl. Böhm 1992, S. 136).

---

41 Vergleiche hierzu beispielhaft die Arbeiten von Aichhorn oder Zulliger oder auch Bernfeld.
42 Die Blütezeit der psychoanalytischen Pädagogik lag in den Jahren bis 1938. Versuche nach dem Nationalsozialismus an diese Zeit und die damaligen Erfolge anzuknüpfen scheiterten. Körner vermutet, dass die ersten Verbindungen zwischen Psychoanalyse und Pädagogik eher auf das Lebenswerk bedeutender Persönlichkeiten zurückzuführen sind als auf die Entwicklung tragbarer Konzepte psychoanalytischer Pädagogik (vgl. Körner 1996, S. 781).
43 Insbesondere die Therapieansätze der Gesprächspsychotherapie (Rogers), der Gestalttherapie (Perls) und der Themenzentrierten Interaktion (Cohn) haben dabei den meisten Einfluss ausgeübt. Der Themenzentrierten Interaktion kommt dabei möglicherweise nochmals eine Sonderrolle zu, da sie sich von Anfang an als Pädagogik begriff (vgl. Schiedeck/Schäfer 1990, S. 32).

Die Ursache für diese Verschmelzung ist wohl hauptsächlich in einem veränderten Krankheitsbegriff zu sehen. Die humanistischen Psychotherapien sehen nicht mehr (allein) die Heilung klinischer Störungen als ihr Ziel an, sondern auch die Förderung von Entwicklung und Wachstum der Persönlichkeit (vgl. Schiedeck/Schäfer S. 32 f.). Das Ziel der Therapie ist Selbstverwirklichung durch ungehindertes Wachstum (vgl. Böhm 1992, S. 137). Die humanistische Psychologie bedient sich jedoch nach Meinung Böhms einer sehr diffusen Begrifflichkeit. So wird der Leitbegriff Selbstverwirklichung eingeführt, unter dem sich im Grunde jeder vorstellen kann, was er möchte. Dies sei unter anderem auch ein Grund für ihre große Popularität (vgl. Böhm 1992, S. 137). Die Verbindung von humanistischer Psychologie und Pädagogik ist dann an Begrifflichkeiten wie „Gestaltpädagogik", „pädagogische Therapie" oder „therapeutischer Unterricht" zu erkennen (vgl. Schiedeck/Schäfer 1990 S. 32 f. oder auch Tausch & Tausch 1977).

Der Anspruch humanistischer Psychologie geht allerdings über die Förderung von Wachstum und Persönlichkeitsentwicklung noch hinaus. „Als Ausgangspunkt ist fast allen Vertretern der Humanistischen Psychologie eine in kulturkritischer Manier vorgetragene Gesellschaftskritik gemeinsam" (Schiedeck/Schäfer 1990, S. 33). Die Lösung gesellschaftlicher Probleme wird über die Entwicklung der Persönlichkeit angestrebt. Therapie soll dabei das Mittel sein, deren Entwicklung und Wachstum zu fördern. Therapie wird damit als ein Mittel zur Veränderung der Gesellschaft gesehen. Dieser Hoffnung oder diesem Anspruch liegt ein spezifisches Menschenbild zu Grunde. Der Mensch wird von Natur aus als gut betrachtet und trägt die Fähigkeit und den Willen zum Wachstum und zur Selbstverwirklichung in sich. Emotionale, kognitive und physische Entwicklungen sind dabei gleich bedeutend (vgl. Schiedeck/Schäfer 1990, S. 33 f.; Böhm 1992, S. 137). Damit wird ein Therapeut zum „Erzieher der Menschheit" (Böhm 1992, S. 138).[44]

Die Therapeutisierung der pädagogischen Berufe kann in Zusammenhang mit einer gesamtgesellschaftlichen ‚Therapeutisierung' betrachtet werden, unterstützt durch das zunehmende Angebot von und die zunehmende Nachfrage nach therapeutischen Hilfestellungen. Schaeffer vergleicht die Therapiebewegung mit einer sozialen Bewegung, die als Begleiter sozialen Wandels auftritt. Die Therapiebewegung in Deutschland begann Ende der 1960er und Anfang der 1970er Jahre. Zu den Verfahren der Humanistischen Psychologie, wie z.B. Bioenergetik, Gestalttherapie und Transaktionsanalyse, gesellten sich körperorientierte Arbeitsweisen und in den 80er Jahren die New-Age-Bewegung. Die Therapiebewegung verband sich in dieser

---

44 Sowohl Böhm (1992, S. 144 ff.) als auch Schiedeck/Schäfer (1990, S. 33 f.) verweisen auf Ähnlichkeiten zwischen der Bewegung der Humanistischen Psychologie und der Reformpädagogik, sowohl inhaltlich als auch in Bezug auf diese als gesellschaftliche Bewegungen.

Zeit mit neuen Gesundheits- und quasi-religiösen Bewegungen (vgl. Schaeffer 1990, S. 23 ff.). Gründe für die Therapeutisierung der Pädagogik liegen neben gesamtgesellschaftlichen Veränderungen – als Stichworte hierzu seien die Psychologisierung und Individualisierung genannt – vor allem in der professionstheoretisch betrachtet besonderen Situation und Position der Pädagogik.

„Die [...] beschriebene Therapeutisierung der Pädagogik, die sich in wesentlichem Maße als Übernahme therapeutischer Techniken erwies, kann als der Versuch einer klinisch-technischen Professionalisierung betrachtet werden, durch die man hofft, am Nimbus der Therapeuten partizipieren zu können" (Schiedeck/Schäfer 1990, S. 40).

Der Verknüpfung von therapeutischen und pädagogischen Elementen liegt nach Schiedeck/Schäfer die Vorstellung zu Grunde, dass Therapie „ausgereifter und differenzierter" als die Pädagogik sei und ein Instrumentarium biete, um offene und unsichere Situationen zu gestalten (vgl. Schiedeck/Schäfer 1990, S. 40). Auch Schaeffer stellt die mit der Ausbreitung der humanistischen Psychologie beginnende „Therapeutisierung" in einen professionstheoretischen Zusammenhang (vgl. Schaeffer 1992, 1990). Schaeffer bezeichnet das Handeln im Grenzbereich zwischen Therapie und Pädagogik als einen eigenen Handlungstypus, den sie in ihren Arbeiten jedoch heftig kritisiert (vgl. Schaeffer 1992, 1990). In ihrer Analyse, wie es zu dieser „Therapeutisierung" von pädagogischem Handeln kam, spricht sie von einem „Professionalisierungsersatz" (vgl. Schaeffer 1992, S. 200).

Die Entstehung dieses Handlungstypus' führt sie einmal auf die Professionalisierungsschwierigkeiten pädagogischer Berufe zurück, insbesondere bei der Erschließung neuer Handlungsfelder. Hierzu zählt sie auch die Erwachsenenbildung. Zum anderen sieht sie den Einfluss der in den 1970er Jahren zunehmend expandierenden Therapiebewegung und deren „Sogwirkung". [45] 1980 kamen schon knapp ein Viertel aller Absolventen nicht-ärztlicher Therapieausbildungen aus pädagogischen Berufen. Die Zahl dürfte heute um einiges höher liegen, da viele Institute damals erst im Entstehen waren und sich mittlerweile auch speziell an die Zielgruppe der Pädagogen wenden (vgl. Schaeffer 1992, S. 200 f.).

---

45 Schaeffer erwähnt es in diesem Artikel zwar nicht ausführlich, gemeint sind aber die humanistischen und neueren Therapierichtungen. Das lässt sich aus der Beschreibung der Therapien und vor allem jedoch aus ihrer grundlegenden Studie (1990) schließen. Bei dem Fall, den sie ausführlicher beschreibt, geht es auch um eine Verbindung zwischen Gestalttherapie und Pädagogik.

In den 1960er Jahren haben sich viele Teildisziplinen der Pädagogik ausdifferenziert und zumindest als Wissenschaft etabliert. Auf dem Arbeitsmarkt waren allerdings die entsprechenden Handlungsfelder noch nicht erschlossen, so dass die Absolventen sich entsprechende Handlungsfelder selbst schaffen mussten. Für die neuen Aufgabenfelder waren sie durch das Studium wiederum nicht ausreichend vorbereitet und so fehlte es an dem notwendigen systematischen Wissen und entsprechender methodischer Kompetenz.

„Konsolidierungsprobleme und (noch) unklare Aufgabendefizite kumulierten mit Qualifikationsdefiziten, die dadurch potenziert wurden, daß die hier tätigen Praktiker kaum über Erfahrungswissen verfügten, weil sie erst am Anfang ihrer Berufskarriere standen" (Schaeffer 1992, S. 201).

Den Wissenschaften ging es vorrangig um die Sicherung der eigenen Statusinteressen und der Verberuflichung ihrer Teildisziplin.

Die genannten Entwicklungen führten für die Handelnden in pädagogischen Feldern zu folgender Situation (vgl. Schaeffer 1992, S. 203 f.):

- Die Handelnden waren in der Praxis weitgehend auf sich alleine gestellt und mussten für Probleme des Berufsalltags individuelle Lösungen schaffen.
- Die entstehende Therapiebewegung stieß genau in diese Lücke hinein, mit einem Menschen- und einem Weltbild, das in die damalige Umbruchsituation passte.
- Die Theorien und Handlungsanweisungen, die von den neueren Therapien zur Verfügung gestellt wurden, passten zu einem neuen Bedürfnis in der Gesellschaft, für das es noch keine professionelle Antwort gab: dem Bedürfnis nach Orientierung und Stabilität.
- Die Therapien lieferten für viele berufspraktische Probleme Handlungsanweisungen und wirkungsvolle Möglichkeiten zur Intervention und boten damit eine Entlastung für die Handelnden.
- Hinzu kam, dass in den meisten neueren Richtungen auch das Bedürfnis nach Leitfiguren und Vorbildern bedient wurde. Die Bewegung wurde im Grunde von Anfang an von charismatischen Persönlichkeiten bestimmt. Eine Nachahmung dieser charismatischen Vorbilder schien eine Möglichkeit mit Statusproblemen und Rollenkonflikten umgehen zu können.
- Durch den Anspruch eines Großteils der neuen Therapieformen auch Weltsicht und eine bestimmte Lebensform zu sein, kamen sie dem Bedürfnis nach Orientierung und Sinnstiftung nach. Das Individuum konnte in größere Gesamtzusammenhänge eingebettet werde und bekam so Stabilität und Sicherheit.

Auch in der Erwachsenenbildung, als neuem pädagogischem Berufsfeld, weisen verschiedene Veröffentlichungen aus den 1970er und 1980er Jahren auf diese Prozesse der Therapeutisierung hin. So wurden therapeutische Techniken als geeignete Interventionsmethoden für erwachsenpädagogische Situationen dargestellt und deren Eignung auch begründet. Persönliches Wachstum (oft als personal growth bezeichnet) wurde als adäquates Ziel für Erwachsenenbildung betrachtet (z.B. Gerl 1999; Haug 1985; Knoll 1977). Auch in den 1990er Jahren lassen sich weitere Veröffentlichungen finden, die bestimmte therapeutische Modelle auf die Erwachsenenbildung übertragen (vgl. Roos 1996, Heese 1995).

Im Rahmen von Veranstaltungen der beruflichen und betrieblichen Weiterbildung, speziell im Managementtraining, kann man beobachten, dass psychotherapeutische Methoden häufig und gezielt eingesetzt werden. Hier gelten Kenntnisse in bestimmten therapeutischen Methoden als wichtige Grundlage für die Qualifikation als Kursleitender und als zentraler Inhalt von ‚Train-the-Trainer-Ausbildungen‘. Außerhalb der öffentlichen Erwachsenenbildung haben sich auf dem privatwirtschaftlichen Markt Verbände und Vereine formiert, die sich um die Etablierung eines Berufsbildes „Trainer" bemühen, wie z.B. der BDVT (Berufsverband der Verkaufsförderer und Trainer e.V.) und das Forum Ethik in Erwachsenenbildung. In diesem Umfeld setzen sie auch für viele kleine Institute und Unternehmen ‚Quasi-Standards‘ für eine Train-the-Trainer-Ausbildung. So nennt der BDVT in seinem „Berufsbild Trainer und Berater BDVT" unter anderem Transaktionsanalyse, Themenzentrierte Interaktion, Psychodrama und NLP als die zurzeit gängigsten Methoden für den Trainings- und Beratungsberuf (dritte überarbeite Fassung, Sept. 2003, S. 9). In den Ausbildungsrichtlinien des TrainerAusbildungsNetzwerkes des BDVT (TAN) werden diese Methoden als notwendige Kenntnisse nach der Grundausbildung als Trainer genannt (Auszug aus dem Kooperationsvertrag TAN, S. 4). Unter dem Stichwort „Trainingsphilosophien" werden in einschlägigen Zeitschriften, wie z.B. „managerSeminare", als wichtige Methoden für Trainer und Berater angeführt: TA, Gesprächspsychotherapie, Lösungsorientierter Ansatz, Provokativer Kommunikationsstil, TZI, NLP, Gestalttherapie, RET, Kognitive Verhaltenstherapie, Aufstellungsarbeit (vgl. Klein 2005, S. 50, managerSeminare Know-how, H. 84, 2005, S. 18). Verschiedene Studien zu Seminaren der Persönlichkeitsentwicklung in der betrieblichen Weiterbildung belegen ebenfalls den Einsatz der oben genannten Methoden (vgl. Leidenfrost/Götz/Hellmeister 2000, S. 107 ff.; Mayer/Götz 1998; Hemminger 1996; Fischer/Gehm 1990).

In der Psychologie und der Betriebswirtschaft werden Seminare der Persönlichkeitsentwicklung vor allem unter dem Aspekt der „Machbarkeit" und Wirksamkeit diskutiert (vgl. Rosenstiel 2001; Leidenfrost/Götz/Hellmeister 2000; Mayer/Götz 1998; Fischer/Gehm 1990; Berthold/Gebert/Rehmann/Rosenstiel 1980). Dagegen hat sich die Erwachsenenbildung in Wissenschaft und Praxis eher den Themen Esoterik und

Sinnsuche zugewandt. Gegenüber der bestehenden Nachfrage in diesem Themenbereich versucht sie sich hier zu positionieren und die Grenzen der eigenen Profession zu definieren. In der Wissenschaft wurde hier vor allem die „Erwachsenenbildung als Sinnstiftung" diskutiert (vgl. Barz/May 2001). Für die Institute der Erwachsenenbildung stellt sich die Frage, wie sie mit dem Angebot von und der Nachfrage nach Seminaren im Grenzbereich von Therapie und Religion umgehen sollen[46].

Die Reaktionen in Veröffentlichungen und Richtlinien zeigen, dass es sich hier um kein vereinzeltes Phänomen handelt, sondern um eine breitere Entwicklung. Diese macht es notwendig, sich des eigenen professionellen Auftrages zu vergewissern und Möglichkeiten zu entwickeln, den Bedürfnissen der Teilnehmer nachzukommen, ohne die Grenzen der eigenen Profession zu überschreiten.

Auffällig ist, dass innerhalb der Erwachsenenbildungswissenschaft in den Diskussionen um das Verhältnis von Therapie und Erwachsenenbildung der Begriff ,Therapeutisierung' eher weniger auftaucht. In den Diskussionen geht es vielmehr um Versuche der Abgrenzung und Positionsbestimmung sowie um die Frage, wie mit der ,Therapeutisierung' der Gesellschaft und dem veränderten Nachfrageverhalten der Teilnehmer umzugehen ist. Neue Positionsbestimmungen wurden mit dem Aufkommen von erwachsenenpädagogischen Perspektiven und Theorierichtungen, wie der Lebenswelt- und Teilnehmerorientierung und dem biographischen Lernen, notwendig (vgl. Mader 1986).[47] Hinsichtlich des biographischen Lernens gibt es in der Erwachsenenbildung den „Verdacht, unter dem Etikett biographischen Lernens gehe es um Therapie" (Behrens-Cobet/Reichling 1997, S. 95). Behrens-Cobet/Reichling weisen jedoch deutlich darauf hin, dass das Ziel biographischen Lernens eben nicht die Initiierung von Heilungsprozessen ist, sondern vielmehr der Perspektivenaustausch und damit auch ein Bildungsprozess. Im Zusammenhang mit der erneut aufkommenden Diskussion um Weiterbildungsberatung und der Bestimmung von Beratung als erwachsenenpädagogischer Kompetenz wird der Abgrenzungsdiskurs neu belebt (vgl. Lieverscheidt 2001; Strichau 2001; Giesecke 2000; Mader 1999; Assmann 1996). Dadurch entsteht möglicherweise ein Bedarf an therapeutischer Zusatzqualifikation, um die „Lücke" in der Professionalisierung füllen zu können (vgl. Sauer-Schiffer zum „Trend zu Zusatzqualifizierung" im Beratungsumfeld, 2004, S. 281 f.).

---

46 Vgl. hierzu die Empfehlungen des Landesverbands der Volkshochschulen Schleswig-Holstein e.V. zu Angeboten im Grenzbereich zwischen Gesundheitsbildung und Psychologie, Rundschreiben 97/4 Anlage 11, und die Richtlinien der Münchner Volkshochschule für die pädagogische Arbeit und ihren Auszug aus dem Gesellschaftsvertrag 1996

47 Im Gegensatz zu der Diskussion z.B. im schulischen Umfeld, die stark durch die Bestimmung von „Beratung" als pädagogischer Handlungsform ausgelöst wurde (vgl. Mader 1986).

Zusammenfassend lässt sich somit festhalten: Der Prozess der Therapeutisierung steht im Zusammenhang mit gesellschaftlichem Wandel und dem Wandel der Professionen. Dabei scheinen folgende Veränderungsprozesse bedeutsam zu sein: Durch gesellschaftliche Veränderungen wie die Individualisierung, Globalisierung und den Wissenswandel[48] entsteht bei den Menschen ein zunehmender Bedarf an Unterstützung bei Orientierungsfragen durch Sinnstiftung sowie bei Fragen der Identitätsbildung (vgl. Angiletta 2002, Bauer 2002, Zech 1997). Nicht nur die Angebote, auch die Angebotsformen in der Erwachsenenbildung haben sich entsprechend verändert. Die entsprechenden Stichworte sind Teilnehmerorientierung, Lebensweltorientierung und biographisches Lernen. Hinzu kommt das neue Handlungsfeld Beratung, das zumindest in den Veröffentlichungen und Forschungen einen breiteren Raum einnimmt. Gleichzeitig hat auch die Psychotherapie neue Interventionsformen gegenüber der klassischen, meist lang andauernden Einzelbehandlung entwickelt, die einer Seminarform sehr nahe kommen. Darüber hinaus haben sich der in der Wissenschaft diskutierte Erziehungs- und Bildungsbegriff sowie der Krankheitsbegriff verändert und teilweise angenähert.

---

48 Veränderungen gesellschaftlicher Ordnungsstrukturen haben zu einer Enttraditionalisierung und Pluralisierung von Lebenswelten geführt, was vor allem unter dem Begriff der Individualisierung diskutiert wird. Geprägt wurde die Diskussion in Deutschland seit den 1980er Jahren vor allem durch die Thesen von Ulrich Beck, aber auch von Anthony Giddens (vgl. Bauer 2002, S. 131; Kraft 1992, S. 184 ff.). Mit der Individualisierungsthese sind die Begriffe der Risikogesellschaft, des Bindungsverlustes und der hergestellten Unsicherheit und spätestens seit den 1990 Jahren auch der Globalisierung eng verbunden (vgl. Angiletta 2002, S. 31 ff., 72 ff.). Kern der Individualisierungsthese ist die Freisetzung des Individuums aus traditionellen Abhängigkeiten, die jedoch zu neuen Abhängigkeiten führt. Durch die Auflösung traditioneller sozialer Lebensformen und den Verlust gesamtgesellschaftlicher Werte und Moralvorstellungen geraten die Menschen zunehmend in eine Abhängigkeit von Marktmechanismen. Die neuen Freiräume stellen höhere Anforderungen an die Gestaltung der persönlichen Lebenspraxis, die begründungspflichtig wird. Als Stichwort kann hier die ‚reflexive Biographie' genannt werden. Es entsteht ein Bedürfnis nach Wiedereinbindung in soziale Strukturen (Reintegration) und neuen Sicherheiten (Sinnsuche) (vgl. Angiletta 2002, S. 33 ff.; Bauer 2002, S. 131 f.). Die zunehmende Verwissenschaftlichung des Wissens und die Beschleunigung des Wissenswandels verstärken das Gefühle von Unsicherheit der Individuen und die Schwierigkeiten bei der Identitätsentwicklung (vgl. Bauer 2002, S. 131 f.). Diese gesellschaftlichen Veränderungen stellen neue Anforderungen an die Pädagogik (vgl. Angiletta 2002) insgesamt und natürlich auch an die Erwachsenenbildung (vgl. Zech 1997). „Der Zwang zur Freiheit ist ein Zwang zur Bildung" (Zech 1997, S. 13). Dabei wird vor allem Bildung als Persönlichkeitsbildung immer bedeutender. Unterstützung bei der Orientierung in der Gesellschaft und der eigenen Identitätsentwicklung werden zu zentralen Aufgaben der Erwachsenenbildung (vgl. Zech 1997).

3.2 Chancen und Gefahren einer Therapeutisierung

Wie in dem vorangegangenen Abschnitt schon deutlich geworden ist, wird der Prozess der Therapeutisierung aus Sicht der Pädagogik oftmals eher negativ betrachtet. Folgende Gefahren einer unkritischen Übernahme therapeutischer Deutungsmuster werden gesehen: Die therapeutische Sicht auf Störungen und abweichendes unerwünschtes Verhalten in pädagogischen Situationen kann dazu führen, dass dieses Verhalten pathologisiert wird. Schön spricht hier von einer ‚Pathologisierung des Normalen‘ (vgl. Schön 2005, S. 81 ff.; Schön 1993, S. 64 ff.). Hinzu kommt, dass eine an Wachstum und nicht an Heilung orientierte Psychotherapie zu einer „Universalisierung von Psychotherapie" führt (vgl. Schiedeck/Schäfer 1992, S. 36).

Durch die zunehmende Delegation von Problemen und deren Lösung an Spezialisten und Professionelle erfährt das alltägliche, ‚laienhafte‘ Handeln eine enorme Abwertung. Vor diesem Hintergrund sind auch die latenten Machbarkeitsansprüche des therapeutischen Deutungsmusters zu hinterfragen. „Dabei wird die Hoffnung (oder auch der Alptraum) erzeugt, es bedürfe nur der richtigen Therapie, um richtig mit Menschen umgehen zu können, Kinder fehlerfrei erziehen zu können, lebenslanges Glück gewährleisten zu können" (Böhm 1992, S. 143; siehe hierzu auch Schön 1993, S. 70). In eine ähnliche Richtung geht auch die Befürchtung von Schiedeck/Schäfer, dass ‚nur‘ pädagogisches Wissen als nicht mehr ausreichend betrachtet wird. Wenn Schwierigkeiten in pädagogischen Situationen scheinbar nur noch mit einem therapeutischen Sonderwissen zu bewältigen sind, führt das zu schwindender Toleranz gegenüber scheinbar ‚auffälligen‘ Personen und gleichzeitig zu einer Entwertung pädagogischen Wissens und Könnens (vgl. Schiedeck/Schäfer 1990, S. 41).

Eine weitere Gefahr liegt auch im ‚Markt‘ der psychotherapeutischen Versorgung, das heißt vor allem in der „Vermarktung der humanistischen Therapien" (Schön 1993, S. 73). Die Bildung eines alternativen Marktes der psychotherapeutischen Versorgung liegt auch daran, dass sich die Kontrolle der Krankenkassen ausschließlich auf die etablierten Professionen und Institutionen bezieht und dadurch eine bestimmte Versorgungssituation schafft, die zum Beispiel neuere therapeutische Richtungen ausschließt (Schön, 1993, S. 73).[49] Die mangelnde Selbstkontrolle in diesem alternativen Markt und seine Unübersichtlichkeit erhöhen für potentielle Klienten die Gefahr, an unseriöse Angebote oder Scharlatane zu geraten. Darüber hinaus entsteht auch ein „Warencharakter" der Beziehung zwischen Klient und Therapeut, was in krassem Widerspruch zu dem in der humanistischen Psychologie erhobenen Anspruch auf Authentizität und Empathie steht (vgl. Schön 1993, S. 71 ff.). Problematisch wird es auch, wenn diese therapeutische Beziehung als Orientierung für alle menschlichen

---

[49] Gemeint sind vor allem die „anerkannten" Therapierichtungen und ihre Institutionen, das heißt die Psychoanalyse und die Verhaltenstherapie.

Beziehungen gesehen wird (vgl. Schiedeck/Schäfer 1993, S. 36 f.). Schiedeck/Schäfer (1990, S. 41) sehen generell die Gefahr, dass Bewältigungsprobleme nur noch auf das individuelle Erleben der jeweiligen Person zurückgeführt werden. Da mit vereinfachten Problemdefinitionen und Erklärungsmustern gearbeitet wird, findet die komplexe Lebenswelt des Klienten weniger Beachtung. Der Einfluss sozialer und gesellschaftlicher Bedingungen auf die Entwicklung wird damit vernachlässigt. Durch die Bearbeitung der individuellen Vergangenheit wird außerdem von Problemen der Gegenwart abgelenkt (vgl. Schön 1993, S. 84). Schließlich werden durch zunehmende Therapeutisierung auch die Normen und Ansprüche dieser Therapien meist unreflektiert übernommen, die sich dann als eine Art heimlicher Lehrplan in pädagogischen Situationen einschleichen (vgl. Schön 1993, S. 86 ff.).

Der Einfluss therapeutischer Deutungsmuster und Methoden auf die Pädagogik kann jedoch nicht nur als Gefahr, sondern auch als Chance wahrgenommen werden. Dimensionen menschlichen Lebens und Erlebens, die auch für pädagogische Situationen von Bedeutung sind und bisher eher vernachlässigt wurden, rücken in den Wahrnehmungshorizont von pädagogisch Handelnden (vgl. Schön 2005, S. 51–79). Hierzu gehören die Dimensionen des Un- wie des Unterbewussten, die biographische Dimension sowie die Dimensionen der Affekte und des Körpers. Darüber hinaus bietet die für die humanistischen Therapien bedeutsame personenzentrierte Perspektive ein Leitmodell für einen weniger direktiven Umgang mit Lernenden.

Eine stärkere Beachtung der Bedeutung unbewusster Prozesse für die Entwicklung und das Verhalten von Menschen ermöglicht nun eine Erweiterung einer bisher eher kognitiven und intentionalen Ausrichtung von Erziehungs- und Lernprozessen. Die Bedeutung von Emotionen und der Körperlichkeit für die kognitive Entwicklung rückt damit stärker in den Fokus (vgl. Arnold 2005, S. 68 ff.). Viele, um nicht zu sagen die meisten, Lernprozesse laufen unbewusst ab. Für die Erziehung und Bildung des Menschen kann es sehr bedeutsam sein, unbewusste, das Verhalten steuernde Elemente ins Bewusstsein zu rufen und damit einer Reflexion und einer bewussten Entscheidung zugänglich zu machen (vgl. Schön 2005, S. 51 ff.). Viele psychotherapeutische Richtungen weisen auf die Bedeutung der Biographie für die Entwicklung des Menschen hin; zum einen bedingt durch die prägende Wirkung (früh)kindlicher Erfahrungen, zum anderen durch die Betrachtungsweise der (biographischen) Krise als Entwicklungschance (vgl. Schön 2005, S. 60 ff.). Den Gewinn dieser Perspektive für die Erwachsenenbildung machen Veröffentlichungen zum biographischen Lernen deutlich (vgl. z.B. Schuchardt 1990). Außerdem arbeitet die Psychotherapie noch mit einem weiteren Aspekt des Lernens, mit der Verbindung von Kognition, Emotion und Leib. Gerade Unbewusstes äußert sich oft in Körperhaltungen oder körperlichen Empfindungen. In der Erziehungswissenschaft jedoch wurde die Bedeutung des Körpers im Lernprozess lange Zeit vernachlässigt. „Der Körper wurde – überspitzt formuliert – als Träger des Kopfes missverstanden [...]" (Schön 2005, S. 70).

Daraus lässt sich ableiten, dass der Einsatz von psychotherapeutischen Methoden und Vorgehensweisen Lernprozesse im schulischen Bereich und im Bereich der Erwachsenenbildung bereichern kann. Als prominente Beispiele für die kreative Einbeziehung und Anwendung von ‚therapeutischen' Methoden können Rogers (1984), die Gestaltpädagogik, die Psychodrama-Pädagogik oder die Transaktionsanalytische Pädagogik (Wandel 1997) genannt werden.

Professionen und ihre Arbeit unterliegen einem ständigen Wandel (vgl. Bucher/Strauss 1972). Dabei ist es wichtig, auf die Gefahren bestimmter Veränderungsprozesse hinzuweisen – besonders wenn sie das Selbstverständnis und das originäre Aufgabengebiet der Profession betreffen. Auf der anderen Seite müssen die Chancen einer Veränderung erkannt werden und dürfen nicht ungenutzt bleiben.

Für meine Studie stellt sich hinsichtlich der Therapeutisierungs-Thematik die Frage, wie eine gelungene Integration des therapeutischen Deutungsmusters und therapeutischer Methoden in erwachsenpädagogische Lernprozesse aussehen könnte und welcher Kursleitertypus dies in welcher Form umsetzt. Um eine gelungene Integration erkennen zu können, müssen die Unterscheidungsmerkmale einer therapeutisch ausgerichteten Professionalität zu einer erwachsenpädagogisch ausgerichteten Professionalität bestimmt werden.

3.3 Das Gemeinsame von Psychotherapie und Erwachsenenbildung

Dewe (2005, S. 151) sieht die Gemeinsamkeit von Erwachsenenbildung und Therapie darin, „dass mit ihrem Wirksamwerden stets das Einschreiten von Instanzen (Institutionen, Professionen) in Lebenszusammenhänge einhergeht, zwecks Teilhabemöglichkeiten gesellschaftlicher Akteure an einem aktiveren Leben zu ermöglichen beziehungsweise aufrechtzuerhalten oder aber um im schlimmsten Fall Devianz zu vermeiden". Beide Handlungspraxen bieten den sie beanspruchenden Akteuren dabei eine Art „Moratorium" von der Alltagspraxis. Die Voraussetzungen für sowohl Erwachsenenbildung als auch Therapie sieht er – in systemtheoretischer Betrachtungsweise – in der Individualität, die in modernen Gesellschaften nur noch über Exklusionsindividualität begriffen wird (vgl. Dewe 2005, S. 150 ff.).

Ebenfalls unter Rückgriff auf die Systemtheorie Luhmanns hat Mader (1987, 1986) das Verhältnis von Therapie und (er spricht hier von) Bildung untersucht und ebenso Individualität als einen „heimlichen gemeinsamen Nenner" (1986, S. 12) identifiziert. In Abgrenzung der Begriffe Subjekt, Person, Individuum und Identität, die den Menschen jeweils in seinen interaktiven Zusammenhängen betrachten und durch die sich auch seine Individualität konstituiert (Individualität ergibt sich aus der Subjektivität, aus dieser wiederum Identität etc.), zeigt Mader auf, dass der Individualitätsbegriff nach Luhmann seine Dialektik verloren hat. Individualität ist nur noch in Kategorien der Differenz fassbar, da Individualität als etwas Allgemeines jedem Menschen zufällt (vgl. Mader 1987, S. 74 ff.). Individualität als Kriterium der Sozialordnung, als „Kulturzwang für jedermann" (Mader, 1986, S. 12) und als einzige Möglichkeit der Selbstbeschreibung ist jedoch stör- und krisenanfällig. Therapie ist die eine Möglichkeit Individualitätskrisen zu bearbeiten, Erwachsenenbildung, wenn sie die Biographie und Persönlichkeit des Teilnehmers mit einbezieht, wird zunehmend als eine weitere Form der Individualitätsstiftung wahrgenommen. Therapie und Erwachsenenbildung können demnach als *professionelle Instanzen betrachtet werden, die Möglichkeiten zur Selbstbeschreibung anbieten* (vgl. Mader 1987, S. 83). „Was bedeutet dies für die Erwachsenenbildung und die Angebote in ihr, die sich – oft mit schlechtem Gewissen – dieser Problematik stellen und dann in die abwertende Kritik vom therapeutisierenden Geschäft der Erwachsenenbildung geraten?" (Mader 1987, S. 83). Als Antwort auf diese Frage sieht Mader unter anderem die Notwendigkeit einer „Sensibilität für die Individualität des Teilnehmers" als allgemeine Berufskompetenz bei Erwachsenenbildnern (Mader 1987, S. 84).

Professionelles therapeutisches und erwachsenenpädagogisches Handeln haben nach dieser Betrachtungsweise also die *stör- und krisenanfällige Individualität des Menschen als gemeinsamen Ausgangspunkt*. Sowohl erwachsenenpädagogische als auch therapeutische Interventionen sorgen für eine aktive Teilnahme der Menschen am gesellschaftlichen Leben. Dass dabei, auch aus systemtheoretischer Sicht, durchaus unterschiedliche Zielkategorien für die (Wieder-)Herstellung von Individualität (Gesundheit, Wissen/Bildung) wirksam werden können, wird im folgenden Abschnitt über die Differenzen und Übergänge aufgezeigt.

3.4 Differenzen und Übergänge

Eine häufig rezipierte Verbindung zwischen Therapie und Pädagogik hat Oevermann in seiner strukturfunktionalistischen Professionstheorie hergestellt (vgl. Oevermann 2002, 1996). Pädagogisches Handeln ordnet er dem professionellen Fokus, das heißt dem Zentralwert Therapie/Prophylaxe [50] zu. Oevermann bezieht sich zwar überwiegend auf schulisches Handeln, macht seine Thesen aber auch für die Erwachsenenbildung geltend (vgl. Oevermann 2002, S. 49). Das bedeutet, professionelles pädagogisches Handeln dient der „Gewährleistung der somato-psycho-sozialen Integrität der je konkreten Lebenspraxis" (Oevermann 2002, S. 23). Psychotherapie und Pädagogik orientieren sich demnach an dem gleichen Zentralwert. Oevermann begreift

---

50 Insgesamt sieht Oevermann drei Foci professionellen Handelns: Therapie/Prophylaxe, Rechtspflege und Wahrheit, siehe hierzu auch Kapitel 2.1.1.

professionelles Handeln als stellvertretende Krisenbewältigung. Im Hinblick auf die Pädagogik äußert sich die stellvertretende Krisenbewältigung als stellvertretende Sozialisationsleistung. Sie setzt dort an, wo eine Weitergabe des gesellschaftlichen Wissens in der primären Lebenspraxis nicht mehr ausreichend möglich ist, so dass diese Aufgabe an didaktische Experten delegiert werden muss (vgl. Oevermann 2002, S. 36 ff.). Entscheidend ist jedoch, dass die therapeutische Funktion pädagogischen Handelns, die er mit dem sozialisatorischen Potential von Pädagogik und der biographischen Bedeutsamkeit von Weiterbildung begründet (vgl. Oevermann 2002, S. 38, 47), keine manifeste, sondern eine *latente und prophylaktische* ist. Aus der latenten therapeutischen Funktion leitet er dann ab, dass die *Beziehungsstruktur in pädagogischen Situationen* keine spezifische sein kann, sondern „durch eine widersprüchliche Einheit von diffusen und spezifischen Sozialbeziehungen geprägt ist" (Oevermann 2002, S. 39).

Ziel der Argumentation Oevermanns war es nicht, die Gemeinsamkeiten von Therapie und Pädagogik hervorzuheben, sondern die Professionalisierungsbedürftigkeit und -fähigkeit der pädagogischen Praxis aufzuzeigen. Ersteres hatte er in seiner Veröffentlichung von 1996 und den unveröffentlichten Manuskripten davor eher verneint. Ebenfalls sollte man seine Ausführungen nicht dahingehend missverstehen, dass er eine ,Therapie für Normale' als Prophylaxe befürwortet.

Die Theorie Oevermanns, die z. B. von Koring (1987) auf die Erwachsenenbildung übertragen wurde, wird aber auch kritisch betrachtet. Vogel (1995) stellt die Zuordnung zum Zentralwert der Therapie grundsätzlich in Frage und schlägt stattdessen Bildung als Leitprinzip für erwachsenpädagogisch professionelles Handeln vor. Auch mit einem weit gefassten Therapiebegriff gelingt es seiner Meinung nach nicht, das „Charakteristische pädagogischer Tätigkeitsbereiche" zu erfassen (vgl. Vogel 1995, S. 163)[51].

Einen weiteren Kritikpunkt sieht Fuhr (1991, S. 86 ff.) darin, dass das Konzept Oevermanns nicht deutlich genug macht, wie eine Institutionalisierung der therapeutischen Funktion aussehen könnte. Auch werde vorausgesetzt, dass die Lernenden starke Sinndeutungsprobleme hätten und dass Erwachsenenbildung in der Lage sei, den entsprechenden Sinn zu ,stiften'. Davon kann jedoch nicht grundsätzlich ausgegangen werden.

---

51 „Es erweist sich nämlich, daß die Figur der stellvertretenden Deutung, die für Oevermann zur Erschließung einer Tätigkeit als professioneller Tätigkeit zentral ist, keineswegs an den Therapiebegriff gebunden ist, zumal der Deutungsgedanke im engeren pädagogischen Diskurs auf eine genuine Tradition verweisen kann" (Vogel 1995, S. 163). Und auch Koring greift in seiner Argumentation auf die ,bildende' Wirkung pädagogischer Situationen zurück: „Die Deutungsfähigkeit als quasi-therapeutisches Instrument ist für pädagogisches Handeln deshalb wichtig, weil die Struktur pädagogischer Situationen (Lernkontext) nur ,bildend' wirken kann, wenn durch strukturierte Partizipation alte Wissensbestände, Kompetenzen, Normen, Deutungsmuster etc. prekär oder obsolet werden" (Koring 1992, S. 190).

Trotz dieser Kritik sollte an dem Gedanken festgehalten werden, dass Erwachsenenbildung auch eine latente therapeutische Funktion haben kann. In der pädagogischen Praxis kann durchaus auch ein auftretender Therapiebedarf aufgearbeitet werden. Allerdings betrifft dies dann nur den Therapiebedarf, der in der aktuellen Situation entsteht, das heißt der dem Thema eines Seminars entsprechend geäußert werden kann (vgl. Koring 1992, S. 192).

Wie diese latente therapeutische Funktion wirksam werden und auch an die Oberfläche treten kann, hat Mader (1983) dargestellt, indem er der Frage „Lernen oder Heilen?" in der Erwachsenenbildung nachgeht. Bei der Suche nach einer Antwort verweist er auf den Unterschied zwischen lernen und heilen und damit sowohl auf die *unterschiedlichen Voraussetzungen* der Klienten beziehungsweise Teilnehmer als auch die *Art der psychischen Veränderung,* die lernen oder heilen bedeutet. Um den Unterschied – aber auch die Gemeinsamkeiten – von lernen und heilen deutlich zu machen, zieht Mader einen Vergleich mit dem Um- beziehungsweise Neubau eines Hauses heran.

„Lernen gleicht dem beständigen Um-, Aus- und Weiterbau eines nie fertigen Hauses. Heilen gleicht der Erschütterung eines Hauses (wie bei einem Erdbeben bis zum Einsturz), so daß ein Neuaufbau mit alten und neuen Materialien und neuer Statik notwendig wird. In dem Haus, das wie Lernen wächst und sich neuen Erfordernissen, Vorstellungen und Wünschen anpasst, kann man gleichzeitig einigermaßen angstfrei wohnen. Lernen ist progressiv orientiert. […] In diesem Bild steckt der Hinweis, daß so verstandenes Lernen und Heilen gleichzeitig vorkommen und Hand in Hand gehen können und doch auf verschiedenen Ebenen stattfinden bzw. durch sehr unterschiedliche innere Prozesse konstituiert werden" (Mader 1983, S. 190).

Was hier durch den Rückgriff auf eine Metapher[52] deutlich wird, ist die Schwierigkeit, lernen und heilen als unterschiedliche psychische Prozesse zu definieren. Aus der Hirnforschung kann nicht abgeleitet werden, ob Lernprozesse und Heilungsprozesse im Gehirn unterschieden werden können (vgl. z.B. Taylor 2006; Cozolino 2002)[53]. Letztlich handelt es sich grundsätzlich um Veränderungsprozesse im Gehirn, die durch Lernen verursacht werden[54]. Wo ist der Unterschied zwischen dem Lernen in einer Psychotherapie und dem Lernen in einem Seminar? Dennoch wird – nicht zu Unrecht, wie ich finde – zumindest ein gradueller Unterschied in der Art und den Bedingungen des Lernens in der Psychotherapie im Vergleich zum Lernen in der Erwachsenenbildung angenommen. Hier erweist sich die professionstheoretische Betrachtungsweise wieder als hilfreich.

---

52 Was für den psychosozialen Bereich durchaus nicht untypisch ist (vgl. Schmitt 1995, Schachtner 1999).
53 Vgl. hierzu auch Triebel (1977), der aufgezeigt hat, wie sich psychoanalytische Prozesse durch die Anwendung von behavioristisch orientierten Lernarrangements verbessern lassen.
54 Medikation oder mechanische Einwirkungen einmal ausgenommen.

Die *Ausgangslage* für eine therapeutische oder eine erwachsenenpädagogische Intervention ist demnach unterschiedlich. Therapie richtet sich an beeinträchtigte Subjekte, denen dadurch eine besondere *Rolle,* nämlich die des Patienten oder Klienten zugewiesen wird. *Anlass* für Therapie ist in der Regel eine gestörte Lebenspraxis und somit ein gewisser Leidensdruck. Ziel einer solchen therapeutischen Intervention ist die Wiederherstellung der Handlungsfähigkeit durch die Heilung. Im Gegensatz dazu richtet sich Erwachsenenbildung an Menschen, die in der Lage sind und die Absicht haben, die *Rolle von Teilnehmern und Adressaten* einzunehmen. Das Ziel ist hier die Optimierung oder Erweiterung der Handlungsfähigkeit. Der *Anlass* hierfür kann unterschiedlich sein, von der Neugierde über den Ausgleich von Wissensdefiziten bis hin zu einem Bildungsinteresse (vgl. Dewe 2005, S. 153 ff.; Schaeffer 1992, S. 205 ff.).

Was in diesen Unterscheidungen auch aufgezeigt wurde, ist die Orientierung an verschiedenen *Leitkategorien:* Heilung und Bildung. Nun ist es schwierig die psychischen Prozesse, die durch Therapie oder Bildung ausgelöst werden, genau voneinander abzugrenzen. Wie vorhin schon angedeutet, geht es dabei nicht um eine Unterscheidung von lernen und heilen in neurobiologischer Hinsicht. Vielmehr geht es um die Kategorie, an der sich die professionelle Interaktion ausrichtet. Sowohl therapeutische als auch erwachsenenpädagogische Lernprozesse können außerhalb einer Therapie oder organisierter Erwachsenenbildung ablaufen [55], beides sind alltägliche Lern- und Veränderungsprozesse, die sich so nicht voneinander unterscheiden lassen. Wohl lassen sich aber Erwachsenenbildung und Therapie als „Moratorium im Prozess problemlösenden Handelns durch Unterbrechung des Handlungs- und Entscheidungsflusses in Alltag und Beruf" (Dewe 2005, S. 154) definieren. Ein Unterschied liegt darin, an welchen Leitkategorien und Leitdifferenzen sich die soziale Interaktion (als Erwachsenenbildung oder Therapie) jeweils orientiert. Therapie orientiert sich an Heilung und damit an der Differenz ‚gesund – krank'. Erwachsenenbildung orientiert sich an Bildung und damit an der Unterscheidung zwischen wissend – nicht-wissend. Was jeweils als krank oder als nicht-wissend begriffen wird, ist allerdings ein soziales Konstrukt. Interventionsformen in Therapie oder Erwachsenenbildung zielen nun darauf ab, einen Kranken wieder gesund beziehungsweise einen Nicht-wissenden wissend zu machen. Welche Leitdifferenz in einer Situation zu Grunde liegt, wird von den Teilnehmenden in dem jeweiligen Rahmen kommunikativ ausgehandelt (vgl. Blättner 1998, S. 118 ff.). Allerdings wird durch die Umwelt, (z.B. Gesundheitssystem oder Erwachsenenbildung) in der die sozialen Interaktionen stattfinden, die Orientierung an einer Leitkategorie mitbestimmt.

---

55 Vgl. hierzu z.B. die Diskussion um informelles Lernen.

Eine Analyse der jeweiligen Handlungsstruktur therapeutischen und erwachsenen-pädagogischen Handelns, die sich auch heute noch als aktuell und anschlussfähig erweist (vgl. Dewe 2005, S. 155), hat Enno Schmitz (1984, 1983) vorgestellt. Im Anschluss an die Professionstheorie Oevermanns und das Konzept der Lebenspraxis zeigt er sowohl Übergänge als auch Differenzen zwischen Therapie und Erwachsenenbildung auf. Schmitz stellt die These auf, „daß man eine Unterscheidung zwischen Erwachsenenbildung, Beratung und Therapie a priori gar nicht treffen kann; denn das, was ein Therapeut, ein Berater oder ein Erwachsenenpädagoge praktisch tut, enthält in jedem Fall zugleich Elemente therapeutischen, beratenden und erwachsenpädagogischen Handelns" (Schmitz 1983, S. 61). Die Unterschiede zwischen diesen Handlungsformen ergeben sich daraus, dass jeweils entweder therapeutische, beratende oder erwachsenenpädagogische Elemente überwiegen.

Ob in einer Situation therapeutische oder erwachsenenpädagogische Elemente überwiegen[56], hängt vom Inhalt der Interaktion ab und von der *Interaktionsstruktur* selbst beziehungsweise davon, ob die Beschaffenheit der Interaktionsstruktur die Bearbeitung des Inhalts ermöglicht. Für die Bearbeitung der *Themen* hat jede der Interaktionsformen besondere professionelle Verfahren entwickelt und eingerichtet (vgl. Schmitz 1983, S. 61 f.). Probleme gibt es dann, wenn für die Bearbeitung eines Themas, eines Problems, eine Interaktionsform gewählt wird, die die Bearbeitung des Themas oder die Lösung des Problems nicht ermöglicht (vgl. Schmitz 1983, S. 62).

Die *Themen,* die in Therapie oder Erwachsenenbildung bearbeitet werden, entspringen der Lebenspraxis und dem Alltagshandeln der Menschen und beziehen sich auf drei Ebenen, die als Begründung für das eigene Handeln möglich sind[57] (vgl. Schmitz 1983, S. 62 ff.):
1. Die Ebene der subjektiven Wirklichkeit, der eigenen biographischen Erfahrungen, der Identität
2. Die Ebene allgemein anerkannter gültiger Regeln und gesellschaftlich geteilter Geltungssysteme
3. Die Ebene der objektiven Wahrheit, des wissenschaftlich gesicherten Wissens

Der Einzelne ist nun bei jeder zu treffenden lebenspraktischen Entscheidung vor die schwierige Situation gestellt, eine Balance zwischen diesen drei Ebenen zu finden (vgl. Schmitz 1983, S. 65). Professionelle Unterstützung durch Therapie oder Erwachsenenbildung wird dann notwendig, wenn die eigenen Entscheidungen nicht mehr begründet werden können.

---

56 Im Folgenden beziehe ich mich nur auf das Verhältnis von therapeutischem und erwachsenenpädago-gischem Handeln.

57 Schmitz verwendet hier die Begriffe der Lebenspraxis und des Alltagshandelns synonym. Er bezieht sich in seiner Analyse auf die Theorien der Sozialpsychologie von G. H. Mead, der Lebensweltanalyse von A. Schütz und der Professionstheorie von Oevermann (vgl. Schmitz 1983, S. 62).

Das heißt, die eigenen Erfahrungen, das notwendige Wissen oder die bekannten Moralstandards scheinen nicht mehr auszureichen, um begründete eigene Entscheidungen treffen zu können. Zu diesem Erleben kommt hinzu, dass sowohl Alltagsgespräche als auch Problemverdrängung wie auch selbstgesteuerter Wissenserwerb nicht mehr ausreichen, um Lösungen zu finden (vgl. Schmitz 1983, S. 65 f.).

Das typische Themenfeld für therapeutische Interaktionen ist die Ebene der subjektiven Wirklichkeit und damit der Identität. In Psychotherapien geht es vorrangig darum, die Identität und deren zu Grunde liegende Geltungssysteme neu zu ordnen und zu strukturieren. Biographische Erfahrungen werden gegebenenfalls revidiert und überarbeitet, die bisherigen Interpretationen der Wirklichkeit überprüft und wenn nötig verändert. Für diese Rekonstruktionsprozesse ist eine besondere Interaktionsstruktur notwendig. Dazu gehören zum einen bestimmte Rahmenbedingungen, und zum anderen eine bestimmte Beziehung, als Bestandteil der Interaktionsstruktur zwischen Therapeut und Klient oder, im Fall einer Gruppentherapie, Klienten. Diese ist zunächst spezifisch, nach bestimmten Rollenvorgaben organisiert. Im Laufe eines therapeutischen Prozesses verliert die Beziehung jedoch ihren spezifischen Charakter und nimmt diffusere Formen an, wie sie sonst nur in Primärgruppen [58] zu beobachten sind. Diese Art der Beziehung, in der der Therapeut sozusagen seine Person als berufliches ,Werkzeug' einsetzt, ist wichtig für ein Gelingen der Therapie [59] (vgl. Schmitz 1983, S. 69 ff.).

---

58 Die Unterscheidung zwischen Primär- und Sekundärgruppen oder auch formellen und informellen Gruppen ist ein soziologisches Konstrukt. Primärgruppen zeichnen sich durch „diffuse" Sozialbeziehungen aus, das bedeutet, dass prinzipiell jeder beliebige Inhalt thematisiert werden kann. Primärgruppen sind der Privatsphäre zuzurechnen. Das Maß an Vertrauen und Zuneigung erhöht meist die Freiheit jedes Thema anzusprechen. Diese Unspezifität von Primärgruppen ermöglicht die Äußerung von Verhalten und Gefühlen, die möglicherweise keine gesellschaftliche Anerkennung finden würden. Die Reaktion und die Kommentare der Gruppenmitglieder machen daher Selbsterfahrungen möglich. Sekundärgruppen sind durch rollenförmige Interaktionen geprägt. Es können jeweils nur solche Themen angesprochen werden, die der Definition der Rolle entsprechen. Bei einem Steuerberater kann man nicht auf seine gesundheitlichen Beschwerden zu sprechen kommen. Persönliche Gefühle werden in der Regel nicht thematisiert. Die Unterscheidung zwischen Sekundär- und Primärgruppen ist ein analytisches Konstrukt, das heißt, in der Wirklichkeit sind meist Aspekte beider Typen vorhanden (vgl. Schmitz 1984, S. 112 f.). Diffuse Sozialbeziehungen versteht Oevermann (im Unterschied zu Parsons) als nicht-rollenförmige Sozialbeziehungen, in denen jeweils die ganze Person betroffen ist. Rollenförmigkeit und Diffusität schließen sich in Sozialbeziehungen gegenseitig aus. In einer diffusen Sozialbeziehung ist grundsätzlich jedes Thema zulässig. In spezifischen Sozialbeziehungen werden die aufeinander bezogenen Rollen und die zu bearbeitenden Themen bindend festgelegt. Während eine diffuse Sozialbeziehung endet, wenn eine der sie bestimmenden Personen nicht mehr vorhanden ist, ist die spezifische Beziehung personen-unabhängig, sie behält ihre spezifische Identität, auch wenn die Personen wechseln (vgl. Oevermann 1996, S. 110 f.).

59 Vgl. hierzu auch Oevermann 2002 und 1996 zur Abstinenzregel.

Die Erwachsenenbildung im Gegensatz zur Therapie hat es in ihrer Praxis mit allen drei Ebenen zu tun. Politische Bildung beschäftigt sich mit den Fragen der Moral und des Gruppenkonsenses, Seminare der Persönlichkeitsentwicklung oder Selbsterfahrungsseminare befassen sich mit der Identität und qualifizierende Bildungsveranstaltungen oder viele Themen der beruflichen Weiterbildung befassen sich mit der Ebene der ‚Wahrheit‘, des objektiven Wissens. An die Stelle der Zweier-Beziehung in der therapeutischen Situation tritt die Beziehung zwischen Teilnehmern beziehungsweise der Teilnehmergruppe und dem Kursleitenden. Die Gruppenprozesse zwischen den Teilnehmern bestimmen von daher ebenfalls in hohem Maße die Interaktionsstruktur. In der Erwachsenenbildung werden die äußeren Bedingungen der Interaktionsstruktur von den Rahmenbedingungen der Seminare bestimmt. Teilnehmer nehmen an einem Seminar in der Erwartung teil, dass sie dort schneller ein spezifisches Sonderwissen erlernen, als ohne dieses Seminar. Das veranlasst sie, sich in die Rolle eines Lernenden zu begeben und die notwendigen Schritte hierfür zu unternehmen (Anmeldung, Vorgabe fester Termine, Teilnahmebestimmungen, evtl. Prüfungen etc.). Diese Interaktionsstrukturen besitzen den Charakter von Sekundärgruppen, was eine Voraussetzung dafür ist, erwachsenenpädagogisches Handeln als *(fach)didaktisches Handeln* zu definieren. Schmitz hält diesen Sekundärgruppencharakter jedoch für eine Fiktion, da zum Beispiel der Wunsch nach sozialen Kontakten oft ein Teilnahmemotiv für Seminare ist. Themen der eigenen Identität werden häufig in Seminaren auch dann angesprochen, wenn sie nicht wie in Persönlichkeitsseminaren als Seminarziel angesprochen wurden. Die Bearbeitung von Fragen der Identität macht es dann notwendig einen Primärgruppencharakter zu schaffen. Im Rahmen der Erwachsenenbildung ist es sehr viel schwerer, die richtige Balance zwischen Sekundär- und Primärgruppencharakter im Seminarverlauf zu erreichen und aufrechtzuerhalten. Während eines Seminars der Erwachsenenbildung können schnell unstrukturierte Situationen entstehen und dann ist es die Aufgabe der Kursleitenden durch ihr Handeln die Situation wieder neu zu definieren. In diesem Fall müssen sie deutlich machen, ob es sich um Therapie oder Erwachsenenbildung handelt. Schmitz sieht es als eine Aufgabe der Erwachsenenbildungswissenschaft an, hier Modelle zu entwickeln, wie wirksame Handlungsstrukturen für die Bearbeitung von Problemen der Identität im Rahmen von Erwachsenenbildung aussehen könnten (vgl. Schmitz 1983, S. 73 ff.).

Die Übergänge zwischen Therapie und Erwachsenenbildung werden deutlich, wenn es um Fragen der Identität geht. Eine Differenz zeigt sich zum einen jedoch darin, dass Erwachsenenbildung den Sekundärgruppencharakter durchgängig erhalten sollte, damit ein völliges Abgleiten in eine Primärgruppenstruktur und ein Verlassen der Erwachsenenbildungsituation verhindert wird. Zum anderen gibt es auch bei Themen der Identität inhaltliche Differenzen zwischen Erwachsenenbildung und Therapie. Bei Bildungsprozessen, verstanden als Transformation der subjektiven Wirklichkeit, ist ein Bezug zur äußeren Welt immer in irgendeiner Form gegeben. Aufbauend auf der Identitätstheorie von Mead und dessen Unterscheidung zwischen I und Me [60] wird bei Schmitz die Grenze von pädagogischen zu therapeutischen Interaktionen überschritten, wenn dem Me – als Ergebnis von Sozialisationsprozessen – keine neuen Wissensbestände zugefügt werden. Therapie wird verstanden als eine Interaktionsform, die den „inneren Dialog" zwischen dem Me und dem I nach außen verlegt. „Sicherlich sind diese therapeutisch verlaufenden Austauschprozesse zwischen I und Me nicht mehr zu den pädagogischen Bildungsprozessen zu rechnen, da sie nicht der Aneignung von Ausschnitten der ‚äußeren Realität', sondern der Re-Organisation der ‚inneren Realität' dienen" (Schmitz 1984, S. 116). Selbsterfahrungsseminare, in denen nicht nur Selbstreflexion stattfindet, sondern auch die Fremdwahrnehmung anderer Teilnehmer – als Repräsentanten der objektiven Wirklichkeit – zu einem Erkennen und nicht einem Neu-Organisieren des I-Me-Verhältnisses führt, können also durchaus noch als Bildungsveranstaltungen begriffen werden (vgl. Schmitz 1984, S. 116 f.).

Dieser Analyse der Handlungsstrukturen von Therapie und Erwachsenenbildung liegt ein bestimmtes Verständnis von Erwachsenenbildung zu Grunde. Mader (1986, S. 6 ff.) weist darauf hin, dass die Bestimmung des Verhältnisses von Therapie und Erwachsenenbildung stark von der jeweiligen Zugangsweise zu Erwachsenenbildung abhängt. Der lebensweltlichen Zugangsweise Schmitz' stellt er die stoffzentrierte Zugangsweise gegenüber.

> „Wer von der Leitidee des Stoffes ausgeht und von ihm her Interaktion, Teilnehmerorientierung und selbstverständlich auch Lebensweltorientierung angeht, plant im Vertrauen auf die Fähigkeit jedes einzelnen Teilnehmers, die Übersetzung der allgemeinen Lernebenen in die individuell-kollektive Lebenswelt selbstbestimmt leisten und bewältigen zu können" (Mader 1986, S. 7).

Wer hingegen von einer lebensweltlichen Zugangsweise ausgeht, sieht die Lebenswelt der Teilnehmer als ein konstitutives Element von Bildung. Die dadurch gewonnene Nähe zu den Bedürfnissen der Teilnehmer hat jedoch auch die Schwierigkeit zur Folge, die inhaltliche Ebene mit ihren kulturellen Wissensbeständen herauszustellen und bearbeitbar zu machen. Das Verhältnis von Therapie und Erwachsenenbildung bei der stofforientierten Zugangsweise ist eher durch eine Abgrenzung der Methoden,

---

[60] „Das I ist die naturhafte Instanz menschlicher Existenz, von der die Verhaltensimpulse des Handelns, einschließlich jeglicher Kreativität und Spontaneität, ausgehen. Das Me als Resultat der Sozialisationsprozesse und als Summe der darin subjektiv in der Übernahme von Verhaltenserwartungen Anderer übernommenen Regeln und Interpretationen sinnhaften Handelns ist vernunftmäßige Bewertungsinstanz, von der die aus dem I entspringenden Verhaltensimpulse kanalisiert und auf ihre Angemessenheit und sachliche Richtigkeit von Handeln beurteilt werden. Das Me als Instanz der Vernunft umgibt sozusagen die biologisch verwurzelte Substanz des I wie ein aufmerksamer Beobachter" (Schmitz 1984, S. 111).

der Interventionsformen geprägt. Wenn therapeutische Elemente für die Erwachsenenbildung von Bedeutung sind, dann in Form von Hilfstechniken. Ausgehend von der Leitidee der Lebensweltorientierung „wird die Bestimmung des Verhältnisses zu therapeutischen Ebenen im Erwachsenenlernen eher in Art und Qualität der Problemlagen selbst" (Mader 1986, S. 7) gesehen. Therapie kann aus dieser Perspektive als Reflexionsmodus gesehen werden. Der klassische Unterricht (Stofforientierung) ermöglicht Reflexion über Lebenserfahrungen und ein lebensweltlicher Zugang bietet Reflexion als Lebenserfahrung (vgl. Mader 1986, S. 6 ff.).

„Therapeutische Erfahrungen stellen somit einen anderen Typ von Reflexion als Lebenserfahrung dar, während der klassische Unterricht eher Reflexion über Lebenserfahrung anstrebt. Daher wird im lebensweltlich orientierten Zugang zur Erwachsenenbildung Therapie auch weniger als Hilfstechnik (wie im stofforientierten Unterricht), sondern mehr als Reflexionsmodus gesucht" (Mader 1986, S. 9).

Hier wird bereits ein Aspekt angedeutet, den es zu vertiefen gilt, nämlich die Perspektive auf Erwachsenenbildung oder auch die Unterrichtstheorie der Erwachsenenpädagogen als ein zentrales Element für deren Zugangsweise zu ihrer Professionalität.

3.5 Wann wird ein Seminar zu Therapie?

Zunächst scheint es mir wichtig, nochmals auf die gemeinsame Basis/den gemeinsamen Nenner von Therapie und Erwachsenenbildung hinzuweisen, nämlich den Ausgangspunkt der Identität und Individualität und die gesellschaftliche Funktion diese aufrechtzuhalten beziehungsweise wieder herzustellen. Das heißt, auf die Ebene eines einzelnen Seminars bezogen, dass eine Therapeutisierung eigentlich nur dann möglich ist, wenn es inhaltlich um identitätsbezogene Themen geht. Die Gefahr in einem EDV-Seminar therapeutische Prozesse zu initiieren erscheint eher unwahrscheinlich, solange es um die Vermittlung von EDV-Kenntnissen geht. Ein identitätsbezogenes Thema macht jedoch noch kein Seminar zu einer therapeutischen Intervention. Die Herangehensweise an dieses Thema ist ebenfalls bedeutsam.

Im vorangegangenen Abschnitt wurde schon zwischen einer stofforientierten und einer lebensweltorientierten Perspektive der Erwachsenenbildung unterschieden und auf den Zusammenhang mit einer therapeutischen Ausrichtung hingewiesen. Heuer (1993, S. 101) beschreibt die unterschiedlichen Zugänge zur Erwachsenenbildung als ‚subjektzentrierten' und ‚themenzentrierten' Ansatz. Damit sind zwei mögliche Herangehensweisen an Weiterbildungsthemen benannt, wobei der subjektzentrierte Ansatz, der den Blickwinkel und die Erfahrungen der Teilnehmenden als Ausgangspunkt hat, die Möglichkeit einer Therapeutisierung in sich birgt, was bei einem themenzentrierten Ansatz weniger der Fall ist (vgl. Heuer 1993, S. 101 ff.).

„Wenn man die vorrangig subjektorientierten Erwachsenenbildungskonzeptionen im Rahmen politischer Bildung betrachtet, ist seit den 70er Jahren die Tendenz der Therapeutisierung auf die Schiersmann hingewiesen hat, deutlich vorhanden. Mit einseitiger Gewichtung der Subjektseite in Bildungskonzeptionen wird der Blick auf die gesellschaftliche Bedingtheit von individuellen Konflikterfahrungen vernachlässigt [...]" (Heuer 1993, S. 101).

Auch im Rahmen eines subjektzentrierten Ansatzes sind verschiedene methodische Konzepte der Wissensaneignung möglich, es soll hier jedoch nur die selbsterfahrungsorientierte Vorgehensweise herausgegriffen werden. Selbsterfahrungsorientierte [61] Vorgehensweisen, die Wissen durch die unmittelbare Interaktion in einem Seminar und die damit verbundenen Erfahrungen aufbereiten und generieren, können die Lernprozesse in einem Seminar in die Nähe von Therapie rücken lassen (vgl. Heuer 1993, S. 103 ff.; Schiersmann 1993, S. 58 f.).

„Dies kann dort geschehen, wo das Auslösen eines hohen Maßes an subjektiver Betroffenheit und das Aufgreifen von Lerndimensionen, die an den Kern der Persönlichkeit rühren, auch eine intensive auf die Biographie der jeweiligen Teilnehmerin bezogene individuelle Aufarbeitung dieser Problematik erforderlich macht" (Schiersmann 1993, S. 59).

Wie im vorangegangenen Kapitel schon ausgeführt wurde: Der Anlass, eine Psychotherapie zu beginnen, ist möglicherweise ein anderer als der, an einem Seminar in der Erwachsenenbildung teilzunehmen. Ein Mensch, der sich einer Therapie unterzieht, sucht ‚Heilung‘ oder die Lösung eines schwerwiegenden Problems hinsichtlich seiner Identität. Die Teilnahme an einem Seminar zielt auf den Erwerb von Wissen im weitesten Sinne ab. Therapeutisierung der Erwachsenenbildung würde folglich dann stattfinden, wenn Personen, die eigentlich therapeutische Hilfe brauchten, stattdessen diese Hilfe in Seminaren der Erwachsenenbildung suchen. Dass dies in der Realität durchaus auch der Fall ist, hat unter anderem eine Untersuchung von Schwalfenberg (1991) ergeben (vgl. auch Nittel 1998, S. 62 f.) [62]. Auch wenn die Gefahr einer Therapeutisierung größer erscheint, wenn Teilnehmende auf der Suche nach Heilung sind, wird das Seminar dennoch nicht gleich zur Therapie. Hier ist die Unterscheidung

---

[61] Selbsterfahrung macht das ‚Selbst‘ einer Person, ihre Identität zum Gegenstand der Erfahrung. „Der Begriff der Selbsterfahrung impliziert im Übrigen – gemäß der Bedeutung des Oberbegriffs ‚Erfahrungslernen‘ -, dass der Wissenszuwachs über das eigene Selbst durch die Wahrnehmung des eigenen Verhaltens in bestimmten Situationen und nicht durch die Reflexion früherer, im Langzeitgedächtnis gespeicherter Erfahrungen oder gar durch die Übertragung wissenschaftlicher oder literarischer Aussagen auf sich selbst erfolgt" (Doerry 1999, S. 106).

[62] Interessant ist in diesem Zusammenhang auch ein Ergebnis der Studie von Leidenfrost/Götz/Hellmeister, dass 80 % der Teilnehmer von Seminaren zur Persönlichkeitsentwicklung sich erhoffen in diesen Seminaren Fragen zur eigenen Person klären zu können (vgl. dies. 2000, S. 104).

von Mader in verdeckte und offene Therapieangebote hilfreich. Ein Therapieangebot – man könnte auch sagen Auftrag – kann immer nur von einem Klienten kommen, denn ohne therapiebedürftige Person kann auch keine Therapie erfolgen. Bleibt diese Therapiebedürftigkeit verdeckt, besteht jedoch keine Gefahr der Therapeutisierung. Je nach Problem und Seminarsituation kann diese Bedürftigkeit aber aufbrechen und der/die Teilnehmende ein Therapieangebot machen beziehungsweise dem Kursleitenden einen entsprechenden Auftrag erteilen. Eine Verschiebung in Richtung Therapie würde jetzt stattfinden, wenn die Gruppe und die Leitung darauf eingingen (vgl. Mader 1983).

Die Frage ist, ob Teilnehmende mit einem therapeutischen Problem nicht durch bestimmte Seminarthemen und Ausschreibungen zur Teilnahme motiviert werden und eine bestimmte Gruppenatmosphäre im Seminar beziehungsweise der Einsatz therapeutischer Interventionen eine Aufdeckung dieses Anlasses begünstigen. Damit wären die Aspekte der besonderen Interaktionsstruktur und der Interventionstechniken nochmals aufgegriffen. Auf beide Bereiche hat der Kursleitende eines Seminars einen entscheidenden Einfluss. Bei der Auswahl verschiedener Methoden und Interventionstechniken ist dies noch offensichtlicher als bei der Gestaltung der Interaktionsstruktur. Wird der Kursleitende eines Seminars jedoch als jemand betrachtet, der den Rahmen für die Veranstaltung vorgibt, so wird deutlich, welch großen Einfluss Lehrende auf die Interaktionsstruktur einer Gruppe haben. Nittel (1998, S. 60 ff.) beschreibt dies in der Analyse eines Selbstsicherheitstrainings sehr anschaulich. In diesem Training wird sichtbar, dass die Teilnehmerinnen die implizite therapeutische Funktion von Erwachsenenbildung nutzen und dies teilweise auch evident machen. Die Kursleitung lässt jedoch nicht alle Themen als kursrelevante Themen zu und rahmt die Veranstaltung als teil-öffentlichen Raum (Sekundärgruppenstruktur). „Genau in diesem Sachverhalt der Selektion von Themen, Problemen und Interaktionsmodi schlägt sich handlungslogisch bereits die erforderliche Trennung von Therapie und Bildung nieder" (Nittel 1998, S. 64). Wenn jedoch sämtliche Probleme jedes Einzelnen zugelassen und bearbeitet würden und therapeutische Interventionstechniken Anwendung fänden, dann würde eine Therapeutisierung des Seminars stattfinden.

Die Interaktionsstruktur eines Seminars wird außerdem, wie oben schon kurz angesprochen, durch die jeweils eingesetzten Methoden mit beeinflusst. Es scheint nachvollziehbar, dass durch den Einsatz therapeutischer Methoden eine entsprechende Interaktionsstruktur kreiert wird, die im Einzelnen therapeutische Prozesse auslösen kann. Gehen wir hier von den allgemeinen Wirkfaktoren der Psychotherapie (siehe Kap. 2.4) aus, so wird deutlich, dass eben gerade die Beziehung, die Interaktionsstruktur ein entscheidender Faktor ist. Interessant ist in diesem Zusammenhang eine Studie von Leidenfrost/Götz/Hellmeister zu Persönlichkeitstrainings im Management (2000). Sie sehen in Persönlichkeitstrainings vergleichbare Wirkfaktoren, wie sie für therapeutische Prozesse zum Beispiel von Grawe et.al. herausgearbeitet wurden[63]. Darüber hinaus stellen sie fest, dass „diese Veranstaltungen oft Züge einer Kurzzeittherapie annehmen" (vgl. Leidenfrost/Götz/Hellmeister 2000, S. 147). In einer weiteren Studie wird festgestellt:

> „Persönlichkeitsorientierte Trainings orientieren sich u.a. an psychotherapeutischen Ansätzen, wie z.b. der Psychoanalyse nach Freud, der Transaktionsanalyse (TA) nach Berne, dem personenzentrierten nichtdirektiven Ansatz nach Rogers, dem Neurolinguistischen Programmieren (NLP) nach Bandler und Grinder sowie der systemischen Familientherapie nach Selvini-Palazzoli [...]" (Mayer/Götz 1998, S. 278).

In meinen Ausführungen wurde nochmals der Zusammenhang zwischen Thema, Interaktionsstruktur und Interventionstechniken/Methoden und deren Bedeutung für die Zuordnung einer Intervention zu Psychotherapie oder Erwachsenenbildung aufgezeigt. Hinzu kommt, dass ein therapeutisches Bedürfnis auf Seiten der Teilnehmenden vorhanden sein muss und die Bereitschaft der Kursleitenden (und der Gruppe) darauf einzugehen. Darüber hinaus wurde ein ethischer Aspekt angesprochen: Der Auftrag (Mandat/Lizenz) der Teilnehmenden oder Klienten ist eine zentrale Voraussetzung für die Art und die Durchführung von Intervention. Eine Intervention in Form von Psychotherapie oder Erwachsenenbildung bedarf eines Auftrags sowohl der Klienten/Teilnehmenden, als auch auf der Makroebene eines grundsätzlichen gesellschaftlichen Auftrags.

3.6 Zusammenfassung und Bewertung der Vergleichskriterien von Erwachsenenbildung und Psychotherapie

Das Verhältnis von Erwachsenenbildung und Therapie wurde in den vorangegangenen Abschnitten unter dem Aspekt einer Therapeutisierung von Erwachsenenbildung und über den Vergleich der jeweiligen professionellen Handlungsstruktur betrachtet. Dabei haben sich verschiedene Kriterien herauskristallisiert, die sowohl die Unterschiede zwischen Erwachsenenbildung und Psychotherapie aufzeigen wie auch die Überschneidungsbereiche und Übergänge, die die Schwierigkeiten einer Abgrenzung der beiden Handlungsfelder deutlich machen.

---

63 Veränderungen, die durch persönlichkeitsorientierte Trainings ausgelöst werden, können zum Beispiel sein: Erkennen der Wichtigkeit von Selbstbeobachtung; eine höhere Sensibilität bei der Fremdbeobachtung (bes. affektiver Zustände); ein reflektierterer Umgang mit schwierigen Situationen (das heißt, sich nicht ausgeliefert fühlen, sondern damit umgehen lernen); Achtsamkeit und Sensibilität für Situationen, die einem „gut tun"; ein „versöhnterer" Umgang mit sich selbst (eigener Frieden), was wiederum auf die Umwelt ausstrahlt (Mayer/Götz 1998, S. 290); aber auch Wohlbefinden, Selbstvertrauen, Klarheit; Verbesserung interpersonaler Fähigkeiten; neue Perspektiven und Freundeskreise (Leidenfrost/Götz/Hellmeister 2000, S. 119 f.).

Die folgende Abbildung zeigt mögliche Einflussfaktoren einer Therapeutisierung der Erwachsenenbildung:

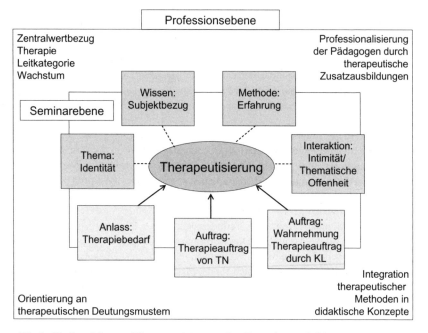

Abb. 3: Einflussfaktoren Therapeutisierung der Erwachsenenbildung

Auf der Professionsebene lässt sich eine Annäherung der Leitkategorien von Erwachsenenbildung und Psychotherapie feststellen und damit zusammenhängend eine Orientierung an therapeutischen Deutungsmustern, also eine Wahrnehmung pädagogischer Situationen aus einem therapeutischen Blickwinkel heraus. Darüber hinaus gibt es eine Einbindung therapeutischer Methoden und Interventionstechniken in didaktische Konzepte beziehungsweise die Entwicklung neuer didaktischer Konzepte auf Basis bestimmter psychotherapeutischer Schulen. Hinzu kommt, dass sich Erwachsenenpädagogen für ihre Tätigkeit über therapeutische Zusatzqualifikationen zusätzlich professionalisieren. Damit wird auch die Ebene der individuellen Professionalisierung angesprochen, die auf die Profession insgesamt zurückwirkt. Diese Weiterentwicklungstendenzen der Profession Erwachsenenbildung sind für die Betrachtung der Seminarebene wichtig.

Auf Seminarebene ergeben sich Überschneidungsbereiche zwischen Therapie und Erwachsenenbildung, wenn das Thema der Identität über einen subjektorientierten Zugang und mit erfahrungsbezogenen Methoden und einer offenen Interaktionsstruktur erarbeitet wird.

Für die Therapeutisierung einer Seminarsituation sind jedoch ein Therapiebedarf auf Seiten der Teilnehmenden und ein entsprechender Auftrag an die Kursleitenden sowie die Wahrnehmung dieses Auftrags durch die Kursleitenden und die Seminargruppe notwendig. Die Felder Thema, Wissen, Methode und Interaktionsstruktur zeigen im Schaubild daher eine eher lockere Verbindung zur Therapeutisierung auf. Sie ermöglichen das Abgleiten eines Seminars in therapeutische Lernprozesse. Damit ein Seminar jedoch tatsächlich in eine Psychotherapie abgleitet, muss bei einem oder mehreren Teilnehmenden bezogen auf das Themenfeld des Seminars ein Therapiebedarf bestehen, durch das Verhalten des Teilnehmenden ein Auftrag an den Kursleitenden erfolgen und dieser Auftrag durch den Kursleitenden angenommen werden.

Abschließend sollen die professionellen Bereiche der Psychotherapie und der Erwachsenenbildung anhand der erarbeiteten Vergleichskategorien tabellarisch dargestellt werden (vgl. hierzu Dewe 2005, S. 154 ff.; Schaeffer 1992, S. 205 ff.; von Haug 1985, S. 184 ff.; Schmitz 1983 S. 61 ff.). Es sei an dieser Stelle nochmals erwähnt, dass es sich hierbei um den aus professionstheoretischer Sicht betrachteten idealisierten Kern des jeweiligen Handlungsbereiches handelt. In der Praxis wird diese Trennschärfe nicht immer zu beobachten sein.

Vergleichskategorien	Therapie	Erwachsenenbildung
Zentralwertbezug	Therapie	Therapie (nach Oevermann)/ Bildung
Leitkategorie/- Leitdifferenz	Gesundheit/gesund – krank	Bildung/wissend – nicht wissend
Mandat/Lizenz → Auftrag	Lizenz zur Anwendung psychischer Interventionsmethoden	Lizenz zur Gestaltung einer angemessenen Lernumgebung und zur Leistungsbeurteilung
Interventions-techniken/Methoden	Einsatz psychologischer Methoden (bis hin zur Hypnose)	(fach)didaktisches Handeln
Komplementärrolle/ Rolle der Adressaten	Patienten/Klienten, hilfsbedürftig, eingeschränkt eigenverantwortlich	Teilnehmer, vollverantwortlich
Anlass/Problem	Beeinträchtigte Subjekte, Leidensdruck, Störung, Unvermögen an Normalitäts-sicherung, autonome Bewältigung der Lebenspraxis ist nicht mehr möglich, Unvermögen der Primärbeziehungen das Leiden zu verringern	Bildungsinteresse, Informations- und Wissensdefizite, Defizite in kulturellen Normen, Verhaltens- und Handlungsinkompetenz, Orientierungssuche
Gegenstand/- Thema/Bezugspunkt	Identität	Welt (Moral, Identität, Wahrheit)
Ausgangspunkt der Arbeit	Subjekt	Thema und/oder Subjekt
Gruppenstruktur/- Interaktionsstruktur	Künstlich hergestellte Primärgruppen-struktur innerhalb eines bestimmten Rahmens, der geprägt ist durch ein spezifisches Rollenverständnis, inten-sive Zweier- oder Gruppenbeziehung, therapeutische Beziehung, umfasst be-stimmte Haltung[64] des Therapeuten (z.B. Abstinenzregel in Psychoanalyse oder therapeutische Grundhaltung in GT)	Sekundärgruppenstruktur mit teilweise primärgruppenhaften Methoden, variables Beziehungs-geflecht

Abb. 4: Vergleichskriterien Psychotherapie – Erwachsenenbildung

---

64 Abstinenz als professionelle Haltung und Verhaltensregel in der Psychoanalyse beschreibt vor allem eine bestimmte Neutralität des Therapeuten dem Klienten gegenüber. Zum einen geht es darum, auf die Bedürfnisse und Wünsche der Klienten nach der Liebe und Zuneigung des Analytikers nicht ein-zugehen, um eine Übertragungsheilung zu vermeiden. Zum anderen soll aber auch ein Missbrauch des Klienten zur Bedürfnisbefriedigung des Therapeuten vermieden werden. Die zunächst sehr strenge Auslegung der Abstinenzregel in der Psychoanalyse wurde in den letzten Jahren stark aufgeweicht, da die Bedeutung einer eher responsiven Beziehung zwischen Klient und Therapeut für den Behandlungs-erfolg erkannt wurde (vgl. Stumm/Pritz 2000, S. 2).

Einen interessanten Vergleich für die erarbeiteten Kriterien bietet die Studie von Nussle-Stein (2005), die sich der Professionalität von Beratung und Therapie widmet und ihre Untersuchung streckenweise auf den Vergleich von Erziehung, Beratung und Therapie ausweitet. Die von ihr aus der Literatur erarbeiteten häufig genannten Vergleichskriterien zwischen Beratung und Therapie stimmen größtenteils mit den oben aufgeführten überein. Sie verwendet lediglich andere, weniger professionstheoretische Begrifflichkeiten (vgl. Nussle-Stein 2005, S. 133 ff.):

- Zielgruppe und Problemstellung, dies entspricht der Komplementärrolle und dem Anlass/Problem
- Inhaltliche Zentrierung und Strukturierung, dies entspricht sowohl teilweise dem Thema als auch den Interaktionsformen
- Handlungsverständnis, dies entspricht den Interventionsmethoden
- Zielbereiche, dies entspricht dem Zentralwertbezug und den Leitkategorien
- Interaktion/Beziehungsverhältnis, dies entspricht der Interaktionsstruktur

Darüber hinaus nennt sie die Kriterien Rahmen und Arbeitssetting, zeitliche Intensität, emotionale Intensität und Ausbildung (vgl. Nussle-Stein 2005, S. 136). Diese ‚äußeren‘ Kriterien waren jedoch nicht Teil meiner Untersuchung.[65]

Für den weiteren Verlauf der Studie ist außerdem noch wichtig, dass keines der Kriterien für sich genommen wirklich trennscharf ist. Für eine Unterscheidung zwischen Erwachsenenbildung und Psychotherapie ist eine ganzheitliche Betrachtung, also der Wechselwirkung der aufgeführten Kriterien, notwendig.

---

[65] In einem weiteren Schritt untersucht Nussle-Stein die Differenzierungsfähigkeit dieser Kriterien und identifiziert dabei lediglich zwei: die inhaltliche Zentrierung und die Zielbereiche (vgl. Nussle-Stein 2005, S. 150). Diese Auswahl ist jedoch für meine Studie zu eng, da die Seminarform mit einer von Beratung abweichenden Interaktionstruktur in ihre Analyse nicht eingeschlossen wird.

4. Professionalität von Kursleitenden – das Modell des professionellen Selbst

Vor dem Hintergrund fortwährender Diskussionen zu Fragen der Professionalisierung und Professionalität in der Erwachsenenbildung soll in meiner Studie eine bestimmte Mitarbeitergruppe auf ihre professionellen Konzepte hin untersucht werden. In Einklang mit neueren Studien zu diesem Themenbereich wird dabei explizit auf die subjektive Sichtweise der Betroffenen Wert gelegt. Die besondere Thematik, die durch das Qualifikationsprofil der Lehrenden angesprochen wird, ist die Schnittstelle oder Grenze zwischen Therapie und Erwachsenenbildung. Ein Grenzbereich, der je nach Blickwinkel entweder mit großen Erwartungen oder Befürchtungen betrachtet wird. Angesichts veränderter gesellschaftlicher Rahmenbedingungen und damit einhergehender veränderter Aufgaben der Erwachsenenbildung ist eine Positionierung der Erwachsenenbildung zur Psychotherapie meines Erachtens nach wie vor aktuell [66].

Im Folgenden soll der analytische Bezugsrahmen der Studie weiterentwickelt werden. Bisher wurde die professionstheoretische Zugangsweise vorgestellt und aus dieser Perspektive heraus der gesellschaftlich-historische Hintergrund der Studie skizziert sowie Kriterien für einen Vergleich von Erwachsenenbildung und Psychotherapie erarbeitet.

4.1 Perspektiven von Professionalität in der Erwachsenenbildung

In den soziologischen Professionstheorien sind eher weniger Aussagen zur Professionalität an sich zu finden. „Die Durchsetzung von Professionalität auf der Handlungsebene wird gewöhnlich als Folgeerscheinung der Etablierung einer Profession im Anschluss an einen kollektiven Prozess der erfolgreichen Verberuflichung (Professionalisierung) betrachtet" (Nittel 2000, S. 70 f., im Original hervorgehoben). So setzt sich auch der Artikel von Combe/Helsper (2002), der zwar die Überschrift „Professionalität" trägt, vor allem mit Kennzeichen von Professionen auseinander.

---

[66] Wie z.B. an der Tagung der Sektion Erwachsenenbildung in Tübingen zu erkennen ist, die ein Schwerpunktthema zu ‚Therapie – Erwachsenenbildung' gesetzt hat.

Seit den 1980er Jahren hat sich jedoch innerhalb der Erziehungswissenschaft insgesamt und natürlich auch in der Erwachsenenbildung hierzu ein breites Forschungsfeld ergeben. Aus der Vielzahl der Veröffentlichungen zu diesem Thema gilt es nun geeignete Rahmenkonzepte auszuwählen. Es ist unmöglich, alle Entwürfe und Modelle zur Professionalität hier hinreichend darzustellen und zu würdigen. Ich möchte daher zentrale Ansätze herausgreifen und kurz skizzieren – sozusagen einen möglichst breiten Querschnitt durch die unterschiedlichen Ansätze geben –, um zum einen möglichst viele Facetten von Professionalität zu erfassen, und um zum anderen die von mir getroffene Auswahl zu begründen. Ich beschränke mich dabei außerdem auf die Ansätze, die sich explizit mit der Frage nach der ‚Professionalität‘ beschäftigen.

In der Erwachsenenbildung gibt es unterschiedliche Herangehensweisen zur Bestimmung von (erwachsen)pädagogischer Professionalität: über die strukturellen Gegebenheiten und Anforderungen der Profession, anhand der interaktiven Anforderungen des Tätigkeitsfeldes oder über die subjektive Wahrnehmung und das Selbstverständnis der Handelnden (vgl. Peters 2004, S. 114 ff.; Koring 1992, S. 174 ff.). Dementsprechend uneinheitlich fallen die Definitionen und Vorstellungen von Professionalität aus:

Professionalität als Erfüllung der Kriterien von Professionen
Bei diesem indikatorischen Ansatz (oder auch kriterienorientierten Ansatz, vgl. Bauer/Kopka/Brindt 1999, S. 10) wird Professionalität aus den Bestimmungskriterien von Professionen abgeleitet. Ihre Erfüllung wird als Indikator für Professionalität gesehen. Die oben schon erwähnte Definition von Combe/Helsper (2002) lässt sich auf diese Herangehensweise zurückführen.

Legt man die in Kapitel 2.1.1 erarbeiteten professionstheoretischen Kategorien zu Grunde, dann ergibt sich Professionalität zum Beispiel, wenn eine wissenschaftlich fundierte Ausbildung in der entsprechenden Bezugswissenschaft vorhanden ist, dieses Wissen auf Fälle übertragen werden kann, eine bestimmte Beziehung zwischen Klient und Professionellem besteht, eine Einsozialisation stattgefunden hat, Handlungsmaximen vorgegeben sind und eingehalten werden. Danach ließe sich Professionalität relativ leicht an formalen Kriterien festmachen.

Professionalität als Bewusstsein des eigenen Tuns
„Für die Tätigkeit in der Erwachsenenbildung bedarf es eines ‚Bewusstseins‘ als ErwachsenenbildnerIn" (Fuchs-Brüninghoff 1997, S. 111). Dieser schon von Hans Tietgens formulierten Forderung geht Fuchs-Brüninghoff in einem Aufsatz über „Professionalität und Bewusstheit" (1997) nach. Sie betont dabei die Bedeutung von Reflexion und wachsender Bewusstheit für die eigene Aufgabe. Professionalität ist dann erreicht, „wenn die Personen wissen, was sie tun und wozu sie es tun" (Fuchs-Brüninghoff 1997, S. 116). Eine zentrale Voraussetzung für Professionalität ist damit

die Reflexion des eigenen Tuns. Gerade wenn, wie in der Erwachsenenbildung, die Handelnden oft aus anderen Professionen stammen und sich in ihren Beruf selbständig einarbeiten müssen, sei es wichtig, den Kompetenzerwerb durch gezielte Reflexion zu begleiten (Fuchs-Brüninghoff 1997, S. 111 ff.). Eine zentrale Studie zur erwachsenenpädagogischen Identität stellt die Arbeit von Scherer (1987) dar, die auch unter dem Namen ‚Ostwestphalen-Studie' bekannt geworden ist.

Einen Zugang zum Professionalitätsbewusstsein können professionelle Selbstbeschreibungen darstellen. Wichtig für eine professionelle Reflexion oder Selbstbeschreibung sind jedoch die *Dimensionen,* anhand derer das eigene Tun reflektiert wird (vgl. Nittel 2002b; Völzke 2002). Soll wirklich die eigene Professionalität bedacht werden, so können professionstheoretische Kategorien als Dimensionen hierbei sehr hilfreich sein.

Ein aus der Sicht der Profession nicht unerheblicher Aspekt ist dabei, inwieweit es sich bei dem Bewusstsein über die Tätigkeit um eine *kollektiv geteilte Identität* handelt. Die Vielfalt der Berufsidentitäten in der Erwachsenenbildung wird zum Beispiel in dem Sammelband „Jongleure der Wissensgesellschaft" (Nittel/Völzke 2002) deutlich.

Professionalität als situative Kompetenz

„Denn was tatsächlich in der Erwachsenenbildung und zwar in allen Sparten gebraucht wird, ist *Professionalität als situative Kompetenz.* Läßt man nämlich die berufsständische Umgebung des Professionalisierungsbegriffs beiseite, stößt man auf einen harten Kern der *Anforderungen an das Berufshandeln,* und eben diese treffen auf die Erwachsenenbildung als Beruf zu" (Tietgens 1988, S. 37).

Ausgangspunkt dieser Bestimmung von Professionalität sind die Anforderungen des Berufsfeldes. Aus diesen lässt sich ableiten, über welche Kompetenzen die professionell Handelnden verfügen sollten. Professionalität wird damit vor allem gleichgesetzt mit kompetentem Handeln. Diesem „kompetenztheoretischen Verständnis" (Nittel 2000, S. 74) von Professionalität lassen sich viele Studien innerhalb der Erwachsenenbildung und Erziehungswissenschaft zuordnen. Ergebnis war meist die Darstellung eines bestimmten Kompetenzkatalogs, oft verknüpft mit Überlegungen, wie diese Kompetenzen erworben werden können, also wie eine *Professionalisierung* gelingen kann. Damit geben diese Arbeiten auch eine normative Orientierung vor. Die erarbeiteten Kompetenzkataloge umfassen dabei meist folgende Bereiche: die direkte Interaktion mit den Teilnehmenden, strategisches organisationsspezifisches Handeln, Selbstreflexion und didaktisches Handeln (vgl. Nittel 2000, S. 74 ff.). Als Beispiele für häufig rezipierte Studien können hier die Ansätze von Fuhr (1991), Döring (1991) und Ziep (1990) genannt werden. Gemeinsam ist diesen Studien die Herleitung professioneller Kompetenzen, also die inhaltliche Bestimmung der Kompetenzen. Nittel sieht es als Problem dieser Ansätze an, dass das „Widersprüchliche, Fehlerhafte, ‚Unreine‘ und Konfliktträchtige am beruflichen Handeln" (Nittel 2000, S. 80) als Problem betrachtet wird und nicht als notwendige professionelle Spannungen.

Vogel/Wörner (2002) plädieren für eine Verknüpfung professionstheoretischer (indikatorischer Ansatz) und kompetenztheoretischer Diskurse. So sollte Professionalität weiterhin professionstheoretisch erfasst werden, jedoch verbunden mit einem individuellen Handlungspotential als messbarer Größe. Als mögliche Basis hierzu sehen sie die strukturtheoretische Betrachtungsweise:

Strukturtheoretische Betrachtungsweise (aus den Strukturen des Berufsfeldes abgeleitet)

„Es wird sichtbar, daß das ‚pädagogische Professionswissen‘ nicht eine individuelle Schöpfung ist. Vielmehr bedient sich der Handelnde bei der Entscheidungsfindung bzw. der nachträglichen Begründung aus einer kollektiv erwirtschafteten Teilkultur bzw. aus einem berufsspezifisch bereitgestellten Fundus" (Dewe/Ferchhoff/Radtke 1992, S. 87 f.).

Im Zentrum von Professionalität steht ein bestimmtes ‚Professionswissen‘, das als eigenständiger Bereich zwischen praktischem Handlungswissen und systematischem Wissenschaftswissen angesehen wird. Professionalität kann als Relationierung der beiden Wissenstypen betrachtet werden und ist die Voraussetzung für die Hervorbringung einer bestimmten Handlungsstruktur. Wichtig ist aber, dass dies eben nicht individuell bestimmt wird, sondern durch die Erfordernis einer bestimmten professionellen Handlungsstruktur kollektiv hervorgebracht wird. Professionalität „als ungewusst geteilte Berufskultur" (Dewe/Ferchhoff/Radtke 1992, S. 85).

Die Arbeit von Dewe/Ferchhoff/Radtke steht dabei für zwei Dinge: einmal für die wissenstheoretische Bestimmung eines Professionswissens und zum anderen für eine Herangehensweise, die sich auch an den Handlungsstrukturen einer bestimmten Profession orientiert. Damit stehen sie auch für ein ‚differenztheoretisches‘ Verständnis von Professionalität, das Nittel (2000, S. 80 ff.) favorisiert.

Der Expertenansatz orientiert sich ebenfalls an den Aufgaben und Anforderungen des Handlungsfeldes und könnte daher auch zur strukturtheoretischen Betrachtungsweise gezählt werden. Im Zentrum stehen die Fragen nach den für ein bestimmtes Aufgabengebiet notwendigen *Wissensstrukturen* und der Unterscheidung von Experten und Laien anhand eines bestimmten Wissens (vgl. Bromme 1992, S. 35 ff.). „Professionelles Wissen bezeichnet die einmal bewußt gelernten Fakten, Theorien und Regeln sowie die Einstellungen des Lehrers" (Bromme 1992, S. 10).

Professionalität als Relationierungsleistung

Roswitha Peters (2004) versucht in ihrer Studie zur „Erwachsenenbildungs-Professionalität" die jeweiligen Defizite oder die Einseitigkeit der oben genannten Definitionen zu überwinden. Das Modell von Peters zeichnet sich dadurch aus, dass sie konsequent das berufliche Handeln ins Zentrum ihrer Definition von Professionalität rückt. In kritischer Auseinandersetzung mit dem zuletzt von Nittel (2002, 2000) vorgelegten differenztheoretischen Modell zur Bestimmung von Professionalität baut sie auf dessen begrifflicher Differenzierung von Profession, Professionalisierung und Professionalität auf und schärft die Begrifflichkeiten und deren Bezüge untereinander.

Erwachsenenbildungs-Professionalität ist vor allem eine Relationierungsleistung, die sich innerhalb des klassischen didaktischen Dreiecks (Thema, Kursleitender, Teilnehmende) abspielt. Diese Relationierungsleistung findet in einem gesellschaftlichen Rahmen und einem professionellen Umfeld statt, die durch die Vorgabe des Zentralwerts Bildung und einen bestimmten *Berufsethos* und *berufliches Wissen und Können* natürlich das professionelle Handeln mitbestimmen.

So stellt sich professionelles Handeln für Peters in einer Erweiterung des didaktischen Dreiecks um Gesellschaft und Profession dar. Professionalität wird demnach in einem Spannungsfeld zwischen Teilnehmer, Inhalt, Gesellschaft und Profession vom Kursleitenden umgesetzt (vgl. Peters 2004, S. 124 ff.).

„Erwachsenenbildungs-Professionalität erweist sich so als kompetentes didaktisches Handeln, das auf das Lernen und die Bildung von Personen und auf Bildung als gesellschaftlichen Wert bezogen ist, das die daran geknüpften individuellen und gesellschaftlichen Interessen personen- und sachgerecht in Beziehung zu setzen vermag und das die jeweiligen Lern- und Bildungsinhalte sowohl nach Maßgabe ihrer (wissenschaftlichen) Wahrheit und Richtigkeit als auch nach Maßgabe ihrer interessenspezifischen partikularen Relevanz und Nützlichkeit angemessen berücksichtigt" (Peters 2004, S. 125 f.).

Voraussetzungen, diese Relationierungsleistung zu erreichen, sind: Wissen, Können, ein Aufgaben-, Handlungs- und Rollenverständnis, Handlungsethos sowie strukturelle und soziale Voraussetzungen (vgl. Peters 2004, S. 128 ff.). Zu einem Bewusstsein über das eigene Tun (ein Aufgaben-, Handlungs- und Rollenverständnis) kommen demnach noch weitere Voraussetzungen für Professionalität hinzu:

Persönliche Voraussetzungen, wie ein bestimmtes Wissen, Können sowie Handlungsregeln und *strukturelle Gegebenheiten* des jeweiligen Handlungsfeldes[67].

Fasst man die aufgeführten Ansätze zusammen, so ergeben sich folgende Elemente von Professionalität:

- Professionalität ist immer eingebettet in die strukturellen Gegebenheiten einer Profession und wird durch deren professionelle Handlungsstruktur bestimmt.
- Bei den Handelnden selbst ist sie darüber hinaus durch deren Biographie und berufliche Sozialisation geprägt.
- Sie enthält bestimmte, der Profession entsprechende Elemente des Wissens und Könnens.
- Voraussetzung für Professionalität ist ein professionelles Bewusstsein sowie die Kompetenz verschiedene Anforderungen in das jeweilige Handeln zu integrieren und damit eine Relationierungsleistung.

Innerhalb der Professionalitätsforschung wurde ein Modell entwickelt, das diese Aspekte von Professionalität integriert und die Handelnden selbst dabei konsequent in den Mittelpunkt stellt (vgl. Bauer/Kopka/Brindt 1999; Kelchtermans/Vandenberghe 1994). Dieses Modell des ‚professionellen Selbst' soll in den folgenden Kapiteln vorgestellt werden.

4.2 Das Modell des professionellen Selbst

Das Modell des professionellen Selbst wurde zunächst im Rahmen der Lehrerforschung entwickelt (vgl. Bauer/Kopka/Brindt 1999; Bauer 1998; Kelchtermans/Vandenberghe 1994). Es orientiert sich an professionellem ‚pädagogisch-unterrichtendem' Handeln, ist aber was die Zielgruppe, die Inhalte und die Institutionen anbelangt unspezifisch genug, als dass es auf die Erwachsenenbildung übertragen werden kann.[68]

---

67 Neben der grundsätzlichen Orientierung am Zentralwert Bildung erarbeitete Peters weitere strukturelle Bezüge professionellen erwachsenpädagogischen Handelns. So wird das professionelle Handeln bestimmt durch (vgl. Peters 2004, S. 103 ff.): Handlungsaufgabe (Beitrag zur Bildung Erwachsener), Handlungsreferenz (Orientierung am Zentralwert Bildung), Handlungsart (didaktisches Handeln zur Ermöglichung von Bildungsprozessen), Handlungsfiguren (verschiedene erwachsenpädagogische Tätigkeitsbereiche), Handlungstypus (Relationierung gesellschaftlicher und individueller Interessen sowie wissenschaftlichen und beruflichen Wissens), Handlungsstruktur (Rollenverteilung und Beziehungsstruktur in der didaktischen Situation), Handlungsmerkmale (begrenzte Planbarkeit und Kontrollierbarkeit), Handlungsqualität (gelingende Relationierungsleistungen, Umsetzung des Handlungstypus), Handlungserfolg (gelingende Lern- und Bildungsprozesse).

68 Vgl. hierzu auch Duxa (1999), die in ihrer Arbeit über die Weiterbildung von Kursleitern in der Erwachsenenbildung im Fachbereich Deutsch als Fremdsprache ebenfalls mit diesem Modell arbeitet.

Gegenüber dem Habitus-Konzept, das z.B. von Gieseke in ihrer zentralen Studie zur Professionalität von Erwachsenenbildnern verwendet wurde (vgl. z.B. Gieseke 1996, 1989), hat das Modell des professionellen Selbst den Vorteil, dass es ganz konkret auf zentrale Elemente pädagogischer Professionalität hinweist und damit für die Datenerhebung und Datenauswertung hinsichtlich der Professionalität einer besonderen Gruppe von Erwachsenenbildnern einen guten theoretischen Bezugsrahmen bietet [69].

Im Rahmen dieser Arbeit möchte ich mich vor allem auf zwei sich ergänzende Konzepte des professionellen Selbst stützen: Eine Grundlage bildet das Konzept von Kelchtermans/Vandenberghe (1994), das vor allem die biographische Entwicklung eines professionellen Selbst sowie die subjektive Unterrichtskonzeption als zentralen Teil des professionellen Selbst in den Blick nimmt. Ergänzend wird das Konzept von Bauer/Kopka/Brindt (1999 und Bauer 1998) betrachtet, das den Fokus stärker auf die Inhalte des professionellen Selbst, insbesondere auf Aspekte des Handlungsrepertoires setzt. Beide Studien sehen das professionelle Selbst eingebettet in einen professionellen Kontext.

4.2.1 Professionelles Selbst und Unterrichtstheorie als Ergebnis professioneller Biographie

Kelchtermans/Vandenberghe [70] betrachten professionelle Entwicklung als einen während der gesamten beruflichen Laufbahn anhaltenden Prozess, der nur im Kontext der beruflichen und persönlichen Biographie verstanden werden kann. Durch die biographische Perspektive wird der subjektiven Sichtweise der Lehrenden eine große Bedeutung beigemessen. Die Grundannahme ist, dass die professionelle Erfahrung von Lehrern zu einem *professionellen Selbst* und einer *subjektiven Unterrichtstheorie* [71] führt (vgl. Kelchtermans/Vandenberghe 1994, S. 45).

---

69 Da die zu untersuchende Gruppe meist als Selbständige und damit nicht in vergleichbaren institutionellen Strukturen arbeitet, wäre zunächst auch noch zu klären, ob es überhaupt so etwas wie einen gemeinsamen Habitus gibt. Worauf das Habitus-Konzept jedoch deutlich hinweist, ist die Verbindung zwischen objektiven und subjektiven Strukturen (vgl. Wagner 1998; Wittpoth 1994). Doch auch im Modell des professionellen Selbst wird dieser Aspekt nicht vernachlässigt.

70 Für die folgenden Ausführungen vgl. auch Kelchtermans 1993.

71 Im Original „Subjective Educational Theory". Da ,education' im Englischen mehr umfasst als nur Unterricht, ist die Übersetzung dieses Begriffs etwas schwierig.

Trotz der Bedeutung, die sie der biographischen und subjektiven Sichtweise der Lehrer zuschreiben, wird der strukturelle und institutionelle Kontext, in dem eine berufliche Laufbahn stattfindet, nicht außer Acht gelassen (vgl. Kelchtermans/Vandenberghe 1994, S. 48 f.)[72].

In ihrem auf Basis von qualitativen Interviews entwickelten Modell unterscheiden sie grundsätzlich vier Ebenen professioneller Entwicklung, von denen sich zwei einer faktischen und zwei einer interpretativen Ebene zuordnen lassen. Die Ebene der formalen Laufbahn und die der beobachtbaren täglichen Aktivitäten ordnen sie der faktischen Ebene zu. Die Ebene der professionellen Biographie und das professionelle Selbst mit einer subjektiven Unterrichtstheorie ordnen sie der interpretativen Ebene zu. Alle Ebenen sind miteinander verbunden, allerdings nicht in Form von objektiven Kausalzusammenhängen. Die professionelle Biographie, die rückblickend im Erzählprozess konstruiert wird, ergibt sich aus den Erfahrungen im täglichen Handeln, den Erfahrungen mit verschiedenen Institutionen im Rahmen der Berufskarriere beziehungsweise aus den Bedeutungen, die diesen Erfahrungen zugeschrieben wird. In ihrer Untersuchung haben Kelchtermans/Vandenberghe einen besonderen Fokus auf signifikante oder kritische Ereignisse oder Personen gelegt, die die professionelle Entwicklung beeinflusst haben könnten (vgl. Kelchtermans/Vandenberghe 1994, S. 53 f.).

Das professionelle Selbst kann beschrieben werden als ein „komplexes, multidimensionales und dynamisches System von Repräsentationen, das sich über die Zeit entwickelt als Ergebnis von Interaktionen der Person mit seiner Umgebung". (Kelchtermans/Vandenberghe 1994, S. 54 f.). Es hat dabei Einfluss auf die Wahrnehmung bestimmter Situationen und das tägliche Verhalten.

Folgende Teilaspekte oder Bestandteile des professionellen Selbst haben sich aus der Studie ergeben (vgl. Kelchtermans/Vandenberghe 1994, S. 55 f.):
- Selbstbild
- Selbstbewusstsein, das stark mit dem Selbstbild verbunden ist und die Selbstwahrnehmung bewertet
- Motivation für den Beruf als Lehrer
- Zufriedenheit mit dem Beruf
- Wahrnehmung der Aufgaben
- Zukunftsperspektive

---

72 Auf Basis dieser Annahmen als sensibilisierende Konzepte haben sie eine qualitative Studie mit halbstrukturierten Interviews durchgeführt und ihr Modell des professionellen Selbst ausgebaut (vgl. Kelchtermans/Vandenberghe 1994, S. 49 f.). Sie betonen dabei, dass sowohl das Modell des professionellen Selbst als auch seine Bestandteile sowie die biographischen Zusammenhänge als analytische Konstrukte zu betrachten sind (vgl. Kelchtermans/Vandenberghe 1994, S. 54, 56).

Ihr Verständnis des professionellen Selbst orientiert sich vor allem an den Annahmen des symbolischen Interaktionismus sowie an konstruktivistischen Theorien. Das Selbst ist kein statischer Persönlichkeitskern, der sich nicht mehr verändert, sondern es ist dynamisch und steht in ständiger Wechselbeziehung zur Umwelt (vgl. Kelchtermans/Vandenberghe 1994, S. 47).

Eine subjektive Unterrichtstheorie ist zentraler Bestandteil des professionellen Selbst. Hierbei handelt es sich um ein System von Bedeutungszuschreibungen, die direkt mit dem professionellen Handeln verbunden sind. Unter einer ‚subjective educational theory' ist ein „umfassender interpretativer Bezugsrahmen zu verstehen, durch den Lehrer ihren professionellen Situationen Sinn geben" (Kelchtermans 1993, S. 200). Wenn Lehrer über Strategien des Unterrichtens nachdenken, dann in Form von konkreten Situationen. Die subjektive Unterrichtstheorie kann daher aus Narrationen rekonstruiert werden, was für das forschungsmethodische Vorgehen relevant ist. Die subjektiven Unterrichtstheorien der Lehrer erwiesen sich in der Studie von Kelchtermans/Vandenberghe als sehr unterschiedlich. Das belegt ihre Annahme, dass subjektive Unterrichtstheorien durch die individuelle Biographie bestimmt werden (vgl. Kelchtermans/Vandenberghe 1994, S. 56 f.). Ein narrativer, autobiographischer und kontextgebundener Zugang ist nach Kelchtermans/Vandenberghe demnach am besten geeignet, das Denken und Handeln von Lehrern zu verstehen [73]. Das professionelle Selbst einer Person ist damit ein wichtiger Baustein, um ihr Handeln zu erklären, als alleinige Begründung reicht es jedoch nicht aus. Diese Einschränkung ist wichtig, um die Reichweite der Erkenntnisse dieser Studie richtig bewerten zu können.

Für meine Studie lässt sich somit festhalten: Durch Interaktion mit der (professionellen) Umwelt entsteht im Laufe einer professionellen Biographie ein professionelles Selbst, das heißt ein Verständnis darüber, was mich in meinem Beruf ausmacht und eine Bewertung des eigenen Handelns. Subjektive Vorstellungen über (gutes) Unterrichten sind ein zentraler Bestandteil dieses professionellen Selbst.

Eine therapeutische Zusatzausbildung als Bestandteil der professionellen Biographie kann damit das professionelle Selbst von Kursleitenden prägen – das ist jedoch auch von der Bedeutung abhängig, die die Kursleitenden dieser Ausbildung zuschreiben.

---

73 Allerdings geben Kelchtermans/Vandenberghe auch zu bedenken, dass autobiographische Daten immer retrospektive Rekonstruktionen sind und keine (zumindest nicht zwangsläufig) Fakten. Andererseits lag in ihrer Studie das Interesse eben gerade auf diesen subjektiven Interpretationen. Sie weisen außerdem auf das sehr komplexe Verhältnis zwischen Denken und Handeln hin. Das menschliche Verhalten kann nicht allein über subjektive Bedeutungen der handelnden Person erklärt werden (vgl. hierzu auch Wahl 1991, der sehr ausführlich den Zusammenhang zwischen subjektiven Handlungstheorien und dem tatsächlichen Handeln von Lehrer untersucht hat). Neben den Bedeutungen, die Menschen Dingen und Situationen zuweisen, gibt es latente Strukturen, die auf das Handeln Einfluss nehmen. Des Weiteren gibt es die Differenz zwischen einer verbal kommunizierbaren Theorie und der tatsächlichen Theory-in-Use (vgl. hierzu auch Huber/Mandl 1994; Kelchtermans/Vandenberghe 1994, S. 58 f.).

4.2.2 Das professionelle Selbst als zentrale Komponente pädagogischer Professionalität

Während Kelchtermans/Vandenberghe sich vor allem dem professionellen Selbst als „subjektiv verfügbare ,Theorie' über sich selbst und das eigene Handeln" (Beerlage/Kleiber 1991, S. 327) gewidmet haben, legen Bauer/Kopka/Brindt (1999) den Schwerpunkt ihrer Untersuchung eher auf die handlungsorientierende Funktion des professionellen Selbst.

Bauer/Kopka/Brindt (1999) widmen sich in einer groß angelegten Feldstudie dem professionellen Handeln und Bewusstsein von Lehrern und stellen ein professionelles Selbst ebenfalls ins Zentrum ihrer Untersuchung. Sie ordnen das professionelle Selbst mit seiner strukturierenden und integrierenden Funktion anderen Komponenten von Professionalität über (vgl. Bauer/Kopka/Brindt 1999, S. 13 f.). Zur Klärung der Fragen, was das professionelle Selbst ausmacht, wie es entsteht, arbeitet und welche Aufgaben es wahrnimmt, ziehen sie Theorien über das Selbst aus Kybernetik, Neurowissenschaften und der Psychologie heran. Das *professionelle Bewusstsein* sehen sie als eine Instanz, die die Aufmerksamkeit von Pädagogen steuert, Informationen integriert und Handlungsmuster auswählt. Sie unterscheiden dabei zwischen einem primären und einem höheren professionellen Bewusstsein.

„Das primäre professionelle Bewußtsein entsteht aus der pädagogischen Interaktion und begleitet die Aufgabenerfüllung. Das höhere professionelle Bewußtsein entsteht durch die Verarbeitung von Erinnerung [...][74]. Es setzt Reflexion voraus und ist in hohem Maße sprachgebunden. Ein professionelles Selbst entsteht aus dem höheren professionellen Bewußtsein" (Bauer/Kopka/Brindt 1999, S. 14, 178 f.).

Für die Erforschung des professionellen Selbst bedeutet dies, dass es als Teil des Bewusstseins auch der Reflexion zugänglich ist und in Interviews erfasst werden kann. Bauer/Kopka/Brindt sehen außerdem die praktische Konsequenz, das professionelle Selbst durch Fortbildungen zu fördern (vgl. Bauer/Kopka/Brindt 1999, S. 14).

Auf Basis von teilnehmender Beobachtung und Interviews entwickeln Bauer/Kopka/Brindt eine Theorie von pädagogischer Professionalität. Ihr Hauptfokus liegt dabei auf der Erarbeitung eines professionellen pädagogischen Handlungsrepertoires und professioneller Handlungsmuster im situativen Kontext. Voraussetzung für ein professionelles Selbst ist das Vorhandensein eines professionellen Bewusstseins sowie eines reichhaltigen Handlungsrepertoires (vgl. Bauer/Kopka/Brindt 1999, S. 95).[75]

---

74 Vgl. hierzu den autobiographischen Zugang von Kelchtermans/Vandenberghe (1994). (Fußnote, K. H.)

75 „Im Zentrum unseres Modells professionellen pädagogischen Handelns steht das professionelle Selbst, das sich nur durch ein reichhaltiges, der Situation angemessenes Handlungsrepertoire verbunden mit einem professionellen Bewußtsein herausbilden kann" (Bauer/Kopka/Brindt 1999, S. 95).

Ein entwickeltes professionelles Selbst stellt ein Zusammenspiel von Zielen und Werten dar, die ausgebildet wurden um Wichtiges von Unwichtigem zu unterscheiden, um die eigenen Stärken und Schwächen zu erkennen und um überhaupt entscheidungsfähig zu sein (vgl. Bauer/Kopka/Brindt 1999, S. 95).

Die folgende Abbildung zeigt das von Bauer/Kopka/Brindt entwickelte Modell professionellen pädagogischen Handelns (vgl. Bauer/Kopka/Brindt 1999, S. 97):

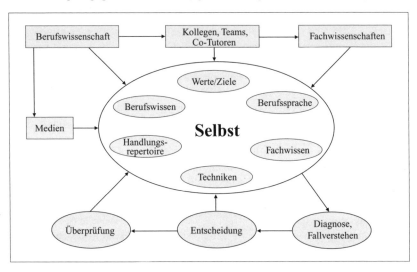

Abb. 5: Das professionelle Selbst nach Bauer/Kopka/Brindt (1999, S. 97)

Die aufgeführten individuellen, insbesondere aber die institutionellen Komponenten von Professionalität, die das professionelle Selbst bestimmen und ausmachen, ergänzen die Aspekte, die Kelchtermans/Vandenberghe (1994) herausgefiltert haben.

Lehrende besitzen für ihr Fach ein spezielles Fachwissen. Dementsprechend sind die Fachwissenschaften eine Komponente pädagogischer Professionalität. Zugehörige zu einer Profession zeichnen sich auch durch die Verwendung bestimmter Begrifflichkeiten aus, das heißt einer eigenen Berufssprache. Das professionelle Handeln wird an bestimmten akzeptierten Werten und Zielen ausgerichtet, die auch durch die Institution, die Kollegen, die Bezugswissenschaften etc. beeinflusst werden. Im Laufe der Berufsbiographie eignen sich Lehrer und Lehrerinnen ein gewisses Handlungsrepertoire an. Auf Situationen wird aufgrund einer vorherigen Diagnose reagiert und idealerweise das Handeln an dem Ergebnis überprüft und bewertet. Diese Bewertung des eigenen Handelns – erfolgreich/nicht erfolgreich – wirkt auf das professionelle Bewusstsein und das Handlungsrepertoire zurück, das ggf. verändert wird. Die Berufs-wissenschaften – Bauer/Kopka/Brindt nennen hier die Erziehungswissenschaft, die Soziologie und die Psychologie –, die Fachwissenschaften, aber auch Kollegen und Teams fördern eine bestimmte professionelle Haltung, einen Habitus (vgl. hierzu auch Wagner 1998; Wittpoth 1994; Gieseke 1989). Schließlich sehen Bauer/Kopka/Brindt die Lehrer auch unter einem gewissen Einfluss der Berichterstattung in Medien, die mit entsprechenden Informationen und Bildern, die Lehrer in ihrem professionellen Handeln beeinflussen können. Die externen Faktoren des professionellen Selbst be-trachten sie als untereinander vernetzt. Ihr Modell des professionellen Selbst erhebt keinen Anspruch auf Vollständigkeit und soll auch kein Abbild der Realität beschrei-ben, sondern stellt ein heuristisches Modell zur Beobachtung professionellen Verhal-tens von Lehrern dar (vgl. Bauer/Kopka/Brindt 1999, S. 97 ff.). Zum Abschluss ihrer Studie kommen sie auf folgende Definition des professionellen Selbst:

> „Das professionelle Selbst ist die auswählende, ordnende, entscheidende und wert-orientiert handelnde Instanz, die den Zusammenhang zwischen beruflicher Erfah-rung, Diagnosekompetenz, Handlungsrepertoire und pädagogischen Werten und Zielen herstellt. Das professionelle Selbst steuert seine eigene Entwicklung, es be-findet sich im Austausch mit Kollegen und Repräsentanten einer pädagogischen und erziehungswissenschaftlichen Kultur" (Bauer/Kopka/Brindt 1999, S. 234).

Das professionelle Selbst ist dabei mehr als nur eine Ansammlung von Techniken, Erfahrungen und Kompetenzen, es umfasst aber auch nicht den gesamten Persön-lichkeitskern eines Lehrers oder einer Lehrerin. Bei einer sehr starken Identifikation mit dem Beruf kann dass professionelle Selbst allerdings auch zum Mittelpunkt der Person werden.

Nicht jeder Lehrer oder jede Lehrerin jedoch entwickeln nach Bauer/Kopka/Brindt ein starkes professionelles Selbst. Es kann durchaus auch schwach ausgeprägt sein, was sich beispielsweise in Unsicherheit, Unzufriedenheit und eingeschränktem Handlungsrepertoire äußert (vgl. Bauer/Kopka/Brindt 1999, S. 234).

> „Professionellwerden ist ein Prozeß, der von einem subjektiven Kern aus seinen Antrieb erhält, nämlich der Erkenntnis der eigenen beruflichen Unvollkommenheit in Verbindung mit dem Entwurf eines fähigeren, weniger unvollkommenen beruf-lichen Selbst" (Bauer 1998, S. 356).

Diese Beschreibung stellt einen Unterschied zum Modell von Kelchtermans/Vanden-berghe dar. Bei ihnen entwickelt jeder Lehrer ein professionelles Selbst. Ob das je-weilige Handeln dann als professionell bewertet werden kann, ist ein anderer Aspekt (vgl. auch Peters 2004, die zum Beispiel untersucht hat, ob das jeweilige Selbstver-ständnis die entsprechenden Komponenten von Professionalität aufweist).

4.3 Vertiefung: Zentrale Elemente des Professionellen Selbst

Über das ‚Selbst' ist vor allem in der Psychologie und der Soziologie seit Ende des 19. Jahrhunderts rege geforscht und veröffentlicht worden[76]. Ein Überblick über das Forschungsfeld wird nicht nur durch die enorme Anzahl von Veröffentlichungen, sondern auch durch die „Unverbundenheit der verschiedenen Theorien und Methoden" erschwert (Greve 2000, S. 15). Bis heute hat sich keine einheitliche Definition des Begriffs Selbst durchgesetzt, sondern es wird mit dem Begriff oft auf die unterschiedlichsten Phänomene Bezug genommen. Hinzu kommt eine Vielzahl von mit dem Selbst verbundenen Konstrukten, wie zum Beispiel Selbstkonzept, Selbstwert, Selbstbewusstsein, Identität etc. (vgl. Leary/Tangney 2003, S. 5 ff.; Greve 2000). Leary/Tangney (2003, S. 6 f.) konnten innerhalb der Verhaltens- und Sozialwissenschaften fünf verschiedene Verwendungsarten von ‚Selbst' identifizieren:

- das Selbst als ganze Person
- das Selbst als Persönlichkeit
- das Selbst als Erfahrung machendes Subjekt – das ‚I' oder ‚self-as-knower' bei James (1984, S. 175 ff.)
- das Selbst als Annahmen über einen selbst – das ‚Me' oder ‚self-as-known (vgl. James 1984, S. 159 ff.)
- das Selbst als ausführendes Agens

Um eine erste begriffliche Klarheit zu erreichen, schließen Leary/Tangney (2003, S. 8) die ersten beiden Verwendungsarten zunächst aus, da es hierfür innerhalb der Persönlichkeitsforschung treffendere Bezeichnungen gibt, und konzentrieren sich auf die drei verbleibenden Dimensionen von „Selbst".

> „The self is, in fact, somehow involved in (1) people's experience of themselves (though a self is not needed for consciousness per se), (2) their perceptions, thoughts, and feelings about themselves, and (3) their deliberate efforts to regulate their own behaviour" (Leary/Tangney 2003, S. 8).

Als kleinster gemeinsamer Nenner der verschiedenen Ansätze und Theorien kann die menschliche Fähigkeit zu reflexivem Denken gesehen werden, das heißt die Fähigkeit sich selbst als Objekt der eigenen Beobachtungen und Gedanken zu nehmen (vgl. Leary/Tangney 2003, S. 8; Stets/Burke 2003, S. 128). Es besteht außerdem eine weitgehende Einigkeit darüber, das Selbst als dynamisches System zu betrachten, „das

---

76 Der Beginn der Erforschung des Selbst wird dabei vor allem auf die Arbeiten von William James zur Psychologie des Selbst zurückgeführt (z.B. James 1984, vor allem S. 159–191). Einen kurzen Überblick über die weitere Entwicklung der Forschung geben Leary/Tangney (2003, S. 4 f.).

einerseits auf die jeweilige Person bezogene Überzeugungs- und Erinnerungsinhalte in hochstrukturierter Form, und andererseits die mit diesen Inhalten und Strukturen operierenden Prozesse und Mechanismen umfasst" (Greve 2000, S. 17). Eine zu strikte Trennung in ein Selbst als Prozess und ein Selbst als Produkt hält Greve (2000, S. 17) daher für unangemessen. Vielmehr stellt sich das „Selbst" als ein Geflecht von Prozessen, Dynamiken und Interaktionen dar.

Die Bestimmungen des professionellen Selbst von Bauer/Kopka/Brindt und Kelchtermans/Vandenberghe gehen teilweise über dieses Verständnis von „Selbst" hinaus. So lassen sich z.b. das Handlungsrepertoire oder die Motivation für den Lehrerberuf nicht direkt mit der reflexiven Funktion des Selbst in Verbindung bringen, es sei denn, es ginge um die eigenen Annahmen zu den Motiven und die Bewertung des eigenen Handlungsrepertoires. Trotzdem möchte ich hier an dem professionellen Selbst nach Bauer/Kopka/Brindt und Kelchtermans/Vandenberghe festhalten und es als integrierenden Begriff für die folgenden Elemente betrachten: die subjektiven Vorstellungen über Unterricht, das Handlungsrepertoire, pädagogische Wert- und Zielvorstellungen beziehungsweise Zentralwertbezug und Leitkategorie, die Wissenselemente Fachwissen/Berufswissen mit Techniken/Methoden sowie das Selbstbild. Außerdem ist das Selbst eingebettet in einen professionellen Kontext und entwickelt sich im Laufe einer Berufsbiographie durch die subjektive Deutung der jeweiligen Erfahrungen mit Personen, Ereignissen und Strukturen des Berufsfeldes. Die folgenden Elemente werden in meinen Ausführungen noch vertieft:

- Die biographische Dimension, da sie für die Fragestellung meiner Studie zentral ist. Kelchtermans/Vandenberghe haben in Bezug auf die professionelle Biographie speziell Critical Incidents untersucht. Dies ist jedoch nur ein Aspekt biographischer Entwicklung. Für meine Studie sollen daher noch weitere Kategorien gefunden werden.
- Die subjektive Unterrichtstheorie, da sie zum einen im Zentrum der Professionalität von Lehrenden steht, und zum anderen für die Frage nach dem Verhältnis von Psychotherapie und Erwachsenenbildung wichtig ist.
- Der Begriff des ‚Selbstbildes' soll präzisiert und mit anderen Studien zu ‚Selbst' und Identität in Verbindung gebracht werden.
- Handlungsrepertoire und Wissenselemente sollen kurz voneinander abgegrenzt werden, um auch hier eine begriffliche Präzisierung zu erreichen.
- Schließlich werden die Dimensionen des professionellen Kontextes, die in den Kapiteln 2 und 3 dieser Arbeit schon dargestellt wurden, nochmals aufgegriffen.

4.3.1 Die biographische Perspektive von Professionalität

Das professionelle Selbst entwickelt sich im Laufe der Berufsbiographie und ist geprägt durch die jeweils gemachten Erfahrungen beziehungsweise durch die Bedeutung, die ihnen zugeschrieben wird. Kelchtermans/Vandenberghe haben sich bei der Betrachtung der Biographie vor allem auf Critical Incidents' [77] konzentriert. Ihr Interesse galt Ereignissen, die sich aus Sicht der Lehrenden als besonders prägend für ihre Berufsbiographie erwiesen haben. Ein Ergebnis ihrer Studie war jedoch, dass die Befragten ihre Berufslaufbahn eher als gleichmäßige Entwicklung empfanden als durch ‚dramatische' Ereignisse geprägt. Dennoch beschrieben einige Probanden persönlich sehr bedeutsame Ereignisse, die sie als einflussreich für ihre Entwicklung betrachteten. Diese Ereignisse dienten auch im Nachhinein der Strukturierung der eigenen Berufsbiographie (vgl. Kelchtermans/Vandenberghe 1994, S. 51 f.).

Für meine Studie ist die Fragestellung interessant, ob es bei den befragten Kursleitern bei ihrer Entscheidung für eine therapeutische Zusatzausbildung, bezogen auf den Beruf des Kursleiters, solche bedeutsamen Ereignisse gab. Der alleinige Fokus auf die Befragung nach Critical Incidents reicht jedoch nicht aus. Die Ausgangsfragestellung nach der Bedeutung der therapeutischen Zusatzausbildung für die berufliche Entwicklung umfasst mehr. Für den theoretischen Bezugsrahmen möchte ich daher noch weitere Konzepte der Lebenslauf- und vor allem der Biographieforschung [78] hinzuziehen.

Eine Biographie ist immer in einen gesellschaftlichen Kontext eingebettet und kann verstanden werden „als eine gesellschaftliche Konstruktion oder Institution, die im Zuge der Entwicklung moderner Gesellschaften zu einem im Alltagsleben wirksamen Organisationsprinzip sozialer Erfahrungen geworden ist" (Dausien 2002, S. 78). Biographie ist zunächst der „individuelle Sinnzusammenhang" (Dausien 2002, S. 78) der eigenen Erfahrungen, aber auch ein theoretisches Konstrukt zur Analyse von Vergesellschaftungsprozessen. Im letztgenannten Aspekt wird Biographie dem Sozi-

---

77 Obwohl sie es nicht ausdrücklich erwähnen, ist zu vermuten, dass sie sich auf die von Flanagan (1954) dargestellte Methode beziehen. Ziel der Methode ist die Entwicklung von Kompetenzen und erfolgreicher Handlungsstrategien für ein bestimmtes Aufgabenfeld. Dafür werden besonders problematische oder gelungene Situationen analysiert. Zum einen, um die jeweils erfolgreichen Handlungsstrategien herauszuarbeiten, und zum anderen, um besonders prägende Ereignisse zu identifizieren.

78 Beide Forschungsrichtungen untersuchen den Verlauf des Lebens, jedoch mit etwas unterschiedlichem Fokus. Die Lebens(ver)lauufforschung ist meist strukturtheoretisch ausgerichtet und widmet sich den ‚ordnenden' sozialen Strukturen für Lebensverläufe; oft durch den Vergleich verschiedener Geburtenjahrgänge. Die Biographieforschung richtet ihr Erkenntnisinteresse vor allem auf die Erfahrungen, die die Menschen mit diesen Strukturen machen, und das biographische Wissen, das dadurch erworben wird (vgl. Hoerning 2000, S. 5 f.). In neueren Studien besteht jedoch das Interesse Makro- und Mikroperspektive miteinander zu verbinden. Und so sind auch in Arbeiten, die den Begriff des ‚Lebenslaufs' verwenden, interessante Ansätze für die Biographieforschung zu finden (z.B. Heinz 1995). Der Fokus meiner Studie lässt sich daher der Biographieforschung zuordnen. Die strukturellen Gegebenheiten werden dabei nicht übersehen, sondern lediglich aus der subjektiven Perspektive betrachtet (vgl. auch Alheit 2002, S. 222).

alisationskonzept gegenübergestellt oder mit diesem verglichen (vgl. Dausien 2002). Dass dieses Verhältnis aus vielen unterschiedlichen Blickwinkeln betrachtet werden kann, zeigt unter anderem der von Hoerning (2000) herausgegebene Sammelband „Biographische Sozialisation".

Für meine Studie ist daher auch die Frage nach der Berufssozialisation im Laufe der Berufsbiographie aus professionstheoretischer Sicht wichtig. Ich möchte Biographie in Anlehnung an Heinz (2000) als ‚Selbstsozialisation‘ begreifen[79]. Damit soll die Bedeutung sozialer Strukturen keinesfalls vernachlässigt werden. Vielmehr soll der Einfluss des ‚biographischen Akteurs‘ betont werden. Außerdem wird dadurch auch der in Kapitel 2.3.4 dargestellten besonderen Situation der Lehrenden in der Erwachsenenbildung mit dem ‚Zwang‘ zur Selbstqualifizierung Rechnung getragen.

> „Das Konzept der Selbstsozialisation in Verbindung mit dem des biographischen Akteurs betont, dass Übergänge und Statussequenzen im Lebensverlauf nicht allein aus den Perspektiven der Marktrationalität und der Institution, der Gelegenheitsstrukturen und Karrierezeitpläne erklärt werden können, sonder auch aus der Bedeutung verstanden werden müssen, die diese Handlungskontexte für Individuen mit unterschiedlich zusammengesetztem biographischen Wissen haben" (Heinz 2000, S. 178 f.).

Entsprechend der theoretischen Fundierung des Konzepts des professionellen Selbst, werden Sozialisationsprozesse interaktionistisch verstanden; das heißt nicht nur als Verinnerlichung vorgegebener Normen und Erwartungen, sondern als aktiver Auseinandersetzungsprozess mit diesen vor dem Hintergrund der eigenen Biographie.

Heinz (1995, S. 46) hat ein „Interaktionistisch-biographisches Modell beruflicher Sozialisation" entwickelt:

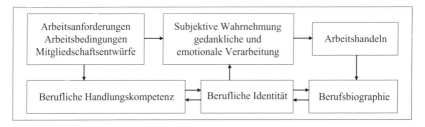

Abb. 6: Interaktionistisch-biographisches Modell beruflicher Sozialisation nach Heinz (1995, S. 46)

---

79 Heinz untersucht verschiedene für die Soziologie prominente Ansätze (Biographie als Abfolge rationaler Entscheidungen, Biographie als Habitus, Biographie als Karriere, Biographie als Transformation des Selbstkonzeptes), empfindet sie jedoch alle nicht als ausreichend um Biographie und soziale Verhältnisse zu verbinden (vgl. Heinz 2000, S. 167 ff.).

Die berufliche Identität als ein entscheidender Teil des professionellen Selbst beeinflusst demnach die Wahrnehmung und steuert dadurch auch das Arbeitshandeln. Danach baut sich die Berufsbiographie aus dem Arbeitshandeln als Interaktion mit der beruflichen Umwelt auf. Sie steht wie die Handlungskompetenz in einem Wechselverhältnis mit der beruflichen Identität. Damit ist berufliche Identität nicht statisch, sondern dynamisch zu verstehen.

Heinz führt in dem oben angeführten Zitat die Begriffe ‚Übergang' und ‚Statussequenz' ein. Sie sind wichtig für die Struktur eines Lebenslaufes. Neben dem ‚Übergang' (englisch: transition) und der ‚Statussequenz' sind zusätzlich der Verlauf (englisch: trajectory)[80], die Statuspassage mit Gatekeepern sowie die Sequenz verbreitete Konzepte in der Lebenslauf- und Biographieforschung, die im Folgenden kurz skizziert werden.

Das Konzept des Übergangs und der Statuspassage

Die Begriffe Übergang und Statuspassage werden heute in der Soziologie teilweise synonym verwendet oder zumindest als ähnliche Konzepte begriffen (vgl. Sackmann/Wingens 2001, S. 23; Welzer 1993, S. 16 ff.). Gemeint sind Übergänge von einem sozialen Status zu einem anderen, die sich im Laufe eines gesellschaftlichen Lebens ergeben. „Membership in any enduring group or social structure inevitably involves passage from status to status" (Strauss 1991, S. 322). Die Statuspassagen können dabei unterschiedlich stark institutionalisiert sein (vgl. Strauss 1991, S. 323 ff.). Als eine Verbindung zwischen Institution und Handelnden haben Statuspassagen ebenso wie Übergänge eine Makro- und eine Mikroebene beziehungsweise verbinden diese miteinander. Auf der Makroebene geben Statuspassagen Richtlinien (z.B. was den Zeitpunkt des Ein- und Austritts anbelangt) und institutionelle Ressourcen für den Übergang in einen nächsten Status vor. Auf der Mikroebene können sie als durch die Handelnden konstruiert betrachtet werden (vgl. Heinz 1996, S. 58).

„From the view-point of institutional dynamics and social processing, status passages can be understood as devices for the structurization of life course transitions; from the actor's perspective they are social frames or options for deciding between different pathways" (Heinz 1996, S. 59).

Statuspassagen und Übergänge strukturieren dabei nicht nur die Biographie, sondern beeinflussen auch die (Weiter-)Entwicklung der (beruflichen) Identität (vgl. Strauss 1991, S. 329).

---

80 Teilweise werden auch in deutschen Texten die englischen Begriffe ‚transition' und ‚trajectory' verwendet. Ich werde jedoch in Anlehnung an Sackmann/Wingens (2001) auf die deutschen Begriffe Übergang und Verlauf zurückgreifen.

Bei den meisten Übergängen von einem sozialen Status zu einem nächsten trifft man auf ‚Gatekeeper'. Es gibt kaum Statuspassagen oder Übergänge im Leben, die nicht von dem Urteil anderer mitbestimmt werden, das heißt von Personen, die den Zugang zu einem Status ‚kontrollieren', die Situation rahmen oder Übergangskrisen überbrücken (vgl. Behrens/Rabe-Kleberg 1993, S. 257). Im Grunde kann jede Person als Gatekeeper fungieren. Behrens/Rabe-Kleberg (1993) haben anhand der Kriterien Formalität und Intensität der Interaktion vier Typen von Gatekeepern identifiziert:

- den professionellen Experten (höchste Formalität, niedrigste Interaktionsintensität),
- den Repräsentanten (zweithöchste Formalität, zweitniedrigste Interaktionsintensität),
- den Vorgesetzten/Kollegen (zweitniedrigste Formalität, zweithöchste Interaktionsintensität),
- die Primärgruppen (niedrigste Formalität, höchste Interaktionsintensität).

Meist sind an einem Übergang mehrere oder alle Typen von Gatekeepern zu finden, die wie eine ‚Schale' um den Übergang arrangiert sind (vgl. Behrens/Rabe-Kleberg 1993, S. 242). Wie auch der Übergang oder die Statuspassage bezieht sich das Gatekeeping auf die Verbindung von Institution und einem biographischen Status (vgl. Behrens/Rabe-Kleberg 1993, S. 243).

Besonders in der heutigen Gesellschaft stellen Übergänge im Beruf eine Herausforderung für das biographische Handeln dar. Ein Zeichen dafür ist auch die extreme Verlängerung von Übergangsphasen, die mit dem Eintritt in das Erwerbsleben verbunden sind (vgl. Heinz 2000, S. 178 f.). Auf die Anforderungen der Übergänge wird mit einem bestimmten Übergangshandeln reagiert [81]. Welches *Übergangshandeln* gewählt wird, hängt auch davon ab, welcher Handlungsspielraum überhaupt gegeben ist. Es wird außerdem durch die Art der Ausbildung und der momentanen Arbeitssituation (z.B. abgeschlossene Ausbildung, keine Ausbildung, Arbeitslosigkeit) geprägt (vgl. Heinz 2000, S. 180).

---

[81] Heinz u.a. haben in einer in England und Deutschland mit Jugendlichen durchgeführten Studie vier unterschiedliche Formen des Übergangshandelns identifiziert (vgl. Heinz 2000, S. 180): Strategisches Übergangshandeln (planvoll, an konkreten beruflichen Vorstellungen orientiert → aktiv), Schritt-für-Schritt-Übergangshandeln (noch eher ungenaue berufliche Vorstellungen, Suche nach dem passenden Beruf → passiv), risikobereites Übergangshandeln (Realisierung einer bestimmten Begabung, Suche nach Möglichkeiten, die den eigenen Interessen entsprechen → aktiv), Mal-seh'n-was-kommt-Übergangshandeln (abwartende Haltung, Hoffen auf den glücklichen Zufall, zufrieden, momentane Situation aufrechtzuerhalten → passiv). Wie angezeigt lassen sich die verschiedenen Handlungsformen in eher aktive und passive Bewältigung der Übergänge einordnen.

Etwas umfassender als das Konzept des Übergangshandelns ist das Konzept der *berufsbiographischen Gestaltungsmodi*. Hier werden nicht nur das Handeln angesichts der Anforderungen von Übergängen, sondern typische Formen der Biographiegestaltung in Hinblick auf die individuell wahrgenommenen Handlungsmöglichkeiten betrachtet. Erfasst werden sie durch eine rückblickende Bilanz der eigenen Berufsbiographie (vgl. Heinz 2000, S. 182)[82]. Die entwickelten Gestaltungsmodi können als Ergebnis von Selbstsozialisation begriffen werden.

„Berufsbiographische Gestaltungsmodi drücken die jeweilige Form der Eigenleistung und Selbstverpflichtung aus, mit der sich junge Fachkräfte mit Beruf und Arbeit im Verlauf ihres Übergangs in das Beschäftigungssystem auseinandersetzen" (Heinz 2000, S. 182).

Damit nähert sich das Konzept der Gestaltungsmodi schon etwas dem Konzept des Verlaufs an, auch wenn es nicht ganz so umfassend zu begreifen ist.

Das Konzept des Verlaufs
In der Literatur lassen sich drei Verlaufskonzepte unterscheiden:
* Ein Konzept unterstellt, dass die Verlaufsgestalt vor allem durch ein prägendes Ereignis bestimmt wird. Problematisch an dieser Konzeption ist die dahinter steckende Vorstellung der Determinierung von Verläufen. Ein einziger Übergang bestimmt sozusagen den gesamten Lebensverlauf.
* Das Konzept, das Verläufe durch mehrere Übergänge charakterisiert sieht, ist da schon offener. Von besonderem Interesse sind hier die Wendepunkte oder Richtungswechsel, die den Verlauf prägen. Diese können objektiv feststellbar sein und/oder subjektiv so empfunden werden. Dieser Ansatz entspricht jedoch in etwa dem Übergangskonzept.
* Schließlich gibt es noch das Konzept des Gesamtverlaufs. Es unterscheidet sich von den beiden zuvor genannten Konzepten dadurch, dass der Verlauf nicht als die Summe einzelner Übergänge gesehen wird, sondern als eigene Gestalt.

Die Begriffe ‚Trajekt' (von Glaser und Strauss in Untersuchungen über Sterbeprozesse entwickelt), ‚Karriere' und auch ‚Biographie' bezeichnen Konzepte, die jeweils den Verlauf in den Blick nehmen (vgl. Sackmann/Wingens 2001, S. 23 f.).

---

82 Insgesamt konnten in den durchgeführten Studien sechs Typen von Gestaltungsmodi unterschieden werden: Chancenoptimierung, Laufbahnfixierung, Betriebsidentifikation, Lohnarbeiterhabitus, Selbständigenhabitus und Persönlichkeitsentwicklung (vgl. Heinz 2000, S. 182 f.).

Ein Konzept zum Gesamtverlauf, auf das in der Biographieforschung häufig zurückgegriffen wird, wurde von Schütze (1984) vorgelegt (vgl. z.B. Dausien 1996). Die ‚Gesamtgestalt der Lebensgeschichte' [83] ist eine von vier kognitiven Strukturen, die biographische Erzählungen gestalten. Die übrigen Strukturen sind Biographie- und Ereignisträger, Ereignis- und Erfahrungsverkettungen sowie soziale Rahmenkontexte (vgl. Schütze 1984).

Das Konzept der Sequenz: die Verbindung von Übergang und Verlauf

Als eine Möglichkeit die beiden Leitideen der Lebenslaufforschung ‚Übergang' und ‚Verlauf' theoretisch zu verbinden, schlagen Sackmann/Wingens (2001) und Erzberger (2001) das Konzept der Sequenz vor. Die in der Lebenslaufforschung häufig vorzufindende Vernachlässigung der Verlaufsperspektive und die mangelnde konzeptionelle Verknüpfung von Übergängen und Verläufen sollen mit dem Konzept der Sequenz überwunden werden (vgl. Sackmann/Wingens 2001 S. 30 ff.).

Unter Sequenz verstehen Sackmann/Wingens (2001, S. 32) ein „lebenslauftheoretisches Analysekonzept […], das eine Art Scharnier zwischen einzelnen Übergängen und gesamten Verläufen bildet". Eine Sequenz umfasst Teile des Lebenslaufes oder der Biographie, die mindestens zwei Übergänge beinhalten. Übergänge werden in diesem Fall als Zustandswechsel verstanden (vgl. Sackmann/Wingens 2001, S. 32 f.). Mit einer Sequenz wird demnach ein größerer Abschnitt des Lebenslaufes beschrieben, als mit einem singulären Übergang. Andererseits wird aber auch nicht der gesamte Verlauf in den Blick genommen. Der Vorteil besteht darin, dass die Untersuchung solcher Teilsequenzen eines Lebenslaufes leichter zu realisieren ist als die Untersuchung des gesamten Verlaufes. Die Komplexität von Lebensläufen bleibt somit überschaubar (vgl. Sackmann/Wingens 2001, S. 33 f.).

---

83 Es lassen sich drei Aspekte dieser Gesamtgestalt im Rahmen biographischer Erzählungen ausmachen: Zum einen die ‚autobiographische Thematisierung', die einen Gesichtspunkt beschreibt, unter dem das Erfahrungsmaterial geordnet wird. Dazu gehören ein Standpunkt, von dem aus die Geschichte erzählt wird, eine Modalität dahin gehend, ob die Lebensgeschichte z.B. heiter oder eher tragisch gesehen wird und schließlich eine bestimmte Moral, also eine Bewertung der wichtigsten Ereignisse (vgl. Schütze 1984, S. 102 f.). Der zweite Aspekt bezieht sich mehr auf die formale Struktur der Erzählung. So hat eine autobiographische Erzählung auch eine Ordnungsstruktur für die Zusammenhänge der Ereignisse, die sich oft in den Rahmenschaltelementen – Beginn und Ende von Erfahrungsabläufen – äußert. Da der zweite Aspekt vom Erzähler nicht unbedingt bewusst thematisiert werden kann, ist es auch möglich, dass die beiden Aspekte sich nicht unbedingt entsprechen (vgl. Schütze 1984, S. 103 f.). Schließlich gibt es noch das Konzept der Erzähllinie. Durch die Herausbildung unterschiedlicher Erzähllinien versucht der Erzähler im Nachhinein ungeordnete oder problematische Erlebniszusammenhänge zu ordnen. „Eine Erzähllinie ist als eine thematisch spezifische Verknüpfung von Prozessstrukturen des Lebensablaufs unter einem zentralen Gesichtspunkt zu sehen" [im Original hervorgehoben, K.H.] (Schütze 1984, S. 105). Die Erzähllinie wird der kognitiven Figur der Gesamtgestalt zugeordnet, da die gewählte Erzähllinie – oder die dominierende Erzähllinie – Auswirkungen auf den zuerst genannten Aspekt, die autobiographische Thematisierung, hat (vgl. Schütze 1984, S. 105 f.).

Sackmann/Wingens haben eine Typologie von Sequenzen mit zwei Übergängen entwickelt und unterscheiden dabei 5 Sequenztypen (vgl. Sackmann/Wingens 2001, S. 34 ff.):

- Zwischenstatus (A → B → A)
- Wechselstatus (A → B → C)
- Brückenstatus (A → AB → B)
- Folgestatus (A → B → AB)
- Statusbruch (A → B)

Wie einzelne Übergänge erhalten Sequenzen ihre Bedeutung erst durch die Einbettung in Verläufe. Sequenzen sind nicht ‚geschichtslos‘, sondern stehen im Zusammenhang mit vorhergegangenen und zukünftigen Zuständen. Die Erfahrungen früherer Zustände prägt grundsätzlich das Handeln. Außerdem ist die jeweilige Verweildauer in einem Zustand sowohl mit individueller als auch mit sozialer Bedeutung versehen. Es gibt auch eine ‚gesellschaftliche Codierung‘ von Sequenzen; also eine Vorstellung zum Beispiel darüber, in welcher Reihenfolge, mit welcher Dauer und in welchem Alter jemand in Sequenzen eintritt (vgl. Sackmann/Wingens 2001, S. 36 ff.).

Für das Konzept der Sequenz – als aus mindestens zwei Übergängen bestehend – sind Aspekte, die in Studien zu Übergängen entwickelt wurden ebenfalls wichtig: Gatekeeper, institutionelle Vorgaben etc. Es eignet sich dazu die Einbettung der therapeutischen Zusatzausbildung in den gesamten biographischen Verlauf zu diskutieren und damit die Funktion zu bestimmen, die die therapeutische Zusatzausbildung für die Tätigkeit als Kursleitender hat. Das Verlaufskonzept ist für meine Studie eher problematisch, da keine Sequenzanalyse als Auswertungsform vorgesehen beziehungsweise die Form des Interviews hierfür eher ungeeignet ist. Es gibt zwar einen autobiographischen Teil, dieser bezieht sich jedoch auf die Berufsbiographie, und daher gehen die Interviews eventuell nicht tief genug für die Analyse des Gesamtverlaufs. Der Fokus wird sich deshalb auf die Übergänge mit entsprechenden Handlungsmodi und Gatekeepern konzentrieren beziehungsweise in diesem Zusammenhang die Möglichkeit von bestimmten Sequenzen in den Blick nehmen.

4.3.2 Sichtweisen auf Lehren und Konzepte des Unterrichts

Dem Kern des professionellen Selbst, den Werten und Zielen und der subjektiven Unterrichtstheorie widmen sich zwei aktuellere Studien aus der Erwachsenenbildung. Daniel Pratt (1998) untersucht in einer internationalen Studie die Sichtweise, die Lehrende in der Erwachsenenbildung auf ihr Tun haben, was sie antreibt und welche Ziele sie verfolgen. Christiane Hof (2001) nimmt die Konzepte des Wissens und die Unterrichtskonzepte von Lehrenden in der Erwachsenenbildung unter die Lupe. Die beiden Studien sollen im Folgenden kurz präsentiert werden.

Angeleitet von der Frage, was es bedeutet zu lehren, hat Pratt 253 Lehrende in der Erwachsenenbildung aus fünf verschiedenen Ländern dazu befragt. Dabei haben sich für ihn fünf verschiedene Perspektiven auf das Lehren herauskristallisiert. Unter einer Perspektive versteht er hierbei weniger eine „Methode" als vielmehr eine bestimmte Konstellation von Handlungen, Absichten und Überzeugungen (beliefs) (vgl. Pratt 1998, S. XIIff.).

Für meine eigene Studie theoretisch interessant ist dabei sein „General Model of Teaching", das er als analytischen Bezugsrahmen für seine Studie heranzieht und das im Grunde dem klassischen didaktischen Dreieck entspricht. Damit baut er seine Studie theoretisch auf dem auf, was von Peters (2004) als zentral für professionelles pädagogisches Handeln betrachtet wird (vgl. Pratt 1998, S. 4):

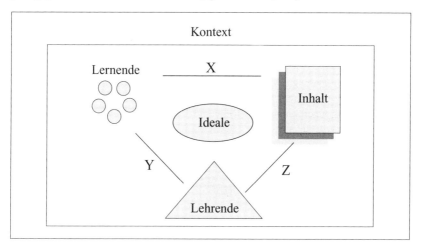

Abb. 7: Allgemeines Unterrichtsmodell nach Pratt (1998, S. 4)

Das Modell enthält fünf Elemente (Lernende, Lehrende, Inhalt, Ideale und Kontext) und drei Beziehungen (die Beziehung zwischen den Lernenden und dem Inhalt: X, die Beziehung zwischen dem Inhalt und den Lehrenden: Z und die Beziehung zwischen den Lernenden und den Lehrenden: Y). Die einzelnen Elemente und Beziehungen dienten als Orientierung für die Befragung der Lehrenden und als Analyseraster bei der Auswertung (vgl. Pratt 1998, S. 3 ff.). Die fünf Perspektiven, die Pratt herausgearbeitet hat, unterscheiden sich darin, welches Element und welche Beziehung zwischen den Elementen jeweils besonders betont werden oder im Zentrum stehen. Kein einziger und keine einzige der befragten Lehrenden betonte alle Elemente gleichermaßen. Ihre Darstellungen machen deutlich, dass sie sich jeweils einer bestimmten

Kombination von Handlungen, Absichten und Überzeugungen hinsichtlich Wissen und Lernen, der Ziele und Zwecke von Erwachsenenbildung und angemessener Rollen, Verantwortlichkeiten und Beziehungen für Lehrende in der Erwachsenenbildung verpflichtet sehen. Dieses „Commitment"[84] richtet sich dann schwerpunktmäßig auf ein oder zwei Elemente oder Beziehungen und beeinflusst das Planen, Handeln, Evaluieren und Reflektieren des eigenen Lehrens (vgl. Pratt 1998, S. 6 ff.).

Die Perspektiven[85], die Pratt herausgearbeitet hat, sind:

* *Vermittlungsperspektive: Inhalte übermitteln (Transmission Perspective)*
  Die Aufmerksamkeit ist auf die akkurate und effiziente Vermittlung der Inhalte an die Lernenden gerichtet. Eine gute Präsentation der Inhalte ist wichtig. Lehrenden kommt in dieser Perspektive die Rolle des Experten für ihr Fach zu (vgl. Pratt 1998, S. 39 ff.).

* *Ausbildungsperspektive: Vorbild sein (Apprenticeship Perspective)*
  Lehren wird hier verstanden als eine Art Sozialisation oder Enkulturation der Lehrenden in eine bestimmte Gemeinschaft oder Gruppe (das kann ein Handwerk, eine Profession, eine Familie, ein kultureller Verein etc. sein). Inhalt und Lehrende verschmelzen in dieser Perspektive ineinander, da der Lehrende den Inhalt verkörpert. Daher kann der Inhalt, der sich nicht nur auf ein bestimmtes Wissen und Können, sondern auch auf eine Rolle und Identität bezieht, auch nur in seinem entsprechenden Kontext gelernt werden (vgl. Pratt 1998, S. 43 ff.).

* *Entwicklungsperspektive: Denken/Denkstrukturen fördern (Developmental Perspective)*
  Die Entwicklungsperspektive setzt die Lernenden und ihr bestehendes Wissen ins Zentrum. Dementsprechend ist in dieser lernendenzentrierten Perspektive die Verbindungslinie X zwischen Lernenden und Inhalt besonders wichtig. Den Lehrenden kommt hier die Aufgabe zu, die bestehenden kognitiven Strukturen herauszufordern und das kognitive Gleichgewicht zu stören.[86] Es geht weniger darum einen Inhalt in authentischer Form zu präsentieren oder repräsentieren. Vielmehr liegt das Commitment der Lehrenden hier in der Entwicklung bestimmter Denkweisen oder Problemlösungsmethoden (vgl. Pratt 1998, S. 45 ff.).

---

84 Für den Begriff „Commitment" konnte ich keine befriedigende deutsche Übersetzung finden, die die Bedeutung von Commitment in diesem Fall genau trifft. Da dieser Begriff auch immer häufiger im Deutschen verwendet wird, verzichte ich hier auf eine Übersetzung.

85 Im Zentrum der Studie von Pratt steht nicht die Entstehung der unterschiedlichen Perspektiven auf das Lehren, sondern die Bandbreite möglicher Perspektiven. So geht er nur in einem sehr kurzen Abschnitt auf die Faktoren ein, die einen Beitrag zur Entwicklung einer Perspektive leisten können. Neben der eigenen Erfahrung als Lernender in verschiedenen Kontexten erwähnt er außerdem die Beobachtung anderer Lehrer (vgl. Pratt 1998, S. 33 f.).

86 Vgl. hierzu auch die konstruktivistischen Theorien in der deutschen Erwachsenenbildung, z.B. Arnold/Siebert 1999 und Siebert 1996.

- *Wachsen-lassen-Perspektive: Selbstverantwortung ermöglichen (Nurturing Perspective)*
  Diese Perspektive basiert auf der Annahme, dass Lernen stark beeinflusst wird durch das Selbstkonzept und Selbstvertrauen der Lernenden. Das bedeutet, die Lernenden müssen sich grundsätzlich zutrauen, die Inhalte zu lernen und müssen davon überzeugt sein, dass diese auch nützlich und wichtig für ihr Leben sind. Die Beziehung zwischen dem oder der Lehrenden und den Lernenden rückt ins Zentrum dieser Perspektive. Der Inhalt wird dabei wieder mehr zum Mittel als zum Ziel (vgl. Pratt 1998, S. 48 ff.).

- *Reformperspektive: Gesellschaft verbessern (Social Reform Perspective)*
  Das hervorstechende Merkmal dieser Perspektive sind explizite Ideale oder Prinzipien, die mit der Vision einer besseren Gesellschaft verbunden sind. Sie überdecken damit alle anderen Elemente des Modells. Je nachdem welchen Idealen, politischen Ideen oder Prinzipien sich der oder die Lehrende verpflichtet sieht, wird eine bestimmte Art des Lehrens favorisiert. Die Ziele der anderen Perspektiven, wie z.b. ein bestimmtes Wissen erwerben oder bestimmte Denkweisen entwickeln, werden hier zum Mittel für einen größeren Zweck. Mit dem Lernerfolg der Lernenden sind die Lehrenden dieser Perspektive nicht zufrieden. Der Einfluss auf die Gesellschaft und damit ihre Veränderung ist ihre Mission (vgl. Pratt 1998, S. 50 ff.).

Der gesamten Studie liegt die fundamentale Annahme zu Grunde, dass eine Perspektive auf das Lehren direkt verbunden ist mit tiefer liegenden Überzeugungen. Diese Überzeugungen sind komplex miteinander verbunden und versehen sowohl einander als auch das entsprechende „Commitment" im Lehren mit Bedeutung. Pratt identifiziert drei Typen von Überzeugungen, die in einer bestimmten Verbindung die jeweilige Perspektive bedingen (vgl. Pratt 1998, S. 205 ff.):

- Epistemische Überzeugungen hinsichtlich Wissen, Lernen und die Evaluation von Lernen,
- Normative Überzeugungen hinsichtlich der Rolle, der Verantwortung des Lehrenden und der Beziehung zu den Lernenden,
- Verfahrenstechnische Überzeugungen hinsichtlich praktischen Wissens und Könnens und strategische Überzeugungen zur Legitimation und Erklärung der eingesetzten Techniken.

Die Vorstellung von Lehrenden über Wissen hat Hof (2001) ins Zentrum ihrer Studie[87] gerückt und Unterrichtskonzepte von Lehrenden in der Erwachsenenbildung analysiert. Die jeweiligen Unterrichtskonzepte werden ebenfalls durch bestimmte Rollenvorstellungen und Überzeugungen zur eigenen Expertise geprägt. Die Arbeit von Hof basiert auf der Annahme, dass Menschen bei der Wahrnehmung und Interpretation der Welt auf subjektive Theorien zurückgreifen. Subjektive Theorien werden dabei als relativ stabile mentale Strukturen verstanden. Neben der Wahrnehmung oder Erklärung bestimmter Situationen können subjektive Theorien durch abgeleitete Handlungsempfehlungen oder -entwürfe das Handeln, in diesem Fall das pädagogische Handeln, beeinflussen (vgl. Hof 2001, S. 19 f.).

Zur Natur des Wissens – in Abgrenzung zum Wissenserwerb – ließen sich aus den verbalen Daten der Kursleiter drei Konzepte herausarbeiten. Die Konzepte lassen sich danach unterscheiden, ob sie die Welt oder das Subjekt als Bezugspunkt sehen (vgl. Hof 2001, S. 42 ff.; 65 f.; 129 f.):

- Wissen als Aussage über die Wirklichkeit und wichtiges Instrument zum Handeln (instrumentalistisches Wissensverständnis) → Welt als Bezugspunkt
- Wissen als kognitiver Zugang zur Welt (partikularistisches Wissensverständnis). Da Wirklichkeit aber nur über Emotionen und Kognitionen erfahrbar ist, sind durch Wissen nur Teilaspekte der Welt zu begreifen. → Welt und Subjekt als Bezugspunkte
- Wissen als Konstruktion über Wirklichkeit (konstruktivistisches Wissensverständnis) → Subjekt als Bezugspunkt

Für den Wissenserwerb werden von den befragten Kursleitern fünf Vorgehensweisen gesehen. Einmal wird Wissenserwerb als Verarbeitung von Erfahrungen und Erlebnissen betrachtet (Erfahrungsmodell), in einer anderen Sichtweise wird Wissenserwerb rein als Informationsaufnahme gesehen (Rezeptionsmodell). Für Kursleiter, die auf Basis eines Diskursmodells arbeiten, ist Wissenserwerb die Explikation impliziten Wissens oder das vertiefte Verständnis der eigenen Situation. Wissen kann aber auch durch reflektierende Auseinandersetzung mit zum Beispiel gelungenen Handlungsmustern erworben werden (Verwendungsmodell), oder aber durch die direkte Nachahmung von Handlungsmustern (Imitationsmodell) (vgl. Hof 2001, S. 57 ff.). Während beim Rezeptions- und Imitationsmodell vorgegebene Wissensbestände im Zentrum stehen, rückt beim Diskurs- und Erfahrungsmodell die subjektive Interpretation und Wahrnehmung von Welt in den Vordergrund. Dem Verwendungsmodell weist Hof eher eine Zwischenposition zu. Zwar geht es auch hier um vorgegebene

---

87 Hof befragt in offenen, problemzentrierten Interviews 23 Kursleiter aus verschiedenen Institutionen der Erwachsenenbildung und unterschiedlichen Lehr-Lernsettings zu ihren Konzepten des Wissens und des Unterrichts. Da die Forschungslage zu dem Thema noch relativ unstrukturiert ist, handelt es sich um eine explorative Studie (vgl. Hof 2001, S. 24 ff.).

Wissensbestände, der Lernende soll sich aber aktiv reflektierend mit diesen auseinandersetzen (vgl. Hof 2001, S. 64). Einer weltbezogenen Wissenstheorie entsprechen Wissenserwerbskonzepte wie Imitation oder Rezeption. Wird Wissen eher als subjektiv konstruiert gesehen, wird auch der Wissenserwerb über Erfahrung oder Diskurs angeregt. Die Präsentationsformen von Wissen lassen sich ebenfalls mit beiden Wissenstheorien kombinieren (vgl. Hof 2001, S. 131).

Hinsichtlich der Aufgaben von Weiterbildung hat Hof festgestellt, dass die Kursleitenden grundsätzlich zwischen Fachschulung und Persönlichkeitsschulung unterscheiden. Die Unterscheidung bezieht sich jedoch nicht auf die Inhalte, sondern auf die grundsätzliche Ausrichtung und das Ziel der jeweiligen Weiterbildungsveranstaltung. Bei einer Fachschulung steht ein spezifisches Sachwissen im Vordergrund (das kann eben auch ein Sachwissen über personenbezogene Themen sein). Das Wissen um die eigene Person oder um individuelle Handlungsmöglichkeiten steht hingegen im Zentrum von Persönlichkeitsschulungen (vgl. Hof 2001, S. 80 ff.).

In einem umfassenden Modell bringt Hof nun die Wissens- und die Unterrichtskonzepte der Kursleiter zusammen und ermittelt dabei vier verschiedene Unterrichtskonzeptionen in folgenden Zusammenhängen (vgl. Hof 2001, S. 138).

Abb. 8: Unterrichtskonzepte von Kursleitenden nach Hof

Einer als Training konzipierten Veranstaltung liegt eine weltbezogene Wissenstheorie zu Grunde sowie das Ziel der Persönlichkeitsbildung. Hier geht es meist darum bestimmte (personenbezogene) Verhaltensweisen einzuüben, allerdings wird dabei vorausgesetzt, dass es für einen bestimmten Handlungszusammenhang objektiv richtige Verhaltensweisen gibt.

Das Unterrichtskonzept der Unterweisung geht ebenfalls von objektiv gegebenen Wissensbeständen aus, deren Vermittlung und Aneignung im Mittelpunkt der Veranstaltung stehen. Der Kursleitende ist hier in der Rolle des Sachexperten.

In Weiterbildungsveranstaltungen, die nach dem Konzept der Beratung ausgerichtet sind, geht es darum, ein spezifisches Fachwissen mit den Fragen und Interessen der Lernenden in Verbindung zu bringen. Im Unterschied zur Unterweisung ist hier aber nicht die Struktur des Themas, der Sache, ausschlaggebend für die Veranstaltungs-konzeption, sondern es sind die konkreten Fragen und Probleme der Lernenden.

Moderiert ein Kursleitender eine Veranstaltung, wird den Lernenden nicht wie bei einer Beratung ein Wissen angeboten. Die Lernenden werden dabei unterstützt, ihre eigene Situation besser kennen zu lernen und eigene Problemlösungen zu entwickeln. Die Teilnehmer werden als die eigentlichen Experten für ihre Situation betrachtet. Durch die Gestaltung geeigneter Rahmenbedingungen sollen sie angeregt werden, sich ihrer Situation klar zu werden (vgl. Hof 2001, S. 134 ff.).

Abschließend soll noch ein letztes Ergebnis aus dieser Studie präsentiert werden: das Selbstverständnis der Kursleitenden. Hof analysiert drei unterschiedliche Kursleiter-typen: den Sachexperten, der über ein ganz spezifisches Fachwissen verfügt und sei-ne Aufgabe hauptsächlich darin sieht, dieses Wissen zu vermitteln; den Methoden-experten, der sich weniger durch ein Fachwissen als durch ein Wissen zur Gestaltung von Lehr-Lernprozessen auszeichnet; und schließlich den Gesprächspartner, der sei-ne Aufgabe darin sieht, Rahmenbedingungen für einen Austausch und für Gespräche zu schaffen (vgl. Hof 2001, S. 83 ff.).

4.3.3 Berufliches Selbstbild/Identität

Für Kelchtermans/Vandenberghe ist das Selbstbild (self-image) ein Bestandteil des professionellen Selbst. Was sie darunter verstehen, beschreiben sie folgendermaßen: „Self-image is the teachers' answer to the question: who am I as a teacher? It can be inferred from general self-descriptions" (Kelchtermans/Vandenberghe 1994, S. 55).

Greve (2000, S. 18) ordnet den Begriff Selbstbild dem Selbstkonzept einer Person zu beziehungsweise verwendet die beiden Begriffe synonym[88]. Das Selbstkonzept umfasst für ihn dabei drei Dimensionen. Da gibt es einmal die zeitliche Dimension, die auf die biographische Prägung der Vorstellungen über sich selbst verweist und sowohl die Vergangenheit als auch die Zukunftsaussichten beinhaltet ‚so könnte ich einmal sein'.

---

[88] Der Begriff Selbstkonzept verweist dabei vermutlich stärker auf den kognitiven Aspekt der Selbstbe-trachtung (vgl. Zimbardo/Gerrig 1999, S. 546).

„Das Selbstbild umfasst nicht nur die aktuelle Person, sondern auch ihre Biographie und ihre Identitätsaussichten: So bin ich, so war ich, so werde ich sein. Wer über sich nachdenkt, beschreibt sich nicht nur aufgrund gegenwärtiger Eigenarten oder Kompetenzen, sondern typischerweise anhand seiner persönlichen Biographie" (Greve 2000, S. 18).

Darüber hinaus umfasst ein Selbstkonzept die Vorstellungen von einem idealen und dem tatsächlichen Selbst sowie die Bewertung des eigenen Selbst (vgl. Greve 2000, S. 18 f.). Zimbardo/Gerrig (1999, S. 546) sehen darüber hinaus auch Annahmen über eigene Fähigkeiten und Motive als Bestandteil eines Selbstkonzepts sowie Vorstellungen darüber, wie andere einen wahrnehmen beziehungsweise was sie von einem erwarten (zum letzen Aspekt vgl. auch Tice/Wallace 2003; Cornish 1972). Die von Kelchtermans/Vandenberghe genannten Bestandteile des professionellen Selbst – Selbstbewusstsein mit Bewertung der Selbstwahrnehmung, Motivation für den Lehrerberuf und Zukunftsperspektive – ließen sich damit dem Selbstkonzept oder Selbstbild zuordnen. Das eigene Selbstbild beinhaltet also immer zugleich biographische Erfahrungen, einen Ausblick auf die Zukunft, die Vorstellung von einem idealen Selbst und den Vergleich mit der wahrgenommenen Wirklichkeit, Annahmen über die eigenen Motive und Fähigkeiten, Überzeugungen in Bezug darauf, wie einen andere wahrnehmen sowie eine Bewertung dieser Aspekte.

Mit dem Selbstbild eng verwoben ist die Identität einer Person, wie in dem oben angeführten Zitat von Greve gut zu erkennen ist (vgl. auch Leary/Tangney 2003, S. 9). Während der Begriff Selbstkonzept eher die kognitiven Aspekte eines Selbstbildes in den Blick nimmt (vgl. Zimbardo/Gerrig 1999, S. 546), verweist der Begriff Identität vielleicht stärker auf die sozialen Bedingungen (vgl. Stets/Burke 2003, S. 132). „The overall self is organized into multiple parts (identities), each of which is tied to aspects of the social structure" (Stets/Burke 2003, S. 132). Hier kommt der Aspekt einer (gesellschaftlichen) Rolle und der mit einer Rolle verbundenen Erwartungen sowie die Zugehörigkeit zu bestimmten Gruppen mit ins Spiel. Gerade wenn es um die Frage nach beruflichen Selbstbild geht, sollte dies meiner Meinung nach nicht vernachlässigt werden.

Zur Beschreibung der eigenen Identität – der Antwort auf die Frage „wer bin ich als?" – verwenden Menschen daher gerne Namen und Kategorien, die in der jeweiligen Gruppe üblich sind. Becker/Carper (1972) konnten in einer Studie vier zentrale Elemente zur Identifikation mit einem bestimmten Beruf ausmachen: die Berufsbezeichnung und eine damit verbundene Ideologie, die Bindung an die Aufgabe, ein Interesse an bestimmten Institutionen oder Positionen und schließlich die eigene Position in der Gesellschaft (vgl. Becker/Carper 1972, S. 264 ff.).

Die Namen für eine bestimmte Arbeit enthalten ein großes Maß an symbolischer Bedeutung, die zu einem Bestandteil der Identität wird. Ein großer Bereich der Identität einer Person mit ihrer Arbeit entstammt der Beziehung, die sie zu dem Namen hat. Namen legen einen Tätigkeitsbereich fest (den nur die Namensträger ausüben – man kann den Tätigkeitsbereich akzeptieren oder ein umfassenderes Gebiet angeben), sie implizieren Eigenschaften ihrer Träger (diese kann man heftig von sich weisen oder begeistert für sich in Anspruch nehmen) (vgl. Becker/Carper 1972, S. 264 ff.). Es gibt außerdem Unterschiede darin, wie sehr sich Personen mit ihrer konkreten Tätigkeit identifizieren. Die einen sind davon überzeugt, dass nur ganz bestimmte Aufgaben dem Beruf entsprechen und dass nur bestimmte Personen diese Arbeit tun können. Es können aber auch nur ganz vage Vorstellungen von der Arbeit vorhanden sein (vgl. Becker/Carper 1972, S. 266 ff.).

Eine Berufsidentität definiert auch die Arten von Organisationen und darin die Positionen, in denen man seine Zukunft sieht. Man kann sich hierbei an eine bestimmte Organisation gebunden sehen oder ganz frei, man kann eine bestimmte institutionelle Position anstreben oder unklare Vorstellungen darüber haben etc. (vgl. Becker/Carper 1972, S. 269 ff.).

Schließlich enthalten Berufsidentitäten einen impliziten Bezug zur Position der jeweiligen Person in der Gesamtgesellschaft. Häufig sind damit die soziale Schicht, die soziale Anerkennung und die Aufstiegschancen verbunden (vgl. Becker/Carper 1972, S. 271 ff.).

Mit dem Begriff des Selbstbildes ist ein sehr komplexes Feld angesprochen, das ich hier nur in groben Zügen umrissen habe. Wichtig ist jedoch, dass ein berufliches Selbstbild von vielen Aspekten bestimmt wird, die alle mehr oder weniger miteinander in Verbindung stehen und dass es nicht unabhängig von sozialen Strukturen und Erwartungen von außen gesehen werden kann. Wenn ich die Kursleitenden in meiner Studie also nach ihrem beruflichen Selbstbild befrage, geht es mir auch darum, in welcher Rolle sie sich wahrnehmen[89]; ob sie sich mehr als Therapeut oder mehr als Pädagoge sehen. Die skizzierte Studie über mögliche Elemente der Identifikation mit einer Arbeit zeigt, dass für die berufliche Identität verschiedene Aspekte unterschiedlich wichtig sein können, und nennt vier für die Berufsidentität zentrale Elemente. Den Zusammenhang zwischen Identifikationselementen, beruflichem Selbstbild und Herangehensweise an Unterricht hat auch Pratt (1998) in seiner Studie über verschiedene Perspektiven des Lehrens schon aufgezeigt. Im Rahmen meiner Studie könnte es demnach interessant sein, inwieweit die therapeutische Zusatzausbildung ein Identifikationselement ausmacht.

---

89 Zum Zusammenhang zwischen Selbstbild und professioneller Rolle vgl. auch Cornish 1972.

4.3.4 Der professionelle Kontext

Der professionelle Kontext, in dem die befragten Kursleitenden agieren, wurde in den Kapiteln 2 und 3 schon ausführlich dargestellt. Wichtig ist jedoch, wie sie ihn wahrnehmen und wie er ihr Handeln prägt. Die Dimensionen, mit Hilfe derer dies erarbeitet werden kann, sind vor allem die eingangs dargestellten professionstheoretischen Kategorien. Welche davon für die Frage nach dem Verhältnis von Therapie und Erwachsenenbildung besonders wichtig sind, wurde in Kapitel 3 erarbeitet. Anhand folgender Kategorien soll der professionelle Kontext, in den das professionelle Selbst eingebettet ist, erfasst werden:

* Zentralwert/Leitdifferenz
* Bezugswissenschaft
* Institutionen/Kollegen
* Auftrag (Mandat/Lizenz)
* Bedingungen der Einsozialisation, mögliche Qualifikation und Ausbildung
* Klienten
* Professionsethik

4.3.5 Fachwissen, Berufswissen und Handlungsrepertoire

Zu den Bestandteilen eines professionellen Selbst bei Lehrenden gehören ein bestimmtes Fachwissen, also ein Wissen über die Inhalte, die vermittelt werden sollen, und ein Berufswissen, das auch professionsspezifische Techniken und Verfahrensweisen umfasst; bei Lehrenden könnten das z.B. Kenntnisse über Unterrichtsgestaltung und Methoden sein (vgl. hierzu auch die professionstheoretischen Kategorien in Kap. 2.1.1). Die Schwierigkeit beim Berufswissen besteht in der Bestimmung der Art des Wissens und der Wissensstrukturen (vgl. Dewe/Ferchhoff/Radtke 1992; Bromme 1992) und von Seiten der Profession in der Festlegung dessen, was als Berufswissen für professionelles Handeln notwendig ist (dies wurde unter anderem in den Kompetenztheoretischen Ansätzen versucht).

Für meine Fragestellung soll zunächst die grobe Unterscheidung zwischen Fach- und Berufswissen genügen. Eine therapeutische Zusatzausbildung kann schließlich in Form von Fach- oder von Berufswissen bedeutsam für die Professionalität der Kursleitenden sein.

Ergänzend zu den Elementen Fach- und Berufswissen führen Bauer/Kopka/Brindt ein pädagogisches Handlungsrepertoire an: „Handlungsrepertoires sind hoch verdichtete Verknüpfungen kognitiver Strukturen mit motorischen Abläufen, die es Handlungsträgern ermöglichen, rasch, ohne Verzögerung, sicher und zielstrebig in komplexen Situationen zu agieren" (Bauer 1998, S. 344). Der Begriff beschreibt vor allem die praktische Dimension pädagogischen Könnens, umfasst jedoch auch die dem Können zu Grunde liegenden Wissensbestände. Diese Wissensbestände können jedoch nur beschränkt bewusst gemacht werden (vgl. Bauer 1998, S. 345).

Bauer/Kopka/Brindt (1999, S. 116 ff.) haben sich dem Handlungsrepertoire von Lehrern beim Unterricht[90] daher über eine teilnehmende Beobachtung genähert und konnten dabei fünf verschiedene Dimensionen des Handlungsrepertoires erfassen: soziale Struktur, Interaktion, Sprache/Kommunikation, Gestaltung und Hintergrundarbeit. Die Bildung der sozialen Struktur betrachten sie dabei als die wichtigste Dimension. Legt man die oben genannte Unterscheidung zwischen Fach- und Berufswissen zu Grunde, so kann das Handlungsrepertoire meiner Meinung nach als ein Bestandteil des Berufswissens betrachtet werden. Für meine Studie ist interessant, inwieweit die Kursleitenden eine Erweiterung ihres Handlungsrepertoires durch eine therapeutische Zusatzausbildung wahrnehmen und wenn ja, in welcher Dimension.

4.4 Zusammenführung: Das theoretische Rahmenkonzept für die empirische Studie

Fügt man die einzelnen Komponenten und Aspekte von Professionalität, die in den vorangegangenen Abschnitten erarbeitet und vertieft wurden, nun zusammen, ergibt sich ein komplexes Modell erwachsenpädagogischer Professionalität, die sich in einem professionellen Selbst manifestiert. Abbildung 9 stellt die Zusammenhänge grafisch dar:

---

90 Unterricht betrachten sie als die zentrale Arbeitsaufgabe von Lehrern. Weitere Aufgaben sind Erziehen, Beraten, Betreuen und Entwickeln von Schule (vgl. Bauer/Kopka/Brindt 1999, S. 113 f.). Siehe hierzu auch die Grundformen pädagogischen Handelns, die Giesecke (2000, S. 76 ff.) bestimmt.

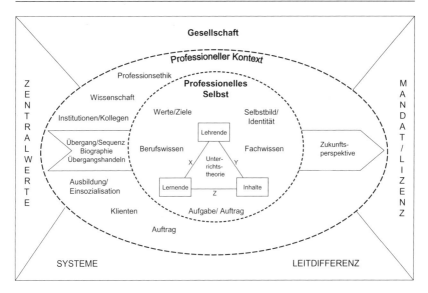

Abb. 9: Theoretischer Bezugsrahmen – das Modell des professionellen Selbst

Das Konzept des professionellen Selbst zeigt zentrale Elemente professionellen Handelns von Kursleitenden der Erwachsenenbildung auf. Bezogen auf die Fragestellung der Studie geben sie Hinweise, welche Aspekte wichtig sein könnten hinsichtlich Funktion und Bedeutung einer therapeutischen Zusatzqualifikation für die Professionalität und die Professionalisierung (verstanden als beruflicher Werdegang).

Professionalität von Kursleitenden äußert sich demnach in einem professionellen Selbst, in dessen Zentrum – bei Personen mit „lehrender" Tätigkeit – eine Lehr-Lerntheorie steht. Neben dieser subjektiven Theorie über Lehr-Lernprozesse sind Werte und Zielsetzungen, ein Berufswissen, ein Fachwissen, Vorstellungen von der eigenen Aufgabe und ein berufliches Selbstbild Kernelemente von Professionalität. Das professionelle Selbst entwickelt sich im Laufe einer Berufsbiographie und im Rahmen eines professionellen Kontextes. Der berufliche Werdegang, hier verstanden als Selbstsozialisation, kann geprägt werden durch besondere Ereignisse oder Personen. Er ist gekennzeichnet durch Übergänge oder Sequenzen, die wiederum durch ein bestimmtes Übergangshandeln und durch Gatekeeper bestimmt werden. Der professionelle Kontext kann anhand professionstheoretischer Kategorien näher definiert werden. Seine Strukturen bestimmen das professionelle Selbst der Kursleitenden, die durch ihr eigenes Handeln jedoch wiederum auf den Kontext zurückwirken. Professionen stehen immer auch in einem besonderen Verhältnis zur Gesellschaft. Daher ist der professionelle Kontext in einen gesellschaftlichen Rahmen eingebettet. Insbesondere durch die Orientierung an gesellschaftlichen Zentralwerten, durch ein gesellschaftliches Mandat und eine gesellschaftliche Lizenz sowie durch die Einbettung in gesellschaftliche Funktionssysteme sind Professionen mit der Gesellschaft verbunden. Die gestrichelten Linien im Schaubild um das professionelle Selbst und den professionellen Kontext herum sollen die wechselseitige Einflussnahme deutlich machen.

Die in Kapitel 3.6 erarbeiteten Kriterien für einen Vergleich von Erwachsenenbildung und Psychotherapie geben außerdem Hinweise darauf, welche Aspekte für die Frage nach einer möglichen ‚Therapeutisierung' der Professionalität wichtig sein können. In dem oben aufgeführten Modell des professionellen Selbst sind das die Zentralwerte, der Auftrag, die Klienten (ihr Anlass) und im Zusammenhang mit der Unterrichtstheorie das Thema, die grundsätzliche Perspektive (Stoff- oder Subjektorientierung) sowie die Gestaltung der Interaktionsstruktur.

Mit Hilfe dieses Modells von Kursleiterprofessionalität soll im Rahmen einer empirischen Studie nun der Fragestellung nach der Bedeutung und Funktion einer psychotherapeutischen Zusatzausbildung für die Professionalität und für den beruflichen Werdegang von Kursleitenden nachgegangen werden. In welcher Form und bei welchen Handlungsschritten dieser theoretische Bezugsrahmen dabei auf die Datenerhebung und -auswertung einwirkt, wird in den folgenden Kapiteln dargestellt.

III. Methodisches Vorgehen

5.   Theoretisch-methodische Anlage der Studie

    5.1   Das Konzept der Grounded Theory
        5.1.1   Die Bedeutung und Funktion theoretischen Vorwissens im Konzept der Grounded Theory
        5.1.2   Biographieforschung und Grounded Theory
        5.1.3   Typenbildung und Grounded Theory

    5.2   Bewertung der Studie und Grenzen der Methodik

6.   Durchführung der Studie – Forschungsdesign und Forschungsprozess

    6.1   Datenerhebung
        6.1.1   Probandenauswahl
        6.1.2   Datenerhebung über problemzentrierte Interviews
        6.1.3   Dokumentation/Transkription

    6.2.   Datenauswertung
        6.2.1   Kodieren der Daten
            6.2.1.1   Zum Umgang mit Theorie
            6.2.1.2   Der Kodierleitfaden
        6.2.2   Typisierende Auswertung
        6.2.3   Dokumentation des Forschungsprozesses durch Memos und Diagramme
        6.2.4   Bewertung des Forschungsprozesses

5. Theoretisch-methodische Anlage der Studie

In Lehrbüchern zur empirischen Sozialforschung wird bei der Frage nach der Forschungsmethodik häufig auf die Gegenstandsangemessenheit der Methoden verwiesen (vgl. Flick 2002, S. 16 f.) oder darauf, dass die Fragestellung grundsätzlich die Methodik bestimmt (Strauss/Corbin 1996, S. 21). Dieser Hinweis ist natürlich richtig, allerdings nicht immer ausreichend beziehungsweise greift etwas zu kurz. Oswald bemerkt, dass es kaum ein Problem gibt, „das nicht sinnvoll quantitativ oder qualitativ erforscht werden könnte. Es gibt kein Thema, dessen Bearbeitung zwingend einen der beiden Methodentypen erforderte. Wohl aber kann die verfolgte Absicht und entsprechend der Ertrag unterschiedlich sein [...]" (Oswald 2003, S. 79). [91]

Die Fragestellung und die Zielsetzung meiner Arbeit verweisen auf ein methodisches Vorgehen, das:

- sowohl Raum lässt für die subjektiven Perspektiven der Kursleitenden und durch ein induktives Vorgehen die Herausarbeitung dieser Perspektiven ermöglicht
- als auch eine Rückbindung der Daten an theoretische Modelle erlaubt und so auch für deduktive Erkenntnisgewinnung offen ist;
- anhand der induktiv und deduktiv gewonnenen Merkmale die Bildung von Typen und einer Typologie ermöglicht;
- biographische Entwicklungen erfassen kann.

---

[91] Die zu einem großen Teil auf politische Gründe zurückzuführende Polarisierung der beiden Forschungspositionen (vgl. Meinefeld 2000; Kelle 1996) ist zwar noch nicht ganz überwunden, es hat sich jedoch zunehmend die Überzeugung durchgesetzt, dass eine zu starke Kontrastierung wenig zielführend ist. Vielmehr ergänzen sich diese Ansätze und stehen in einem interdependenten Verhältnis zueinander (vgl. Oswald 2003, S. 74 f.; Flick 2002, S. 24 f.; Huber 1989a, S. 32 ff.). Die Debatte soll hier nicht nachgezeichnet werden, zu Vorschlägen zur Integration quantitativer und qualitativer Methoden siehe: Engler 2003; Kelle/Erzberger 2000; Huber 1989a. Sogar die Beharrung auf dem „Verstehen-Monopol" der qualitativen Forschung oder dem Erklären auf Seiten der quantitativen Forschungstradition scheint nicht mehr haltbar (vgl. Oswald 2003, S. 74 ff.). Wenn im Folgenden dennoch in abgrenzender Weise von quantitativer und qualitativer Forschung gesprochen wird, so soll damit lediglich auf die unterschiedlichen methodischen Vorgehensweisen verwiesen werden, für die sich die Begriffe etabliert haben. Die Autorin ist sich wohl der Tatsache bewusst, dass die Übergänge fließend sind und eine Integration beider Herangehensweisen möglich und sinnvoll ist.

Allein schon durch die Einbeziehung des Biographiekonzepts ist eine bestimmte methodische Richtung vorgegeben: Der Begriff der Biographie verweist zum einen auf eine alltagsweltliche Kategorie, die das Handeln der Subjekte in der Wirklichkeit ordnet und strukturiert. Durch die Selbstdeutung der eigenen Biographie wird ein je individueller Sinnzusammenhang entwickelt. Zum anderen ist ,Biographie' auch ein theoretisches Konstrukt zur Analyse und Interpretation dieses gesellschaftlichen Organisationsprinzips (vgl. Dausien 2002, S. 78). Im Gegensatz zu der sehr abstrakten Sozialisationstheorie ermöglicht das Biographiekonzept eine Verbindung von Individuum und Gesellschaft und erschließt sich die gesellschaftlichen Strukturen über die Perspektive der Individuen (vgl. Dausien 2002, S. 82 f.). Biographie so verstanden kann schwerlich über bestehende, deduktiv gewonnene, trennscharfe Kategorien erforscht werden, wie es für quantitative Methoden wichtig ist. Marotzki spricht daher auch gleich von einer qualitativen Biographieforschung, die sich an den Standards qualitativer Forschung orientiert (vgl. Marotzki 2000, S. 176). Der qualitative Zugang ergibt sich außerdem aus der Tatsache, dass Biographien über Narrationen konstruiert werden (vgl. Dausien 2002, S. 79; Schütze 1984). Für meine Studie bedeutet dies, dass die Datenerhebung – zumindest für diesen Teil der Fragestellung – über Interviews erfolgen wird. Der Einsatz von Interviews mit narrativen Elementen und die Orientierung am Biographiekonzept legen damit einen qualitativen Zugang nahe.

Da sich jedoch nur ein Teilbereich der Fragestellung auf das Biographiekonzept bezieht, soll nochmals für die gesamte Ziel- und Fragestellung der Arbeit geprüft werden, ob ein qualitatives Vorgehen grundsätzlich in Frage kommt.

Oswald (2003, S. 79 ff.) unterscheidet vier Zielsetzungen in der Sozialforschung, die sinnvoll mit qualitativen Methoden bearbeitet werden können:

- Die Entdeckung und Beschreibung fremder Welten (dabei kann es auch um Lebensweisen und Deutungsmuster in der eigenen Gesellschaft gehen, die noch wenig bekannt sind).
- Die Entdeckung und Beschreibung noch unbekannter Aspekte in bekannten Welten. Hier wie im ersten Punkt empfiehlt sich ein exploratives Vorgehen.
- Die Entdeckung neuer Zusammenhänge. Während es bei der Entdeckung fremder Welten und unbekannter Aspekte in vertrauten Welten mehr um die dichte Beschreibung der Wirklichkeit geht, sollen hier Konzepte und Theorien aus den Daten entwickelt werden.
- Die Anwendung von Theorien auf einen Einzelfall. Hier wiederum sollen bestehende Konzepte oder Theorien durch die Anwendung auf Einzelfälle entweder überprüft und ausgearbeitet, oder aber als Grundlage für die Erklärung eines bestimmten Ausschnittes der Wirklichkeit herangezogen werden.

Für die Ziel- und Fragestellung meiner Studie, bei der es sowohl um die Entdeckung bisher noch nicht bekannter Zusammenhänge geht (Integration therapeutischer Kompetenzen in Arbeit und Selbstbild von Kursleitenden) als auch um die Anwendung eines Konzeptes (Modell des professionellen Selbst) auf Einzelfälle zur Erklärung einer sozialen Wirklichkeit (Kursleitender mit therapeutischer Zusatzausbildung), erscheint ein qualitatives Vorgehen demnach angebracht. Was jedoch zunächst einmal nichts anderes bedeutet als die Anwendung eher weniger standardisierter Methoden in der Datenerhebung – wie oben schon kurz erwähnt über Interviews mit narrativen Elementen – sowie interpretativer Methoden in der Datenauswertung, die sich auch auf die Einzelfälle der Studie beziehen (vgl. Oswald 2003, S. 75). [92] Auch innerhalb der qualitativen Forschung gibt es unterschiedliche Positionen und Traditionen, die sich hinsichtlich ihrer theoretischen Annahmen, ihres Verständnisses des Gegenstandes sowie des methodischen Vorgehens teilweise grundlegend unterscheiden (vgl. Flick 2002, S. 33 ff.; Flick 2000, Kapitel 3). Zur stärkeren Eingrenzung des theoretisch-methodischen Rahmens dieser Studie erscheint es daher notwendig, sie aufgrund ihrer theoretischen Annahmen und der Frage- und Zielsetzung innerhalb dieser Perspektiven zu positionieren.

Flick unterscheidet drei theoretische Positionen innerhalb der qualitativen Sozialforschung (vgl. Flick 2002, S. 33 ff.; Flick/Kardoff/Steinke 2000, S. 18 f.). Zum einen die Perspektive, die den Zugang zur sozialen Wirklichkeit über die subjektiven Sichtweisen der Handelnden sucht. Der theoretische Hintergrund für diese Position ergibt sich aus der Tradition des symbolischen Interaktionismus und des Pragmatismus sowie der Phänomenologie. Der Mensch wird als Akteur sozialer Interaktionen in den Mittelpunkt gerückt. Dabei wird von der Grundannahme ausgegangen, dass Menschen aufgrund ihrer Sicht der Dinge bestimmte Handlungsalternativen wahrnehmen (vgl. Böhm 1994, S. 122). Soziale Welten werden über die Rekonstruktion der Sichtweisen der Akteure analysiert.

Interaktion an sich rückt in den Mittelpunkt einer weiteren Forschungsperspektive, die den Fokus auf die Methoden richtet, mit denen Menschen durch Interaktion soziale Wirklichkeiten herstellen. Das „Wie" der Produktion sozialer Wirklichkeit steht im Vordergrund; nicht die subjektive Bedeutung der Inhalte einer Interaktion wie in der Perspektive des symbolischen Interaktionismus, sondern wie Interaktionen strukturell organisiert sind. Es wird davon ausgegangen, dass sowohl unmittelbare Interaktionen als auch Institutionen von den Handelnden vor Ort hergestellt werden. Als theoretische Bezugspunkte dienen hier die Ethnomethodologie sowie der Konstruktivismus (vgl. Flick 2002, S. 39 ff.; Flick/Kardoff/Steinke 2000, S. 18 ff.).

---

92 Auf die Aufführung mehr oder weniger umfangreicher Listen mit den Merkmalen qualitativer Forschung (z.B. Mayring 2002, S. 19 ff. oder Flick 2002, S. 48 ff.) soll hier verzichtet werden, da die angegebenen Merkmale teilweise ebenso auf Methoden zutreffen können, die als quantitativ bezeichnet werden (vgl. Oswald 2003, S. 74 ff.).

Strukturalistisch orientierte Forschungsmodelle wiederum bauen auf der Annahme auf, dass latente oder auch unbewusste Strukturen soziales Handeln bestimmen. Oder anders formuliert: Im Gegensatz zu der Annahme, dass Strukturen durch die Bedeutung, die ihr die Handelnden zuschreiben, gestaltet beziehungsweise durch das Handeln erst hergestellt werden (vgl. Flick 2002, S. 35 f.), wird hier davon ausgegangen, dass es so etwas wie einen objektiven Sinn und objektive Strukturen gibt, die das Handeln bestimmen. Subjektive und soziale Wirklichkeit werden durch kulturelle Sinnsysteme ‚gerahmt'. Soziale Strukturen werden demnach auch nicht über den subjektiven Sinn der Akteure erfasst, sondern über die Analyse objektiver Bedeutungsstrukturen. Die Objektive Hermeneutik um Oevermann ist wohl eine der bekanntesten Forschungsmethodologien aus dieser Richtung (vgl. Flick 2002, S. 43 ff.).

Die radikale Abgrenzung dieser Positionen hat die Diskussionen innerhalb der qualitativen Forschung lange Zeit stark bestimmt. Sinnvoller ist es jedoch die Positionen als unterschiedliche Zugangsweisen zu einem Phänomen zu verstehen, die jeweils unterschiedliche Aspekte der sozialen Realität zum Fokus und Ausgangspunkt der jeweiligen Forschung machen (vgl. Flick 2002, S. 47 f.). Eine sinnvolle Verknüpfung der unterschiedlichen Perspektiven ermöglicht einen weiteren Blickwinkel auf das zu untersuchende Phänomen. [93]

Meine Fragestellung, bei der die subjektiven Perspektiven der Kursleitenden eindeutig im Zentrum stehen, lässt sich damit der zuerst genannten Position zuordnen und grenzt damit auch die in Frage kommenden Methoden der Erhebung und mehr noch der Auswertung weiter ein. Das Konzept der Grounded Theory hat seine Wurzeln im Pragmatismus und im symbolischen Interaktionismus und bietet sich somit als methodisches Rahmenkonzept für die Studie an (vgl. Strauss/Corbin 1996, S. 9 f.). Da es aber schon fast zum Standard geworden ist, in qualitativen Studien auf diese Methode zu verweisen, soll im Folgenden genau geprüft werden, ob die Grounded Theory eine geeignete Methode für diese Arbeit ist.

---

93 Schon dieser kurze Abriss über die unterschiedlichen Positionen innerhalb der qualitativen Forschung macht deutlich, wie wenig mit dem Verweis auf ein qualitatives Vorgehen ausgesagt wird. Es besteht ein enormer Unterschied, ob erarbeitet werden soll, welche Bedeutung eine therapeutische Zusatzausbildung für Kursleitende in der Erwachsenenbildung hat, ob ich beobachte, wie bei Interaktionen im Seminar therapeutische oder pädagogische Strukturen hergestellt werden oder ob durch eine hermeneutische Analyse versucht wird, die objektiven Strukturen herauszuarbeiten, die das Handeln der Kursleitenden bestimmen.

5.1 Das Konzept der Grounded Theory

Obwohl der Schwerpunkt der Grounded Theory auf der Datenanalyse und -interpretation liegt (vgl. Mayring 2002, S. 103 ff.; Strauss/Corbin 1996, S.IX), handelt es sich hierbei um mehr als die Darstellung von Einzeltechniken zur Datenauswertung. Kelle (1995, S. 44) kommt nach kritischer Prüfung zu dem Schluss, dass die Grounded Theory auf dem Weg ist, sich zu einer „echten Methodologie zu entwickeln"[94]. Das Konzept der Grounded Theory steht für einen Forschungsprozess, der der Entwicklung von Konzepten und Theorien aus den Daten und damit auch der Perspektive der Forschungssubjekte ein besonderes Gewicht einräumt. Zentrale Elemente der Grounded Theory sind das Theoretische Sampling (theoriegeleitete Auswahl der „Probanden"), die verschiedenen Kodierverfahren zur Datenanalyse, die Praxis des ständigen Vergleichs sowie die während des ganzen Forschungsprozesses verwendete Memotechnik (vgl. Strauss/Corbin 1996; Böhm 1994, S. 121). Die Methode der Grounded Theory ist in besonderem Maße offen für die Perspektive der Akteure. Der Schwerpunkt liegt dabei auf der Analyse sozialer Prozesse.

Die genannte Forderung nach der Erarbeitung der subjektiven Perspektive der Kursleitenden ist allein schon durch die theoretischen Grundannahmen dieses Konzeptes erfüllt, an denen sich die Techniken der Datenerhebung und -auswertung orientieren. Jetzt gilt es noch zu prüfen, ob die Grounded Theory auch die Integration theoretischen Vorwissens zulässt, ob sie offen ist für die Herausarbeitung biographischer Prozesse und die Bildung von Typen und einer Typologie ermöglicht.

5.1.1 Die Bedeutung und Funktion theoretischen Vorwissens im Konzept der Grounded Theory

Das Grundproblem oder die Bedeutung von (theoretischem) Vorwissen wurde sowohl im Rahmen quantitativer als auch qualitativer Forschung erkannt, jedoch unterschiedlich gelöst. Während in quantitativen Studien die bewusste Strukturierung des theoretischen Vorwissens angezeigt, wenn nicht gar zwingend notwendig ist, wurde (und teilweise wird) in der qualitativen Forschung die größtmögliche Offenheit für die spezifischen Deutungen der Handelnden proklamiert, die über die Ausblendung des Vorwissens erreicht werden sollte (vgl. Meinefeld 2000, S. 266 f.).[95]

---

94 Methodologie definiert er hier als einen „Korpus von Regeln, die empirischen Forschern Informationen darüber geben, welche Operationen sie an definierten Punkten des Forschungsprozesses unter welchen Bedingungen sinnvollerweise durchführen können, um ein bestimmtes Ziel zu erreichen" (Kelle 1995, S. 44).

95 Gegen eine programmatische Anwendung dieser Forderung auf alle qualitativen Studien spricht vor allem der Grund, dass eine Ausblendung des Vorwissens für die menschliche Wahrnehmung gar nicht möglich ist. Unsere eigenen Deutungsschemata und unser Vorwissen werden unsere Wahrnehmung zwangsläufig strukturieren und müssen so als Basis aller Forschungsprozesse akzeptiert werden (vgl. Meinefeld 2000, S. 271 f.).

Die Forderung nach Offenheit für Deutungsmuster der Forschungssubjekte ist grundsätzlich richtig. Es sollte sich jedoch um methodische Offenheit handeln, bei expliziter Reflexion des Vorwissens. Damit Wissenschaft nicht auf der Stelle tritt, ist es unbedingt erforderlich, auf das vorhandene Wissen zu einem Gegenstand aufzubauen und an vorhandene Theorien anzuknüpfen. Je nach der Gegenstandsbezogenheit der Theorien ist es sogar geboten, Ex-ante-Hypothesen zu formulieren. Für eine zielgerichtete Gestaltung der Datenerhebung und -auswertung im Forschungsprozess ist Theoriegerichtetheit eine der wichtigsten Voraussetzungen (vgl. Meinefeld 2000, S. 270 ff.; Hopf 1995, S. 13).

Bei dem Verweis auf die Grounded Theory in der Literatur wird häufig nicht bedacht, dass es drei Konzepte mit nicht unerheblichen Unterschieden gibt, die unter diesem Begriff laufen. Das hat damit zu tun, dass die ursprüngliche Version von Glaser und Strauss aus dem Jahr 1967 zunächst von Glaser 1978 und später dann nochmals von Strauss 1987 und von Strauss/Corbin 1990 weiterentwickelt wurde (vgl. Dausien 1996, S. 93 f.; Kelle 1995, S. 23 f.). Der zentrale Unterschied der drei Konzepte besteht bei der Integration theoretischen Vorwissens in den Forschungsprozess. Entsprechend der ersten Version wurde die Grounded Theory häufig mit der Suspendierung jeglichen Vorwissens und einem Forscher als „Tabula rasa" gleichgesetzt, gleichwohl theoretischen Konzepten in den späteren Versionen ein fester Platz eingeräumt wurde (vgl. Flick 2002, S. 69 ff.; Dausien 1995, S. 96 f.). Es waren wohl hauptsächlich politische Gründe, die zunächst – in gewollter Abgrenzung zu der vorherrschenden Praxis – zu einer Idealisierung der Unvoreingenommenheit des Forschers geführt haben. Am Beispiel von Glaser und Strauss, die in ihrer ersten Version der Grounded Theory dies vehement vertraten, lässt sich außerdem gut aufzeigen, dass diese Forderung in den eigenen Forschungen so auch nicht umgesetzt wurde (vgl. Meinefeld 2000, S. 267 ff.; Kelle 1995, S. 24 f.).

Kelle (1995) zeichnet sehr anschaulich nach, wie sich die Grounded Theory in Bezug auf die Einbindung theoretischen Vorwissens weiterentwickelt hat. In der Version von Strauss und Corbin, die 1990 zunächst in englischer Sprache und 1996 dann in deutsch veröffentlich wurde, bekommt theoretisches Vorwissen im Kodierparadigma einen eindeutigen Platz zugewiesen. Zwar nicht ganz so explizit dargestellt, aber dennoch aus der Beschreibung von Strauss und Corbin eindeutig zu entnehmen, kann theoretisches Vorwissen auch bei der Formulierung von Interview- oder Beobachtungsleitfäden, beim theoretischen Sampling sowie beim Finden von passenden Kodes relevant werden (vgl. Strauss/Corbin 1996, S. 35, 49). Das Konzept der Grounded Theory von Strauss/Corbin ist demnach grundsätzlich als methodisches Rahmenkonzept für meine Studie geeignet. Das theoretische Vorwissen, das durch die Einbettung der Studie in den Forschungszusammenhang zur Professionalisierung, etwas konkreter durch das Modell des professionellen Selbst sowie durch Ergebnisse aus Studien zum Selbstverständnis von Kursleitern in der Erwachsenenbildung für meine Studie gegeben ist, findet in diesem Konzept seinen Platz. Durch das offene Kodieren ist sichergestellt, dass die Sicht der Kursleitenden auf jeden Fall berücksichtigt wird. Grundsätzlich ist das ganze Konzept darauf ausgerichtet, Zusammenhänge aus den Daten zu generieren. Die genauen Vorgehensweisen der einzelnen Prozessschritte werden bei der Darstellung des Forschungsprozesses jeweils näher erläutert werden.

Wenn im Folgenden von Grounded Theory gesprochen wird und auch die Anschlussfähigkeit dieses Konzeptes in Bezug auf die Biographieforschung oder der Typenbildung geprüft wird, wird auf das Konzept von Strauss und Corbin Bezug genommen.

5.1.2 Biographieforschung und Grounded Theory

Wie Biographie hier verstanden wird, ist in Kapitel 4.3.1 schon ausführlich dargelegt worden. Daher soll an dieser Stelle auf eine erneute Begriffsdefinition verzichtet werden. Sowohl von Seiten der Biographieforschung als auch aus der Richtung des symbolischen Interaktionismus wird eine Verbindung zwischen symbolischer Interaktion und Biographie gesehen (vgl. Denzin 2000, S. 141, 149; Marotzki 2000, S. 176). Denzin – hier als Vertreter für die Theorie des symbolischen Interaktionismus ausgewählt – verweist auf die Bedeutung von Biographien und gelebter Erfahrung als epistemologische Grundannahme der interaktionistischen Perspektive. Im Forschungsinteresse stehen die „Schnittflächen von Interaktionen, Biographie und Sozialstruktur in bestimmten historischen Konstellationen" (Denzin 2000, S. 149). Marotzki sieht die theoretischen Grundannahmen des symbolischen Interaktionismus als eine der Grundlagen der qualitativen Biographieforschung. Insbesondere die Prämisse des symbolischen Interaktionismus, nach der die Sinn- und Bedeutungszuschreibungen der Akteure in Interaktionen vermittelt werden und gesellschaftliche Tatsachen über diese Deutungen erschlossen werden können, ist für die Biographieforschung grundlegend (vgl. Marotzki 2000, S. 176).

Damit ist zumindest schon einmal eine Anschlussfähigkeit der beiden Konzepte gesichert. Wie eine konkrete Anwendung der Grounded Theory für die Erarbeitung biographischer Prozesse gelingen kann, hat Dausien (1996) in ihrer Studie „Biographie und Geschlecht" dargelegt. Um die Besonderheit und Eigenlogik biographischer Interaktionsgeschichten, die sich in der Gestalthaftigkeit, der Prozessualität sowie der Perspektivität biographischer Erzählungen äußern, erfassen zu können, wählt sie Schützes Konzept der kognitiven Figuren autobiographischen Erzählens als Kodierparadigma für den Auswertungsprozess narrativer Interviews.

Die Forderung nach der Möglichkeit zur Erarbeitung biographischer Prozesse sehe ich damit durch die Methode der Grounded Theory ebenfalls erfüllt. Bleibt noch die Prüfung hinsichtlich der Entwicklung von Typen und Typologien.

5.1.3 Typenbildung und Grounded Theory

Unabhängig davon, um was für eine Art von Typ es sich handelt, kann ein Typus grundsätzlich als eine *bestimmte Kombination von Merkmalen* verstanden werden. Kluge unterscheidet dabei die Ebene des Typus von der Ebene der Typologie. Auf der Ebene des Typus sollten sich die einzelnen Merkmale möglichst ähnlich sein, das heißt, hier werden Gemeinsamkeiten der Merkmale gesucht. Eine möglichst gute Abgrenzung der Typen untereinander hingegen zeichnet die Ebene der Typologie aus. Durch die Kombination der Merkmale und ihrer Ausprägungen ergibt sich ein Merkmalsraum, der jeder Typologie zu Grunde liegt (vgl. Kluge 1999, S. 26 ff., 258).

Bei typologischen Analysen in der Sozialforschung wird meist auf das Konzept des idealtypischen Verstehens von Max Weber zurückgegriffen (vgl. Mayring 2002, S. 130 f.; Gerhardt 1991, S. 437). Ein Idealtypus wird dabei gewonnen durch „einseitige *Steigerung* eines oder *einiger* Gesichtspunkte und durch Zusammenschluss einer Fülle von diffus und diskret, hier mehr, dort weniger, stellenweise gar nicht vorhandener Einzelerscheinungen, die sich jenen einseitig herausgehobenen Gesichtspunkten fügen zu einem sich einheitlichen Gedankenbilde" (Weber zitiert in Kluge 1999, S. 39).

Ob nun Idealtypen, Realtypen [96], Extremtypen, Durchschnittstypen, besonders häufige oder besonders seltene Fälle als Typen gebildet werden, hängt vom Typisierungskriterium ab, das entsprechend der Fragestellung oder dem vorhandenen Material gewählt wurde. So eignen sich zum Beispiel Extremtypen, um die Vielfalt und die Breite eines Wirklichkeitsbereiches darzulegen (vgl. Mayring 2002, S. 130 f.; Kluge 1999, S. 85 f.). Neben diesen formalen Kriterien zur Bestimmung der Art des Typus wird jeder Typus außerdem inhaltlich durch die eine bestimmte Kombination und Ausprägung von Merkmalen (oder auch Typisierungsdimensionen) definiert (vgl. Mayring 2002, S. 131; Kluge 1999, S. 86).

Die mit der Typenbildung verfolgten Ziele lassen sich grob in zwei Hauptziele aufteilen: das Beschreiben und das Erklären eines Untersuchungsbereiches (vgl. Kluge 1999, S. 43; Gerhardt 1991, S. 435 f.). Die deskriptive Funktion von Typologien dient vor allem der Strukturierung und besseren Überschaubarkeit des Gegenstandes. Durch die Beschreibung von Typen anhand ausgewählter Merkmale findet eine ge-

---

96 Idealtypen (oder auch heuristische Typologien, gewonnen meist durch eine deduktive Vorgehensweise ohne die tatsächliche Häufigkeitsverteilung zu beachten) werden aus dem empirischen Material durch die einseitige Steigerung eines oder mehrerer Merkmale konstruiert, während Realtypen (oder auch empirische Typologien, gewonnen durch ein eher induktives Vorgehen) echte Fälle, also in der Realität vorhandene Merkmalskombinationen darstellen, die in den Daten als typisch identifiziert wurden (vgl. Mayring 2002, S. 130 f.). Wobei Kluge aufzeigt, dass es hier nicht um ein Entweder-oder geht. Um den Bereich der sozialen Wirklichkeit (Kluge 1999, S. 58 ff.), um den es geht, möglichst umfassend abzubilden, müssen sowohl empirische als auch theoretische – induktive sowie deduktive – Auswertungsschritte ineinander übergehen (vgl. Kluge 1999, S. 84).

waltige Informationsreduktion statt. Typologische Analysen empfehlen sich daher um Ordnung in eine Fülle von Daten zu bringen (vgl. Mayring 2002, S. 132; Kluge 1999, S. 43 f.). Typologien dienen allerdings auch der Theorieentwicklung beziehungsweise der Erklärung[97]. Mit Hilfe von Typologien können auch inhaltliche Sinnzusammenhänge zwischen den Merkmalskombinationen eines Typus oder zwischen den Typen analysiert und dann erklärt werden. Typologien sind damit eine wichtige Grundlage für eine spätere Hypothesen- und Theoriebildung (vgl. Kluge 1999, S. 45 f.). Dies impliziert eine weitere Funktion von Typologien: die Verallgemeinerung (vgl. Flick 2002, S. 338 f.).

Damit anhand von Typologien allgemeine Aussagen über einen bestimmten Forschungsbereich möglich sind, ist ein systematisches, kontrolliertes und intersubjektiv nachvollziehbares Vorgehen entscheidend (vgl. Mayring 2002, S. 131; Kluge 1999, S. 86 f.). Dazu ist es zunächst einmal wichtig, der Fragestellung und dem Gegenstand entsprechende Kriterien und Dimensionen für die Typenbildung zu bestimmen. Geschieht dies sowohl auf Basis des theoretischen Vorwissens als auch anhand der Analyse des empirischen Materials (also durch ein sowohl deduktives als auch induktives Vorgehen bei der Erkenntnisgewinnung) werden Typen zu einem Bindeglied zwischen Theorie und Empirie (vgl. Kluge 1999, S. 86 f.).

Ein zentrales Element in der Typenbildung ist der Vergleich. Alle Einzelfälle eines Forschungsbereiches müssen anhand der Vergleichsdimensionen systematisch miteinander verglichen werden (vgl. Flick 2002, S. 338; Kluge 1999, S. 264 f.).

Damit ergeben sich mindestens in vier Bereichen Anschlussmöglichkeiten in Bezug auf das Konzept der Grounded Theory. Da ist zum einen die Zielsetzung der Hypothesen- und Theorieentwicklung der Typenbildung, die der Zielsetzung der Grounded Theory entspricht. Für den Weg zu diesem Ziel über die Merkmalsfestlegung und die Erarbeitung von Sinnzusammenhängen bestimmter Merkmalskombinationen bietet die Grounded Theory mit dem offenen, dem axialen und dem selektiven Kodieren umfassende Techniken an. Kluge, die ein Modell zur empirisch begründeten Typenbildung entwickelt, verweist für diesen zentralen Schritt in ihrem Stufenmodell auf das Konzept der Grounded Theory (vgl. Kluge 1999, S. 268 f.). Auch die Anwendung von sowohl deduktiven als auch induktiven Auswertungsschritten ist mit der Grounded Theory möglich. Schließlich ist der ständige Vergleich auch in der Grounded Theory ein zentrales Element für die Theorieentwicklung. Typologien eignen sich gerade auch für die Analyse von Biographien und Lebensläufen, da mit ihrer Hilfe komplexe Handlungsmuster und lebensgeschichtliche Erfahrungen strukturiert werden können (vgl. Kluge 1999, S. 85; Gerhardt 1991, S. 436).

---

97 Gerhardt beklagt, dass dieses Ziel der Typenbildung in qualitativen Studien häufig zu kurz kommt oder gar mit dem Beschreiben gleichgesetzt wird.

Kluge hat auf Basis von drei ausgewählten Modellen zur Typenbildung sowie Beispielen aus der Forschungspraxis ein Vierstufenmodell für die empirisch begründete Typenbildung entwickelt. In dem wie mir scheint entscheidenden Schritt – der Erarbeitung relevanter Merkmale und Vergleichsdimensionen – verweist sie auf das Modell der Grounded Theory. Stufe 2 (Gruppierung der Fälle und Analyse empirischer Regelmäßigkeiten) und Stufe 3 (Analyse inhaltlicher Sinnzusammenhänge und Typenbildung) ihres Modells entsprechen dem des axialen und des selektiven Kodierens, wobei die Anweisungen von Strauss und Corbin hier als Anleitung für Forschende bei weitem genauer sind. So wie sich die drei Kodierschritte im Laufe der Auswertung immer wiederholen können, so beschreibt auch Kluge die Stufen 1–3 als zirkuläres Modell (vgl. Kluge 1999, S. 261). Bei ihrer 4. Stufe – der Charakterisierung der gebildeten Typen – bleibt sie selbst recht vage und es geht hier scheinbar nur noch um die Darstellung der einzelnen Typen anhand der relevanten Merkmale und die Findung treffender Bezeichnungen (vgl. Kluge 1999, S. 280).

Als Rahmenmodell für meine Studie erscheint mir die Grounded Theory das umfassendere Konzept zu sein. Durch die konkreten Hinweise zu den einzelnen Kodierschritten sowie die genaue Benennung der Stellen, an denen theoretisches Vorwissen zum Tragen kommt, wird die Grounded Theory dem Kriterium der intersubjektiven Nachvollziehbarkeit gerechter. Schließlich geht die Grounded Theory über eine reine Auswertungsmethode hinaus.

Das bedeutet für meine Studie, dass nicht die Grounded Theory in den Prozess der empirischen Typenbildung integriert wird, sondern, dass beim selektiven Kodieren der Fokus auf der Erarbeitung von Typen liegt. Das Ziel der Theorieentwicklung wird durch das Ziel eine Typologie zu entwickeln lediglich konkretisiert.

5.2 Bewertung der Studie und Grenzen der Methodik

Eine Arbeit, die den Anspruch erhebt eine wissenschaftliche Studie zu sein, muss natürlich auch danach bewertet werden, inwieweit sie diesem Anspruch genügt. Das bedeutet, der Forschungsprozess, die Entstehung der Ergebnisse und damit die Ergebnisse selbst werden anhand bestimmter Kriterien beurteilt. Während sich bei quantitativen Studien die Kriterien der Objektivität, Reliabilität und Validität durchgesetzt haben, herrscht bei der Festlegung von Gütekriterien für qualitative Studien alles andere als Einigkeit (vgl. Flick 2002, S. 318 ff.; Steinke 2000, S. 319 ff.). Neben den Vorschlägen, die Kriterien für quantitative Studien an die Besonderheiten qualitativer Studien anzupassen, gibt es vielfältige Ideen für die Entwicklung spezifischer Kriterien für qualitative Forschung sowie die Position, die jegliche Kriterien zur Messung der Qualität ablehnt (vgl. Steinke 2002, S. 319 ff.).

Ohne Kriterien zur Bewertung der Qualität qualitativer Forschung verkommt diese zur bloßen Willkür. Gütekriterien zur Bewertung des Forschungsprozesses und der Ergebnisse sind unbedingt erforderlich. Die Anwendung oder Anpassung der im Rahmen von quantitativer oder besser standardisierter Forschung entwickelten Kriterien wird dabei jedoch zunehmend abgelehnt (Mayring 2002, S. 140). Sie wurden für bestimmte, meist hochstandardisierte und formalisierte Methoden entwickelt und lassen sich kaum auf die vielfältigen und flexiblen Methoden qualitativer Forschung anwenden (vgl. Steinke 2000, S. 322). Diese Vielfalt qualitativer Methoden und die Notwendigkeit der Anpassung an die jeweils spezifische Fragestellung und Zielsetzung der einzelnen Studien sprechen auch gegen die Festlegung auf ganz spezifische Einzelkriterien, auch wenn diese speziell im Hinblick auf qualitative Forschung entwickelt wurden (Steinke 2000, S. 322 f.).

Im Rahmen der Grounded Theory haben Strauss und Corbin Beurteilungskriterien für die Forschungsarbeiten erarbeitet, die auf dieser Methodik basieren (Strauss/Corbin 1996, S. 214 ff.). Wie Flick jedoch bemerkt, dienen die Kriterien, die sie aufführen, hauptsächlich der Beurteilung, ob die Methode der Grounded Theory formal richtig angewandt wurde (vgl. Flick 2002, S. 340). Dies ist sicherlich *ein* wichtiges Kriterium, meines Erachtens für die Bewertung der Qualität einer Studie jedoch noch nicht ausreichend.

Steinke (2000) entwickelte ein System von Kernkriterien, das durch Operationalisierung der Kriterien auch Wege für deren konkrete Überprüfung aufzeigt. Sie weist jedoch darauf hin, dass es sich hierbei um einen Kriterienkatalog handelt, der qualitativen Studien zur Orientierung dient und jeweils untersuchungsspezifisch konkretisiert, ergänzt oder verändert werden kann (vgl. Steinke 2000, S. 323 f.).

Im Vergleich mit anderen Kriterienkatalogen für qualitative Studien erscheinen mir Steinkes Ausführungen am differenziertesten und umfassendsten[98], so dass ich grundsätzlich ihren Kriterienkatalog als Orientierung für meine Studie verwende und ihn ihrem Vorschlag entsprechend den Besonderheiten meiner Studie anpasse.

Steinkes Kriterienkatalog (vgl. Steinke 2000, S. 324 ff.) habe ich in der folgenden Tabelle übersichtlich zusammengefasst. Für mich lassen sich ihre genannten Kriterien nochmals danach unterscheiden, ob sie sich auf die Bewertung des Forschungsprozesses oder die Bewertung der Ergebnisse beziehen (wobei natürlich die Bewertung des Forschungsprozesses grundsätzlich auch die Bewertung der Ergebnisse beeinflusst). Abschnitt 1 behandelt die Kriterien, die den Forschungsprozess bewerten und Abschnitt 2 die Kriterien, die den Fokus mehr auf die Bewertung der Ergebnisse richten. Die jeweils grau hinterlegten Felder zeigen die Kriterien oder Unterkriterien an, die ich zur Bewertung meiner Studie heranziehen werde:

---

98 Mayring entwickelt sechs allgemeine Gütekriterien für qualitative Forschung, die er jedoch nur skizzenhaft darstellt: Verfahrensdokumentation, Argumentative Interpretationsabsicherung, Regelgeleitetheit, Nähe zum Gegenstand, Kommunikative Validierung und Triangulation (vgl. Mayring 2002, S. 144 ff.). Steinke hat diese Kriterien in ihren Katalog integriert, der jedoch über die Nennung einzelner Kriterien hinausgeht. Flick (2002, S. 394 ff.) entwickelt Ansätze zur Verbesserung der Qualität in qualitativer Forschung, die über die Benennung von Qualitätskriterien hinausgehen soll. Allgemein gültige Kriterien lehnt er mit dem Hinweis auf die Heterogenität der Ansätze qualitativer Forschung ab. Im Zentrum seiner Überlegungen stehen die Indikation des Forschungsdesigns und der -methoden (damit bezieht er sich auf die Frage der Angemessenheit der ausgewählten Methoden) und die Evaluation des Forschungsprozesses nach dem Vorbild von Qualitätsmanagement. Die Frage nach der Indikation der gewählten Methoden wird bei Steinke ebenfalls umfassend behandelt. Den Gedanken der Prozessevaluation werde ich an anderer Stelle mit den von Strauss und Corbin entwickelten Kriterien wieder aufgreifen. Die Hinweise von Flick (2002) bezüglich eines Qualitätsmanagements sind eher für Studien interessant, an denen mehrere Forscher beteiligt sind.

Abschnitt 1: Kriterien zur Bewertung des Forschungsprozesses

Intersubjektive Nachvollziehbarkeit	Angesichts geringer Standardisierbarkeit qualitativer Forschung ist eine exakte Wiederholung einer Studie meist nicht machbar. Zur Bewertung der Ergebnisse ist eine intersubjektive Nachvollziehbarkeit sowohl des Forschungsprozesses als auch der Interpretation der Daten unabdingbar. Intersubjektive Nachvollziehbarkeit kann auf drei Wegen erreicht werden:
	1. Dokumentation des gesamten Forschungsprozesses durch: • Dokumentation des Vorverständnisses (Vorwissen sowie Ex-ante-Hypothesen) • Dokumentation der Erhebungsmethoden und des Erhebungskontextes • Dokumentation der Transkriptionsregeln • Dokumentation der Daten • Dokumentation der Auswertungsmethoden • Dokumentation der Informationsquellen (das heißt, auf welchen Daten basieren die Interpretationen?) • Dokumentation von Entscheidungen und Problemen (z.B. warum welche Methoden gewählt wurden oder wie das Sampling entstand) • Dokumentation der Kriterien, anhand derer die Arbeit bewertet wird
	2. Interpretation in Gruppen (hier wird die Nachvollziehbarkeit der Interpretationen dadurch erreicht, dass mehrere Personen an der Interpretation beteiligt sind).
	3. Anwendung kodifizierender Verfahren (hierbei geht es im Grunde um die Vereinheitlichung des methodischen Vorgehens, um eine Regelgeleitetheit der Analyse, die es Lesern erleichtert die Entstehung der Ergebnisse nachzuvollziehen).
Indikation des Forschungsprozesses	Die Gegenstandsangemessenheit der Methoden ist ein zentrales Kennzeichen qualitativer Forschung, zugleich aber auch ein wichtiges Kriterium zu deren Bewertung. Allerdings soll sich die Gegenstandsangemessenheit nicht nur auf die einzelnen Methoden beschränken, sondern auch den gesamten Forschungsprozess umfassen. Im Einzelnen geht es dabei um: • Indikation des qualitativen Vorgehens (legen Fragestellung und Zielstellung wirklich ein qualitatives Vorgehen nahe?) • Indikation der Methodenwahl • Indikation der Transkriptionsregeln • Indikation der Samplingstrategie • Indikation methodischer Entscheidungen im Kontext des gesamten Forschungsprozesses (passen die einzelnen Methoden zueinander?) • Indikation der Bewertungskriterien

Reflektierte Subjektivität	Steinke nennt dieses Kriterium zwar ganz zum Schluss, da es meines Erachtens jedoch mit der Dokumentation und der Indikation des Forschungsprozesses zusammenhängt, möchte ich es an dieser Stelle aufführen. Der Forscher oder die Forscherin bestimmt durch seine Vorannahmen, aber auch durch seine ganz persönlichen Voraussetzungen, z.B. hinsichtlich seiner Gabe zur Beobachtung oder Kommunikation bei der Datenerhebung, den Forschungsprozess ganz wesentlich. Da dieser Einfluss niemals ganz ausgeschaltet werden kann[99], gilt es dies zumindest zu reflektieren und offen zu legen: • Durch Selbstbeobachtung während des Forschungsprozesses (wo treten Ängste oder Barrieren auf?) • Entsprechen meine persönlichen Voraussetzungen den Anforderungen, die meine Methodenwahl an mich stellt? • Kann von ausreichendem Vertrauen zwischen Forscherin und den untersuchten Personen ausgegangen werden? • Durch Reflexionen des eigenen Empfindens während des Feldeinstieges, was wichtige Hinweise auf das Feld oder die eigene Haltung den zu Untersuchenden gegenüber geben kann.
Empirische Verankerung	Sowohl die Entwicklung als auch die Überprüfung von Hypothesen und Theorien sollten empirisch verankert sein. Die Methoden sollten so angelegt sein, dass theoretische Vorannahmen auch in Frage gestellt und modifiziert und Hypothesen auch falsifiziert werden können. Steinke nennt hier fünf Möglichkeiten empirische Verankerung zu erreichen:
	1. Verwendung kodifizierender Methoden (z.B. Objektive Hermeneutik oder Grounded Theory)
	2. Lässt sich die Theorie in den Texten hinreichend belegen und wie wurde mit Widersprüchen umgegangen?
	3. Analytische Induktion als Methode zur Theorieentwicklung
	4. Überprüfung von Prognosen anhand der Texte
	5. Kommunikative Validierung ermöglicht eine Rückbindung der entwickelten Theorien an die Perspektive der Untersuchten. Sie kann jedoch nur eingesetzt werden, wenn sich die Theorie auf die Perspektive der Untersuchenden bezieht.

Abb. 10: Kriterien zur Bewertung des Forschungsprozesses nach Steinke 2000

---

99 In standardisierten Forschungsmethoden, wie z.b. bei Tests oder Experimenten, wird versucht dem Kriterium der Objektivität möglichst nahe zu kommen und die Einflüsse des Forschers möglichst gering zu halten. In qualitativer Forschung ist dies kaum möglich.

Abschnitt 2: Kriterien zur Bewertung der Ergebnisse:

Limitation	Bei diesem Kriterium geht es um die wichtige Frage nach der Verallgemeinerbarkeit der Forschungsergebnisse bzw. der entwickelten Theorie. Es gilt zu prüfen und genau darzustellen, für welche Phänomene und Situationen die entwickelte Theorie zutrifft. Dazu gehört auch, nur zufällige oder nicht relevante Aspekte herauszufiltern und nur die für die Theorie zentralen Merkmale herauszuarbeiten, z.B. über:
	1. Fallkontrastierung (durch den Vergleich maximal und minimal verschiedener Fälle hinsichtlich der Theorie)
	2. Suche und Analyse extremer, abweichender oder negativer Fälle
Kohärenz	Die entwickelte Theorie sollte in sich stimmig sein, das heißt auch den Ansprüchen einer Theorie entsprechen. Widersprüche und Unstimmigkeiten sollten auf jeden Fall offen gelegt werden. Dieses Kriterium wird bei Steinke nur sehr kurz und oberflächlich behandelt. Das Kriterium lässt sich jedoch durch von Strauss und Corbin (1996, S. 218 ff.) vorgeschlagene Kriterien spezifizieren: • Wurden die Konzepte systematisch zueinander in Beziehung gesetzt? Wurden Verknüpfungen und Hypothesen gebildet? • Besitzen die Kategorien theoretische Dichte, das heißt viele dimensionierte Eigenschaften? Wie gut oder dicht sind die Kategorien und Subkategorien miteinander verknüpft und zu einer umfassenden Theorie integriert?
Relevanz	Grundsätzlich sollte sowohl die Fragestellung als auch die entwickelte Theorie bezüglich ihres pragmatischen Nutzens und des Beitrags, den sie leistet, bewertet werden. Zum einen geht es dabei um die Frage der Verallgemeinerbarkeit, aber auch darum inwieweit die Theorie neue Deutungen, Erklärungen oder Lösungen für Probleme zur Verfügung stellt.

Abb. 11: Kriterien zur Bewertung der Forschungsergebnisse nach Steinke 2000

Ich werde meine Studie also danach bewerten, inwieweit eine intersubjektive Nachvollziehbarkeit durch eine ausführliche Dokumentation des eigenen Vorverständnisses und des Forschungsprozesses sowie durch die Anwendung eines kodifizierenden Verfahrens gewährleistet ist. Außerdem soll überprüft werden, ob die angewandten Methoden und der Forschungsprozess insgesamt sowohl der Fragestellung und Zielsetzung meiner Arbeit entsprechen als auch zueinander passen und inwieweit die persönlichen Voraussetzungen sowie die eigenen Empfindungen während des Forschungsprozesses reflektiert wurden.

Die Ergebnisse meiner Studie werden schließlich hinsichtlich ihrer Verallgemeiner-barkeit, ihrer Kohärenz sowie ihrer Relevanz beurteilt. Letzteres Kriterium sollte nicht alleine vom Forscher oder von der Forscherin beurteilt werden, da natürlich davon auszugehen ist, dass man die eigene Studie für relevant hält. Es ist am Ende der Studie jedoch aufzuzeigen, wo der eigene Beitrag zu sehen ist, wo die Ergebnisse neue Erkenntnisse liefern. Dazu gehört eine Rückbindung an den Forschungszusam-menhang, in den die Studie eingebettet ist und vor diesem Hintergrund eine Bewer-tung der Ergebnisse.

In Abschnitt zwei des Kapitels über methodisches Vorgehen wird der Forschungspro-zess dieser Studie dargestellt. Dabei wird an den entsprechenden Stellen auf die Kri-terien zur Bewertung des Forschungsprozesses verwiesen werden. In Kapitel 6.2.4 werden die Grenzen der angewandten Methodik aufgezeigt und der Gültigkeitsrah-men der Ergebnisse anhand der Kriterien zur Ergebnisbewertung besprochen. Die Studie wird hier nochmals insgesamt anhand der ausgewählten Kriterien bewertet.

6. Durchführung der Studie – Forschungsdesign und Forschungsprozess

6.1 Datenerhebung

Der Bereich der Datenerhebung in einem Forschungsprozess umfasst die Fragen, wer oder was als ‚Datenlieferant' ausgewählt wird, nach welcher Strategie das Sample der Probanden oder Fälle ausgesucht wird, mit welchen Instrumenten die Daten erhoben werden und schließlich wie die Daten dokumentiert werden. Bei der jeweiligen Entscheidung ist es wichtig, zum einen die Fragestellung und Zielsetzung der Studie im Auge zu behalten, und zum anderen die einzelnen Forschungsschritte zu einem in sich stimmigen Konzept zusammenzufügen, das der grundsätzlichen Anlage der Studie entspricht. Die folgenden Abschnitte beschreiben und begründen die jeweils ausgewählten Forschungsstrategien.

6.1.1 Probandenauswahl

Entsprechend dem Konzept der Grounded Theory erfolgt die Auswahl der Probanden über ein zweistufiges theoretisches Sampling, also über eine schrittweise Auswahl (vgl. Flick 2002, S. 16 ff.; Strauss/Corbin 1996, S. 148 ff.). Leitend war dabei der Gedanke der maximalen Variation der Fälle. Damit ist sowohl eine breite als auch tiefe Erfassung des Gegenstandes möglich (vgl. Flick 2002, S. 109 ff.). Aufbauend auf den Annahmen aus dem Modell des professionellen Selbst (Bedeutung der professionellen Biographie und des professionellen Kontexts) werden zunächst möglichst unterschiedliche Fälle hinsichtlich Grundausbildung, Berufserfahrung, Alter und Richtung der therapeutischen Zusatzqualifikation ausgewählt.

Zur Unterstützung bei der Auswahl möglichst unterschiedlicher Fälle wurden Ende 2004 zwei Internetdatenbanken ausgewertet, in denen Profile von Kursleitenden präsentiert werden. Dabei wurde erfasst, welche Art der Qualifikation die Kursleitenden haben, welche Zusatzqualifikationen, welche berufliche Erfahrung, das Alter, in welchem Themenspektrum sie Seminare anbieten, in welcher Form die Trainingstätigkeit ausgeübt wird, das heißt freiberuflich, nebenberuflich etc., und welche weiteren Tätigkeiten noch ausgeübt werden. Hierbei ging es nicht um eine statistische Aufbereitung, sondern darum das Spektrum z.B. möglicher Grund- und Zusatzausbildungen und möglicher Werdegänge zu erfassen, um für die Datenerhebung die maximale Variation der Fälle auswählen zu können.

Nach einer vorläufigen Auswertung der ersten Interviews wurde entschieden, welche weiteren Fälle hinzugezogen werden und ob eine Variation der Fälle unter anderen bisher unbekannten Aspekten notwendig ist (vgl. Flick 2002, S. 73 ff.). Neue, von außen erkennbare Aspekte für die Probandenauswahl, das heißt aus den Selbstdarstellungen in Internet und Broschüren ablesbare Charakteristiken, haben sich nach den ersten Interviewauswertungen jedoch nicht ergeben. Erst gegen Ende der Datenauswertung hat sich herauskristallisiert, dass für die Typenbildung nicht alle der Auswahlkriterien tatsächlich relevant sind. Da dennoch die erforderliche theoretische Dichte des Konzepts vorhanden war, wurden keine weiteren Fälle hinzugezogen [100].

Eine Datenerhebung kann abgeschlossen werden, wenn eine „theoretische Sättigung" eintritt, das heißt, wenn die entwickelten Kodes und Kategorien durch neue Daten nicht mehr weiter ausdifferenziert werden können und keine für die Fragestellung relevanten neuen Aspekte mehr hinzukommen (vgl. Flick 2002, S. 104 ff.).

In der vorliegenden Studie wurde das Ende der Datenerhebung sowohl durch den Aspekt der theoretischen Sättigung als auch durch äußere Bedingungen bestimmt. Eine Schwierigkeit lag darin zu bestimmen, wann eine theoretische Sättigung erreicht ist und die gefundenen Kategorien nicht weiter ausdifferenziert oder durch neue ergänzt werden können. In meiner Studie habe ich dies vor allem an zwei Punkten festgemacht: Zum einen konnten aus den Daten Kursleitertypen gebildet werden, deren Berufskonzepte, was das Verhältnis der eigenen Arbeit zur Therapie anbelangt, die theoretisch denkbare Bandbreite widerspiegeln. So gibt es Kursleitertypen, die eine ganz klare Grenze hin zur Therapie ziehen, Kursleitertypen, die in ihrer Arbeit keine Grenze hin zu therapeutischen Prozessen sehen und Kursleitertypen, die hier eine Zwischenposition einnehmen. Zum anderen ergab die Auswertung der beiden zuletzt geführten Interviews keine neuen Kategorien mehr. Schließlich wurde eine weitere Datensammlung auch durch äußere Gegebenheiten beschränkt. Hinsichtlich der Variation der Fälle wäre ein Interviewpartner mit einer psychoanalytischen Ausbildung noch wünschenswert gewesen. Leider war es mir trotz intensiver Recherche nicht möglich, von einem entsprechenden Kursleitenden eine Zusage für ein Gespräch zu bekommen.

---

100 Die Schwierigkeit hierbei wäre auch gewesen, eine Auswahl neuer Fälle zu treffen, die im Grunde erst nach einer intensiven Auswertung des Interviews möglich ist, da die Kriterien zuvor von ‚außen' nicht erkennbar sind (wie z.B. das Berufskonzept). Auf die sehr zeitaufwändige Vorgehensweise erst nach Durchführung und Auswertung von Interviews neue Fälle in die Studie zu integrieren, konnte jedoch glücklicherweise verzichtet werden, da eine theoretische Dichte und Sättigung bereits gegeben war.

Die Recherche der Probanden erfolgte überwiegend über das Internet (9 Fälle) oder über Empfehlungen (3 Fälle). In Frage kommende Kursleitende wurden mit einem Standardanschreiben, zu dem auch ein Kurzprofil der Forscherin gehört, per E-Mail kontaktiert und bei positiver Rückmeldung wurde ein Termin für die Interviews vereinbart, die zwischen 1 und 2,5 Stunden dauerten. Nach jedem Interview wurde ein Postskriptum angefertigt, das eine Einschätzung der Gesprächsatmosphäre, des Gesprächsverlaufs, vermutete Empfindungen des Interviewpartners sowie spontane Einschätzungen und Empfindungen der Forscherin wiedergibt. Die Postskripta wurden als weitere Materialgrundlage für die Auswertung der Interviews hinzugezogen, da sie möglicherweise wichtige Anhaltspunkte und Anregungen geben können (vgl. Witzel 1995, S. 57 und 1985, S. 237 f.).

6.1.2 Datenerhebung über problemzentrierte Interviews

Für die Datenerhebung ist eine Methode erforderlich, die theoretisches Vorverständnis berücksichtigt, die Rekonstruktion subjektiver Sichtweisen ermöglicht und die biographische Perspektive mit einbezieht. Das Problemzentrierte Interview, das von Witzel (z.B. Witzel 2000, 1985) entwickelt wurde, wird diesen Ansprüchen gerecht. Die Grundgedanken des problemzentrierten Interviews sind:

- Ein sprachlicher Zugang, damit die Befragten die subjektive Bedeutung des Gegenstandes selbst darstellen können. Wichtig ist dabei ein Vertrauensverhältnis zwischen Interviewer und Interviewtem.
- Die Forschung widmet sich gesellschaftlichen Problembereichen, die hinsichtlich ihrer objektiven Seite im Vorfeld analysiert wurden (theoretisches Vorverständnis).
- Ein Interviewleitfaden grenzt den entsprechenden Problembereich ein und hält den Erzählfluss am Laufen. Die Fragen sind jedoch offen gehalten und der Interviewte kann seine Sichtweise uneingeschränkt präsentieren (vgl. Mayring 2002, S. 69.). Für die Entwicklung des Gespräches steht der „Gesprächsfaden des Interviewten im Mittelpunkt des Interesses" (Witzel 1985, S. 236.).

Durch die Kombination von Erzählung und Fragen bietet das problemzentrierte Interview die Möglichkeit sowohl subjektive Theorien als auch biographische Entwicklungen zu erfassen (vgl. Flick 2002, S. 138). Hierzu werden Kommunikationsstrategien mit erzählgenerierender und verständnisgenerierender Funktion eingesetzt. Zur Initiierung des Erzählflusses wird eine vorformulierte Einleitungsfrage eingesetzt. Allgemeine Sondierungsfragen dienen der Verdeutlichung und detaillierten Beschreibung des Erzählens und sollen den Erzählfluss in Gang halten. Außerdem können Ad-hoc-Fragen (die sich aus den Stichworten des Leitfadens ergeben) verwendet werden, wenn zentrale Themenbereiche vom Interviewten nicht erwähnt wurden. Zur spezifischen Sondierung werden verständnisgenerierende Kommunikationsstrategien wie Zurückspiegeln, Verständnisfragen und die Konfrontation eingesetzt (damit ist auch eine kommunikative Validierung möglich) (vgl. Witzel 2000, S. 5).

Grundlage für den Interviewleitfaden ist das entwickelte Modell des theoretischen Selbst vor dem Hintergrund der professionstheoretischen Kategorien und der aufgeworfenen Fragestellung. Die Einstiegsfrage als Erzählanreiz (z.B. „Wie kam es dazu, dass Sie sich zu einer therapeutischen Zusatzausbildung entschlossen haben?/Wie kamen Sie als Therapeut dazu auch Seminare anzubieten? Erzählen Sie doch einfach mal.") fragt nach den Gründen für die Entscheidung eine therapeutische Zusatzausbildung zu absolvieren und ermöglicht durch den Impuls zum Erzählen eine biographische Einbettung.

Die an eine erste Erzählung anschließenden Sondierungs- und Ad-hoc-Fragen beziehen sich auf die Aspekte des beruflichen Selbstbildes, der Unterrichtstheorie, des wahrgenommenen Verhältnisses von Therapie und eigener Arbeit, des Umgangs mit Grenzsituationen in Seminaren und der Bewertung der therapeutischen Zusatzausbildung. Bei der Formulierung der Fragen wurde jeweils auf die Anregung von Erzählungen und Explikationen geachtet. Sofern aus den bisherigen Darstellungen nicht deutlich geworden, wurde auch nach dem jeweiligen beruflichen Kontext gefragt. Abbildung 12 zeigt den für die Interviews verwendeten Leitfaden. Die Einstiegsfrage stand jeweils am Anfang des Interviews. Die weiteren Fragen wurden unabhängig von der hier aufgeführten Reihenfolge in Abhängigkeit vom jeweiligen Erzählfluss gestellt.

Einstiegsfrage
- Für den Beruf des Kursleiters (und auch des Coaches) gibt es keinen festgelegten Werdegang und keine formale Ausbildung. Erzählen Sie mir doch einfach einmal, wie Sie zu dem kamen, was Sie heute alles machen und wie Sie sich dafür qualifiziert/weitergebildet haben. Gerne so ausführlich, wie es Ihnen wichtig erscheint, um Ihren Werdegang und Ihre Tätigkeiten heute zu verstehen.

Weitere Fragen
- Berufswunsch Kursleiter? Motivation für den Beruf?
- Eigene Berufsbezeichnung?
- Motto für die eigene Arbeit?
- Zentrale Werte der eigenen Arbeit?
- Erfolgskriterien für die Seminare?
- Eigene Aufgabe in einem Seminar?
- Art der Beziehung zu den Teilnehmern?
- Wichtigste Kompetenzen für die Aufgabe als Kursleiter?
- Welche davon wurden durch die therapeutische Ausbildung erworben?
- Auf welche Erfahrung wird bei der Planung von Trainings aufgebaut?
- Und auf welches Wissen/welche Erfahrungen bei der Durchführung von Trainings?
- Eigene Definition von Training und Therapie? Unterschiede/Gemeinsamkeiten?
- Gibt es in Seminaren manchmal Grenzsituationen zwischen Training/Therapie? Reaktion darauf?
- Welche therapeutischen Methoden eignen sich auch für Seminare, welche nicht?
- Wie würde eine ideale Ausbildung für Kursleiter aussehen?
- Was bedeutet Professionalität als Kursleiter?
- Welche Rolle spielen Kollegen und Netzwerke?
- Pläne/Ziele für die Zukunft?

Abb. 12: Der Interviewleitfaden

6.1.3 Dokumentation/Transkription

Die Interviews wurden – bis auf einen Fall – mit Hilfe eines digitalen Diktiergerätes aufgezeichnet, so dass die Daten zunächst als Audiodatei zur Verfügung standen. Sofern möglich, wurde die Aufnahme des Gesprächs schon im Vorfeld geklärt, um den Interviewpartnern die Möglichkeit zu geben, sich ohne Druck mit der Vorstellung auseinanderzusetzen und gegebenenfalls abzulehnen. Eine Interviewpartnerin wurde kurz vor Beginn des Interviews unsicher und sprach sich gegen eine Aufnahme aus. Dieses Interview (KL12) besteht daher nur als Mitschrieb (der jedoch schon während des Interviews und nicht erst im Nachhinein erfolgte). Für die übrigen Interviewpartner war die Aufzeichnung des Gesprächs spätestens nach einer Klärung der weiteren Verwendung und der Zusicherung von Anonymität kein Problem [101].

Durch den Einsatz einer Software für qualitative Sozialforschung (Programm Aquad 6) [102] war zunächst eine Kodierung der Interviews ohne Transkription und anhand digitaler Aufnahmen möglich. Dadurch konnte so etwas wie eine Globalauswertung (vgl. Legewie 1994, S. 178 ff.) der Interviews erstellt werden, die Hinweise für die weitere Probandenauswahl gegeben und Konsequenzen für die weitere Arbeit aufgezeigt hat. So kamen eine erste (Grob-)Kodierung der Daten und erste Memos sowie eine erste Einschätzung und Kontrastierung der Fälle zustande. Für die tiefer gehende Analyse der Interviews wurden diese nach Abschluss der Datenerhebung vollständig transkribiert.

Auch die weitere Datenauswertung mit den transkribierten Interviews wurde computergestützt durchgeführt. Da hierfür das gleiche Programm verwendet wurde (Aquad 6), konnte auf die Memos und die ersten Kodierungen zurückgegriffen werden. Die Kodierung der Daten mit Hilfe des Computerprogramms ermöglichte eine relativ komfortable Überarbeitung der Kodierungen und der Kodierleitfäden im Verlauf mehrerer „Auswertungsschleifen", die Zuordnung von Memos zu Kodierungen oder Textstellen sowie einen Vergleich von mit dem gleichen Kode belegten Textstellen zur Ausdifferenzierung verschiedener Kodes.

Auch bei der Transkription der Daten gilt es die Fragestellung der Studie zu berücksichtigen. Nicht immer ist eine sehr genaue Transkription (z.B. mit der Anzeige der Pausendauer, der Lautsprache etc.) angebracht. „Sinnvoller erscheint, nur so viel und so genau zu transkribieren, wie die Fragestellung erfordert" (Flick 2002, S. 253). Ich habe mich bei meiner Transkription an folgende Regeln gehalten und mich dabei an den Hinweisen von Kowal/O'Connell (2000) orientiert: [103]

---

101 Von Vorteil war hierbei sicher auch, dass die meisten Interviewpartner im Rahmen ihrer Therapieausbildung selber Therapiegespräche aufzeichnen mussten und die Situation schon von der ‚anderen Seite' her kannten.

102 Erklärungen zum Programm siehe www.aquad.de und das dazugehörende Manual. Das Programm wurde von Herrn Prof. Günter L. Huber, Universität Tübingen, Institut für Erziehungswissenschaft, entwickelt. Es ermöglicht neben der Kodierung von Tonbandaufnahmen ohne vollständige Transkription auch Hypothesentestung und Typenbildung, fallorientierte Vergleiche, das heißt Vergleiche komplexer Zusammenhänge, und unterstützt das Schreiben von Memos (vgl. Huber 1992, vgl. auch Mayring 2002 S. 138.) Zur Bewertung computerunterstützter Auswertung siehe z.B. Kelle 2000.

103 Da ich schon in anderen Forschungsprojekten Interviews transkribiert habe, habe ich mich – in Absprache mit den damaligen Projektmitarbeitern – an die von mir schon eingeübten Transkriptionsregeln gehalten. Die Tatsachen, dass mir dieses System schon vertraut war, und dass ich zunächst auch die einzige Interpretin der Transkripte war, rechtfertigen meines Erachtens, dass ich mich nicht durchgängig an ein bestehendes System gehalten habe. Auch in der Literatur wird bezweifelt, ob eine Standardisierung überhaupt wünschenswert ist (vgl. Kowal/O'Connell 2000, S. 445).

- Dokumentation von Sprecherwechsel, Satzanfängen/-enden
- Störungen, Unterbrechungen (z.b. wenn eine dritte Person kurz den Raum betrat) wurden festgehalten
- Parasprachliche Merkmale wie Räuspern, Lachen, Seufzen etc. wurden jeweils angegeben durch z.b. „[Lachen]", und zwar an der Stelle im Text, an der die Aktion auch stattfand. Das heißt, bei der Darstellung der Lautäußerungen wie z.b., ‚Lachen' handelt es sich dann streng genommen nicht mehr um eine Transkription, sondern um eine Deskription (vgl. Kowal/O'Connell 2000, S. 483)
- Außersprachliche Merkmale wie z.b. Trinken oder kurzes Aufstehen wurden aufgeführt
- Fülllaute wie ‚hmm' und ‚äh' wurden wie Worte im Fließtext transkribiert
- Pausen wurden angezeigt (durch „[Pause]"), jedoch habe ich nur zwischen ‚normalen' und langen Pausen differenziert
- Umgangssprache wurde übernommen und nicht in Schriftsprache umgewandelt, das heißt, es wurde eine literarische Umschrift („des is ja" anstelle von „das ist ja") verwendet (vgl. Kowal/O'Connell 2000, S. 441)
- Wortabbrüche, Versprecher, Stotterer, Wiederholungen wurden mit transkribiert.
- Eine gegenseitige Unterbrechung der Sprecher oder gleichzeitiges Reden wurde deutlich gemacht
- Auf unverständliche Textpassagen wurde hingewiesen, jeweils an der entsprechenden Stelle (durch „[Silbe/Wort/Passage unverständlich]"). Vermutungen, was gesagt worden sein könnte, wurden als solche angezeigt
- In seltenen Fällen wurden wenige Sätze, die mit dem eigentlichen Interview nichts zu tun hatten (z.b. welche Teesorte ich mir wünschte), nicht wörtlich, sondern in etwas verkürzter Form inhaltlich wiedergegeben

6.2 Datenauswertung

Hinsichtlich des Auswertungsverfahrens ist die Methode des problemzentrierten Interviews nicht festgelegt. Es werden jedoch meist kodierende Verfahren eingesetzt (vgl. Flick 2002, S. 138). Die Auswertung der Interviews orientiert sich an den im Konzept der Grounded Theory empfohlenen drei Kodierarten: dem offenen, axialen und selektiven Kodieren. Bevor diese einzelnen Auswertungsschritte näher beschrieben werden, soll kurz auf die Dokumentation der Daten und die Verwendung von Computerprogrammen eingegangen werden.

6.2.1 Kodieren der Daten

Die Datenauswertung durch Kodierung der Daten mit dem Ziel einer Kategorisierung (und Reduktion der Daten) lässt sich ganz grundsätzlich von einer sequenziellen Analyse [104] unterscheiden, die auf eine Rekonstruktion der Fallstruktur abzielt (vgl. Flick 2002, S. 258).

Die Zielsetzung, Fragestellung und der theoretische Hintergrund der Studie sowie das bisherige Forschungsdesign legen eine Auswertung der Daten durch Kodierung beziehungsweise Kategorisierung nahe. In der Literatur lassen sich hierzu zahlreiche mehr oder weniger unterschiedliche Modelle und Vorgehensweisen als mittlerweile etablierte Auswertungsverfahren (vgl. Flick 2002, S. 257 ff.) finden, wie zum Beispiel: die qualitative Inhaltsanalyse (Mayring 2003), das theoretische Kodieren im Rahmen der Grounded Theory (Glaser 1978, S. 55 ff.; Strauss/Corbin 1996 S. 43 ff.), die Globalauswertung (Legewie 1994) oder das thematische Kodieren als Abwandlung des theoretischen Kodierens (Flick 2002, S. 271 ff.). Hinzu kommen weitere, vermutlich von den genannten Verfahren abgewandelte, Empfehlungen und Regeln für die kategorisierende Auswertung qualitativer Daten (z.B. Witzel 1995; Schmidt 2000, 2003). Die zentralen Unterschiede der Auswertungsarten liegen vor allem im Umgang mit theoretischem Vorwissen und darin, wie stark die Daten reduziert werden.

Auch bei diesem Forschungsschritt werde ich mich überwiegend an der Methodik der Grounded Theory, das heißt am theoretischen Kodieren, orientieren [105]. Die Herausforderung liegt auch hier in einer angemessenen Anpassung der Methode an die Besonderheiten der Studie. Diese bestehen zum einen in dem Ziel einer Typenbildung und in der Verwendung eines theoretischen Bezugsrahmens, der sich schon in der Anwendung von Leitfadeninterviews zur Datenerhebung bemerkbar macht. Das bedeutet, die gegenstandsbegründete Theorie (Grounded Theory) wird in Form einer Typologie und der identifizierten Typen präsentiert. Dazu werden Vergleichskategorien benötigt, die in jedem der Fälle (also der einzelnen Interviews) vorkommen.

---

104 Sequenzanalysen basieren auf der Grundannahme, dass sich soziale Strukturen im Interaktionsvollzug widerspiegeln. Währen sich kodierende Verfahren im Verlauf der Datenauswertung mehr und mehr von der Textstruktur lösen und die Textbausteine entsprechend den ihnen zugeordneten Kodes neu sortieren, bekommt die eigentliche Gestalt des Textes in sequenziellen Analysen eine größere Bedeutung. Beispiele für sequenzielle Verfahren sind die Konversationsanalyse, die Diskursanalyse und die Objektive Hermeneutik (vgl. Flick 2002, S. 287 f.).

105 Sowohl die Globalauswertung als auch das thematische Kodieren entsprechen nicht der Zielsetzung und der Fragestellung meiner Studie. Die Globalauswertung habe ich vor der eigentlichen Interpretation für eine erste Orientierung eingesetzt. Als alleinige Auswertungsmethode geht sie nicht ‚tief‘ genug auf den Text ein. Beim thematischen Kodieren geht es um die Verteilung von Perspektiven in vorab festgelegten sozialen Gruppierungen. Die qualitative Inhaltsanalyse wäre grundsätzlich auch noch geeignet gewesen. Allerdings liegt auch hier der Schwerpunkt mehr auf dem Inhalt des Textes und weniger auf der Entdeckung seines theoretischen Potentials.

Die Erarbeitung eines Kodierleitfadens, der abschließend auf alle Fälle angewandt wird, ist also angebracht (vgl. Schmidt 2002). Darüber hinaus gilt es, den theoretischen Bezugsrahmen in der Auswertung zu berücksichtigen. Das grundsätzliche Verhältnis von Grounded Theory und theoretischem Vorwissen habe ich in Kapitel 5.1.1 schon diskutiert. Hier soll es nochmals konkret um den Bezug zu theoretischem Wissen beim Kodieren gehen.

Bei der kategorisierenden Auswertung von Daten können grob drei verschiedene Umgangsweisen mit theoretischem Vorwissen unterschieden werden. Bei der Verwendung vorgegebener Kategoriensysteme werden die Daten einem bereits bestehenden System von Kategorien (aus vorheriger Forschung, Theorien) zugeordnet. In diesem Fall geht es nicht darum eine gegenstandsbegründete Theorie zu entwickeln, sondern eher um die Bestätigung einer schon vorhandenen Theorie. Ist hingegen die Entdeckung einer gegenstandsbezogenen Theorie das Ziel, so wird eine theoriekonstruierende Kategorisierung angewandt. Der Kategorisierungsprozess wird eben nicht mit einer Theorie begonnen, sondern mit der Entwicklung einer solchen beendet. Als ein Zwischending der beiden genannten Vorgehensweisen kann das hypothesengestützte Kategorisieren verstanden werden. Bei der Kategorisierung des Materials lässt man sich von vorab formulierten Hypothesen leiten. Allerdings besteht bei dieser Version auch eine Offenheit dem Datenmaterial gegenüber. Neue Kategorien können induktiv entwickelt und vorab entwickelte modifiziert oder verworfen werden. Damit kann man der subjektiven Perspektive der Probanden gerecht werden (vgl. Huber/Gürtler 2003, S. 92 ff.).

Mein eigenes Vorgehen würde ich dieser Einteilung zufolge als hypothesengestützte Kategorisierung bezeichnen mit einer Tendenz zur theoriekonstruierenden Kategorisierung. So gibt es in diesem Sinne keine vorab formulierten Hypothesen, die ich testen möchte. Es gibt jedoch einen theoretischen Bezugsrahmen, der – auch durch die Verwendung eines Interviewleitfadens – die Interpretationsrichtung einschränkt beziehungsweise vorgibt. Durch ihn ist festgelegt, dass ich den Themenbereich aus einem professionstheoretischen Blickwinkel betrachten werde und meine Interpretation entsprechend theoretisch geleitet wird[106]. Die Orientierung an einem theoretischen Bezugsrahmen widerspricht jedoch nicht zwangsläufig der Herangehensweise der Grounded Theory (vgl. hierzu nochmals Kap. 5.1.1). Die dort präsentierten Kodierarten können gewinnbringend eingesetzt werden.

---

[106] Nochmals ist grundsätzlich die Frage zu stellen, inwieweit die Vermeidung eines theoretischen Bezugsrahmens überhaupt möglich ist. Die Interpretation wird immer beschränkt bleiben auf die Theorierichtungen, in denen der Forscher ‚zu Hause' ist.

In der Grounded Theory (sowohl in der Version von Strauss/Corbin 1996 als auch in der Version von Glaser 1978) werden drei Arten des Kodierens unterschieden. In der Literatur wird meist mit den Begrifflichkeiten von Strauss/Corbin gearbeitet: dem offenen, axialen und dem selektiven Kodieren.

Das offene Kodieren beschreibt einen Prozess des „Aufbrechens, Untersuchens, Vergleichens, Konzeptualisierens und Kategorisieren von Daten" (Strauss/Corbin 1996, S. 43). Es geht darum, die Themen und Phänomene in den Daten zu benennen, ihnen Etiketten zu geben. Die Daten werden dazu ‚aufgebrochen', sozusagen in Teile zerlegt, die dann miteinander verglichen und zueinander in Beziehung gesetzt werden können. Ohne diesen ersten Schritt im Auswertungsprozess ist eine weitere Analyse der Daten schwerlich möglich (vgl. Strauss/Corbin 1996, S. 44). Bei der Vergabe von Kodes werden entweder eigene Begriffe entwickelt und ‚In-vivo-Kodes' (Begriffe aus den Daten) verwendet oder es können theoretische Konzepte als Orientierung dienen (vgl. Flick 2002, S. 263 f.; Strauss/Corbin 1996, S. 49). Ziel des offenen Kodierens ist die Entwicklung von Kategorien, das heißt von abstrakteren Konzepten, die bestimmte Phänomene klassifizieren. Diese Kategorien können hinsichtlich ihrer Eigenschaften und deren Dimensionen ausgebaut und weiterentwickelt werden.

Strauss/Corbin empfehlen beim offenen Kodieren eine ‚Zeile-für-Zeile-Analyse', weil dadurch die Daten am ergiebigsten aufgebrochen werden. Möglich ist aber auch eine Kodierung nach Sätzen, Abschnitten oder des ganzen Dokuments (vgl. Strauss/Corbin 1996, S. 53 f.). Huber/Gürtler unterscheiden hier grundsätzlich zwei verschiedene Vorgehensweisen: Differenzierung und Generalisierung. Bei der Generalisierung werden zunächst alle Details beachtet und kodiert und erst im zweiten Schritt die Einzelheiten zu generellen Kategorien zusammengefasst. Die Differenzierung stellt dazu den umgekehrten Weg dar: Der erste Schritt besteht in der Suche und Kodierung größerer Bedeutungseinheiten , die erst danach durch ständiges Vergleichen der Daten verfeinert werden. Gerade Anfängern wird die Strategie der Differenzierung nahe gelegt (vgl. Huber/Gürtler 2003, S. 87 f.). Auch ich bin bei meiner Datenauswertung nach dieser Strategie vorgegangen. Durch die Möglichkeiten des Programms Aquad konnten die zu einer Bedeutungseinheit gehörenden Textabschnitte bequem miteinander verglichen und so in kleinere Einheiten ausdifferenziert werden.

Beim axialen Kodieren geht es darum, die entwickelten Kategorien und eventuelle Subkategorien miteinander in Beziehung zu setzen.

> „Offenes Kodieren [...] bricht die Daten auf und erlaubt es, einige Kategorien zu identifizieren. Axiales Kodieren fügt diese Daten auf neue Arte wieder zusammen, indem Verbindungen zwischen einer Kategorie und ihren Subkategorien ermittelt werden" (Strauss/Corbin 1996, S. 76).

Dieser Analyseschritt kann – oder wird vermutlich automatisch – schon während des offenen Kodierens einsetzen.

Damit Verbindungen zwischen den Kategorien entdeckt werden können, empfehlen Strauss/Corbin ein bestimmtes Kodierparadigma, das es ermöglicht, die Daten systematisch in Beziehung zueinander zu setzen (vgl. Strauss/Corbin 1996, S. 78 ff.). Auf Art und Einsatz des Kodierparadigmas werde ich weiter unten nochmals eingehen.

Beim selektiven Kodieren schließlich ist es das Ziel, den ‚roten Faden' der Geschichte zu entwickeln und die Kernkategorie zu bestimmen. Es geht darum, die bisher entwickelten Kategorien zu einer Theorie zu integrieren. Wie beim axialen Kodieren werden die Kategorien zueinander in Beziehung gesetzt, allerdings auf einer abstrakteren Ebene. Nicht mehr Kategorien und ihre Subkategorien werden verknüpft, sondern die Kategorien mit einer Kernkategorie in Verbindung gesetzt (vgl. Strauss/Corbin 1996, S. 94).

Bei der Kodierung meiner Daten bin ich im Grunde nach diesen drei Verfahren vorgegangen. Zunächst ging es vor allem um die Bestimmung der Kodes, um ihre Ausdifferenzierung und ihre Verbindungen untereinander. Im Laufe der Kodierung wurden mehrere Versionen eines Kodierleitfadens erarbeitet und überarbeitet, der abschließend auf alle Interviews angewandt wurde (Kap. 6.2.1.2 zeigt einen Ausschnitt). Meine Studie war von Beginn an von einer Fragestellung geleitet. Die Kategorien, welche sozusagen die Antwort auf die gestellte Frage geben – nämlich welche Bedeutung und Funktion die therapeutische Ausbildung für die Professionalität der Kursleitenden hat – habe ich damit in den Mittelpunkt meiner Auswertung beim selektiven Kodieren gerückt. Das bedeutet, es wurden systematisch die Bezüge der anderen Kategorien zu diesen Kernkategorien erarbeitet (und – auch wenn es schwer fiel – weniger relevante Kategorien aussortiert).

Ziel war außerdem die Herausarbeitung verschiedener Typen und einer entsprechenden Typologie. Es galt also auch zu überprüfen, inwieweit die Kernkategorien sich als differenzierende Kategorien erwiesen. Für den Einsatz meines Kodierparadigmas und den Typenbildungsprozess waren die Hinweise von Glaser (1978) zu den verschiedenen Kodierarten für meine Studie zusätzlich hilfreich.

Glaser unterscheidet „substantive coding" – wozu er offenes und selektives Kodieren zählt – von theoretischem Kodieren (Glaser 1978, S. 55 ff.). „Substantive codes conceptualize the empirical substance of the area of research. Theoretical codes conceptualize how the substantive codes may relate to each other as hypotheses to be integrated into the theory" (Glaser 1978, S. 55).

Das theoretische Kodieren entspricht damit in etwa dem axialen Kodieren bei Strauss/Corbin (1996). Was das Konzept von Glaser vor allem von dem Konzept von Strauss/Corbin unterscheidet, ist die Nennung ganz verschieden möglicher Kodierparadigma. Während sich Strauss/Corbin auf ein Kodierparadigma (Ursächliche Bedingungen → Phänomen → Kontext → Intervenierende Bedingungen → Handlungs- und Interaktionsstrategien → Konsequenzen) beziehen (1996, S. 78 ff.), nennt Glaser insgesamt 18 „coding families", wobei er es dem Leser beziehungsweise dem Forscher freistellt, diese zu verändern und weitere zu entdecken und anzuwenden (Glaser 1978, S. 73 ff.). Hier wird also explizit aufgezeigt, wo und wie die eigene Coding family – das entwickelte Modell des professionellen Selbst – in die Auswertung der Daten einbezogen werden kann.

Darüber hinaus gibt Glaser dem Typenbildungsprozess einen Platz im selektiven Kodieren (vgl. Glaser 1978, S. 65). Wichtig im Rahmen der Grounded Theory ist, dass die Kriterien, die die einzelnen Typen voneinander unterscheiden, aus den Daten heraus entwickelt wurden und damit ‚grounded' Kriterien sind und nicht von außen an die Daten herangetragen wurden. „The reason we use earned or grounded distinctions, is that each type must make a difference in its relation to other categories" (Glaser 1978, S. 65 f.).

Obwohl durch die Fragestellung eine erste Auswahl der Kernkategorien gegeben ist, wurden die Kategorien selbst doch aus den Daten entwickelt, können also als ‚grounded distinctions' verstanden werden. Wie genau ich bei der Bildung der Typen vorgegangen bin, wird in Kapitel 6.2.2 beschrieben.

6.2.1.1 Zum Umgang mit Theorie

Für die Datenerhebung und -auswertung bin ich auf zwei verschiedene Arten mit Theorien umgegangen. In den Kapiteln zwei und drei wurde zunächst ausführlich ein theoretischer Bezugsrahmen entwickelt, der in die Formulierung des Interviewleitfadens eingegangen ist und der wie oben beschrieben in den Auswertungsprozess – vor allem beim axialen Kodieren – mit eingeflossen ist. Bei den Theorien, die hierfür verwendet wurden, handelte es sich sowohl um so genannte ‚grand theories' als auch um Theorien mittlerer Reichweite. Der theoretische Bezugsrahmen hat mir, wie ein Lichtstrahl, beim Auswerten bestimmte Aspekte besonders ausgeleuchtet und mögliche Verbindungen zwischen Kategorien aufgezeigt.

Darüber hinaus sind mir beim Auswerten teilweise Parallelen zwischen den von mir gefundenen Kategorien und theoretischen Modellen oder Ergebnissen von Studien innerhalb der Erwachsenenbildung aufgefallen, die ich im Laufe der Arbeit an meiner Studie gelesen habe. Hierbei handelte es sich meist weniger um umfassende Theorien als vielmehr um konkrete empirische Ergebnisse zu einem bestimmten Handlungsbereich in der Erwachsenenbildung oder um theoretische Modelle. Diese haben mich bei der feineren Ausdifferenzierung und theoretischen Bestimmung meiner Kategorien zusätzlich geleitet. Es ist mir wichtig zu betonen, dass ich die ‚fremden' Theorien meinen Daten nicht einfach übergestülpt habe. Vielmehr wurden schon bestehende Kategorien durch den Vergleich mit den Ergebnissen anderer Studien ausdifferenziert und Bezüge zu bereits existierenden Theorien hergestellt (vgl. hierzu auch Hof 2007). Damit ist auch eine zusätzliche Rückbindung der Ergebnisse an andere Studien und den Forschungsstand innerhalb der Erwachsenenbildung gegeben.

Diese Verbindung zu anderen Studien mache ich in der Beschreibung der Vergleichsdimensionen deutlich. Bei den entsprechenden Kategorien wird jeweils auf die Studien und Modelle, auf die Bezug genommen wurde, verwiesen.

6.2.1.2 Der Kodierleitfaden

Die unten stehende Tabelle zeigt für den Ergebnisbereich des Lehr-Lernkonzepts beispielhaft einen Ausschnitt aus dem verwendeten Kodierleitfaden.

Kategorie	Subkategorie	Kodeerkennung	Dimension	Anmerkung
Lehr-Lernkonzept				
Persönlichkeitsebene		L-PE	L-PE-Kognition	
			L-PE-Emotion	
			L-PE-Körper	
			L-PE-Muster	
			L-PE-Spiritualität	
			L-PE-andere Bewusstseinsebene	
	Bewusstsein		L-PE-unbewusst	
Aufgabe		L-A	L-A-Fehlendes Geben	L-Au-Subjekto.
			L-A-Rahmen/ Bez. Gestalten	L-Au-Subjekto.
			L-A-Thematischen Lernraum	
			L-A-Problemanalyse/ Deutung	L-Au-Subjekto.
			L-A-Wissen vermitteln	
	Ausgangspunkt	L-Au	L-Au-Subjekto.	Metacode
			L-Au-Subjekt	
			L-Au-Prozessorientierung	
			L-Au-Themenorientierung	

Kategorie	Subkategorie	Kodeer-kennung	Dimension	Anmerkung
Lernform		L-L	L-L-Wissen aufnehmen	Repro
			L-L-Übung/Tun/Erfahrung	Repro
			L-L-Modell	Repro
			L-L-Erleben	Reflex
			L-L-Bewusstwerdung	Reflex
	Repro/Reflex		L-L-Reflexion	Metacode
			L-L-Reproduktion	Metacode
Ausgangspunkt		L-Au	L-Au-Subjekt	
			L-Au-Prozessorientierung	
			L-Au-Themenorientierung	
Geeignete Intervention		BK-I	L-I-Einzelsetting	
			L-I-T-defizitär	
Sicherer Rahmen			L-A-Rahmen/Schutz	

Abb. 13: Ausschnitt aus dem Kodierleitfaden

6.2.2 Typisierende Auswertung

Zur Erarbeitung empirisch begründeter Kursleitertypen habe ich mich an dem von Kluge (1999, S. 260 ff.) vorgeschlagenen Vierstufenmodell[107] orientiert und dieses mit den Auswertungsschritten der Grounded Theory sowie einem systematischen Fallvergleich nach Ragin (1987) verbunden. Die vier Stufen der Typenbildung sind:

- Stufe 1: Erarbeitung relevanter Vergleichsdimensionen
- Stufe 2: Erarbeitung einer Typologie und der Typen durch Gruppierung der Fälle
- Stufe 3: Analyse inhaltlicher Sinnzusammenhänge und Typenbildung
- Stufe 4: Charakterisierung der gebildeten Typen

---

107 Für eine etwas kürzer gehaltene Übersicht und die Einbettung in den Forschungsprozess siehe auch Kluge/Kelle 1999, S. 77 ff.

Die Stufen 1 bis 3 werden meist mehrmals durchlaufen. Sie bauen zwar logisch aufeinander auf, beschreiben aber ein in der Praxis eher zirkuläres Vorgehen. Die Charakterisierung der gebildeten Typen (Stufe 4) wird von Kluge noch als Auswertungsschritt verstanden (Kluge 1999, S. 280). Ich möchte diesen Schritt jedoch schon dem Bereich der Datenpräsentation zuordnen und in Kapitel 8.1 nochmals darauf zu sprechen kommen. An dieser Stelle sei nur so viel angemerkt: Bei diesem Schritt im Rahmen der Typenbildung geht es darum, anhand der relevanten Vergleichsdimensionen die einzelnen Typen zu beschreiben, dabei auf die Sinnzusammenhänge einzugehen und das Typische herauszustellen (vgl. Kluge 1999, S. 281).

Die folgende Tabelle verbindet die Stufen eins bis drei mit den im vorigen Kapitel beschriebenen Kodierarten und dem systematischen Fallvergleich nach Ragin (1987), auf den gleich hoch näher eingegangen wird.

Stufenmodell nach Kluge (Stufen 1 bis 3)	Kodierarten + Typenbildung nach Ragin
• Erarbeitung relevanter Vergleichsdimensionen	• offenes, axiales und selektives Kodieren
• Erarbeitung einer Typologie und der Typen durch Gruppierung der Fälle	• selektives Kodieren, Fallvergleich durch Ragin
• Analyse inhaltlicher Sinnzusammenhänge	• axiales/theoretisches Kodieren, Anwendung des Kodierparadigmas

Abb. 14: Stufen der Typenbildung in Verbindung mit Kodierarten und systematischem Fallvergleich

Stufe 1: Vergleichsdimensionen erarbeiten

Für die Erarbeitung relevanter Vergleichsdimensionen sind im Grunde alle Kodierarten notwendig. Es geht schließlich darum, die für die Typenbildung relevanten Kategorien zu erarbeiten und auszuwählen. Stufe 1 ist demnach grundlegend für die Stufen 2 und 3.

Stufe 2: Gruppierung der Fälle, Typologie erarbeiten

Bei der Erarbeitung der Typen habe ich mich an der von Ragin (1987) vorgeschlagenen Methode – des qualitativen Vergleichs mit Hilfe der Boole'schen Algebra – orientiert. Ragin unterscheidet zunächst Fall-orientierte Vergleichsstrategien von Variablen-orientierten, um dann eine aus diesen beiden entstandene synthetische Strategie vorzuschlagen, die die jeweiligen Schwachpunkte der einzelnen Methoden überwindet (vgl. Ragin 1987, S. 34 ff.). Die von ihm vorgestellte synthetische Methode erfüllt mehrere Anforderungen (vgl. Ragin 1987, S. 82 ff.):

- Sie ermöglicht den qualitativen Vergleich einer großen Anzahl von Fällen
- Der Vergleich beruht auf klaren Regeln, die sich so weit wie möglich an einem experimentalen Design orientieren
- Eine Reduktion der Daten auf zentrale Vergleichskategorien ist möglich
- Wege zur Analyse von Zusammenhängen zwischen den Kategorien werden bereitgestellt

„In short, it should provide a basis for qualitative, holistic analysis, the comparison of wholes as combinations or configuration of parts" (Ragin 1987, S. 83). Das bedeutet, die einzelnen Fälle als eine *Kombination von Merkmalen* müssen als Ganzes verglichen werden können. Um das zu erreichen, nutzt Ragin die Regeln der Boole'schen Algebra. Das heißt u.a. die Verwendung von binären Daten (wahr/falsch, beziehungsweise hier die Kategorie trifft zu/trifft nicht zu), die Verwendung einer Wahrheitstabelle, um Daten darzustellen, Boole'sche Addition, Multiplikation, Mengenlehre zur Reduktion der Kategorien sowie die Nutzung von ‚prime implicants' (um herauszufinden, welche Kategorien andere schon implizieren) etc. (vgl. Ragin 1987, S. 85 ff.).

Das von mir als Unterstützung für die Auswertung verwendete Computerprogramm Aquad 6 ermöglicht diesen Vergleich ganzer Fälle als Merkmalskombinationen auf der Basis der Boole'schen Algebra (vgl. Huber/Gürtler 2003, S. 203 ff.). Ich habe diese Funktion kontinuierlich in meinem Auswertungsprozess eingesetzt, um neue Kategorien auf ihre typenbildende Funktion hin zu testen, um erste – und später beständige – Fallkombinationen zu erarbeiten, um eventuell ‚überflüssige' Kategorien herauszukürzen und um auf logische Fehler aufmerksam zu werden. Hierfür war es jedoch notwendig, die Kategorien in binäre Daten umzuwandeln. Da viele Kategorien mehrere Dimensionen als Ausdifferenzierung aufweisen, und Aquad 6 nur eine Berechnung von 12 ‚Implikanten' (also Kategorieausprägungen) ermöglicht, war zum Vergleich möglichst vieler Kategorien oft eine Reduktion der Daten erforderlich. Dies hat jedoch wiederum theoretische Überlegungen gefördert (nach welchen sinnvollen Kriterien die Kategorien reduziert beziehungsweise eingeteilt werden können) und so den Auswertungsprozess im Sinne des selektiven Kodierens zusätzlich angeregt.

Stufe 3: Interpretation, Rückbindung an die Theorie

Auf Stufe 3 – die allerdings zeitlich der Stufe 2 nicht zwingend nachgeordnet ist – geht es darum, die Zusammenhänge der Kategorien (die ja auch durch die Typenbildung schon aufgezeigt wurden) theoretisch zu bestimmen und angeleitet durch das Kodierparadigma neue Kategorien und deren theoretische Bezüge zu entdecken.

„Ausgehend von der Definition, daß Typen aus einer Kombination von Merkmalen bestehen und zwischen diesen Merkmalen inhaltliche Sinnzusammenhänge existieren, werden die bisher ermittelten Gruppen zu Typen, wenn Sinnzusammenhänge zwischen den relevanten Merkmalen ermittelt werden können" (Kluge 1999, S. 279).

Für eine abschließende Typenbildung ist es also wichtig, nicht nur empirische Merkmalskombinationen zu finden, sondern auch deren theoretische Zusammenhänge – ganz im Sinne der Grounded Theory – zu erarbeiten.

Stufe 4: Darstellung der Typen auf zwei Arten:

Die Präsentation meiner Ergebnisse erfolgt in zwei Stufen: Zunächst werden die Vergleichsdimensionen und deren Zusammenhänge untereinander beschrieben. An dieser Stelle erfolgt auch eine theoretische Rückbindung der Ergebnisse. Erst im nächsten Schritt werden die einzelnen Typen anhand der vorher erläuterten Vergleichskategorien dargestellt. Während es vorher darum ging die erarbeiteten Vergleichsdimensionen auf theoretischer Ebene miteinander in Beziehung zu setzen, soll nun die Kombination der Merkmalsausprägungen (die Typen) möglichst konkret anhand des empirischen Materials dargelegt werden. Diese Zweiteilung der Ergebnispräsentation erschien mir sinnvoll, da ich mich bei der Darstellung der Typen ganz auf deren möglichst plastische Charakterisierung konzentrieren wollte. Bei der Darstellung der Vergleichsdimensionen hingegen war es mir wichtig, immer wieder theoretische Bezüge und damit auch eine Anschlussfähigkeit in Bezug auf weitere Studien in der Erwachsenenbildung aufzuzeigen.

6.2.3 Dokumentation des Forschungsprozesses durch Memos und Diagramme

In der Grounded Theory – und vermutlich generell in der qualitativen Forschung – spielt der Umgang mit so genannten ‚Memos' bei der Auswertung der Daten und der Entwicklung einer gegenstandsbegründeten Theorie eine bedeutende Rolle. „Memos stellen die schriftlichen Formen unseres abstrakten Denkens über die Daten dar. Diagramme sind graphische Darstellungen oder visuelle Bilder von Beziehungen zwischen Konzepten" (Strauss/Corbin 1996, S. 170). Im Rahmen der Grounded Theory werden Memos und Diagramme als bedeutende Instrumente für die Analyse betrachtet. Ihre Anwendung beginnt mit dem Forschungsprozess und zieht sich bis zum Ende durch. Entsprechend der Auswertungsstufe oder der Art des Kodierens kann die Form der Notizen variieren (vgl. Strauss/Corbin 1996, S. 170 ff.; Flick 2002, S. 250).

Auch ich habe während der Auswertung meiner Daten meine Ideen zu einzelnen Kategorien, zu Verbindungen von Kategorien untereinander, zur Rückbindung an Theorie etc. kontinuierlich aufgezeichnet; sowohl in Form von kurzen Notizen als auch in Form von Tabellen und Diagrammen. Einige der im Ergebnisteil präsentierten Schaubilder sind so schrittweise im Forschungsprozess entstanden. Für die Dokumentation meiner Gedanken habe ich sowohl handgeschriebene Zettel als durch Notizen in Dateiform als auch die Memo-Funktion des Programms Aquad 6 verwendet (siehe hierzu Huber/Gürtler 2003, S. 143 ff.). Um die so unterschiedlich dokumentierten Ideen nicht zu verlieren, habe ich sie immer wieder in Excellisten zusammengefasst und ausgewertet, das heißt überprüft, welche Ideen ich weiterverfolgen möchte und welche sich im Laufe des Forschungsprozesses als unfruchtbar erwiesen haben.

6.2.4 Bewertung des Forschungsprozesses

Zum Abschluss des Kapitels über methodisches Vorgehen möchte ich den Forschungsprozess der Studie anhand der in Kapitel 5.2. vorgestellten und ausgewählten Kriterien bewerten. Die einzelnen Kriterien und ihre jeweilige Bewertung sind in der folgenden Tabelle aufgeführt:

Kriterium	Bewertung
Intersubjektive Nachvollziehbarkeit	Durch die ausführliche Darstellung des Forschungsprozesses, der verwendeten Methoden sowie der Präsentation des Vorwissens ist diese gegeben.
Angemessenheit des gesamten Prozesses und einzelner Methoden	Die Angemessenheit wurde vor dem Einsatz jeweils gründlich geprüft, die Passung der Methoden zueinander ebenfalls. Die Überlegungen hierzu wurden in Kapitel 5.1 ausführlich dargestellt.
Reflektierte Subjektivität	Eigene Empfindungen wurden im Postskriptum der Interviews festgehalten. Die persönlichen Voraussetzungen haben den Anforderungen der Methoden entsprochen (zum Beispiel die Fähigkeit, bei den Interviews vor allem zuzuhören, auf die Äußerungen einzugehen und keine Frage-Antwort-Situation entstehen zu lassen). Ein Vertrauen zwischen Befragten und der Interviewerin war unter anderem auch durch die Vorerfahrung im Bereich der betrieblichen Weiterbildung gegeben. Hierzu gibt es jedoch eine Anmerkung: Angesichts von Rückfragen zweier Interviewpartner (Kursleiter 1, Kursleiter 10) kann nicht ausgeschlossen werden, dass diese sich durch meine damalige Position in der betrieblichen Weiterbildung Aufträge erhofft haben. Da die Fragen dennoch mit großer Offenheit beantwortet wurden, sehe ich hier keine große Einschränkung.
Empirische Verankerung	Durch den beständigen Wechsel zwischen induktivem und deduktivem Vorgehen bei der Auswertung sowie kodifizierendem Verfahren ist eine empirische Verankerung der Studie gegeben. Eine Überprüfung der Vorannahmen und damit auch deren Widerlegung war möglich (siehe Darstellung im Ergebnisteil).

Kriterium	Bewertung
Limitation	Bei diesem Kriterium geht es um die Verallgemeinerbarkeit der Ergebnisse. Nach Steinke (2000) ist eine hohe Verallgemeinerbarkeit durch Fallkontrastierung und die Analyse extremer oder abweichender Fälle zu erreichen. Die von mir entwickelte Typologie betrifft die untersuchte Gruppe ‚Kursleitende in der Erwachsenenbildung mit therapeutischer Zusatzausbildung'. Die Ergebnisse der Typenbildung würde ich daher zunächst als auf diese besondere Mitarbeitergruppe in der Erwachsenenbildung beschränkt sehen. Die typenübergreifenden Ergebnisse würde ich jedoch für einen etwas weiteren Personenkreis als zutreffend bezeichnen. Hier werden erste Hinweise auf allgemein in der Erwachsenenbildung zutreffende Phänomene gegeben.
Kohärenz	Die entwickelte Typologie und die Verknüpfung der einzelnen Kategorien können insgesamt als in sich stimmig betrachtet werden. Lediglich ein Fall (Kursleiter 4) konnte aufgrund seiner Merkmalsausprägungen nicht mit der gleichen Eindeutigkeit einem Typus zugeordnet werden wie die anderen Interviewpartner. Er deutet jedoch weniger auf eine Unstimmigkeit in der Theorie hin als vielmehr darauf, dass in der Praxis auch ‚Mischtypen' vorkommen können (siehe auch Kap. 8.1.2).
Relevanz	Für welche Fragen der Erwachsenenbildung die Studie neue Erkenntnisse vorlegt und als relevant betrachtet werden kann, wurde in den Kapiteln der Problemstellung deutlich gemacht. In Kapitel 10 wird die Bedeutung der Studie für die Erwachsenenbildung und die Rückschlüsse, die sowohl für die Praxis als auch für weitere Forschung gezogen werden können, genauer dargestellt.

Abb. 15: Bewertungskriterien der Studie

IV. Ergebnisse und Ausbilck

7. Die Vergleichskategorien

7.1 Ergebnisbereiche und Kategorien im Überblick

7.2 Beschreibung und theoretische Fundierung der Vergleichskategorien
    7.2.1 Biographische Perspektive: die Bedeutung der therapeutischen
          Ausbildung im beruflichen Werdegang
    7.2.2 Das Berufskonzept
    7.2.3 Das Lehr-Lernkonzept
    7.2.4 Der professionelle Kontext
    7.2.5 Die Bedeutung der therapeutischen Zusatzausbildung
          für die Professionalität der Kursleitenden und das Verhältnis
          der eigenen Arbeit zur Psychotherapie

7.3 Verflechtung der Kategorien untereinander

8. Typologie und Kursleitertypen

8.1 Einführung in die Typologie
  8.1.1 Die Kursleitertypen zwischen Psychotherapie und
         Erwachsenenbildung
  8.1.2 Übersicht: Kurzcharakterisierung der Typen

8.2 Charakterisierung Typ 1:
    Trainer sozialer Kompetenzen

8.3 Charakterisierung Typ 2:
    Trainer und Helfer

8.4 Charakterisierung Typ 3:
    Berater zur Leistungssteigerung und Personalentwicklung

8.5 Charakterisierung Typ 4:
    Begleiter persönlichen Wachstums

8.6 Charakterisierung Typ 4a:
    Begleiter zielgerichteter Persönlichkeitsentwicklung

9. Typenübergreifende Ergebnisse mit Implikationen für die
    Erwachsenenbildung

9.1 Professionalisierung durch eine psychotherapeutische Zusatzausbildung
  9.1.1 Fachwissen, Hintergrundwissen und Fallverstehen
  9.1.2 Methodisch-didaktisches Handlungsrepertoire
  9.1.3 Psycho-soziales Handlungsrepertoire
  9.1.4 Die Professionelle Grundhaltung

9.2 In Seminaren einen „sicheren Rahmen" schaffen

9.3 Die begrenzende Wirkung des professionellen Kontexts

7. Die Vergleichskategorien

7.1 Ergebnisbereiche und Kategorien im Überblick

Ziel dieser Studie ist es, Typen von Kursleitenden herauszuarbeiten, die sich hinsichtlich der Funktion und Bedeutung einer therapeutischen Zusatzqualifikation für ihre Arbeit unterscheiden. Für die Bildung von Typen ist es zunächst notwendig, Vergleichsdimensionen (vgl. Kelle/Kluge 1999, S. 77 ff.) zu entwickeln und auszuwählen, anhand derer die Typen beschrieben und miteinander verglichen werden können. Die Vergleichsdimensionen sind also diejenigen Kategorien und Dimensionen, die zum einen für die Beantwortung der Fragestellung bedeutend sind, und zum anderen die *Unterschiede zwischen den Typen, aber auch die Gemeinsamkeiten innerhalb der Typen* erfassen. Zentrale Vergleichsdimensionen werden dann zur Bildung eines Merkmalsraums herangezogen, der alle möglichen Merkmalkombinationen der einzelnen Typen umfasst. Das folgende Kapitel stellt zunächst die Vergleichsdimensionen dar. Anschließend werden der Merkmalsraum und die gefundenen Typen beschrieben.

Den in der Theorie zu findenden Begriff der Vergleichsdimensionen möchte ich durch den Begriff der (Vergleichs-)Kategorie ersetzen. Damit orientiere ich mich weiterhin an den Begrifflichkeiten, wie sie Strauss/Corbin (1996) verwenden. Abbildung 16 zeigt die verwendeten Begrifflichkeiten und ihre hierarchische Anordnung.

Ergebnisbereiche
(sind thematische Felder, denen einzelne Kategorien zugeordnet werden können)

Kategorien und Subkategorien
(Mit Kategorien oder Merkmalen sind „theoretische" Kategorien gemeint, die entweder aus den Daten entwickelt oder aus bestehenden Theorien abgeleitet wurden. Sie beschreiben die für meine Fragestellung zentralen Aspekte der Daten.)

Dimensionen
(beschreiben die konkrete empirische Ausprägung der Kategorien, sind also auf einer weniger abstrakten Ebene)

Abb. 16: Anordnung von Ergebnisbereichen, Kategorien und Dimensionen

Die Ergebnisbereiche ergeben sich zum einen aus dem theoretischen Rahmenkonzept der Studie, und zum anderen aus der Forschungsfragestellung. Folgende Ergebnisbereiche konnten bestimmt werden: biographische Perspektive, professioneller Kontext, Berufskonzept, Lehr-Lernkonzept sowie die Bedeutung der therapeutischen Ausbildung und die Positionierung der eigenen Arbeit zwischen Erwachsenenbildung und Therapie. Die Ergebnisbereiche dienten bei meiner Datenauswertung zur Strukturierung der Kategorien und werden entsprechend bei der Darstellung der Ergebnisse eingesetzt. Wie in Kapitel 6.2.1.1 dargelegt, wurden die Kategorien in Bezug zum theoretischen Bezugsrahmen teils induktiv, teils deduktiv entwickelt (vgl. Hof 2007).

Abbildung 17 zeigt die Kategorien für die Typenbildung und ihre Zuordnung zu den Ergebnisbereichen im Überblick. Im Rahmen des inneren Kreises befinden sich die Kernkategorien, und in den vier Abschnitten des äußeren Kreises sind die weiteren Vergleichskategorien den Ergebnisbereichen zugeordnet. Die Vergleichskategorien sind jeweils oval umrandet. Die Begriffe in den Rechtecken beschreiben Subkategorien, die durch eine Linie der Kategorie zugeordnet sind, die durch sie näher bestimmt wird. So wird zum Beispiel die Position der Arbeit der Kursleitenden zwischen Psychotherapie und Erwachsenenbildung unter anderem durch die Subkategorien der ,Grenze' und des ,Übertritts' über diese Grenze festgelegt.

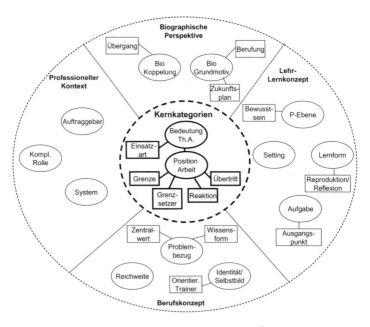

Abb. 17: Ergebnisbereiche und Vergleichskategorien im Überblick

Im Zentrum einer ‚Grounded Theory' steht ein zentrales Phänomen, „um das herum alle anderen Kategorien integriert sind" (Strauss/Corbin 1996, S. 94). Dieses zentrale Phänomen wird durch eine oder mehrere Kernkategorien dargestellt. Die übrigen Kategorien der entwickelten Theorie stehen mit den Kernkategorien in Verbindung. Entsprechend der Fragestellung meiner Studie habe ich die *Bedeutung der therapeutischen Zusatzausbildung* für die Professionalität der Kursleitenden sowie das grundsätzliche *Verhältnis ihrer Arbeit zur Psychotherapie* ins Zentrum meiner Analyse gerückt. Alle weiteren Kategorien dienen einem tieferen Verständnis dieser Kategorien. Sie zeigen neben äußeren Rahmenbedingungen wie dem professionellen Kontext auf, wie sich die jeweilige Ausprägung innerhalb der Kernkategorien in den anderen Aspekten des professionellen Selbst widerspiegelt: in einer biographischen Perspektive, dem Berufskonzept und dem Lehr-Lernkonzept.

Die Bedeutung, die die Kursleitenden der therapeutischen Zusatzausbildung für ihre Professionalität als Kursleiter zuschreiben, und wie sie diese in ihrer Tätigkeit als Kursleitende einsetzen, ist in hohem Maße davon abhängig, in welchem Verhältnis zur Psychotherapie die eigene Arbeit gesehen wird, ob hier klare Grenzen wahrgenommen werden oder ob es keine Grenzen in Richtung Psychotherapie gibt.

Erste Hinweise für die Bedeutung einer therapeutischen Zusatzqualifikation werden durch die Erklärungsmuster für die Verknüpfung der therapeutischen Zusatzausbildung mit dem Beruf des Kursleitenden gegeben. Diese werden im Rahmen der Biographie an den Übergängen in eine therapeutische Zusatzausbildung und in den Kursleiterberuf deutlich. An den Übergängen im biographischen Werdegang wird außerdem ein Grundmotiv sichtbar, das die Kursleitenden in ihrer professionellen Entwicklung antreibt. Dieses Grundmotiv wird versucht im Rahmen eines bestimmten Kontextes umzusetzen. Es spiegelt sich in den Kategorien eines Berufskonzeptes wider.

Aus den Interviews hat sich ergeben, dass sich zwar alle Interviewpartner als Kursleiter sehen und dementsprechend ihre Dienste anbieten, aber bei den Einzelnen sehr differenzierte Vorstellungen über ihren Beruf und seine Ausgestaltung bestehen. Obwohl der Oberbegriff ‚Kursleiter' ist, existieren unterschiedliche *Berufskonzepte*. Diese werden in unterschiedlichen Problembezügen, Selbstbildern und der angestrebten Reichweite der Tätigkeit deutlich. Ein Berufskonzept gibt Auskunft darüber, auf welche Tätigkeiten sich das professionelle Selbst der Kursleitenden überhaupt bezieht. Auf dieser Basis wird verständlich, warum therapeutische Elemente bei den einen ‚nur' eine die pädagogisch-didaktische Arbeit unterstützende Funktion einnehmen und bei anderen der Bezugspunkt für die gesamte Arbeit sind. Auch bei der Frage nach dem Verhältnis der eigenen Arbeit zur therapeutischen Arbeit wird für die Interpretation das Berufskonzept als Ausgangspunkt der Arbeit wichtig. Das heißt, je mehr das Berufskonzept auch Bereiche umfasst, die traditionell als therapeutische Arbeit bezeichnet werden, umso weiter wurden die Grenzen in Richtung Therapie gesetzt beziehungsweise wurden *keine Grenzen* gesetzt.

Das Berufskonzept der Kursleitenden, die Bedeutung der therapeutischen Zusatz-qualifikation und das Verhältnis der eigenen Arbeit zur Psychotherapie konkretisie-ren sich auf der Ebene des Unterrichts in einem *Lehr-Lernkonzept* der Kursleitenden. Dieses wird durch die angestrebte Arbeit auf einer bestimmten Persönlichkeitsebene der Teilnehmenden sowie durch die Vorstellung darüber, wie die Teilnehmenden am besten lernen und, damit zusammenhängend, welche Aufgabe den Lehrenden dabei zukommt, bestimmt. Außerdem haben die Kursleitenden Vorstellungen über ein für die Lernform und ihre Aufgabe geeignetes Setting. Die einzelnen Kategorien des Lehr-Lernkonzept weisen dabei jeweils eine unterschiedliche Nähe zu psychothera-peutischen Prozessen und Arrangements auf.

Schließlich findet die berufliche Tätigkeit der Interviewpartner in bestimmten pro-fessionellen Kontexten statt, die sich danach unterscheiden lassen, wie offen sie in Richtung therapeutischer Lernprozesse sind. Auch hier wird eine Verbindung zum Berufskonzept deutlich. Die verschiedenen Kontexte geben zum einen unterschied-liche Möglichkeiten und Berufsrollen vor, an denen man sich orientieren kann. Zum anderen suchen sich die Kursleiter aber auch den Kontext, der die Umsetzung ihres Berufskonzepts am ehesten ermöglicht und richten sich dann in diesem Kontext ein.

In den folgenden Kapiteln werden zunächst die einzelnen Kategorien der Ergebnis-bereiche näher erläutert. Erst im Anschluss daran werden die Verbindungslinien und Zusammenhänge zwischen den Kategorien, die hier schon angedeutet wurden, auf-gezeigt.

7.2 Beschreibung und theoretische Fundierung der Vergleichskategorien

7.2.1 Biographische Perspektive: die Bedeutung der therapeutischen Ausbildung im beruflichen Werdegang

Bei der biographischen Perspektive wurden das Übergangshandeln der Kursleitenden, insbesondere die Übergänge in den Kursleiterberuf und der Eintritt in eine therapeu-tische Ausbildung, sowie mögliche externe Einflussfaktoren (Gatekeeper, institutio-nelle Vorgaben etc.) betrachtet. Darüber hinaus muss jedoch auch der Gesamtverlauf der Berufsbiographie in den Blick genommen werden: Welche Übergänge wurden als Wendepunkte wahrgenommen? Wie werden Veränderungen im Lebenslauf dar-gestellt (z.B. als vorgegebene Karriere oder als Brüche)? Entsprechend den Schwer-punkten meiner Studie konnten jedoch nicht alle Facetten der biographischen Erzäh-lungen ausgewertet beziehungsweise allgemeine Muster erarbeitet werden.

Die Auswertung der Berufsbiographien wurde erschwert durch die für die Erwachsenenbildung typische Heterogenität der Werdegänge. Für die spätere Typenbildung als nicht direkt ausschlaggebend erwiesen sich zum Beispiel Grundausbildung, Einsozialisation in einen ersten Beruf und die Art der therapeutischen Zusatzausbildung. Auch Sequenzen als bestimmte Abfolge von Übergängen im Werdegang der Kursleitenden zeigten keinen direkten Zusammenhang zu deren heutigen Berufskonzepten[108]. Einzig die Bedeutung einer therapeutischen Zusatzausbildung für den Übergang in den Kursleiterberuf erwies sich als wichtige Kategorie.

Die Stellung der Kursleitertätigkeit im Gesamtverlauf des Werdegangs (z.B. stellt die Kursleitertätigkeit aus Sicht der Interviewten einen Bruch im Werdegang dar) konnte ebenfalls nicht direkt mit der Fragestellung der Studie in Verbindung gebracht werden. Es zeigte sich, dass keiner der Interviewpartner die Kursleitertätigkeit als nicht stimmig mit seinem gesamten Werdegang betrachtete. Eher wurden andere Ausbildungen, wie z.B. die zum Industriemechaniker oder Wirtschaftsingenieur, als nicht passend zu den eigenen Fähigkeiten und Zielen bewertet. Die grundlegende Motivation für die Kursleitertätigkeit erwies sich in diesem Zusammenhang als bedeutsame Kategorie.

Folgende Kategorien konnten aus der biographischen Perspektive als ergiebig für die Fragestellung abgeleitet werden:
- ein prägendes *Grundmotiv,* das sich als treibende Kraft für die Gestaltung des beruflichen Werdegangs herausstellt. Es steht im Zusammenhang mit einem *Zukunftsplan,* der anzeigt, in welche Richtung die berufliche Entwicklung gehen soll;
- *Erklärungsmuster* für die Verknüpfung von therapeutischer Zusatzausbildung mit dem Beruf des Kursleiters.

Grundmotiv

Das Grundmotiv lässt sich theoretisch an die Gestaltungsmodi der beruflichen Selbstsozialisation (siehe Kap. 4.3.1) sowie an die grundsätzliche Motivation für den Kursleiterberuf, wie sie auch Kelchtermans/Vandenberghe (1994, S. 55 f.) als Bestandteil des professionellen Selbst beschrieben haben (siehe auch Kap. 4.2.1), anknüpfen.

---

108 Ich möchte hier darauf hinweisen, dass sich diese Kategorien für die Typenbildung als nicht ausschlaggebend erwiesen. Das bedeutet nicht, dass bei der Betrachtung der einzelnen Fälle z.B. die Grundausbildung und die Sequenzen des Werdegangs nicht prägend für das heutige Berufskonzept waren. Für die Frage nach dem Verhältnis der eigenen Arbeit zu psychotherapeutischer Arbeit und der Bedeutung der psychotherapeutischen Zusatzausbildung für die eigene Professionalität waren sie es jedoch nicht. Das heißt, aufgrund einer bestimmten Grundausbildung und einem bestimmten Muster im Werdegang kann nicht automatisch auf eine bestimmte Position der eigenen Arbeit zur Psychotherapie geschlossen werden.

An den Übergängen in der Berufsbiographie wie dem Eintritt in den Kursleiterberuf, der Entscheidung für die Selbständigkeit oder der Entscheidung zu einer therapeutischen Zusatzausbildung wird ein Grundmotiv als Handlungsmotivation erkennbar. Die Kursleitenden haben eine Vorstellung darüber, wie sie idealerweise beruflich tätig sein wollen.

Auch Nittel weist darauf hin, dass der „berufsbiographische Motivzusammenhang" (Nittel 2002b, S. 140) in den Selbstbeschreibungen von Kursleitenden in der Erwachsenenbildung ein wichtiger Aspekt ist. Unterschiedliche Berufswege, aber auch unterschiedliche Beweggründe können zu einer Tätigkeit in der Erwachsenenbildung führen. Nittel erkennt in verschiedenen Selbstbeschreibungen Kursleitender auch generationsspezifische Unterschiede. So werden von Vertretern der 68er Generation häufig ‚Um-zu'-Motive [109] angegeben, das heißt, ein in der Zukunft liegender Zustand soll erreicht werden, insbesondere eine Veränderung der Gesellschaft. Jüngere Erwachsenenbildner begründen ihren Berufsweg dagegen eher mit ‚Weil'-Motiven, das heißt die Begründungen liegen eher in Erfahrungen der Vergangenheit (vgl. Nittel 2002b, S. 141 ff.).

Obwohl sich die generationsspezifische Unterscheidung bei meinen Interviewpartnern nicht bestätigt hat, so ist dennoch eine Orientierung an einem der beiden Motive zu erkennen. Dabei fällt auf, dass die Kursleitenden, deren Gestaltung des Berufsweges eher von ‚Um-zu'-Motiven geprägt ist, ein planvolleres Übergangshandeln beschreiben als die Kursleitenden, die ‚Weil'-Motive nennen. Bei Letzteren haben sich Übergänge im Lebenslauf oft durch Zufall ergeben beziehungsweise Chancen, die sich anboten, wurden spontan ergriffen. Darüber hinaus zeigen die ‚Um-zu'-Motive einen Zusammenhang mit der Vorstellung des Berufs als Berufung auf.

Die Grundmotive der Kursleitenden lassen sich in drei Motivarten zusammenfassen:
- Der *Spaß und die Freude an der Tätigkeit* sind zwar bei allen Interviewpartnern gegeben, bei einigen ist dies jedoch *das* antreibende Motiv. Die Freude an der Arbeit ergibt sich aus der Vielseitigkeit der Tätigkeit und der Chance, hier die eigenen Talente umsetzen zu können. Die Form der selbständigen, freiberuflichen Arbeit ist dabei zusätzlich ein wichtiger Faktor. Akquise und Selbstmarketing werden von diesen Personen nicht als lästig, sondern als Bestandteil der vielseitigen Tätigkeit angesehen. Bei dieser Motivart steht das ‚Weil'-Motiv im Vordergrund (weil es Spaß macht).

---

109 Die Differenzierung von ‚Um-zu' und ‚Weil'-Motiven geht auf Alfred Schütz zurück (vgl. Schütz/Luckmann 1991, S. 255 ff.)

- Das Motiv *Veränderung zu gestalten und Menschen zu helfen* ist bei anderen Kurs- leitenden die treibende Kraft. Sie haben die Vision, anderen Menschen etwas von dem, was sie können und wissen, als Handlungsmuster weiterzugeben und/oder den Willen, indem sie etwas *gestalten beziehungsweise verändern* einen Beitrag z.B. für ein Unternehmen, für die Gesellschaft, für eine Idee zu leisten. Beruf ist für diesen Personenkreis immer auch ein Stück *Berufung.* Hier steht das ‚Um-zu'- Motiv im Vordergrund (um Menschen zu helfen, einen Beitrag zur Veränderung zu leisten).

- Eine weitere Motivart stellt der Wunsch nach gesellschaftlicher Anerkennung, das heißt nach *Prestige,* verbunden mit einer sinnhaften Aufgabe, dar. Die Kurslei- tenden, die dieses Grundmotiv äußern, werden in ihrem beruflichen Werdegang sowohl von dem Wunsch nach Anerkennung und einer bestimmten Position in der Gesellschaft angetrieben als auch von dem Bedürfnis einer für sie sinnhaften Aufgabe nachzugehen. Hier zeigt sich eine Verbindung von ‚Um-zu'- und ‚Weil'- Motiven (um eine bestimmte gesellschaftliche Position zu erreichen, weil ein Sinn im Handeln empfunden wird).

Das Grundmotiv der Kursleitenden wird auch in ihren Zukunftsplänen erkennbar. Für die Entstehung und Entwicklung eines professionellen Selbst sehen es Bauer/Kop- ka/Brindt (1999) als unerlässlich an, dass ein bestimmtes Berufsideal als Orientie- rungspunkt vorhanden ist. Die Zukunftsperspektive oder Zukunftspläne der Kursle- tenden zeigen verschiedene Richtungen auf, in die sie sich weiterentwickeln möchten. Daraus kann ein gewisses angestrebtes Berufsideal abgeleitet werden, es lässt sich aber auch die ‚Gleichzeitigkeit' unterschiedlicher Berufskonzepte erklären.

Es konnten drei Zukunftsperspektiven identifiziert werden:

- Erfolg und Unternehmertum: Die Kursleitenden streben an, in Zukunft noch stär- ker unternehmerisch tätig zu sein. Die Kursleitertätigkeit soll dabei zurückgehen oder ganz wegfallen. Ziel ist es, noch größere Gestaltungs- und Einflussmöglich- keiten zu erreichen, indem nicht mit einzelnen Personen, sondern mit Institutio- nen gearbeitet wird. Hier wird das Grundmotiv ‚gestalten' sowie eine angestrebte Reichweite der Tätigkeit deutlich.

- Wachstumsräume gestalten/Persönlichkeitsentwicklung ermöglichen: Das An- bieten optimaler Rahmenbedingungen für die persönliche Entwicklung der Teil- nehmer soll in Zukunft noch verstärkt erfolgen. Diese Zukunftsperspektive ist auch mit dem Wunsch nach noch mehr Unabhängigkeit von den Rahmenbedin- gungen eines bestimmten Kontextes oder von anderen Institutionen verbunden. Bezeichnend hierfür ist der Plan, ein eigenes Seminarhaus zu verwalten, in dem die eigenen Seminare unabhängig von anderen Institutionen angeboten werden können.

- Spezialisierung und Profilschärfung: Eine dritte Zukunftsperspektive strebt eine stärkere Professionalisierung für einen bestimmten Inhaltsbereich an. Diese Kursleitenden möchten die Möglichkeit weiter ausschöpfen, überwiegend in den von ihnen bevorzugten Themenbereichen und/oder in einer bestimmten Angebotsform tätig zu sein. Damit treiben sie eine Schärfung ihres Profils voran.

Die Fokussierung auf *ein* Grundmotiv bei jedem der Interviewpartner stellt natürlich eine starke Vereinfachung dar. Berufsbiographien werden nie allein durch ein Motiv bestimmt. Aber bei Veränderungen und Übergängen in der Biographie scheint jeweils ein Grundmotiv besonders prägend als Muster zu sein.

Erklärungsmuster für die Verknüpfung der therapeutischen Zusatzausbildung mit dem Kursleiterberuf

Bei der Auswertung der Daten im Hinblick auf die biographische Dimension von Professionalität wurde der Frage nach dem Zusammenhang zwischen dem Beruf des Kursleiters und der Entscheidung für eine therapeutische Zusatzausbildung nachgegangen. Da bei einigen Interviewpartnern die therapeutische Zusatzausbildung im Verlauf des beruflichen Werdegangs lange vor dem Beginn einer Tätigkeit als Kursleiter absolviert wurde, musste die Frage zusätzlich erweitert werden um den Zusammenhang zwischen einer therapeutischen Zusatzausbildung und der Entscheidung eine Kursleitertätigkeit zu beginnen.

In vielen Fällen ergab sich weniger ein direkter als vielmehr ein indirekter Zusammenhang. Auch wenn alle Kursleitenden ihre therapeutische Zusatzausbildung als Bestandteil ihrer Professionalität als Kursleiter betrachten, gehen aus den Schilderungen ihrer Werdegänge fünf unterschiedliche Erklärungsmuster hervor. Diese zeichnen sich durch eine direkte oder indirekte Verbindung zu dem Kursleiterberuf aus, aber auch dadurch, inwieweit die Entscheidung durch Zufälle, Planung oder äußere Vorgaben bestimmt war. Abbildung 18 zeigt die Zusammenhänge auf:

| Erklärungsmuster | Verbindung mit Kursleiterberuf | | Entscheidung für eine therapeutische Zusatzausbildung |
	direkt	indirekt	
Professionalisierung für den Kursleiterberuf	X		geplant
Aufbauende Qualifizierung für den Grundberuf		X	eher durch äußere Vorgaben bestimmt
Ableitung aus Grundausbildung und Biographie		X	eher durch äußere Vorgaben bestimmt
Weiterentwicklung der eigenen Person		X	eher zufällig
Intensive Lernerfahrung in therapeutisch orientierten Seminaren	X		geplant

Abb. 18: Erklärungsmuster für die Verknüpfung der therapeutischen Zusatzausbildung mit dem Kursleiterberuf

- Professionalisierung für den Kursleiterberuf: Die Interviewpartner geben an, dass die therapeutische Ausbildung im direkten Zusammenhang mit ihrem Berufswunsch Kursleiter steht. Sie haben sich von Aussagen als Kursleiter tätiger Kollegen leiten lassen, die eine therapeutische Zusatzausbildung als Qualifizierung empfohlen haben. Die therapeutische Richtung der Zusatzausbildung wurde gezielt ausgewählt.
- Aufbauende Qualifizierung für den Grundberuf: Die therapeutische Ausbildung steht zunächst nicht im direkten Zusammenhang mit einer Tätigkeit als Kursleiter. Sie steht vielmehr im Zusammenhang mit der Grundausbildung der Kursleiter als Sozialpädagogen und dem Wunsch im psychosozialen Bereich tätig zu werden. Allerdings wurde eine spätere Tätigkeit im Trainingsbereich schon antizipiert. Die Entscheidung für die Art der therapeutischen Zusatzausbildung wurde durch äußere Vorgaben und Möglichkeiten bestimmt.
- Ableitung aus Grundausbildung und Biographie: Ähnlich wie bei dem zuvor genannten Erklärungsmuster steht die therapeutische Zusatzausbildung auch bei diesen Kursleitenden in einem Zusammenhang mit der Grundausbildung als Psychologen. Zusätzlich wurden jedoch Ausbildungskombination und spätere Tätigkeit stark mit der eigenen Biographie in Verbindung gebracht. Man bleibt an den „eigenen Wurzeln dran" und macht etwas, was „schon immer meins war".

- Weiterentwicklung der eigenen Person: Es gibt außerdem Kursleitende, bei denen die therapeutische Zusatzausbildung zunächst weder im Zusammenhang mit dem Berufswunsch Kursleiter noch mit einem Grundberuf steht. Grund für die Ausbildung ist der Wunsch „etwas für sich", für die eigene „Persönlichkeitsentwicklung" zu tun. Da eine Tätigkeit als Kursleiter zu Beginn der therapeutischen Ausbildung jedoch schon bestand und auch ein direkter Nutzen der Ausbildung festgestellt wurde, kann von einem indirekten Zusammenhang mit dem Kursleiterberuf gesprochen werden. Die Entscheidung für die therapeutische Zusatzausbildung an sich und für die Richtung der Ausbildung wurde eher durch zufällige Gegebenheiten bestimmt. „Es hat sich halt so ergeben".

- Intensive Lernerfahrung in therapeutisch orientierten Seminaren: Der Entscheidung für eine therapeutische Zusatzausbildung geht bei diesen Kursleitenden eine für sie intensive Lernerfahrung in therapeutisch orientierten Selbsterfahrungsseminaren voraus. Die in den Seminaren gemachten Erfahrungen mündeten in der Entscheidung, in ähnlicher Weise tätig zu werden. Die Entscheidung für eine therapeutische Zusatzausbildung steht damit auch in einem direkten Zusammenhang mit dem späteren Kursleiterberuf. Die Art der Zusatzausbildung beziehungsweise -ausbildungen wurde gezielt ausgewählt, hängt jedoch auch mit den zuvor gemachten Erfahrungen zusammen. Die intensive Lernerfahrung in Kombination mit der Entscheidung, diese im Rahmen einer beruflichen Tätigkeit auch anderen Menschen zu ermöglichen, hat Ähnlichkeiten mit einer ‚Bekehrung'.

Für die Erwachsenenbildung besonders interessant sind die Hinweise der Kursleitenden, die ihre therapeutische Ausbildung ausdrücklich als Qualifikation für den Beruf des Kursleiters absolviert haben. Sie haben sich bei ihrer Entscheidung für die Ausbildung durch ein bestimmtes Berufsbild des Kursleiters leiten lassen, das eine psychologische oder therapeutische Ausbildung als Qualifikation beinhaltet. Ein Kursleiter zum Beispiel entschied sich auf Anraten von Kollegen für eine therapeutische Ausbildung an Stelle eines Psychologiestudiums. Einen direkten Auslöser im Sinne eines Critical Incident für die Entscheidung einer Zusatzausbildung haben die Kursleitenden nicht genannt.

Die beschriebenen Dimensionen der Erklärungsmuster stehen im Zusammenhang mit der Bedeutung, die die therapeutische Ausbildung für Professionalität der Kursleitenden hat. Der indirekte Zusammenhang zwischen dem Kursleiterberuf und der Entscheidung für eine therapeutische Zusatzausbildung zeigt sich darin, dass die Zusatzausbildung auch aus heutiger Sicht als eine zwar hilfreiche, aber nicht zwingend notwendige Zusatzqualifikation gesehen wird. Stand die Entscheidung im Zusammenhang mit dem Kursleiterberuf, so ist die Ausbildung auch heute noch entweder die zentrale Qualifikation oder eine spezifische, für einen bestimmten Tätigkeitsbereich notwendige Zusatzqualifikation.

7.2.2 Das Berufskonzept

Das Berufskonzept hat bezogen auf die Fragestellung dieser Studie eine Schlüsselposition. Als Rahmen des professionellen Selbst der Kursleitenden gibt es die Orientierungspunkte für die Professionalität vor. Allein mit der Berufsbezeichnung ‚Kursleiter' ist der Aufgaben- und Tätigkeitsbereich nicht ausreichend beschrieben. Kursleiter besagt nur, dass es sich um eine ‚lehrende' Tätigkeit handelt und ein bestimmter Rahmen geschaffen wird, in dem sich Teilnehmende Wissen aneignen können. Die interviewten Kursleitenden gestalten diesen Beruf jedoch recht unterschiedlich. Der Beruf Kursleiter lässt sich somit weiter ausdifferenzieren. Er lässt sich mit dem Begriff ‚Arzt' vergleichen, der ebenfalls noch nichts über die genaue Fachrichtung und die konkrete Tätigkeit als Arzt aussagt. Die in Kapitel 4.3.2 dargestellte Studie von Pratt (1998) geht in eine ähnliche Richtung. Seine fünf beschriebenen Perspektiven auf Erwachsenenbildung stellen im Grunde auch unterschiedliche Berufskonzepte dar.

Um die Bedeutung der therapeutischen Ausbildung der Kursleitenden für ihre Professionalität und Professionalisierung zu erfassen, ist also zunächst wichtig zu wissen, auf was sich ihre Arbeit eigentlich richtet. Neben Unterrichtsformen, Lehr-Lernarrangements (vgl. Hof 2007, 2001), planenden und lehrenden Tätigkeitsbereichen (vgl. Peters 2004) oder verschiedenen Angebotsformen lassen sich bei den Kursleitenden auch verschiedene Berufskonzepte unterscheiden. Das heißt, auf der Seite der Lehrenden prägen diese verschiedenen Handlungsbereiche ein bestimmtes Berufskonzept. Hauptamtlich tätige Kursleiter und vermutlich auch Kursleiter in Nebentätigkeit verfügen über eine Vorstellung darüber, wie sie ihren Beruf gestalten möchten. Neuere Veröffentlichungen bestätigen diese Ausdifferenzierung der lehrenden Tätigkeit in der Erwachsenenbildung. So können verschiedene Kursleiterrollen zum Beispiel danach unterschieden werden, inwieweit sie sich an Zielen oder Prozessen, am Unterrichten oder am Beraten orientieren. Dadurch kristallisieren sich unterschiedliche Tätigkeitsprofile heraus: Trainer, Seminarleiter, (Prozess-)Berater und Coach (vgl. Meier-Gantenbein/Späth 2006, S. 21 ff.).

Ein Berufskonzept als Rahmen für das professionelle Selbst kann somit auch als Schnittstelle zum professionellen Kontext verstanden werden. Dieser gibt wiederum vor, welche Berufskonzepte überhaupt möglich sind.

Folgende Kategorien charakterisieren in meiner Studie das jeweilige Berufskonzept der Kursleitenden:

- Berufsbild/Berufsbezeichnung: Hier geht es unter anderem um die konkrete Bezeichnung für den eigenen Beruf. Welches ‚Etikett' geben die Kursleitenden ihrer Tätigkeit und wie beschreiben sie sie inhaltlich, meist in Abgrenzung zu anderen Tätigkeiten?

- Problembezug: Ein Problembezug beschreibt, für welches (gesellschaftliche) Problem sich die Kursleitenden überhaupt zuständig fühlen. Er ist sozusagen der Zielpunkt der eigenen Arbeit.

- Reichweite: Die Reichweite der eigenen Handlung besagt, wer mit der eigenen Tätigkeit erreicht werden soll beziehungsweise auf welcher gesellschaftlichen Ebene die Auswirkungen spürbar sein sollen (Einzelperson, Organisation, Gesellschaft).

Berufsbild/Berufsbezeichnung

Die von den Kursleitenden verwendeten Berufsbezeichnungen bieten einen ersten Zugang zu ihrem Berufskonzept, was durch die in Kapitel 4.3.3 aufgeführte Studie der Berufssoziologie bestätigt wird, in der auf die Berufsbezeichnung als ein wichtiges Element der Berufsidentifikation verwiesen wird [110], (vgl. Becker/Carper 1972, S. 264 ff.).

Mit teilweise selbst konstruierten Berufsbezeichnungen für die eigene Arbeit weisen die Kursleitenden meiner Studie schon auf zentrale Aspekte ihres Berufskonzepts und ihres professionellen Selbst hin. Ein Kursleitender zum Beispiel, der seine Tätigkeit als „individualisierte Personalentwicklung" bezeichnet, verweist mit diesem Begriff auf die Präferenz von Einzelsettings (= individualisiert), auf einen bestimmten professionellen Kontext und die Reichweite der eigenen Tätigkeit (= Personal), auf einen Aspekt des Problembezugs (= Entwicklung) sowie auf die Anbindung an Institutionen, in denen und für die Personalentwicklung durchgeführt wird.

Nicht immer scheint die Eigenwahrnehmung jedoch so bruchlos zu den anderen Kategorien des Berufskonzepts und des professionellen Selbst zu passen. Insbesondere gibt es auf den ersten Blick Differenzen, was die Frage nach der Einordnung der eigenen Tätigkeit zwischen Erwachsenenbildung und Therapie anbelangt. Gerade die Kursleitenden, deren Arbeit die größte Nähe zu therapeutischer Arbeit aufweist und die keine Grenzen in Richtung Psychotherapie setzen, bezeichnen sich selbst als Pädagogen oder auch als Lehrer.

---

110 Die Begriffe der Identität und der Identifikation bringen das Selbst und seine Funktionsweise in Beziehung zu einer Sozialstruktur. Personen identifizieren sich selbst mit Hilfe von Namen/Kategorien, die in der Gruppe, der sie angehören, üblich sind. Die Bezeichnungen werden auf einen Selbst angewandt und so lernt man, wer man ist, wie man sich zu verhalten hat. Es wird ein Selbst erworben sowie eine Reihe von Anschauungen, nach denen sich das eigene Verhalten richtet (vgl. Becker/Carper 1972, S. 263).

Die professionellen Selbstbilder der Kursleitenden werden auch durch die *Abgrenzung zu anderen Kursleitenden* deutlich. Die Aspekte einer Kursleitertätigkeit, die sie dabei negativ bewerten, weisen darauf hin, was für sie selber besonders wichtig ist.

Aus den Selbstbezeichnungen der Kursleitenden und den Erläuterungen ihrer Tätigkeit ließen sich drei Selbstbilder herausarbeiten:

- Selbstbild Trainer/Coach: Eine Gruppe von Kursleitenden identifiziert sich mit der Berufsrolle des Trainers/Coachs, auch wenn sie bedauern, dass die Begriffe heute etwas abgenutzt erscheinen. Der ‚Trainer‘ steht dabei für einen Kursleiter, der die Teilnehmenden vor allem ‚praktisch‘ mit bestimmten Themen in Verbindung bringt. Die reine Präsentation von Inhalten wird abgelehnt.
- Selbstbild Berater/Personalentwickler: Anders sieht es bei den Interviewpartnern aus, die sich mehr als Berater oder Personalentwickler verstehen. Der „klassische Trainer" mit seiner „Katalogware" wird abgelehnt. Hier wird die individuelle, an den Bedürfnissen der Auftraggeber und Teilnehmenden ausgerichtete Tätigkeit betont.
- Selbstbild Pädagoge/Lehrer: Das dritte Berufsbild, das des Pädagogen/Lehrers, verweist auf einen umfassenderen Zugriff auf die Teilnehmenden, die hier auch teilweise in der Rolle von Zöglingen und Schülern gesehen werden, jedoch ohne die Machtdifferenz, die diesem Verhältnis sonst innewohnt. In den Interviews mit diesen Kursleitenden taucht gelegentlich auch die Bezeichnung ‚Trainer‘ auf. In den weiteren Ausführungen wird jedoch deutlich, dass sie sich als Pädagogen/Lehrer begreifen. Sie grenzen sich von den Kursleitenden ab, die nur ein bestimmtes Ziel, ein bestimmtes Konzept im Kopf haben. Für sie ist es wichtig, die Teilnehmenden ganzheitlich im Blick zu haben und offen zu sein für alle denkbaren Veränderungsprozesse, um die Teilnehmenden dabei zu begleiten.

Ergänzt werden diese Berufsbilder bei zwei Kursleitertypen dadurch, dass sie sich zusätzlich noch als *Therapeuten* wahrnehmen. Das hängt zum einen mit einer parallel zur Kursleitertätigkeit oder erneut bestehenden Tätigkeit als Therapeut zusammen, und zum anderen weist dies natürlich auf eine hohe Identifikation mit dieser Ausbildung hin. Diese Kursleitenden grenzen sich von jenen ab, die in schwierigen Situationen mit den Gefühlen und Bedürfnissen der Teilnehmenden nicht angemessen umgehen können.

Problembezug

Ausgangspunkt für die Bestimmung dieser Kategorie war zunächst der Versuch, aus den Daten die Zentralwertbezüge und/oder Leitdifferenzen der Kursleitenden herauszuarbeiten. Dabei sollte zunächst ganz grundsätzlich überprüft werden, ob sich die Kursleitenden eher am Leitprinzip der Bildung oder dem der Gesundheit orientieren beziehungsweise ob eine Ausrichtung der Arbeit an einer der Leitdifferenzen wissend/nicht wissend oder krank/gesund erkennbar ist. Diese Orientierungen hätten erste Anhaltspunkte dahin gehend geben können, ob sich die Professionalität der Kursleitenden eher an der Erwachsenenbildung oder an der Psychotherapie ausrichtet. Eine eindeutige Zuordnung ließ sich aus den Daten jedoch nicht ableiten. Die Ausrichtung an bestimmten Werten und Zielen erwies sich dagegen als wesentlich komplexer. So war bei allen Kursleitenden eine Orientierung an dem Ziel der Persönlichkeitsbildung und -entwicklung erkennbar. Interessant war jedoch, dass bei einer Gruppe zusätzlich ein Bezug zum Leitprinzip Gesundheit sowie dem der Sinnstiftung hinzukam und bei einer anderen Gruppe ein Bezug zu den Werten Leistung und Erfolg. Aber auch im Zusammenhang mit diesen Werten war immer ein Bezug zur Leitdifferenz wissend/nicht wissend erkennbar. Gesundheit oder Leistung sollten durch ein bestimmtes Wissen und durch Lernen ermöglicht werden.

Für die Ausrichtung ihrer Arbeit scheint eine bestimmte Form des Wissens, also der inhaltliche Aspekt, ebenso wie der Zentralwertbezug entscheidend zu sein.

Als weiteren Bezugspunkt für die Kategorie des Problembezugs habe ich daher die Wissensform betrachtet, die die Arbeit der Kursleitenden bestimmt. Hierbei habe ich mich an einer Studie von Schrader (2003) über unterschiedliche Wissensformen in der Erwachsenenbildung orientiert.

Über die Inhaltsanalyse von mehr als 8000 Programmankündigungen verschiedener Weiterbildungsinstitutionen identifiziert Schrader (2003) vier Wissensformen beziehungsweise Leistungsangebote in der Weiterbildung[111]: Handlungswissen, Interaktionswissen, Identitätswissen und Orientierungswissen. Dabei wurden sowohl Inhalt/Themenbereiche als auch Lern- und Veranstaltungsziele klassifiziert. Es zeigte sich, dass bestimmte Inhalte stets mit bestimmten Zielen verbunden sind. Diese vier Typen von Leistungsangeboten lassen auch Rückschlüsse über die Leistungen des

---

[111] Theoretischer Bezugspunkt seiner Analyse ist vor allem der wissenssoziologische Ansatz von Max Scheler. Wissen ist dabei grundsätzlich von sozialer Natur, als die „Teilhabe eines Seienden am Sosein eines anderen Seienden, ohne dass dies bereits Folgen habe für das Seiende selbst" (Schrader 2003, S. 233) und auf ein ‚Werden' gerichtet. Dieses Werden lässt sich in drei Werdensziele unterteilen, denen eine bestimmte Wissensform zugeordnet wird: das Werden der Person (Bildungswissen), das Werden der Welt (Erlösungswissen) und die Gestaltung der Welt (Herrschafts- oder Leistungswissen). Die Rangfolge dieser Werdensziele geht vom Herrschafts-/Leistungswissen über das Bildungswissen zum Erlösungswissen. Scheler weist auch auf die verschiedenen sozialen Ursprünge und Aneignungsformen der verschiedenen Wissensformen hin (vgl. Schrader 2003, S. 233 f.).

sich gerade etablierenden gesellschaftlichen Funktionssystems der Weiterbildung zu. Die identifizierten Wissensformen geben also auch Hinweise auf den Zentralwertbezug oder die Leitkategorie von Erwachsenenbildung beziehungsweise stehen mit ihnen in einem engeren Zusammenhang [112].

Folgende Wissensformen wurden von Schrader (2003, S. 235 ff.) genannt:

- *Handlungswissen* ermöglicht den Lernenden *Handlungsfähigkeit gegenüber Sachen und Symbolen.* Seminare, die sich auf diese Wissensform beziehen, zielen auf die Vermittlung von in einem Wissenskanon vorgegebenen theoretischen und/oder praktischen Kenntnissen und Fertigkeiten ab. Typische Inhalte sind zum Beispiel Sprachen, EDV, fachbezogene Qualifikationen oder auch körperliche Fertigkeiten.

- *Interaktionswissen* bezieht sich auf die *Bewältigung der sozialen Welt,* also auf die Interaktion mit anderen Menschen und Gruppen als ‚Rollenträgern'. Themen wie Kommunikation, Führung, Konfliktmanagement, also der Bereich der formalen Schlüsselqualifikationen, verbunden mit dem Ziel der Veränderung von Verhaltensweisen und der Fähigkeit soziale Zusammenhänge zu analysieren, bestimmen diese Wissensform. Das Wissen wird dabei durch bestehende Theorien und Ideen vorgegeben oder in der Veranstaltung selbst erarbeitet. Der Lernprozess kann sowohl durch Rezeption als auch durch Reflexion bestimmt sein. Wichtig ist nicht die ‚Wahrheit' des Wissens, sondern seine Wirksamkeit.

- Ziel von *Identitätswissen* ist ein *verbesserter Umgang* der Lernenden als Person – nicht als Rollenträger – *mit sich selbst.* Inhalte von Kursen mit dieser Ausrichtung können z.B. Zeitmanagement, Selbstmanagement oder auch gesundheitliche Themen sein. Ziel ist eine erhöhte Selbststeuerungsfähigkeit sowie die Reflexion der eigenen Lebenspraxis. Grenzüberschreitungen in Richtung Therapie sind durchaus möglich. Charakteristisch für diese Wissensform findet Schrader auch „die Subjekt- und Alltagsorientierung der didaktischen Konzepte, die Selbstbezüglichkeit und Selbstgenügsamkeit der Teilnehmenden, die Relevanz auch vorsprachlicher Wissensformen, die eigenwillige und eklektische Verknüpfung von sozialwissenschaftlicher Theorie, Körperübung und mythischem Denken sowie die fließenden Grenzen zwischen Öffentlichkeit und inszenierter Gemeinschaft" (Schrader 2003, S. 243). Schrader verweist in diesem Zitat auf den Zusammenhang von Wissensformen und Lehr-Lernarrangements, den ich in meiner Arbeit immer wieder aufgreife und den Hof (2007) empirisch untersucht und belegt hat.

---

112 Das erklärt auch die Parallelen, die zu den von Schmitz (1983) aufgezeigten Zentralwertbezügen von Erwachsenenbildung – Wahrheit, Identität und Moral – erkennbar sind.

- Das *Orientierungswissen* schließlich umfasst *Sinn- und Seinsfragen der Menschen,* also Fragen nach einem ‚guten und richtigen' Leben. Auf der Grundlage von vorgegebenen Normen, Theorien und Begriffen sollen eine Einstellungs- oder Verhaltensänderung sowie die Fähigkeit zum Verstehen und Reflektieren von Zusammenhängen erworben werden. Auch eher ‚esoterische' Angebote zählen hierzu, ebenso wie traditionelle Angebote der kirchlichen oder politischen Erwachsenenbildung. Die Angebote können dabei zwischen Spiritualität und Aufklärung pendeln. Lehrende lassen sich in diesem Zusammenhang entweder als Repräsentanten und Verwalter eines Umgangs mit zentralen Seinsfragen begreifen oder als ‚Bekehrte und Missionare' einer bestimmten Weltanschauung.

Betrachtet man das Themenangebot der interviewten Kursleitenden, dann lassen sich die Wissensformen Interaktionswissen, Identitätswissen und Orientierungswissen finden und damit alle Wissensformen, die im direkten Bezug zur Person der Teilnehmenden stehen. Eine exakte Zuordnung war jedoch auch hier schwierig, vor allem hinsichtlich der Unterscheidung zwischen Interaktions- und Identitätswissen. Auch wenn die Schwerpunkte unterschiedlich gelagert sind, so lässt sich doch bei allen Kursleitenden ein Bezug zum Identitätswissen finden. Das heißt, zumindest Teilbereiche ihrer Tätigkeit bedienen ein Leistungsspektrum im Überschneidungsbereich von Erwachsenenbildung und Psychotherapie (vgl. Kapitel 3.6).

Meine Kategorie des Problembezugs siedle ich zwischen Leitprinzip und Wissensform an. Ihre Bestimmung und Zuordnung ergibt sich jeweils aus der in den Interviews auftretenden Verbindungen zwischen Zentralwerten und Wissensformen.

Leitprinzip	Persönlichkeits-bildung/ -entwicklung	Persönlichkeitsbildung und -entwicklung mit Leistung/Erfolg	Persönlichkeitsbildung und -entwicklung mit Gesundheit und Sinn
Problembezug	Kompetenz-erweiterung	Performanzsteigerung	Persönlichkeits-wachstum
Wissensformen	Schwerpunkt Interaktionswissen	Kombination von Identitäts- und Interaktionswissen	Schwerpunkt Identitätswissen mit Orientierungswissen

Abb. 19: Die Kategorie Problembezug zwischen Zentralwertbezug und Wissensform

Der Problembezug *Kompetenzerweiterung* hat eine Weiterentwicklung der Persönlichkeit vor allem auf Basis von Interaktionswissen zum Ziel. Sinn- und Seinsfragen sowie gesundheitliche Aspekte sind jedoch ausgeschlossen. Obwohl auch hier ein Bezug zur Identität der Teilnehmenden gegeben ist, liegt der Schwerpunkt doch auf dem Interaktionswissen. Ziel ist nicht eine unbestimmte Veränderung der Persönlichkeit, sondern die Veränderung bezogen auf eine ganz bestimmte Kompetenz.

Der Problembezug *Performanzsteigerung* unterscheidet sich von dem der Kompetenzerweiterung zum einen durch eine stärkere Einbeziehung der Leistungskomponente und zum anderen durch einen anderen Ausgangspunkt. Während der Ausgangspunkt bei der Kompetenzerweiterung eine bestimmte zu erlernende Fertigkeit ist, geht die Performanzsteigerung von einem gewünschten Verhalten aus, das erreicht werden soll. Ob das Verhalten möglicherweise durch eine Erweiterung von Kompetenzen erreicht werden kann oder ob Persönlichkeitswachstum notwendig ist, muss erst noch herausgefunden werden. Das vorrangige Ziel ist jedoch die (Wieder-)Herstellung einer hohen Leistungskraft und Effizienz bezogen auf einen bestimmten Handlungsbereich.

Der Problembezug *Persönlichkeitswachstum* umfasst sowohl einen Bezug zu Sinnfragen als auch zu psychischer und physischer Gesundheit. Der Begriff Persönlichkeitswachstum soll diese unterschiedlichen Bezüge zum Ausdruck bringen, da ein ‚persönliches Wachsen‘ viele Aspekte umfassen kann. Wachstum verweist auf eine positiv zu bewertende Veränderung, deren Richtung jedoch eher unbestimmt ist. Der Begriff ist angelehnt an den aus der humanistischen Bewegung stammenden Begriff ‚personal growth‘.

Reichweite

Die Interviewten unterscheiden sich auch in der Vorstellung darüber, auf welchen Ebenen, im Sinne einer Reichweite, Veränderungen angestrebt werden. Natürlich bezieht sich ihre Arbeit zunächst immer auf den Einzelnen, also auf den Teilnehmenden. Manche Kursleitende haben jedoch zusätzlich den Anspruch, über eine Veränderung der Einzelnen auch eine Veränderung in der Organisation, in der die Teilnehmenden tätig sind, zu initiieren. Die Reichweite ihrer Tätigkeit umschließt damit auch die Ebene von Organisationen. Einen Schritt weiter geht der Wunsch, über die Arbeit mit Einzelnen auf die Gesellschaft Einfluss nehmen zu können. Das betrifft zum Beispiel die Kursleitenden, die sich als Teil einer gesellschaftlichen Bewegung begreifen (vgl. Schaeffer 1990, S. 19 ff.). Diese Kursleitenden sehen ihre Arbeit auch als ‚Beratung‘ an.

7.2.3 Das Lehr-Lernkonzept

Das Lehr-Lernkonzept der Kursleitenden kann als Konkretisierung des Berufskonzepts auf der Unterrichtsebene verstanden werden. Wie in den Kapiteln 4.2.1 und 4.3.2 dargestellt ist es ein zentraler Bestandteil des professionellen Selbst von Lehrenden. Folgende Aspekte eines Lehr-Lernkonzeptes waren für die Fragestellung meiner Studie bedeutsam:

- Die Persönlichkeitsebene, auf der Veränderungen bei den Teilnehmenden durch die jeweilige Intervention erreicht werden sollen,
- die Lernform, eine Vorstellung darüber, welche Handlung seitens der Teilnehmenden notwendig ist, um die angestrebte Veränderung zu erreichen,
- die Aufgabe, die den Kursleitenden im Rahmen dieses Konzepts zukommt und
- eine Vorstellung über geeignete Veranstaltungsformen, um die Aufgaben umzusetzen.

Persönlichkeitsebene

Die Kategorie der Persönlichkeitsebene ist ein wichtiger Aspekt im Rahmen eines Lehr-Lernkonzeptes, der in bisher hierzu veröffentlichten Studien noch nicht erfasst wurde. Die subjektiven Theorien der Kursleitenden lassen sich dahingehend unterscheiden, welche Persönlichkeitsebenen der Teilnehmenden erreicht oder verändert werden sollen. Es scheint gerade in Bezug auf die Fragestellung dieser Studie ein wichtiger Aspekt zu sein, ob Teilnehmende auf der kognitiven Ebene, der emotionalen Ebene, der Ebene von Wahrnehmungs- und Glaubensmustern oder auch der Ebene der Spiritualität erreicht werden sollen. Darüber hinaus ist ausschlaggebend, ob bewusste oder unbewusste Wissensinhalte angesprochen werden. Welcher Art die angestrebte Veränderung ist, wird durch den Problembezug der Kursleitenden deutlich.

Kursleitende unterscheiden in den Interviews Persönlichkeitsebenen danach, wie nahe sie am Kern einer Person liegen. Dementsprechend werden oft die Metaphern „tiefer gehen" oder „sich öffnen" verwendet. Lewin (1936, S. 282 ff.) hat Regionen oder Schichten der Persönlichkeit unterschieden, die eher peripher oder eher zentral für die Person sind, und dabei auch auf die kulturellen Unterschiede in der Anordnung der Zugänglichkeit dieser Schichten hingewiesen. Leidenfrost/Götz/Hellmeister (2000, S. 72 f.) verweisen bei einer Untersuchung von Persönlichkeitstrainings und deren Wirkung ebenfalls auf Lewins Schichtenmodell. Nutzt man dieses Modell zur Interpretation der Aussagen der Kursleitenden hinsichtlich der Persönlichkeitsebenen, die erreicht werden sollen, so lässt sich eine gewisse Übereinkunft darüber erkennen, welche Ebenen näher am Kern der Persönlichkeit liegen. Sollen diese Ebenen erreicht werden, so sind dementsprechend besondere Interventionen, z.B. eine „Tiefenbohrung", erforderlich.

Abbildung 20 stellt die Persönlichkeitsebenen dar, die von den Kursleitendcn in den Interviews genannt wurden. Die inneren Kreise werden dabei als näher am Kern der Persönlichkeit liegend empfunden. Dementsprechend ist auch eine intimere Interaktionsstruktur notwendig, um diese Ebenen im Rahmen eines Seminars anzusprechen. Die Lehr-Lernkonzepte der Kursleitenden unterscheiden sich darin, welche Persönlichkeitsebenen angesprochen werden sollen.

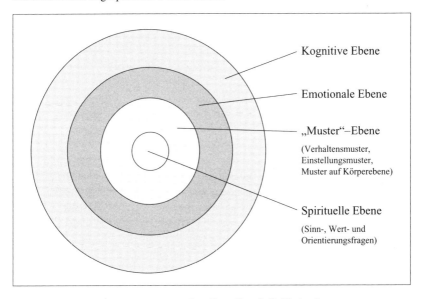

Kognitive Ebene

Emotionale Ebene

„Muster"–Ebene

(Verhaltensmuster,
Einstellungsmuster,
Muster auf Körperebene)

Spirituelle Ebene

(Sinn-, Wert- und
Orientierungsfragen)

*Abb. 20: An Veränderungsprozessen beteiligte Persönlichkeitsebenen
(angelehnt an Lewin 1936, S. 282)*

Die Spirituelle Ebene, die als ganz nah am Kern der Persönlichkeit verstanden werden kann, bezieht sich zum einen auf Sinn- und Seinsfragen (vgl. auch die Kategorie des Problembezugs), und zum anderen nochmals auf eine ganz andere Bewusstseinsebene. Hier geht es um über unbewusste Teile der Persönlichkeit herausragende Aspekte, sozusagen um Transzendenz. Diese Ebene wird bei Erfahrungen der eigenen Person als Teil eines größeren Ganzen berührt[113] (zur transpersonalen Pädagogik siehe Kunert 1997).

---

113 Vor allem durch Körperarbeit und durch mentales Training, wie z.B. Atemübungen, Yoga, Phantasiereisen oder Kinesiologie, können solche Erfahrungen erreicht werden (vgl. auch Kunert 1997).

Darüber hinaus können noch unbewusste und bewusste Anteile jeder Ebene unterschieden werden. Während manche Kursleitenden darauf abzielen, unbewusste Elemente ins Bewusstsein zu rufen, sind diese für andere eher nebensächlich oder werden nur dann interessant, wenn sie das Lernen blockieren.

Das als Johari-Fenster bekannt gewordene Modell von Ingham und Luft (vgl. Luft 1963, S. 22 ff.) eignet sich hier als Erklärungshilfe:

	Dem Selbst bekannt	Dem Selbst nicht bekannt
Anderen bekannt	I Bereich der freien Aktivität	II Bereich des blinden Flecks
Anderen nicht bekannt	III Bereich des Vermeidens oder Verbergens	IV Bereich der unbekannten Aktivität

Abb. 21: Das Johari-Fenster (Luft 1963, S. 22)

Lernen in den Bereichen II und IV, auf ,tieferen' Persönlichkeitsebenen, berührt damit auch Bereiche, in denen sich therapeutische Lernprozesse bewegen. Dementsprechend ist hierfür die Gestaltung einer anderen Lernumgebung notwendig. Bei der Charakterisierung der Typen wird noch zu zeigen sein, wie die Position der eigenen Arbeit zu therapeutischer Arbeit, die Wahrnehmung der eigenen Aufgabe etc., mit den angestrebten Lernprozessen zusammenhängt.

Lernform
Bei den Vorstellungen darüber, wie Teilnehmende am besten lernen, konnten fünf Lernformen herausgearbeitet werden: Wissen aufnehmen/annehmen, eine Fähigkeit einüben/praktisch tätig werden, durch theoretische Reflexion zu neuem Wissen gelangen, durch Selbsterfahrung/-wahrnehmung sowie durch Lernen am Modell, womit hier der Kursleiter als Modell gemeint ist.

186

Diese Vorstellungen von Lernen sind natürlich immer auf konkrete Seminare und deren Ziele bezogen. Das heißt, die aufgeführten Dimensionen beschreiben, wie die Teilnehmenden die angestrebten Lernziele der Seminare erreichen.

Bei der Erarbeitung der Dimensionen habe ich mich an den von Hof (2001, S. 57 ff.) vorgestellten subjektiven Modellen des Wissenserwerbs orientiert. Sie identifiziert in ihrer Studie fünf verschiedene Vorstellungen, die Kursleitende über den Wissenserwerb haben: Wissenserwerb als Aufnahme von Information (Rezeptionsmodell), Wissenserwerb als Verarbeitung von Erlebnissen und Erfahrungen (Erfahrungsmodell), Wissenserwerb als Explikation von implizitem Wissen (Diskursmodell), Wissenserwerb als Auseinandersetzung mit gelungenen Handlungsmustern (Verwendungsmodell) und Wissenserwerb als Nachahmung erfolgreicher Handlungsmuster (Imitationsmodell). Aus den Daten konnte ich vor allem Anknüpfungspunkte zu dem Diskursmodell, dem Imitationsmodell und dem Erfahrungsmodell finden. Es erschien mir allerdings notwendig, das zuletzt genannte Modell weiter auszudifferenzieren in eine Vorstellung, die das Üben, Ausprobieren und Tun als zentral betrachtet, und ein Modell, das das ganzheitliche (mit allen Sinnen und auf verschiedenen Persönlichkeitsebenen) Erleben in den Vordergrund stellt.

Hof (2001; vgl. aber auch Pratt 1998) differenziert diese Wissenserwerbsmodelle nach den unterschiedlichen Vorstellungen über die Natur von Wissen, die dahinter stehen. Während man bei der Imitations- und Übungsdimension sich die „Welt" als eher objektive Wirklichkeit aneignen soll, steht bei den anderen Modellen das Subjekt mit seinen lebensgeschichtlichen Voraussetzungen im Zentrum (konstruktivistische Perspektive). Für meine Fragestellung ist daran anknüpfend jedoch noch eine weitere Unterscheidung der Lernformen interessant:

Im Zusammenhang mit der grundsätzlichen Fragestellung dieser Arbeit ist die Unterscheidung zwischen Wissen, das – wenn auch konstruktiv und aktiv – eher reproduziert wird, und Wissen, das durch Reflexion sozusagen erst geschaffen wird, bedeutsam. Ein zentraler Bestandteil von psychotherapeutischen Prozessen ist unter anderem ja auch die „Produktion von Material" (Randolph 1990, S. 116). Das heißt, worum es geht, muss erst erarbeitet werden. Im Lernen durch die Verarbeitung von Erlebnissen und Erfahrungen zum Beispiel wird das Wissen erst durch Reflexion des eigenen Erlebens produziert. Man lernt etwas über sich selbst und eignet sich nicht einen Wissensbestand an, der vorher schon feststand. Natürlich besteht dann noch die Möglichkeit, die eigenen Erfahrungen an Theorien zurückzubinden. Am Anfang des Lernprozesses wird jedoch das Wissen erst produziert. Schäffter (1992) hat die Unterscheidung zwischen Reproduktion und Reflexion von Wissen auf die Erwachsenenbildung und ihre Funktion in der Gesellschaft angewandt.

Während Schäffter seine Analyse vor allem auf das System Erwachsenenbildung anwendet, möchte ich seine Gedanken auf die konkrete Kurssituation übertragen und die Lernformen in eher reproduzierende oder reflektierende Formen unterscheiden.

Ausgehend von einem Verständnis von Erwachsenenbildung als institutionalisierten Erwachsenensozialisation, das heißt nicht nur beschränkt auf die Vermittlung bestimmter Qualifikationen, sondern auch psycho-soziales Lernen umfassend, sieht Schäffter (1992) eine gesellschaftliche Reproduktions[114]- und Reflexionsfunktion von Erwachsenenbildung. Bei zunehmender Komplexität der Gesellschaft und beschleunigtem sozialem Wandel können gesellschaftliche Reproduktionsprozesse nicht mehr ohne zusätzliche Unterstützung wahrgenommen werden. Es fehlt eine Orientierung bezüglich des tatsächlichen Lernbedarfs. Diese Orientierung kann durch die Reflexionsfunktion[115] gegeben werden. Bislang dominiert(e) in der Erwachsenenbildung jedoch die Reproduktionsfunktion. Zur weiteren Wahrnehmung dieser Funktion werden jedoch zunehmend vorgeschaltete Lernprozesse notwendig, die organisiertes Lernen erst ermöglichen.

„Die institutionelle Leistung von Erwachsenenbildung besteht in diesem Zusammenhang darin, überall dort herkömmliche Formen elementaren Erfahrungslernens in organisierte Lernprozesse umzuformen, wo sie in traditionellen Fixierungen defizitär geworden sind" (Schäffter 1992, S. 80).

Bei Lernprozessen, die sich auf die Bewältigung von Lebenssituationen beziehen (zum Beispiel Umgang mit Arbeitslosigkeit), muss zunächst erarbeitet werden, worauf sich Lernen im Einzelnen richten soll.

Die folgende Tabelle erläutert die oben aufgeführten Lernformen und nimmt dabei eine Zuordnung danach vor, ob die jeweilige Lernform eher durch Reproduktion oder durch Reflexion geprägt ist.

---

114 Mit Reproduktion ist jedoch nicht die alleinige Wiedergabe vorgegebener Inhalte, sondern die aktive Aneignung von sozialer Wirklichkeit gemeint (vgl. Schäffter 1992, S. 71).

115 Wie Luhmann – auf dessen Systemtheorie sich Schäffter in seiner Analyse vor allem stützt – unterscheidet er zwischen Reflexion und Reflexivität. Reflexion beschreibt dabei die „Tätigkeit der Selbstvergewisserung von Personen, Gruppen und Organisationen" und Reflexivität die „Eigenschaft von sozialen Prozessen" (Schäffter 1992, S. 74).

Lernen durch:	Beschreibung	Ausrichtung
Wissen aufnehmen/ annehmen	Diese Lernform soll keine passive Rezeption von Seiten der Teilnehmenden beschreiben, wie bei einem Gefäß, das gefüllt wird. Wichtig ist hier, sich ein bestimmtes, in weiten Teilen vorgegebenes Wissen vor allem kognitiv zu erarbeiten.	Der Schwerpunkt liegt hier auf der *Reproduktion.*
Übung/Tun	Lernen oder eine Veränderung ist dann besonders wirksam, wenn die Teilnehmenden Dinge auch ausprobieren und einüben können. Allein über die Aufnahme von Wissen erfolgt noch keine Verhaltensänderung.	
Imitation/Lernen am Modell	Der Unterschied zu der oben genannten Dimension liegt in der Betonung des Lernens am Modell. Kursleitende sind sowol durch ihre Erfahrung auf dem Fachgebiet, als auch durch ihr Verhalten im Kurs Vorbilder für das ‚richtige‘ Verhalten. Es geht nicht nur um die praktische Anwendung des Gelernten, sondern auch um die Erfahrung erfolgversprechender Handlungsweisen.	
Ganzheitliches Erleben und dessen Reflexion	Eine Veränderung findet dann statt, wenn sich die Teilnehmenden ganz auf das Erleben einer bestimmten Situation einlassen. Das Zulassen des Erlebens nimmt hier einen wichtigen Stellenwert ein. Dabei ist es wichtig, nicht nur kognitiv zu verstehen und zu reflektieren, sondern auch Gefühle und andere Bewusstseinsebenen zu spüren. Das Wissen, das hier erworben wird, ist daher immer an die eigene Person gebunden.	Das Wissen, das es zu erlernen gilt, wird hier von den Teilnehmenden zunächst produziert und reflektiert. Entsprechend liegt hier der Schwerpunkt auf der *Reflexion.*
Diskurs/ Bewusstwerdung/ Theoretische Reflexion	Auch hier geht es darum, das eigene Verhalten bezogen auf ein bestimmtes Thema zu verstehen, sich dessen bewusst zu werden (‚Aha-Erlebnis‘). Ob Verhaltensänderungen stattfinden oder nicht, hängt stark davon ab, ob unbewusste Aspekte oder implizites Wissen über einen bestimmten Themenbereich bewusst gemacht werden können.	

Abb. 22: Vorstellungen über Lernformen

Zentrale Aufgabe

Aus der angestrebten Veränderung auf einer Persönlichkeitsebene und der favorisierten Lernform ergibt sich für die Kursleitenden eine bestimmte Aufgabe oder eine bestimmte ‚Lehrform'. Dabei handelt es sich natürlich nicht um die einzige Aufgabe, die wahrgenommen wird, sondern um eine, die bezogen auf den Lernprozess der Teilnehmenden für sie im Zentrum steht.

Es lassen sich vier Aufgabenbereiche unterscheiden:

- Fehlendes geben/anbieten (Wissen, Deutungen)
- Problemanalyse, Deutung/Problemlösung anbieten
- Rahmen, Prozesse, Beziehung gestalten
- Thematischen Lern- und Erfahrungsraum gestalten

Diese Aufgabenbereiche korrespondieren mit den oben aufgeführten Lernformen (siehe Abbildung 23). Entsprechend der Unterscheidung, ob bei der Lernform die Reproduktion oder die Reflexion im Vordergrund steht, kann hier unterschieden werden, ob der Ausgangspunkt der Aufgabe das Thema oder eher das Subjekt und/oder der Prozess im Seminar ist. Diese Unterscheidung ist in Bezug zu dem in Kapitel 3.4 bereits aufgeführten Aspekt der Stoff- oder Subjektorientierung in der Erwachsenenbildung wichtig und wird bei der Beurteilung der Lehr-Lernkonzepte der Kursleitenden hinsichtlich einer ‚Therapeutisierung' nochmals aufgegriffen.

Aufgabe	Lernform	Ausgangspunkt
Fehlendes geben/anbieten	Wissen aufnehmen/annehmen	Thema/Subjekt
Thematischen Lern- und Erfahrungsraum gestalten	Übung/Tun	Thema
	Imitation	Thema
Rahmen, Prozesse, Beziehung gestalten	Ganzheitliches Erleben und dessen Reflexion	Subjekt
Problemanalyse, Deutung/Problemlösung anbieten	Diskurs/Bewusstwerdung/ Theoretische Reflexion	Subjekt

Abb. 23: Lernform und Aufgabe im Zusammenhang

Hinter der Aufgabe, ‚Fehlendes' zu geben beziehungsweise anzubieten, steht die Vorstellung von der eigenen Person als Sachexperten (vgl. Hof 2001), der den Teilnehmenden etwas von seinem Wissen weitergeben möchte. Das Fehlende kann dabei Wissen in einem bestimmten Themenbereich sein, oder aber Wissen über die Person des Teilnehmenden. Daher kann der Ausgangspunkt hier sowohl das Subjekt als auch das Thema sein. Die Aufgabe der Kursleitenden besteht darin, das Wissen zu präsentieren und die Aneignung des Wissens zu ermöglichen. Verhindern Lernwiderstände die Aneignung des Wissens, kann es auch darum gehen, eine sehr individualisierte Deutung anzubieten, um die Lernwiderstände aufzulösen.

Ein weiterer Aufgabenbereich ist die Problemanalyse oder auch -diagnose. Hier geht es darum genau zu analysieren, worin der Bedarf eines Teilnehmers besteht, wo genau das „Problem" liegt, warum er eine bestimmte Fähigkeit nicht besitzt. Obwohl das Bewusstwerden der Ursachen schon ein wichtiger Schritt in Richtung Veränderung ist, folgt auf die Identifikation des Problems oder des Bedarfs eine weitere Intervention. Dies kann sein, dass dem Teilnehmenden das Fehlende gegeben wird, oder es kann ein Deutungsangebot gemacht werden. Der Unterschied zu der Aufgabe Fehlendes zu geben liegt in der starken Subjektbezogenheit als Ausgangspunkt.

Weniger individualisiert ist die Aufgabe der Gestaltung eines Rahmens für Prozesse und die entsprechenden Beziehungen. Hier geht es um die Herstellung eines „sicheren Rahmens", in dem sich die Teilnehmenden „aufgehoben" und „sicher" fühlen. Dieser sichere Rahmen ermöglicht, genau die Dinge anzusprechen, die angesprochen werden sollen, damit die angestrebten Veränderungsprozesse stattfinden können. Das Erleben der Teilnehmenden und damit die Subjekte sind Ausgangspunkt dieser Aufgabe. Diese Rahmengestaltung verweist auch auf die Interaktionsstruktur der Gruppe. Ein zentraler Faktor für Veränderungsprozesse sind die Beziehungen der Teilnehmenden untereinander und die Beziehung zum Kursleitenden. Die Interaktionsstruktur kann natürlich nicht allein vom Kursleitenden „hergestellt" werden, aber er hat doch einen großen Einfluss darauf. Eine durch subtiles Aushandeln festgelegte Interaktionsstruktur wird vom Kursleiter dann auch gewahrt. Natürlich ist jeder Kursleitende für die Rahmengestaltung des Seminars verantwortlich. Die Interviewten unterscheiden sich jedoch dadurch, wie sehr sie dies als ihre zentrale Aufgabe wahrnehmen.

Auch eine weitere Gruppe von Kursleitenden betrachtet es als ihre zentrale Aufgabe, einen geeigneten Lern- und Erfahrungsraum für die Teilnehmenden zu schaffen. Der Unterschied zu den anderen genannten Gruppen liegt hier jedoch vor allem in der thematischen Ausrichtung. Die auf das Thema bezogene didaktische Gestaltung der Lernumgebung und weniger die Gruppenatmosphäre ist die Hauptaufgabe. Die Kursleitenden sind sowohl Sach- als auch Methodenexperten. Die didaktischen Elemente wie Thema, Methoden, Teilnehmer, Gruppe, Kursleitung, Setting etc. sind gleichermaßen wichtig.

In diesem Zusammenhang möchte ich noch auf einen typenübergreifenden Aspekt hinweisen, der in Kapitel 9.2 ausführlicher behandelt werden soll. Ein wichtiger Aufgabenbereich aller Kursleitenden ist die Gestaltung eines für die geplante Arbeit angemessenen Rahmens. In Verbindung damit wird oft der Begriff eines „sicheren Rahmens" gebraucht. Die in den Kapiteln 3.4 und 3.5 angesprochene Problematik der Erwachsenenbildung, eine Interaktionsstruktur zu schaffen, die zwischen der einer Primär- und der einer Sekundärgruppe liegt, wird hier deutlich. Die Schwierigkeit liegt darin, genau die Art von Gruppenatmosphäre zu erzeugen, die eine Arbeit auf der gewünschten Persönlichkeitsebene und mit entsprechendem Problembezug ermöglicht. Die Teilnehmenden brauchen hier das Vertrauen in den Kursleiter, dass der ausgehandelte Rahmen gewahrt wird, sie entweder davor geschützt werden, den Rahmen zu übertreten, oder dass ein Maß an Sicherheit gegeben ist, das es ermöglicht sich auf die angebotenen Prozesse einzulassen. (Zur Bedeutung einer vertrauensvollen, „tragenden" Lernumgebung vergleiche auch Taylor 2006.)

Geeignete Intervention/Interventionsform
Nicht für jede Aufgabe, die die Kursleitenden als ihre zentrale wahrnehmen, ist ein Seminar oder Training die geeignete Intervention. Ein Einzelsetting oder eine Interventionsform, die mehr in Richtung Coaching geht, erscheint einigen als angemessenerer Rahmen für die Umsetzung ihrer Aufgabe. Dass sie dennoch auch Trainings anbieten, hängt mit den Anforderungen und den finanziellen Möglichkeiten der Auftraggeber zusammen. Die Interviewpartner lassen sich also auch danach unterscheiden, ob sie Training als geeignete Intervention oder eher als defizitär bewerten.

7.2.4 Der professionelle Kontext

Eine Berufstätigkeit und das professionelle Selbst sind immer eingebettet in einen bestimmten Kontext. Für meine Fragestellung scheinen die folgenden Aspekte eines professionellen Kontexts bedeutsam: das gesellschaftliche System, in dem sich die Berufstätigkeit abspielt, und seine entsprechende Leitkategorie sowie die Auftraggeber beziehungsweise die Komplementärrolle, also die Empfänger der angebotenen Leistung. Bei letzterem Aspekt ist außerdem wichtig, ob es sich dabei um Personen oder um Institutionen handelt (im Wirtschaftssystem oft um beides) und in welcher Rolle die Personen an den Seminaren teilnehmen (als Mitarbeiter oder als Privatperson). Ich habe deswegen nochmals zwischen Auftraggeber und der Komplementärrolle unterschieden.

Da Erwachsenenbildung, wie in Kapitel 2.3.2 dargestellt, in unterschiedlichen gesellschaftlichen Systemen stattfinden kann, ist die System- oder Szenenzugehörig-
keit der Interviewpartner eine bestimmende Größe für den professionellen Kontext.
Indikatoren für die Zugehörigkeit zu einem System können die Netzwerke sein, in
denen sich die Personen bewegen, oder die Anbindung an bestimmte Institutionen.
Teilweise wird die Zugehörigkeit auch geäußert. In der vorliegenden Studie konnten
als solche Handlungssysteme der Kursleitenden das Wirtschaftssystem, das Gesundheitssystem, die Religion und die kirchliche und öffentliche Erwachsenenbildung
herausgearbeitet werden. Auf Basis der Systemtheorie und ihrer Analysen ist es nun
möglich, diesen Systemen bestimmte Leitkategorien beziehungsweise entsprechende
Leitdifferenzen zuzuordnen. Aussagen der Interviewpartner weisen darauf hin, dass
sich die Leitdifferenzen der professionellen Kontexte auf ihre Arbeit auswirken, was
in meiner Kategorie des Problembezugs zu erkennen ist.

Auch wenn sich die Interviewpartner teilweise in zwei verschiedenen professionellen
Kontexten bewegen (oder dies anstreben), gibt es doch jeweils einen, der als ‚Heimat-
kontext' identifiziert werden kann.

Die professionellen Kontexte, die sich aus den Interviews erarbeiten ließen, lassen
sich wie folgt charakterisieren:

Kontext Kategorie	Managementtraining	Offener WB-Markt	Öffentliche EB
System/Szenen	Wirtschaft	Gesundheit, Religion Wirtschaft, Bildung	Bildung
Leitkategorie	Erfolg, Leistung, Wertschöpfung	Gesundheit, Sinn Leistung, Bildung	Bildung, Wissen
Auftrag/ Auftraggeber	Firmen	Teilnehmende (durch Anmeldung)	Institutionen der EB (VHS, Kirchen)
Komplementär- rolle	Firmen + Teilnehmende (als Mitarbeiter)	Teilnehmende (jedermann)	Teilnehmende + Institutionen/ Gesellschaft

Abb. 24: Professionelle Kontexte im Überblick

- *Managementtraining:* Das System, in dem sich die Tätigkeit abspielt, ist das Wirtschaftssystem. Die Teilnehmenden werden von Firmen zu einem Seminar angemeldet oder es handelt sich um Inhouse-Trainings, die ausschließlich für Mitarbeiter eines Unternehmens organisiert werden. Die Auftraggeber sind damit Firmen und die Teilnehmenden nehmen in ihrer Rolle als Mitarbeiter und Mitarbeiterinnen teil. Das Wirtschaftssystem wird geprägt durch die Leitkategorie der Effizienz und der Wertschöpfung. Die Komplementärrolle ist hier zweigeteilt: zum einen die Firma als Auftraggeber und zum anderen die Teilnehmenden.
- *Offener Weiterbildungsmarkt:* Hier spiegelt sich das Problem der Erwachsenenbildung. Falls man den Weiterbildungsmarkt nicht als eigenständiges System begreifen möchte, findet dieser in verschiedenen Systemen statt: im Gesundheitssystem, das heißt vor allem in einer alternativen Psychoszene, im Wirtschaftssystem und auch im Religionssystem. Das Angebot richtet sich potentiell an jeden. Die Leitkategorie kann je nach System unterschiedlich sein und bewegt sich in einem Feld zwischen Bildung, Leistung, Sinn und (psychischer)Gesundheit. Die Anbindung an bestimmte Netzwerke und Institutionen sagt etwas über die Zugehörigkeit zu einer bestimmten Szene aus. „Auftraggeber" sind die Teilnehmenden, die auf Angebote reagieren.
- *Öffentlich-rechtliche Erwachsenenbildung:* Teilweise bieten die Interviewpartner auch Seminare im Rahmen von Institutionen der öffentlichen Erwachsenenbildung an, das heißt bei Volkshochschulen oder Trägern der kirchlichen Erwachsenenbildung. Hier ist das Angebot ähnlich wie beim offenen Weiterbildungsmarkt. Die Leitkategorie ist dabei Bildung und im Zusammenhang mit kirchlicher Weiterbildung kommt noch die Kategorie des Sinns hinzu. Auftraggeber ist bei diesem Kontext die Institution, die im Fall der VHS auch die Gesellschaft und im Fall der kirchlichen EB eben auch die Kirche repräsentiert. Hier ist so etwas wie ein gesellschaftliches Mandat erkennbar (Bildung und Moral, vgl. auch Schmitz 1983).

Die von mir interviewten Personen bewegen sich entweder ausschließlich im Wirtschaftssystem, im freien Weiterbildungsmarkt und der öffentlichen EB oder im freien Weiterbildungsmarkt und im Wirtschaftssystem. Es ist dabei jedoch meist ein professioneller Kontext als Ausgangskontext zu erkennen, von dem aus ein weiterer professioneller Kontext erschlossen wird. Dies kann gleichzeitig passieren oder mit einer biographischen Veränderung einhergehen. Bezogen auf die Fragestellung lässt sich eine Verbindung zwischen professionellem Kontext und der Positionierung zwischen Erwachsenenbildung und Therapie feststellen. Die Kontexte öffentliche Erwachsenenbildung und Managementtraining scheinen einen begrenzenden Einfluss insofern zu haben, als Personen, die in ihrer Arbeit grundsätzlich keine Grenzen in Richtung Therapie sehen, in diesen Systemen Begrenzungen in ihrem Handeln wahrnehmen und auch vornehmen. Dieser Aspekt wird in Kapitel 9.3 ausführlicher behandelt.

Für einen Vergleich der Berufskonzepte der Kursleitenden ist es demnach bedeutend, in welchem Kontext sie handeln.

7.2.5 Die Bedeutung der therapeutischen Zusatzausbildung für die Professionalität der Kursleitenden und das Verhältnis der eigenen Arbeit zur Psychotherapie

Im folgenden Abschnitt werden nun die Kernkategorien der Studie beschrieben: die Bedeutung der therapeutischen Zusatzausbildung und das Verhältnis der eigenen Arbeit zur Psychotherapie.

Die Interviewpartner berichten insgesamt von einer sehr vielseitigen Verwendung des durch die therapeutischen Zusatzausbildungen erworbenen Wissens und der erworbenen Fähigkeiten. So können das Fachwissen (also der Inhalt der Seminare), das methodisch-didaktische Handlungsrepertoire, die professionelle Grundhaltung und eine Art anthropologisches Hintergrundwissen durch die therapeutische Qualifikation angereichert oder bestimmt werden. Die Kursleitenden unterscheiden sich jedoch kaum darin, in welchen *Bereichen* der Professionalität sich die therapeutische Zusatzqualifikation auswirkt. Hierbei handelt es sich also nicht um Kategorien, die die Typen untereinander trennen, sondern vielmehr um typenübergreifende Ergebnisse. Da diese Aspekte für die Fragestellung meiner Studie jedoch grundsätzlich interessant sind, werden sie in Kapitel 9.1 nochmals aufgegriffen.

Die verschiedenen Kursleitertypen unterscheiden sich jedoch darin:
- welche Bedeutung die therapeutische Zusatzqualifikation für die eigene Arbeit hat, das heißt, in welchem Umfang auf therapeutisches Wissen zurückgegriffen wird und wie stark die initiierten Lernprozesse von therapeutischen Elementen geprägt sind. Die Bedeutung der therapeutischen Zusatzausbildung lässt sich auch daran erkennen, wie therapeutische Elemente in der eigenen Arbeit eingesetzt werden;
- wie das Verhältnis der eigenen Arbeit zur Psychotherapie wahrgenommen und wie es im Rahmen von Seminaren installiert und umgesetzt wird. Das Verhältnis der eigenen Arbeit zur Psychotherapie wird deutlich durch: die Grenzen, die in den Seminaren in Richtung Psychotherapie gesetzt werden, den Grenzverlauf und Reaktionen auf Grenzüberschreitungen.

Bedeutung der therapeutischen Qualifikation für die Professionalität

Bezogen auf die Professionalität insgesamt hat die therapeutische Zusatzqualifikation bei den Kursleitenden einen unterschiedlichen Stellenwert. Die Bedeutung schwankt bei den interviewten Kursleitenden zwischen der einer Zusatzqualifikation und einer grundlegenden Qualifikation für die Tätigkeit als Kursleiter.

- Die therapeutische Ausbildung kann eine *Zusatzqualifikation* sein, die als hilfreich für die Arbeit als Kursleitender empfunden wird und als gewinnbringend für die eigene Professionalität. Die Professionalität insgesamt ist jedoch nicht abhängig vom therapeutischen Wissen und Können. Die Arbeit als Kursleitender, so, wie sie von den Kursleitenden angestrebt wird, wäre auch ohne psychotherapeutische Zusatausbildung möglich. Sie wird durch die Zusatzausbildung jedoch als ‚professioneller‘ bewertet.

- Anders sieht es bei den Kursleitenden aus, für die die therapeutische Ausbildung sozusagen die *grundlegende Qualifikation* für ihre Arbeit bedeutet. Sie stützen sich in ihrer Tätigkeit in so hohem und vielseitigem Maße auf das therapeutische Wissen und Können, dass die Professionalität stark durch die Ausbildung bestimmt wird. Ohne die therapeutische Zusatzausbildung wäre ihre Arbeit in der angestrebten Form nicht denkbar.

- Ähnlich zentral für die Professionalität ist die therapeutische Zusatzausbildung bei den Kursleitenden, für die sie so etwas wie eine zentrale *Schlüsselqualifikation* einnimmt. Der Unterschied zu der vorherigen Dimension liegt vor allem in der biographischen Entwicklung. So stand die therapeutische Ausbildung ganz zu Beginn der Berufslaufbahn und ist mittlerweile so etwas wie ein zentraler Bestandteil der Person geworden. Zudem wird der Einsatzbereich wie bei einer Schlüsselqualifikation sehr weit gesehen.

- Schließlich gibt es die Gruppe von Kursleitenden, bei denen die therapeutische Ausbildung eine *spezifische Zusatzqualifikation* darstellt. Das therapeutische Wissen und Können wird in diesem Fall ganz gezielt für bestimmte Bereiche der Arbeit eingesetzt. Es lässt sich vor allem hier eine enge Verbindung mit der angestrebten Lernform sowie der entsprechenden Aufgabe des Kursleitenden und dem Einsatz der therapeutischen Qualifikation erkennen. Für ihre Aufgabe ist die therapeutische Zusatzqualifikation zentral und damit unverzichtbar für die Professionalität. Jedoch ist diese nicht in so umfassendem Maße davon abhängig wie bei den Kursleitenden, die ihre therapeutische Zusatzausbildung als grundlegende Qualifikation begreifen.

Die Bedeutung der Qualifikation offenbart sich auch in einem unterschiedlichen Einsatz therapeutischer Elemente in der eigenen Arbeit. Folgende Einsatzarten wurden von den Kursleitenden in den Interviews beschrieben:

- Therapeutische Elemente werden in verschiedenen Bereichen der Professionalität (als Fachwissen, als Methode, als Grundhaltung etc.) *gezielt eingesetzt.* Die Vorstellung, dass therapeutische Elemente eingesetzt, das heißt also auf einen anderen Bereich übertragen werden, weist darauf hin, dass Psychotherapie und Erwachsenenbildung als zwei getrennte Bereiche betrachtet werden.
- Andere Kursleitende gehen in ihren Vorstellungen von *gleichen Grundlagen* der Erwachsenenbildung und Psychotherapie aus. Erwachsenenbildung und Psychotherapie stellen zwei Pole eines Kontinuums dar. Ein gezielter Einsatz bestimmter Elemente ist hier nicht zu erkennen. Vielmehr wird die gesamte Arbeit von einer eher psychotherapeutischen Herangehensweise durchdrungen.
- Zwischen einem gezielten Einsatz und der Vorstellung von gemeinsamen Grundlagen ist die Herangehensweise der Kursleitenden einzuordnen, die ihre therapeutische Zusatzausbildung als *Ausgangspunkt und Deutungsmuster* oder auch als *Ressource* für ihre Arbeit benutzen. Erwachsenenbildung und Psychotherapie werden zwar als zwei getrennte Bereiche gesehen, allerdings ist erkennbar, dass bestimmte Aspekte in Seminaren eher von einem psychotherapeutischen Deutungsmuster aus betrachtet werden.

Mit dem Stellenwert für die eigene Professionalität ist auch die Bedeutung für das Selbstbild als Identifikationselement verbunden. Bei den Kursleitenden für die die therapeutische Zusatzqualifikation die grundlegende Qualifikation oder eine Schlüsselqualifikation darstellt, scheint auch eine höhere Identifikation mit der therapeutischen Zusatzausbildung gegeben zu sein. Ist die therapeutische Zusatzausbildung ‚nur' eine Zusatzqualifikation – spezifisch oder unspezifisch – ist sie für das eigene Selbstbild nicht mehr ganz so bedeutend.

Verhältnis der eigenen Arbeit zu Therapie

Bei der Frage nach dem Verhältnis der eigenen Arbeit zur Psychotherapie wurde in der Studie ein besonderes Augenmerk auf die wahrgenommenen Grenzen des eigenen Aufgabenbereichs und des Auftrags (Mandat) gerichtet. Einige der interviewten Kursleitenden sprechen hier auch von dem, was im ‚Rahmen' der eigenen Arbeit angestrebt wird und machbar ist. Der Notwendigkeit soziale Situationen zu ‚rahmen' und durch Reaktionen auf ‚Rahmenbrüche' die Situation aufrechtzuerhalten oder umzudefinieren ist unter anderem Goffman (1977) auf den Grund gegangen. Er untersucht in seiner soziologischen Rahmenanalyse, wie Menschen verschiedene Bereiche der Realität voneinander abgrenzen, ihnen Sinn geben und sich gegenseitig Interpretationshinweise vermitteln (vgl. Hettlage 1991, S. 110).

Ein Teilbereich seiner Arbeit befasst sich mit dem Verhalten in sozialen Situationen (Goffman 1977) und den Verhaltensregeln oder -rahmen für bestimmte Situationen.

„Damit ist ein Verhaltensrahmen gemeint, durch den die jeweiligen zeitlichen Grenzen des Anlasses, die angemessene Aufmerksamkeit, die Engagementkurve, die emotionale Struktur, die Zugänglichkeit für Kontaktaufnahme, die Wachheit und der Respekt für die Situation gezogen oder anerkannt werden, der den gemeinten öffentlichen Raum ganz präzise zu einem solchen qualifiziert und von anderen abhebt. Denn jeder dieser Anlässe hat eine implizite oder sogar offene ‚Tagesordnung‘, die alles enthält, was zu tun und zu lassen ist […], wie disponibel, erreichbar und einander unterworfen Menschen zu sein haben" (Hettlage 1991, S. 118).

Auch für Seminare in der Erwachsenenbildung gibt es einen Verhaltensrahmen, was vor allem dann deutlich wird, wenn jemand diesen Rahmen durchbricht. Dass diese Rahmen nicht für alle Seminare grundsätzlich gleich sind, zeigt sich in den unterschiedlichen Reaktionen der Kursleitenden auf ‚Grenzüberschreitungen‘ [116].

Für meine Fragestellung hilfreich ist Goffmans Analyse der Rahmenbrüche, des Rahmenirrtums und der Rahmenstreitigkeiten. Jeder Rahmen schafft auch eine Grenze in Bezug darauf, was noch als angemessenes Verhalten gelten kann und was nicht sowie wozu man verpflichtet ist (Engagement). Denn Rahmen sind sowohl exklusiv als auch inklusiv. Die Orientierung durch den Rahmen erfährt einen Bruch, wenn jemand ‚aus dem Rahmen fällt‘, das heißt den Verhaltensregeln nicht entspricht. Es kann ein grundsätzlicher Irrtum bestehen, um welchen Rahmen es sich handelt, oder es herrscht Uneinigkeit über die Rahmung einer Situation. Schließlich kann es zu jedem Rahmen auch parallel ablaufende Tätigkeiten geben, die als außerhalb der Situation liegend verstanden werden. Das heißt, ein Verhalten wird nicht als Rahmenbruch gewertet, sondern als nicht zum Rahmen gehörend. (Vgl. Hettlage 1991, S. 143 ff.)

Die Bedeutung einer bestimmten Rahmung gerade auch für therapeutische Situationen und eine erfolgreiche therapeutische Arbeit legt Hildenbrand (1998) dar. Die Struktur professionellen therapeutischen Handelns wird seiner Meinung nach weniger von der ‚Abstinenzregel‘ bestimmt, die Oevermann (1996) ins Zentrum stellt, sondern mehr durch die Rahmung der Situation.

---

[116] Hof (2007) weist in ihrer Analyse über verschiedene Lernumgebungen ebenfalls auf unterschiedliche Rahmen für Lernprozesse hin.

Für die Beantwortung der Frage, wo sich die Arbeit der Interviewpartner zwischen Therapie und Erwachsenenbildung positionieren lässt und ob diese Differenz überhaupt zutreffend ist, ist es natürlich unerlässlich, zunächst die Position der Akteure selbst zu erfahren. Wie sehen sie ihre Arbeit im Verhältnis zu Therapie? Gibt es Grenzen und wenn ja, welche? Besonders interessant sind hier die Beschreibungen der Interviewpartner, wie ‚Grenzüberschreitungen‘ wahrgenommen werden und wie sie darauf reagieren.

Zur Bestimmung des Verhältnisses der Arbeit der Kursleitenden zur Psychotherapie wurden folgende Subkategorien herangezogen: zunächst einmal die Frage, ob es überhaupt eine Grenze in Richtung Psychotherapie gibt und wenn ja, *wo diese Grenze verläuft*. Im Zuge der Interviewauswertung hat sich zudem herausgestellt, dass es auch einen Unterschied darin gibt, *wer die Grenzen setzt*. Darüber hinaus ist die *Reaktion* der Kursleitenden *auf Grenzüberschreitungen* aussagekräftig. Zur Interpretation dieser Kategorien wurden die in Kapitel 3.6 erarbeiteten Vergleichskriterien zwischen Erwachsenenbildung und Therapie herangezogen.

Die Kursleitenden unterscheiden sich zunächst ganz grundsätzlich darin, ob sie in ihrer Arbeit eine Grenze in *Richtung Psychotherapie* sehen oder nicht. Zwei Kursleitende beispielsweise betrachten ihre Arbeit als nach ‚allen Seiten offen‘. Die Rahmung ihrer Seminare umfasst auch psychotherapeutische Prozesse. Dementsprechend nehmen diese Kursleitenden auch keine Grenzüberschreitungen in dieser Richtung wahr, die von ihnen eine entsprechende Reaktion erfordern würden. Allerdings beschreiben sie Situationen, in denen von den Teilnehmenden Grenzen gesetzt werden beziehungsweise in denen die Teilnehmenden signalisieren, dass ihnen die Durchführung bestimmter Interventionen zu weit in Richtung Therapie geht.

Sehen Kursleitende eine Grenze hin zur Therapie, sind sie es auch, die auf die Einhaltung dieser Grenzen achten und bei einer Grenzüberschreitung den Rahmen ‚Seminar‘ wieder herstellen. Sind die Kursleitenden jedoch in dieser Hinsicht ‚offen‘, das heißt, ist ihre Vorstellung vom Seminarrahmen weiter gefasst als die der Teilnehmenden, so kann es vorkommen, dass die Teilnehmenden die Grenzen setzen. Allerdings sehen es die Kursleitenden dann wiederum als ihre Aufgabe an, diese Grenzen auch zu achten und zu wahren.

Sind es eher die Teilnehmenden, die einen bestimmten Rahmen nicht überschreiten möchten, kann sich das darin äußern, dass diese auf einem bestimmten Rahmen beharren und zum Beispiel von den Kursleitenden vorgeschlagene Übungen nicht ausprobieren möchten. Das heißt, sich eben nicht zu öffnen, sich nicht einzulassen auf das Angebot und damit auch keinen Auftrag in diese Richtung gehend zu erteilen.

Insgesamt wurden in den Interviews sehr vielseitige *Grenzverläufe* genannt. Diese lassen sich zusammenfassen in Grenzen, die in den *Rahmenbedingungen* (z.b. Freiwilligkeit, Verbindlichkeit, Zeitdauer), in den psychischen Voraussetzungen beziehungsweise im *Anlass* für Therapie, im *Thema oder in der Persönlichkeitsebene,* in der *Interaktionsstruktur* oder in der Art des Auftrags gesehen werden. Vergleicht man diese Kategorien mit den Elementen der Therapeutisierung der Erwachsenenbildung von Kapitel 3.6, so lassen sich die Kategorien weiter danach unterscheiden, ob sie Elemente im Übergangsbereich zwischen Therapie und Erwachsenenbildung beschreiben (Thema und Interaktionsstruktur) oder ob es sich um trennscharfe Vergleichskriterien handelt (Anlass und Auftrag).

Die Kursleitenden – wohlgemerkt diejenigen, die überhaupt eine Grenze sehen – unterscheiden sich also vor allem darin, ob sie die Grenzen *schon* im Übergangsbereich zwischen Therapie und Erwachsenenbildung setzen oder *erst* bei den Trennkriterien. Interessanterweise kommen vor allem im letzteren Fall die Rahmenbedingungen als Argumente hinzu.

Bei der Frage nach Situationen, die als *Grenzüberschreitung* wahrgenommen werden, wurde von vielen Kursleitenden ein der Rahmensituation nicht angemessenes Sich-Öffnen von Teilnehmenden genannt. Dieses Öffnen wurde als nicht angemessen betrachtet, weil:

- der Betreffende hinterher wünschte, er hätte es nicht getan, da er zu viel von sich preisgegeben hat (insbesondere im Firmenkontext). Das impliziert, dass derjenige in dem Moment die Tragweite seines Handelns nicht ganz erfassen kann. Er ist in dem Moment nicht in der Lage, voll eigenverantwortlich zu handeln;
- die Gruppe damit nicht umgehen kann oder will: nicht kann, weil die Bedürfnisse des anderen eine Überforderung der Mitglieder bedeuten; nicht will, weil damit der eigentliche Zweck der Gruppe (ein Thema lernen) nicht mehr wahrgenommen werden kann.

Hier werden Aspekte des Anlasses, des Themas und der Interaktionsstruktur angesprochen (siehe hierzu auch Kap. 3.6).

Auch ein Verhalten, das auf Probleme verweist, die nicht im Seminar bearbeitet werden können und nicht direkt mit einer Verbalisierung von unangemessenen Themen einhergeht, wird als Grenzüberschreitung wahrgenommen. Sowohl durch die Äußerung von bestimmten Themen als auch durch ein bestimmtes Verhalten wird ein indirekter Auftrag für deren Bearbeitung erteilt und Teilnehmende und Kursleitende müssen überlegen, ob sie diesen Auftrag annehmen.

Wann ein Verhalten als Grenzüberschreitung empfunden wird, hängt von der jeweiligen Rahmung ab. Die Kursleitenden haben folgende *Reaktionsweisen* auf ‚Grenzüberschreitungen' beschrieben:

- Abblocken: Das entsprechende Verhalten wird nicht weiter zugelassen, es werden Maßnahmen ergriffen, um das Verhalten zu beenden. Ein Kursleiter umschrieb dies mit „Deckel drauf" machen.

- Weiterverweisen: Dem Teilnehmenden werden Hinweise gegeben, welche anderen Interventionsmaßnahmen für die Bearbeitung des Problems geeignet sein können. Dies kann entweder als Reaktion auf eine Anfrage oder auch konfrontativ auf ein auffälliges Verhalten hin geschehen.
- Direkte Bearbeitung des Problems:
    - Das geäußerte Problem wird in einem Einzelgespräch, z. B. in einer Pause des Seminars, weiter bearbeitet.
    - Auf eine bestimmte Äußerung oder ein bestimmtes Verhalten hin wird von der Person und der Gruppe ein neuer Auftrag zur Bearbeitung des Problems eingeholt. Das heißt, in diesem Fall wird ein neuer Rahmen für das Seminar geschaffen.

Die rigoroseste Reaktion ist die des ‚Abblockens', was allerdings häufig auch mit einem Weiterverweisen oder dem Angebot zu einem Einzelgespräch verbunden wird. Die zuletzt genannte Reaktion ist da etwas offener. Grundsätzlich wird die Möglichkeit zur Bearbeitung eines aufgekommenen Problems in Betracht gezogen. Die dadurch entstehende Veränderung der ursprünglichen Seminarrahmung und die Übertretung des eigentlichen Auftrags werden jedoch erkannt und mit den Teilnehmenden neu ausgehandelt.

Die grundsätzliche Fähigkeit der Kursleitenden, mit solchen Grenzsituationen umzugehen, scheint für die Teilnehmenden sehr wichtig zu sein. Die Interviewpartner nennen verschiedene Äußerungen und Rückmeldungen von Teilnehmern, die dahin gehend zu interpretieren sind (z. B. die Äußerung, die Atmosphäre sei „getragen von viel Vertrauen"). Hier zeigt sich wieder ein Zusammenhang zur Lehr-Lerntheorie. Je tief greifender die Veränderungen sind, die erreicht werden sollen, umso mehr ist eine vertrauensvolle Atmosphäre notwendig (vgl. hierzu auch Taylor 2006, S. 81 ff.).

Zusammenführung: 3 Positionen im Verhältnis der eigenen Arbeit zur Psychotherapie

Betrachtet man nun das Zusammenspiel der dargestellten Kategorien, so lassen sich drei verschiedene Positionen ausmachen, die das Verhältnis der Arbeit der Kursleitenden zur Psychotherapie bestimmen.

- Position 1: Es gibt inhaltlich eine klare Grenze der eigenen Arbeit zur Therapie.
- Position 2: Die Arbeit findet auch im Übergangsbereich zwischen Erwachsenenbildung und Psychotherapie statt. Grenzen werden vor allem im Auftrag, in den psychischen Voraussetzungen der Teilnehmenden und den Rahmenbedingungen gesehen.
- Position 3: Es gibt keine Grenze, die Übergänge sind fließend und die Arbeit ist nach allen Seiten offen.

Verhältnis Therapie – eigene Tätigkeit		
Position 1	**Position 2**	**Position 3**
Therapie und eigene Tätigkeit sind verschiedene professionelle Bereiche	Therapeutische Prozesse werden (bei Bedarf) bis zu einer gewissen Grenze genutzt	Erwachsenenbildung und Psychotherapie haben die gleichen Grundlagen
„es gehört da nicht hin" „Deckel drauf" „klare Strukturen" Wahrnehmung differenzierter Grenzen (welche Intervention bedarf welcher Rahmenbedingung)	(bedauerndes) Wahrnehmen von in der konkreten Interaktion gegebenen Grenzen „es wäre effizienter, aber sie zahlen auch für den Umweg"	„es gibt keine Grenze" „nach allen Seiten offen" fließender Übergang
Wahrnehmung von Grenzen im Überschneidungsbereich von Therapie und Erwachsenenbildung	Wahrnehmung von Grenzen des eigenen Zuständigkeitsbereichs	Wahrnehmung von Grenzen nur durch bestimmte Rahmenbedingungen
Grenzen werden von Kursleitenden gesetzt und als gegeben betrachtet.	Grenzen werden von Teilnehmenden und Kursleitenden ausgehandelt.	Grenzen werden (wenn, dann) von Teilnehmenden gesetzt und von Kursleitenden dann gewahrt.

Abb. 25: Verhältnis der eigenen Tätigkeit zur Therapie

Die Kursleitenden der Position 1 sehen eine grundsätzliche Grenze ihrer Arbeit zur Therapie, die schon im thematischen Bereich verortet werden kann („das gehört da einfach nicht hin") und nicht verhandelbar ist. Darüber hinaus gibt es auch eine Grenze was die Arbeit auf verschiedenen Persönlichkeitsebenen anbelangt. Tiefere Persönlichkeitsebenen werden bei diesen Kursleitenden nicht angesprochen. Kommt es von Seiten der Teilnehmenden zu Grenzüberschreitungen, so wird mit Abblocken oder einem Weiterverweisen reagiert.

Kursleitende der Position 3, die keine Grenzen sehen, nehmen dementsprechend auch keine Grenzüberschreitungen von Seiten der Teilnehmer wahr. Wenn hier Grenzen gesetzt werden, dann von den Teilnehmenden selbst. Sie allein bestimmen, wie weit sie gehen wollen. Die Grenzen, die diese Kursleitenden wahrnehmen, liegen eher in den spezifischen Rahmenbedingungen des jeweiligen Kontexts und weniger in der grundsätzlichen Anlage ihrer Arbeit (siehe hierzu auch die begrenzende Wirkung des Kontexts in Kapitel 9.3). Therapeutische Prozesse stellen für diese Kursleitenden keinen anderen, von ihrer Arbeit getrennten, Bereich dar, sondern einen möglichen Bestandteil.

Die Position 2 stellt eine Zwischenposition dar, die sich manchmal mehr an Position 1 und manchmal mehr an Position 3 orientiert. Es werden Grenzen der eigenen Arbeit zur Therapie gesehen, diese werden inhaltlich jedoch nicht so klar definiert („im Training arbeite ich schon weniger therapeutisch") oder eher bedauernd wahrgenommen. Wie „weit" eine Trainingsgruppe jeweils gehen möchte, kann in der konkreten Situation ausgehandelt werden. Die dann festgelegten Grenzen werden von den Kursleitenden gewahrt und bei einer möglichen Veränderung der Situation wird gegebenenfalls ein neuer Auftrag eingeholt.

Aus der Wahrnehmung der eigenen Tätigkeit in Bezug zu therapeutischer Arbeit ergeben sich Konsequenzen für die Rahmung einer konkreten Trainingssituation. Manche Kursleitenden setzen Grenzen, die aus ihrer Sicht auch nicht verhandelbar sind (Position 1), andere sehen einen gewissen Spielraum was die Grenzen anbelangt und handeln dies in der konkreten Situation mit den Teilnehmenden aus (Position 2), und für wieder eine andere Gruppe von Kursleitenden beinhaltet der Rahmen „Training" durchaus auch therapeutische Prozesse. In diesem Fall kann es sein, dass die Teilnehmenden mit der Rahmung nicht einverstanden sind und die Grenzen etwas „enger" setzen. Interessant ist, dass alle Kursleitenden als Rahmenbezeichnung Training oder Seminar wählen.

7.3 Verflechtung der Kategorien untereinander

Im vorangegangenen Kapitel wurden die Vergleichskategorien für die Typenbildung mit ihren jeweiligen Merkmalsausprägungen dargestellt und näher beschrieben. Dabei wurde gelegentlich auch schon auf erste Querverbindungen der Kategorien untereinander hingewiesen. Dieser Aspekt wird im folgenden Kapitel vertieft. Die Verbindungen und Zusammenhänge der einzelnen Kategorien sollen aufgezeigt werden. Vor allem die Beziehungen der Kategorien zu den *Kernkategorien* der Auswertung stehen dabei im Vordergrund. Die Verbindungen und Zusammenhänge ergeben sich zum einen durch das theoretische Rahmenkonzept der Studie, das ja z.b. schon auf die Bedeutung der Biographie für die Entwicklung eines professionellen Selbst hinweist. Zum anderen konnten die Zusammenhänge aus den Daten erarbeitet werden.

Die Ergebnisbereiche des beruflichen Kontexts, des Berufskonzepts, des Lehr-Lernkonzepts und der biographischen Perspektive dienen vor allem als *Erklärungshintergrund* für die Bedeutung der therapeutischen Zusatzausbildung und das Verhältnis der Arbeit der Kursleitenden zur Psychotherapie. Die unten stehende Abbildung 26 rückt daher diesen Ergebnisbereich ins Zentrum:

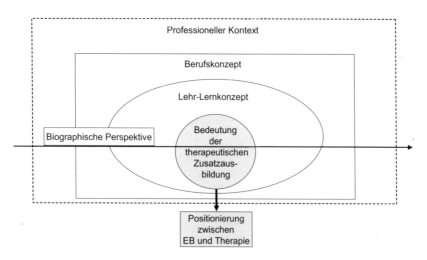

Abb. 26: Kernkategorien im Zusammenhang mit den anderen Ergebnisbereichen

Eingebettet in einen bestimmten beruflichen Kontext, werden das Berufskonzept und das Lehr-Lernkonzept der Kursleitenden sowohl durch die Strukturen des Kontexts als auch durch die eigene Berufsbiographie und die eigene Grundmotivation geprägt. Berufskonzept und Lehr-Lernkonzept, aber auch der jeweilige Kontext, bestimmen die Positionierung der Arbeit der Kursleitenden zwischen Erwachsenenbildung und Psychotherapie. Dadurch ist auch der Rahmen vorgegeben, in Bezug auf die Bedeutung, die die therapeutische Zusatzausbildung für die Professionalität der Kursleitenden einnehmen kann.

Wie die Zusammenhänge zwischen den einzelnen Kategorien genau verlaufen, wird in Abbildung 27 dargestellt. Das Schaubild aus Kapitel 7.1, das die Kategorien der Ergebnisbereiche darstellt, wurde zu diesem Zweck um Verbindungslinien erweitert.

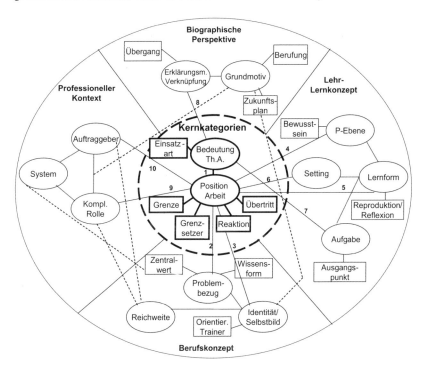

Abb. 27: Verflechtung der Kategorien

Im Zentrum des Netzwerkes stehen die Kernkategorien, also die Kategorien, die sich direkt auf die Beantwortung der Fragestellung dieser Studie beziehen. Dazu gehören die Vorstellung der Kursleitenden über das Verhältnis ihrer Arbeit zur Psychotherapie und die Bedeutung, die die therapeutische Zusatzqualifikation für die Professionalität der Kursleitenden einnimmt. Die Verbindung der beiden Kernkategorien wird durch die Linie 1 dargestellt. Die Verbindungslinien 2 bis 9 zeigen die Beziehung der übrigen Kategorien zu den Kernkategorien auf. Verbindungen der Kategorien untereinander sind durch die gestrichelten Linien angezeigt. Auch diese Verbindungen können für die Interpretation der Merkmalsausprägungen der Kernkategorien interessant sein. Bei den folgenden Erläuterungen und Interpretationen der Linien 1 bis 9 wird daher auch auf diese Verbindungen eingegangen.

Die Arbeit der einzelnen Kursleitenden weist eine unterschiedliche Nähe und Offenheit zur Therapie auf. Während die einen ganz bewusst therapeutische Prozesse als Bestandteil ihrer Arbeit begreifen, sprechen die anderen von einer klaren Grenze, die nicht überschritten werden darf. So differieren natürlich auch die Wahrnehmung von Situationen, die als Grenzübertritt gewertet werden, und die jeweilige Reaktion darauf.

Im Hinblick auf das Verhältnis der Arbeit der Kursleitenden zur Psychotherapie lässt sich zunächst ganz grundsätzlich festhalten, dass mit zunehmender Offenheit in Richtung Psychotherapie auch eine größere Bedeutung der Zusatzausbildung für die Professionalität einhergeht. Kursleitende, die in ihrer Arbeit keine Grenzen zur Psychotherapie hin sehen, schreiben auch der psychotherapeutischen Zusatzausbildung eine größere Bedeutung für ihre Arbeit zu (Linie 1). Dies wird schon durch den Problembezug der Kursleitenden angezeigt (Linie 2). Der Problembezug des Wachstums hat mehr Überschneidungspunkte mit der Psychotherapie als die anderen beiden Problembezüge. Das Selbstbild der Kursleitenden gibt hier ebenfalls erste Hinweise: Die Selbstbilder Trainer, Berater und Begleiter/Pädagoge unterscheiden sich auch darin, wie intensiv die Beziehung zu den Teilnehmenden sein soll (Linie 3). Außerdem verweist das Selbstbild auch schon auf den Problembezug und die angestrebte Reichweite der Tätigkeit. Es kann zudem, zusammen mit den anderen Kategorien des Berufskonzepts, als Verwirklichung des Grundmotivs betrachtet werden.

Im Lehr-Lernkonzept konkretisiert sich das Berufskonzept sozusagen auf der Unterrichtsebene. Aus der Persönlichkeitsebene, die durch die Arbeit erreicht werden soll, der Lernform und dem favorisierten Setting ergibt sich für die Kursleitenden eine bestimmte für ihr Handeln zentrale Aufgabe. Steht die Qualifikation durch die therapeutische Zusatzausbildung in Bezug zu dieser Aufgabe, bekommt sie für die Professionalität der Kursleitenden eine höhere Bedeutung (Linie 7). Die Persönlichkeitsebene und die Lernform stehen im Zusammenhang mit dem Verhältnis der Arbeit zur Psychotherapie. Wird die Arbeit auf unbewussten Persönlichkeitsebenen angestrebt durch eine Lernform, die das eigene Erleben und dessen Reflexion ins Zentrum rückt, zeigen die Kursleitenden eine große Offenheit gegenüber psychotherapeutischen Prozessen in ihrer Arbeit (Linien 4, 5). Bei den Kursleitenden, die in ihrer Arbeit eine Grenze hin zur Psychotherapie sehen, verschiebt sich diese im Rahmen eines Einzelsettings in Richtung Psychotherapie (Linie 6).

Die Art der Verknüpfung der therapeutischen Zusatzausbildung mit dem Beruf des Kursleiters im Verlauf der Berufsbiographie weist schon auf die Bedeutung hin, die die Zusatzausbildung für die Professionalität der Kursleitenden hat (Linie 8). So haben die Kursleitenden, für die die therapeutische Zusatzausbildung die grundlegende Qualifikation für ihre Arbeit darstellt, die Entscheidung für die Zusatzausbildung mit dem Ziel des Kursleiterberufs begonnen. Das Grundmotiv war bei der Entscheidung für die Zusatzausbildung ebenfalls wirksam und wirkt sich so indirekt auf ihre Bedeutung aus. Ist der Beruf ein Stück weit Berufung und besteht der Wunsch etwas zu gestalten oder anderen zu helfen, bekommt auch die therapeutische Zusatzausbildung einen höheren Stellenwert als beim Motiv die eigenen Talente umzusetzen.

Die verschiedenen professionellen Kontexte sind unterschiedlich offen oder begrenzend, was eine Ausdehnung der Arbeit in Richtung Therapie anbelangt. Daher bewegen sich die Kursleitenden meist in dem Kontext, der die eigene Arbeit in dem angestrebten Rahmen ermöglicht. Hier lässt sich eine Verbindung erkennen zwischen dem Grundmotiv und dem beruflichen Kontext. Die Arbeit findet meist in den Kontexten statt, die eine Umsetzung der Grundmotive ermöglichen. Ist dies nur eingeschränkt der Fall, streben die Kursleitenden in ihren Zukunftsplänen einen Wechsel in einen anderen Kontext an.

Durch den Auftrag der Auftraggebenden und die jeweilige Rolle der Teilnehmenden wird der Arbeit der Kursleitenden ein Rahmen vorgegeben, der eine Grenze in Richtung Psychotherapie darstellen kann (Linien 9, 10). Das gesellschaftliche System, in dem die Kursleitenden ihrer Arbeit nachgehen, wirkt über den Zentralwert ebenfalls auf die Positionierung der Arbeit zwischen Psychotherapie und Erwachsenenbildung ein. Der Kontext des offenen Weiterbildungsmarktes, der auch eine Orientierung am Zentralwert Gesundheit zulässt, ermöglicht eine stärkere Ausrichtung der Arbeit an der Psychotherapie als der Kontext der öffentlichen Erwachsenenbildung.

Es besteht darüber hinaus eine Verbindung zwischen der angestrebten Reichweite der Tätigkeit, der Komplementärrolle und dem Auftraggeber. Kursleitende, die mit ihrer Arbeit Einfluss auf Unternehmen ausüben möchten, bewegen sich natürlich auch im Kontext des Managementtrainings.

8. Typologie und Kursleitertypen

8.1 Einführung in die Typologie

Das vorangegangene Kapitel hat die Kategorien näher beschrieben, anhand derer die einzelnen Fälle der Studie miteinander verglichen wurden. Die Kategorien wurden, wie im Kapitel zu methodischem Vorgehen dargelegt, sowohl induktiv als auch deduktiv entwickelt. Im Hinblick auf die Fragestellung der Studie stellen die Vergleichskategorien schon eine Auswahl der als relevant empfundenen Kategorien dar. Zielsetzung dieser Arbeit war es nun, nicht nur relevante Aspekte im Zusammenhang mit der Fragestellung zu entwickeln, sondern auch zu untersuchen, ob sich die einzelnen Fälle hinsichtlich der Verwendung der therapeutischen Qualifikation unterscheiden und ob sich verschiedene Typen herausarbeiten lassen.

Bevor nun in den folgenden Abschnitten die gefundenen Typen anhand der Vergleichskategorien charakterisiert werden, soll zunächst ein Überblick über die Typologie gegeben werden. Die Charakterisierung der Typen ist danach ausgerichtet vor allem *das Gemeinsame* (die interne Homogenität) der Fälle eines Typus darzustellen – wobei zur Verdeutlichung eines bestimmten Merkmals dennoch gelegentlich Verweise auf andere Typen gemacht werden. Auf der Ebene der Typologie geht es darum, die *Unterschiede zwischen den Typen* (externe Heterogenität) aufzuzeigen und damit auch den Umfang des Themengebiets abzustecken. Darüber hinaus werden auf dieser Ebene die einzelnen Typen miteinander verbunden, indem nochmals das *Gemeinsame der Untersuchungsgruppe* deutlich gemacht wird (vgl. hierzu Kluge 1999, S. 26–31).

Bei der Darstellung der Typologie soll es außerdem darum gehen, den Sinnzusammenhang der verschiedenen Merkmalskombinationen (Typen) zu erläutern. Nur wenn diese inhaltlichen Sinnzusammenhänge analysiert und offen gelegt werden, kann eine Typologie einen Schritt in Richtung Theoriebildung darstellen (vgl. Kluge/Kelle 1999, S. 80 f.).

Das Gemeinsame aller untersuchten Fälle und damit auch der verschiedenen Typen ist zunächst eine momentane oder auch in der Vergangenheit liegende Tätigkeit als Kursleiter in der Erwachsenenbildung sowie eine abgeschlossene psychotherapeutische Zusatzausbildung. Dies waren die grundlegenden Voraussetzungen, nach denen die Interviewpartner und -partnerinnen ausgesucht wurden. Darüber hinaus haben sich in Bezug auf die Fragestellung bei der Datenanalyse jedoch weitere Gemeinsamkeiten ergeben:

- Die Fragestellung nach der Verwendung einer therapeutischen Qualifikation im Rahmen von Veranstaltungen der Erwachsenenbildung kann dahin gehend beantwortet werden, dass alle interviewten Kursleitenden ihre therapeutische Qualifikation für ihre pädagogische Tätigkeit verwenden, wenn auch in unterschiedlicher Form und unterschiedlich intensiv. Darüber hinaus wird die Qualifikation als Steigerung der eigenen Professionalität als Kursleiter gewertet. (Dieser Aspekt wird in Kap. 9.1 nochmals vertieft.)
- Eine besondere Bedeutung kommt in diesem Zusammenhang dem Einfluss der therapeutischen Qualifikation auf die professionelle Grundhaltung zu.
- Gemeinsam ist allen Typen auch, dass ihre Arbeit Persönlichkeitsentwicklung zum Ziel hat und zumindest zu einem gewissen Teil auch Identitätswissen beinhaltet. Das heißt, die Themen erfordern einen Rückbezug auf die eigene Person.
- Eine weitere Gemeinsamkeit besteht in der Intention einen „schützenden Rahmen" zu gestalten und anzubieten, was von allen Kursleitern als Aufgabe gesehen wird. Da alle Themen einen Rückbezug auf die Person erfordern, ist ein besonderer Rahmen erforderlich, der es den Teilnehmenden ermöglicht diesen Bezug herzustellen. Es gibt also eine Aufgabe, die alle gleichermaßen betrifft.

Um auf der Ebene der Typologie die Unterschiede der Typen deutlich und einen Vergleich der Typen möglich zu machen habe ich zwei Zugangsweisen ausgewählt:

Zunächst wird eine Positionierung der Typen im Spannungsfeld Erwachsenenbildung-Psychotherapie vorgenommen. Für diese Gegenüberstellung werden diejenigen Kategorien ausgewählt, die in Bezug zu den in Kapitel 3.6 erarbeiteten Vergleichskategorien eine Verortung der Typen zwischen Erwachsenenbildung und Psychotherapie ermöglichen.

Des weiteren präsentiert eine Tabelle die Typen systematisch anhand der ausgewählten Vergleichskategorien und stellt damit auch eine erste Kurzcharakteristik der einzelnen Typen dar.

Insgesamt konnten fünf unterschiedliche Kursleitertypen aus den Daten herausgearbeitet werden. Typ 4a ‚Begleiter zielgerichteter Persönlichkeitsentwicklung' wird dabei jedoch als ein Untertyp des Typs 4 ‚Begleiter persönlichen Wachstums' begriffen, da es in vielen Bereichen starke Ähnlichkeiten gibt. Um eine erste Orientierung zur Charakteristik der einzelnen Typen zu geben, ohne jedoch zu weit vorzugreifen, werden im Folgenden die Typen anhand der Kernkategorien und ihres Berufskonzepts kurz skizziert:

Typ 1	**Trainer sozialer Kompetenzen** Die therapeutische Zusatzausbildung wird als reine Zusatzqualifikation begriffen. Die Entscheidung für diese Ausbildung wird im Werdegang vor allem mit der eigenen Person und der Persönlichkeitsentwicklung verknüpft. Es wird eine klare Grenze der eigenen Arbeit hin zur Psychotherapie gesehen. Auf Grenzübertritte wird mit einem Abblocken und einem Weiterverweisen reagiert. Die Kursleitenden sehen sich selbst als Trainer/Coach und orientieren sich am Problembezug der Kompetenz.
Typ 2	**Trainer und Helfer** Bei diesen Kursleitern hat die Zusatzausbildung in Kombination mit der gesamten Biographie die Bedeutung einer Schlüsselqualifikation. Im Werdegang ist sie mit der Grundausbildung und diese wiederum mit der gesamten Biographie verknüpft. Es wird zwar eine klare Grenze der Arbeit in Seminaren zu der Arbeit im Rahmen der Psychotherapie gesehen, allerdings wird in beiden Fällen auf die gleichen Schlüsselqualifikationen zurückgegriffen. Für viele Aspekte im Bereich der Seminare ist die therapeutische Zusatzausbildung der Ausgangspunkt. Auch diese Kursleiter sehen sich aber als Trainer/Coach und orientieren sich am Problembezug der Kompetenz.
Typ 3	**Berater zur Leistungssteigerung und Personalentwicklung** Diese Kursleiter sehen sich selbst als Berater und orientieren sich am Problembezug der Performanz. Die Zusatzausbildung hat die Bedeutung einer spezifischen Zusatzqualifikation. Ein zentraler Bereich ihrer Arbeit baut darauf auf. Die Entscheidung für die Ausbildung steht in einem direkten Zusammenhang zum Berufswunsch Kursleiter.
Typ 4	**Begleiter persönlichen Wachstums** Kursleiter dieses Typs orientieren sich am Problembezug des Wachstums und sehen sich selbst als Begleiter/Pädagogen. Auch bei ihnen steht die therapeutische Zusatzausbildung in einem direkten Zusammenhang mit dem Kursleiterberuf, wird aber stark durch eine eigene, als intensiv erlebte Lernerfahrung im Bereich der Selbsterfahrung beeinflusst. Die therapeutische Zusatzausbildung hat die Bedeutung einer grundlegenden Qualifikation, da ihre Arbeit als Kursleiter in hohem Maße darauf aufbaut.
Typ 4a	**Begleiter zielgerichteter Persönlichkeitsentwicklung** Dieser Kursleitertyp kann als ein Untertyp des Typs 4 begriffen werden. Die Unterschiede ergeben sich daraus, dass die Arbeit in einem anderen Kontext ausgeübt wird. Der Problembezug liegt zwischen Wachstum und Performanz, das Selbstbild ist das des Beraters. Die therapeutische Zusatzausbildung steht sowohl in Verbindung mit der Grundausbildung als auch mit dem Berufswunsch des Kursleiters. Auch hier ist sie die grundlegende Qualifikation für die Tätigkeit als Kursleiter.

Abb. 28: Kurzübersicht Kursleitertypen

211

8.1.1 Die Kursleitertypen zwischen Psychotherapie und Erwachsenenbildung

Für einen Vergleich der Typen auf Ebene der Typologie wurde nochmals explizit das Verhältnis der Typen zur Erwachsenenbildung und zur Psychotherapie in den Blick genommen. Hierzu wurden zum einen die Kategorien ausgewählt, die sich auf die Bedeutung therapeutischer Methoden und die Position der eigenen Arbeit zur Therapie beziehen; und zum anderen Kategorien des Berufskonzepts und Lehr- Lernkonzepts, auf die sich die Vergleichskategorien von Psychotherapie und Erwachsenenbildung, wie sie in Kapitel 3.6 herausgearbeitet wurden, anwenden ließen beziehungsweise die sich vor diesem Hintergrund interpretieren ließen: Problembezug, Aufgabe, Lernform, Persönlichkeitsebene, Grenzart und Reaktion auf Grenzüberschreitung.

Die unten stehende Tabelle zeigt den Bezug zwischen den in dieser Studie erarbeiteten Kategorien und den Vergleichskriterien zwischen Erwachsenenbildung und Psychotherapie auf.

Kategorie der Studie	Vergleichskriterium zwischen Erwachsenenbildung und Psychotherapie
Problembezug	Die Problembezüge der Kursleitenden können danach bewertet werden, inwieweit durch eine Orientierung am Leitprinzip Gesundheit und eine Schwerpunktsetzung auf der Wissensform Identitätswissen eine Offenheit in Richtung Psychotherapie gegeben ist.
Aufgabe	Die Aufgaben der Kursleitenden können danach unterschieden werden, ob eher ein Thema oder die Person der Teilnehmenden Ausgangspunkte der Arbeit sind. Hier spiegelt sich die grundsätzliche Herangehensweise an Erwachsenenbildung wider, nämlich eine Stoff- oder eine Subjektorientierung.
Lernform	Liegt der Schwerpunkt der Lernform auf der Reflexion oder Reproduktion und steht die aktuelle Erfahrung im Hier-und-Jetzt im Zentrum?
Persönlichkeitsebene	Inwieweit sind unbewusste Prozesse Bestandteil des Lernens, die eine offene Interaktionskultur erfordern?
Art der Grenze	Wird eine Interaktionsstruktur hergestellt, in der jedes Thema angesprochen werden kann oder gibt es hier Grenzen?
Reaktion Grenzüberschreitung	Wird ein Therapieauftrag angenommen oder nicht?

Abb. 29: Kategorien vor dem Hintergrund des Vergleichs von Erwachsenenbildung und Psychotherapie

Für eine Darstellung der Typen im Merkmalsraum ‚Erwachsenenbildung-Psychotherapie' wurden die Kategorien auf die Aspekte der Vergleichskriterien zwischen Erwachsenenbildung und Psychotherapie reduziert.

Im Laufe der Datenauswertung und Typenbildung ist aufgefallen, dass es zwei Typen gibt, deren Merkmalsausprägungen bei den Vergleichskategorien jeweils gegenteilige Pole bilden, legt man die Gegenüberstellung von Erwachsenenbildung und Psychotherapie zu Grunde. Diese beiden Typen liegen sich in fast allen Kategorien diametral gegenüber. Anders gesehen, bilden diese beiden Typen die jeweiligen Enden eines Merkmalsraums, zwischen denen sich die weiteren Typen positionieren lassen. Bezogen auf die Fragestellung heißt das, dass auf der einen Seite ein Typus (Typ 1) steht, der eine deutliche Grenze hin zur Therapie setzt, keine therapeutischen Prozesse in seine Seminare integriert und die therapeutische Qualifikation als eine Zusatzqualifikation betrachtet. Auf der anderen Seite steht ein Typus (Typus 4), der keine oder nur eine sehr vage Grenze hin zur Therapie sieht, therapeutische Prozesse als Bestandteil seiner Seminare ansieht und die therapeutische Qualifikation als die zentrale Qualifikation für seine Tätigkeit betrachtet. Um diese Ebene der Typologie zu erfassen und abzubilden, wurden nun diese beiden Typen als Ausgangspunkte genommen, denen die anderen Typen zugeordnet wurden. Entlang den verschiedenen Vergleichskategorien wurden den beiden Polen oder Endpunkten dabei die Werte 1 und 5 zugewiesen, so dass dazwischen folgende Positionierungen möglich waren: 2 als näher an Wert 1, 3 als Mitte zwischen den beiden Polen und 4 als näher an Wert 5. Typ 1 wurde der Wert 1 zugeordnet und Typ 4 der Wert 5. Außerdem wurden alle Typen miteinander verglichen und überprüft, ob die so gewonnenen Zuordnungen auch das Verhältnis aller Typen untereinander gut darstellten.

Damit eine Darstellung der Typen zwischen zwei Polen möglich war, wurden die Kategorien so umkodiert, dass sie zwei Dimensionen mit möglichen Zwischenpositionen beschreiben.

Der so umrissene Merkmalsraum bildet meines Erachtens nicht nur den Merkmalsraum dieser Studie ab, sondern lässt eine gewisse Verallgemeinerung zu. Wie in Kapitel 6.1.1 schon dargestellt, ist eine theoretische Sättigung in dieser Studie insofern erkennbar, als die beiden extremsten denkbaren Typen mit Zwischentypen gefunden wurden. Dennoch ist der Merkmalsraum natürlich nicht als endgültig feststehend zu begreifen. Er kann sowohl was die Anzahl der Kategorien als auch was die Binnendifferenzierung anbelangt sicher noch ausgebaut werden.

Abbildung 30 zeigt nun das Ergebnis der oben beschriebenen Positionierung der Typen. Abbildung 31 dient als Erläuterung der Kodes und der Bedeutung der Werte. Es ist zu erkennen, dass es zwischen den beiden Endpolen nicht nur theoretisch, sondern auch tatsächlich vorzufindende Variationen und Abstufungen gibt. Außerdem lässt sich ein Typ als relativ konstante Zwischenposition deuten (Typ 3) und ein Typ, der etwas quer zu den Polen liegt, da er den Merkmalsraum in seiner Breite ganz gut abdeckt (Typ 2). Typ 4a, der als Untertyp von Typ 4 bestimmt wurde, ist hier ebenfalls gut abzulesen. Hinsichtlich der Charakterisierung dieses Typus wird noch näher erläutert, wie die Verschiebung hin zu Pol 1 zu erklären ist.

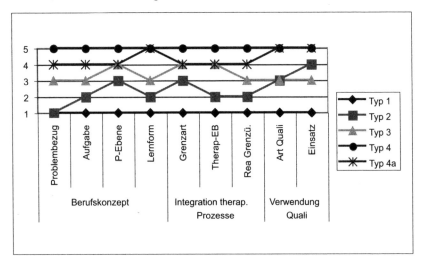

Abb. 30: Positionierung der Typen zwischen den Polen Typ 1 und Typ 4

Erläuterung der Kodes in der entsprechenden Merkmalsausprägung:

Kategorie	Reduktion auf Vergleichskriterium				
	Position 1 (Wert 1)	2	3	4	Position 5 (Wert 5)
Problembezug	Ausgangspunkt der eigenen Arbeit ist das Thema/der Stoff (Interaktionswissen steht im Vordergrund)				Ausgangspunkt der Arbeit ist die Person/das Subjekt (Identitätswissen steht im Mittelpunkt der Seminare)
Aufgabe	Als zentrale Aufgabe wird die didaktische Gestaltung gesehen				Als zentrale Aufgabe wird die Gestaltung von Interaktionsprozessen und der Beziehung gesehen
Persönlichkeits-Ebene	Lernen bezieht sich vor allem auf die Ebenen Kognition und Emotion				Lernen bezieht sich vor allem auf die Ebene der Muster, auf unbewusste Ebenen und umfasst auch Spiritualität
Lernform	Lernen ist zu überwiegenden Teilen Reproduktion				Lernen ist vor allem Reflexion
Art der Grenze	Die Interaktionsstruktur ist nicht auf thematische Offenheit ausgerichtet				Es wird eine Interaktionsstruktur hergestellt, die weitestgehende thematische Offenheit ermöglicht
Verhältnis Arbeit zu Psychotherapie	Therapie und Erwachsenenbildung sind getrennte professionelle Bereiche				Therapie und Erwachsenenbildung werden integrativ betrachtet
Reaktion Grenzüberschreitung	Bei Grenzüberschreitungen werden klare Grenzen gesetzt				Auf Therapieaufträge der TN wird im Seminar eingegangen, sie werden nicht als Grenzüberschreitung wahrgenommen
Bedeutung/ Art der Qualifikation	Die therapeutische Qualifikation ist eine Zusatzqualifikation				Die therapeutische Qualifikation ist die zentrale Qualifikation für die Tätigkeit
Einsatz therapeutischer Elemente	Therapeutische Elemente ergänzen an verschiedenen Stellen die Didaktik				Die therapeutische Qualifikation bezieht sich auf den Gesamtprozess

Abb. 31: Die Pole des Merkmalsraums

Vergleicht man die Kursleitertypen nur anhand von Vergleichskategorien zwischen Erwachsenenbildung und Psychotherapie, ergibt sich folgende Charakterisierung:

Typ 1 sieht die eigene Arbeit und die therapeutische Arbeit als zwei getrennte Bereiche an, Typ 4 sieht das Verhältnis als einen fließenden Übergang oder sogar integrativ und Typ 3 nimmt hier eine Zwischenposition ein. Zwar grenzt er die eigene Arbeit von Therapie ab, kann die Grenze aber nicht ganz so deutlich ziehen, wenn es um die Nutzbarmachung therapeutischer Prozesse für das Ziel der eigenen Arbeit geht. Dementsprechend werden die Seminare auch jeweils anders gestaltet, was die thematische Offenheit der Interaktionsstruktur anbelangt, und die Kursleiter reagieren unterschiedlich auf die Verletzung des gesetzten Rahmens. Ein Ansprechen persönlicher Themen in einem Seminar von Typ 1 führt bei den Kursleitern zu einer Reaktion des Abblockens zur Wiederherstellung der gewünschten Interaktionsstruktur. Bei Typ 4 hingegen gäbe es von Seiten der Kursleiter keine Begrenzung der thematischen Offenheit. Allerdings können die Gruppenzusammensetzung und die Teilnehmer selbst einen anderen Rahmen erfordern. Hier werden die Grenzen eher von den Teilnehmern gesetzt, die von den Kursleitern dann aber auch so respektiert und gewahrt werden. Etwas andere Ausgangsvoraussetzungen sind bei Typ 3 gegeben. Im Gegensatz zu den übrigen Typen wird Einzelarbeit als Interventionsform dem Training vorgezogen. Es besteht also von Anfang an eine andere Voraussetzung, was die Interaktionsform anbelangt. Durch die Zweierkonstellation ist eine größere thematische Offenheit gegeben. Grenzen werden dann gesetzt, wenn die aufgeworfene Thematik nicht mehr in den Rahmen „Beratung" passt, sondern eher eine Therapie erfordert.

Auch bei den Typen 1 und 2 findet sich die Einzelberatung als eine Handlungsform ihrer Tätigkeit, allerdings im Rahmen von Seminaren. Wird bei Teilnehmern ein Problem erkennbar, das in der vorgesehenen Interaktionsstruktur nicht zu bearbeiten ist, bieten Kursleiter des Typs 1 und 2 die Möglichkeit zu Einzelgesprächen in der Pause oder am Abend an. Typ 2 jedoch bearbeitet bestimmte Fragestellungen auch direkt im Seminar. Dazu wird der ursprüngliche Rahmen aufgehoben und von den Teilnehmern hierzu ein neuer Auftrag eingeholt. Das heißt, die Teilnehmer werden darauf aufmerksam gemacht, dass es sich jetzt um eine andere, persönlichere Art der Arbeit handelt, die das Einverständnis der Gruppe und den Auftrag des Betreffenden voraussetzt.

In Bezug auf die eigene Arbeit sehen die Kursleiter des Typs 1 die therapeutische Ausbildung als Zusatzqualifikation an. Sie finden sie wichtig für ihre eigene Professionalität, sie ist aber nicht Hauptbezugspunkt für das eigene Handeln. Die verschiedenen Ebenen des Handlungsrepertoires und des professionellen Selbst werden durch die Qualifikation angereichert, aber nicht vollkommen ausgefüllt. Ganz anders ist dies bei Typ 4. Die therapeutische Ausbildung ist bei diesem zwar nicht die alleinige, aber die zentrale Qualifikation für sein Handeln als Kursleiter. Ohne diese Qualifikation könnten die Kursleitenden die Art ihrer Kurse so nicht durchführen. Typ 1 könnte auch ohne die Ausbildung als Kursleiter seine Art von Seminaren durchführen, Typ 4 könnte dies nicht. Bei Typ 3 handelt es sich wieder um eine Mischform: Die therapeutische Ausbildung ist nicht die zentrale Qualifikation für seine Tätigkeit, wohl aber für einen bestimmten Teilprozess seiner Arbeit. Die Analyse und Diagnose von den Ursachen bestimmter Kompetenzprobleme wäre ohne diese Ausbildung so nicht möglich. Typ 2 liegt etwas quer zu den anderen Typen. Die therapeutische Ausbildung scheint eine Art Schlüsselqualifikation zu sein. Sie ist zentral, aber dennoch wird nicht im Gesamtprozess auf sie zurückgegriffen. Der Umgang mit den Teilnehmern und vor allem der Umgang mit Lernproblemen werden jedoch grundsätzlich durch die therapeutische Qualifikation geprägt.

8.1.2 Übersicht: Kurzcharakterisierung der Typen

Auf den folgenden Seiten gibt eine Tabelle (Abbildung 32) eine Kurzübersicht über die Typen anhand der zuvor aufgeführten und näher erläuterten Kategorien.

Die Zuordnung der einzelnen Kursleitenden (KL) zu den Typen sieht folgendermaßen aus:

Typ 1	Typ 2	Typ 3	Typ 4a	Typ 4
KL1, KL2, KL3, (KL4)	KL5, KL6	KL7, KL8	KL9, (KL12)	KL10, KL11

Die Zuordnung der Kursleitenden KL4 und KL12 ist aus verschiedenen Gründen nur eingeschränkt möglich. Bei KL12 existiert von dem Interview nur ein Mitschrieb und keine transkribierte Aufnahme. Die Kursleitende hat sich unmittelbar vor dem Interview noch gegen die zunächst zugesagte Aufnahme entschieden. Eine ebenso genaue und in die Tiefe gehende Auswertung wie bei den anderen Interviews war daher in diesem Fall nicht möglich. Die vorhandenen Auswertungsergebnisse weisen jedoch auf eine Zuordnung zu Typ 4a hin.

KL4 erwies sich in der Zuordnung etwas schwieriger, da hier zwar überwiegend die Merkmalsausprägungen von Typ 1 zu finden waren, jedoch ebenfalls Merkmale von Typ 3. Aus seiner biographischen Entwicklung lässt sich vermuten, dass sich der betreffende Kursleiter von Typ 1 zu Typ 3 hinbewegt. Da bei diesem Kursleiter jedoch keine neuen Merkmale gefunden werden konnten, wie dies bei Typ 4a z.B. der Fall war, stellt er keinen neuen Typus, sondern eher eine in der Realität vorkommende Mischform dar.

Kategorie \ Typ	Typ 1: Trainer sozialer Kompetenzen	Typ 2: Trainer und Helfer	Typ 3: Berater zur Leistungssteigerung und Personalentwicklung	Typ 4a: Begleiter zielgerichteter Persönlichkeitsentwicklung	Typ 4: Begleiter persönlichen Wachstums
Problembezug	Kompetenz	Kompetenz	Performanz	Wachstum + Performanz	Wachstum
• Zentralwert	Persönlichkeitsbildung	Persönlichkeitsbildung	Persönlichkeitsbildung, Effizienz/Leistung	Persönlichkeitsbildung, Effizienz/Leistung	Persönlichkeitsbildung, Gesundheit, Sinn
• Wissensform	Schwerpunkt Interaktionswissen	Interaktions-+ Identitätswissen	Identitäts-+ Interaktionswissen	Schwerpunkt Identitätswissen	Identitäts-+ Orientierungswissen
Selbstbild	Trainer/Coach	Trainer/Coach	Berater	Berater	Pädagoge/Lehrer
Reichweite	Teilnehmende	Teilnehmende	Teilnehmende + Unternehmen	Teilnehmende	Teilnehmende + Gesellschaft
Aufgaben	• Wissen weitergeben • Lernraum gestalten	• Wissen weitergeben • Lernraum gestalten	• Deutung/Diagnose/Analyse • Rat geben	• Rahmenbedingungen/Interaktionsstruktur gestalten • Deutung/Diagnose/Analyse • Rat geben	• Begleiten (ermutigen + deuten) • Rahmenbedingungen/Interaktionsstruktur gestalten
Lernform	Übung/Tun, Imitation, Diskurs	Wissen integrieren, Übung/Tun, Erleben	Bewusstwerdung/Diskurs	Ganzheitliches Erleben (Diskurs)	Ganzheitliches Erleben (Diskurs)
Persönlichkeitsebene	Kognition + Emotion	Kognition + Emotion + Muster	Kognition + Emotion + Muster + Körper	Kognition + Emotion + Muster + Körper	(Kognition) + Emotion + Muster + Körper + Spiritualität
• bewusst/unbewusst	vor allem auf bewusste Prozesse bezogen	Lernen zielt zunächst auf bewusste Prozesse; unbewusste Elemente werden lediglich dann wichtig, wenn „Lernwiderstände" auftreten	Bewusstmachung unbewusster Wissenselemente ist ein zentraler Bestandteil der Arbeit	Bewusstmachung unbewusster Wissenselemente ist ein zentraler Bestandteil der Arbeit	Lernen richtet sich vor allem auf unbewusste Persönlichkeitsanteile

Typ / Kategorie	Typ 1: Trainer sozialer Kompetenzen	Typ 2: Trainer und Helfer	Typ 3: Berater zur Leistungssteigerung und Personalentwicklung	Typ 4a: Begleiter zielgerichteter Persönlichkeitsentwicklung	Typ 4: Begleiter persönlichen Wachstums
Setting	Training, Einzelarbeit für individualisierteren Zugriff und bei „Problemen"	Training ist geeignete Intervention für die Aufgabe	Training eher defizitär, Einzelarbeit wird präferiert	Training eher defizitär, Einzelarbeit wird präferiert	Gruppenarbeit als zentrale Intervention
Verhältnis Arbeit zur Psychotherapie	Position 1 – klare Grenzen	Position 2 – Grenzen werden durch Rahmenbedingungen gesetzt und im Auftrag gesehen	Position 2 – Grenzen werden durch Rahmenbedingungen gesetzt und im Auftrag gesehen	Position 2 – Grenzen werden durch Rahmenbedingungen gesetzt und im Auftrag gesehen	Position 3 – Arbeit ist nach allen Seiten offen
Bedeutung Zusatzqualifikation	Zusatzqualifikation, die insgesamt Professionalität erhöht → therap. Elemente als Hilfstechnik, Unterstützung in verschiedenen (did.) Bereichen	Schlüsselqualifikation, die der eigenen Professionalität zu Grunde liegt. → therap. Elemente durchdringen wie eine Art Persönlichkeitsmerkmale die gesamte Arbeit	zentrale Teilqualifikation – Arbeit wäre ohne sie nicht möglich. → therap. Elemente stark instrumentalisiert für die Problembearbeitung; bezieht sich auf einen wichtigen Teilprozess der Arbeit	Basisqualifikation für die Tätigkeit als Kursleiter → hier eher päd. Elemente zur Unterstützung der Wachstumsarbeit (z.B. Erklärungshintergrund bieten)	Basisqualifikation für die Tätigkeit als Kursleiter → hier eher päd. Elemente zur Unterstützung der Wachstumsarbeit (z.B. Erklärungshintergrund bieten)
Systembezug	vor allem Wirtschaft	vor allem Wirtschaft	Wirtschaft	Wirtschaft	Bildung, Religion, Gesundheit
Auftraggeber	Unternehmen + Einzelne	Unternehmen + Einzelne	Unternehmen	Unternehmen	Einzelne/Institutionen
Komplementärrolle	Teilnehmer als Mitarbeiter	Teilnehmer als Mitarbeiter	Teilnehmer als Mitarbeiter	Teilnehmer als Mitarbeiter	Teilnehmer als private Person/Institutionen

Abb. 32: Kurzübersicht – die Kursleitertypen im Vergleich

8.2 Charakterisierung Typ 1: Trainer sozialer Kompetenzen

Kursleitende dieses Typs sehen und bezeichnen sich selbst als ‚Trainer‘ oder ‚Trainer und Coach‘. Auch wenn sie teilweise bedauern, dass die Begriffe mittlerweile inflationär benutzt werden, identifizieren sie sich mit dem Beruf ‚Trainer‘. Die Berufsbezeichnung steht dafür, anderen Menschen das Erlernen von Kompetenzen zu ermöglichen. Sie distanzieren sich deutlich von Kursleitenden, die nur Wissen präsentieren und Vorträge halten.

> „[...] da sag ich immer man kann über alles reden, nur nicht über 20 Minuten und dann muss man einfach wieder Erfahrungen machen.“ (KL1, Z. 276–279)

Problembezug dieses Kursleitertyps sind (soziale) Kompetenzen. Die Wissensform, die in seinen Seminaren erarbeitet wird, ist überwiegend die des Interaktionswissens. Wie bei allen anderen Kursleitertypen, sind jedoch auch Bestandteile von Identitätswissen enthalten. Ziel seiner Seminare ist die Persönlichkeitsbildung der Teilnehmenden durch Erwerb bestimmter Kompetenzen.

> „Also erfolgreich ist es, also wenn Sie, auf der einen Seite, wenn ich ähm Teilnehmer dazu bewegen kann, dass sie denken, dass sie für sich etwas entwickeln, dass sie Aha-Erlebnisse haben, dass sie inspiriert sind, dass sie motiviert sind, dass sie nachdenklich sind. Also, nicht immer alles auf einmal. Ähm und wenn ich nach Hause gehe und das Gefühl hab, ‚ja, da haste was rübergebracht‘.“ (KL2, Z. 458–467)

Für die Kursleitenden ist es wichtig, ein bestimmtes vorher festgelegtes Thema ‚rüberzubringen‘.

> „[...] wir haben auf der einen Seite ein Auftrag mit bestimmten Themen, die wir bringen müssen. Also, ob das jetzt Kommunikation, das 4-Ohren-Modell, oder, oder bestimmte Dinge, die natürlich, wo wir mit beauftragt wurden. Und dann kommen die Teilnehmer, die ’ne ganz andere Erwartungshaltung u.a. haben könnten. Und da können wir dann, wenn wir das abfragen, gucken, wo können wir, wenn jetzt alle sagen, das Thema interessiert uns sehr und das jetzt weniger. Dann habe ich einen Auftrag, ich muss es machen. Aber keiner, ich lass es nicht zu, dass mir jemand vorschreibt, ob ich das jetzt ne 1/2 Stunde oder 2, also da kann ich durchaus gewichten und das machen wir auch.“ (KL3, Z. 432–446)

Obwohl das Thema inhaltlich – durch einen Auftrag – vorgeschrieben ist, versuchen die Kursleitenden dennoch auf die Bedürfnisse der Teilnehmenden einzugehen. Ausgangspunkt der didaktischen Arbeit ist aber das Thema.

Der Wissenserwerb, das Lernen, erfolgt vor allem durch Übung/Tun und Erfahrungen machen, das heißt vor allem durch die Rezeption von bestimmten Inhalten.

> „Wenn die sagen nach dem Seminar wir haben da wichtige Erfahrungen gemacht. Also des würd ich äh ja, meine Abende dazu verwenden irgendwelche Vorträge zu halten, kann man auch machen, des is nicht so meins, also nur zu reden und äh ohne Übungen oder irgendwelche Erfahrungen für die Leute so was zu machen, des is nich meins, weil ich denk, da bleibt nicht viel hängen [unverständlich].“ (KL1, Z. 285–292)

Das ‚Machen von Erfahrungen‘ ist hier für den *Erwerb von Fähigkeiten* wichtig und nicht wie bei Kursleitertyp 4 für die *Erarbeitung des Wissensinhalts.* „[…] dass ich die Leute immer halt mit den Inhalten praktisch in Verbindung bringe, ja, weil ich kann auch nich Auto fahren nur durch Bücherlesen lernen“ (KL2, Z. 392–395). Demnach richtet sich das Lernen vor allem auf bewusste Prozesse. Es ist nicht das Ziel der Kursleiter die Teilnehmenden mit unbewussten Anteilen ihrer Person in Verbindung zu bringen. Wichtig ist jedoch, dass Lernen nicht nur über Kognition, sondern auch durch Emotionen stattfindet.

> „[…] dass ich ein Verhalten nur dann ändern kann, wenn die so ne Verbindung zu ihrem Gefühl dazu kriegen, ja also so, das is so wie mit Ratgebern, Bücher oder so, ja diese ganzen Beziehungsratgeber und NLP und was es da alles gibt, ja, das erreicht die Leute ja nur über den Kopf und ich schick sie ja nur auf die Straße [?], wenn ich ne Verbindung dazu kriege, dass die Leute en Gefühl dafür kriegen, wie sich es anfühlt, dass es so viel besser is.“ (KL2, Z. 744–752)

Ihre Aufgabe in den Seminaren sehen diese Kursleiter in der Aufbereitung und Strukturierung der Inhalte, vor allem jedoch in der Gestaltung einer für den Erwerb von Kompetenzen geeigneten Lernumgebung. Zu einem erfolgreichen Seminar gehört das Gefühl „Ja, da haste was rübergebracht“ (KL3, Z. 466–467). Ausgangspunkt ist ein bestehendes Wissen, dessen Erarbeitung jedoch auf methodisch abwechslungsreiche Weise ermöglicht werden soll.

Für die angestrebten Lernprozesse werden Seminare als geeignete Interventionsform betrachtet. Coaching als individualisierter Zugang wird nicht wie bei Kursleitertyp 3 als eigentlich bessere Intervention betrachtet, sondern als ergänzende Möglichkeit, wenn jemand ein bestimmtes Thema intensiver bearbeiten möchte. Die Möglichkeit, in den Seminarpausen oder am Abend Einzelgespräche zu führen, ist jedoch fester Bestandteil der Seminarkonzeption.

„Ich denk das ist etwas, wo ich versucht hab, verschiedene Sachen zu kombinieren. So die Supervisionsausbildung und die therapeutische Ausbildung und das in irgendeiner Weise zu kombinieren, das hat, das war zunächst einmal so die Geschichte, dass ich ähm im Rahmen eines Seminars mal angeboten hab, wer will, kann sich am Abend mit mir ne Stunde unterhalten oder so was, und dass ich dann auch festgestellt hab, ich kann des, ich hatte da früher eher Bedenken, früher die Arbeit mit Einzelnen oder Kleingruppen häufig abgelehnt, weil ich nur gewohnt war mit Gruppen und mit Teams zu arbeiten, und hab dann einfach aus der Arbeit heraus gemerkt, ich kann des eigentlich ganz gut. Und ähm hab ich das auf Seminaren angeboten [...]." (KL4, Z. 420–434)

Dies wird vor allem dann relevant, wenn Teilnehmende auf Lernblockaden stoßen, das heißt, wenn ein bestimmter Lerninhalt nicht erarbeitet werden kann, weil größere Widerstände auftreten. Die Bearbeitung von auftretenden Lernproblemen in vom Seminargeschehen ausgegliederten Einzelgesprächen ist gleichzeitig eine Reaktionsweise auf Äußerungen von Teilnehmenden, die in eine ‚therapeutische' Richtung gehen.

„Weil äh vor dem Training kommt die Beratung und vielleicht während dem Training auch, aber die Beratung steht eigentlich davor und Coach, des is etwas, was dann Einzelpersonen betrifft, die dann im Seminar merken, ‚Oh, da hätt ich gern noch mehr oder auch vertraulichere Geschichten' grad bei Führungskräften, und da dann zu schauen, ja is des finanzierbar und kann ich des dann auch für mich so drei, vier, fünf mal machen, dass ich mich da weiter entwickel. Und halt nich so, einmal von der Intensität mehr habe, weil es ja nur für mich is, auch persönlicher, dass ich auch mal Sachen ansprechen kann, die ich vor den andern jetzt nicht ansprechen würde." (KL1, Z. 475–488)

In ihren Seminaren sehen diese Kursleiter eine klare Grenze hin zur Therapie, so wie sie auch grundsätzlich eine klare Grenze zwischen Erwachsenenbildung und Therapie wahrnehmen. Diese Grenze verläuft für sie vor allem entlang dem Thema, den Methoden und der Persönlichkeitsebene; also schon im Übergangsbereich zwischen Psychotherapie und Erwachsenenbildung.

„Also diese Grenze sieht so aus ähm, dass wenn´s um familiäre Aspekte geht, dass ich die ähm aus nem betrieblichen Kontext rauslasse, ja, ähm, dass ich ähm keine Persönlichkeitsentwicklungsthemen mit den Leuten mache ähm, dass ich keine therapeutischen Ansätze dort mache, das is ne ganz klare Grenze, ja, und ja." (KL2, Z. 175–181)

Sie gestalten daher eine Interaktionsstruktur, die keine thematische Offenheit oder das Ansprechen unbewusster Persönlichkeitsebenen ermöglicht. Auch durch präventive Maßnahmen im Vorfeld, z.b. durch die Erfassung möglicher therapeutischer Bedürfnisse bei Teilnehmenden, kann versucht werden, Grenzüberschreitungen im Seminar zu vermeiden.

> „Also, ähm wenn irgendwo therapeutische Grenzfälle sind, dann finden Sie das meistens im Orientierungsgespräch raus." (KL3, Z. 380–383)

Kommt es dennoch durch Teilnehmer zu einer Verletzung dieser Grenze – durch das Ansprechen nicht in den gesetzten Rahmen passender Themen oder das Äußern heftiger Gefühle – reagieren diese Kursleiter dadurch, dass sie dieses Verhalten abblocken und eventuell den Teilnehmer daraufhin ansprechen, um ihm zu sagen, wo er das geäußerte Thema bearbeiten kann; also durch das Setzen einer deutlichen Grenze. Gegebenenfalls ist auch ein kurzes Einzelgespräch in einer Pause des Seminars möglich.

> „[...]und da kommen schon auch mal äh, äh Situationen, wo Leute einfach an ihre persönlichen Sachen rankommen, aber des is dann einfacher zu handlen als, also entweder versucht man en Deckel drauf zu machen, oder, oder beides, versucht en Deckel drauf zu machen und sagt, wo er für sein Problem da weitermachen kann. Dass ma ihm Adressen und Tipps gibt und so, aber natürlich im Seminar arbeite ich nicht therapeutisch." (KL1, Z. 123–131)

Der Teilnehmende wird mit seinem (therapeutischen) Bedürfnis also durchaus wahrgenommen und es erfolgt eine erste Einschätzung des Problems mit einem Verweis auf eine mögliche Anlaufstelle dafür. Im Seminargeschehen selbst aber wird das Thema nicht bearbeitet. Der Rahmen ‚Seminar' wird nach seiner ‚Verletzung' wieder hergestellt.

> „[...] die hat er dann so geschildert und da is auch mal der Punkt, wo ich dann sag, also ich hab da ne andere Meinung dazu, kann mich gern mal mit Ihnen drüber unterhalten, aber nicht in dem Rahmen. Also wo ich einfach Grenzen setz, was ist in der Gruppe beispielsweise möglich und was ist nicht möglich." (KL4, Z. 301–306)

In solchen Fällen ist es den Kursleitern wichtig, die Teilnehmer zu schützen; sowohl diejenigen, die den Rahmen verletzen, als auch die übrigen Teilnehmenden. Während Kursleiter des Typus 2 es hier eher als ihre Aufgabe betrachten, das so geäußerte ‚Lernproblem' zu bearbeiten, sehen diese Kursleiter es als ihre Aufgabe an, dem Teilnehmer sozusagen vor sich selbst Schutz zu bieten.

„Es gibt ja äh so Situationen, wo, wo Leut so ganz offen und verletzlich sind und wo ma auch des Gefühl hat, des gehört einfach nicht hierher. Also der äh öffnet sich auf ne Art und Weise und hat auch therapeutische Bedürfnisse, wenn man des, wenn man dem nachgeht, dann tut es ihm mal vielleicht leid, äh, äh am letzten Tag, dass er sich so geoutet hat vor der Gruppe, ja sag ich mal, also deswegen gehört's auch nicht her und dann is natürlich auch klar, dass andere Gruppenmitglieder sagen ‚ja, warum sind wir eigentlich hier‘ und so ‚wir machen ja keine Therapie, sondern haben en bestimmtes Thema und äh da wollen wir auch was hören und weiterkommen‘. Und da is für mich so klar die Grenze, also thematisch mal und auch vom Persönlichen, dass ich da den Deckel drauf mach und dann aber noch mal mit dem red und ihm halt sage, was er weiter machen kann. So eher für sich weiter machen kann. Aber im Seminar hat des nichts verloren." (KL1, Z. 218–236)

Trotz dieser klaren Grenze hin zur Therapie ist die therapeutische Qualifikation ein Bestandteil der Professionalität bei diesen Kursleitern. Die therapeutische Ausbildung hat hier die Funktion einer Zusatzqualifikation, das heißt, die eigene Professionalität wird durch diese Ausbildung als höher begriffen, stützt sich aber nur zu einem Teil darauf. Im Gegensatz zu Typ 4, der seine Tätigkeit ohne diese Ausbildung nicht ausüben könnte, ist die therapeutische Qualifikation für diese Kursleiter keine notwendige Voraussetzung für ihren Beruf. Dennoch wirkt sie sich auf verschiedene Teilbereiche des professionellen Selbst aus.

„Aber also, dass man bestimmte Methoden versucht zu integrieren, so und da hab ich dann ganz viel gemacht von der Transaktionsanalyse oder Familienstellen und so aus den Fortbildungen, da kann ich immer methodische Elemente nehmen, aber der Inhalt wird halt vorgegeben durch des, was die Firma will oder was die Gruppe will, so. Und dann versuche ich es über äh so ja en ganzen Pool von Methoden des halt rüberzubringen." (KL1, Z. 260–268)

Im letzten Zitat wird nochmals die klare Orientierung an einem vorgegebenen Thema deutlich und die Funktion der therapeutischen Zusatzqualifikation in diesem Rahmen. Wichtig ist, dass ein bestimmter Inhalt erlernt werden kann. Therapeutische Elemente dienen hier zur Erweiterung des Methodenpools und werden gezielt in der Arbeit eingesetzt. Sie werden jedoch in den Rahmen „Seminar" integriert.

Die Entscheidung eine therapeutische Zusatzausbildung zu machen muss trotz dieser positiven Einschätzung nicht mit dem Beruf des Kursleiters in Verbindung stehen. Im Gegensatz zu den Typen 3 und 4, die eine therapeutische Ausbildung ganz bewusst in Bezug zu ihrer (geplanten) Tätigkeit als Kursleiter gemacht haben, ist der Übergang hin zu dieser Ausbildung eher von Zufällen geprägt oder zumindest von einer gewissen Offenheit was den späteren Nutzen anbelangt. Es geht in erster Linie darum, etwas für ‚sich selbst‘, für die eigene Entwicklung, zu tun.

Die therapeutische Ausbildung ist also eher an die eigene Person als an den Beruf gekoppelt. Besonders deutlich wird dies bei KL1, der bei der Darstellung seines beruflichen Werdegangs die therapeutischen Ausbildungen gar nicht erwähnt. Erst auf Nachfrage hin kommt er darauf zu sprechen.

> „[...] des hab ich zunächst begonnen, um für mich was zu machen. So einfach so Persönlichkeitsentwicklung, so. Und ja, dann hat mir des aber auch so viel Spaß gemacht und dann hab ich ne zeitlang auch die Leute, also war da Assistent bei dem, der des gemacht hat, und hab da auch so lehrtherapeutisch gearbeitet." (KL1, Z. 109–115)

Interessant ist in diesem Zusammenhang auch, dass die Kursleiter die Bedeutung der therapeutischen Ausbildung für potentielle Auftraggeber eher niedrig einschätzen. Der eigene ‚Marktwert‘ als Kursleiter wird in ihren Augen durch diese Ausbildung nicht wesentlich erhöht.

> „[...] aber ich sag um Gottes willen nicht, dass ich therapeutisch arbeite oder – ich sag auch meistens gar nicht, dass ich eine therapeutische Ausbildung hab. Also, manche, also des is im Grunde auch des Unwichtigste, dass ich so'n Heilpraktiker in Psychotherapie hab, also im Grunde gehörts gar net da rein." (KL1, Z. 662–669)

Im Gegensatz dazu sehen die Kursleiter der Typen 3 und 4 ein deutliches Interesse der Auftraggeber an dieser Qualifikation. Die therapeutische Ausbildung hat für die Kursleiter des Typus 1 demnach sowohl nach außen als auch nach innen nicht die zentrale Bedeutung für das berufliche Selbstbild, wie dies bei den anderen Kursleitertypen der Fall ist.

Eine mögliche Erklärung für den etwas lockeren Bezug zum professionellen Selbst könnte darin liegen, dass diese Kursleiter schon vor der therapeutischen Ausbildung als Trainer tätig waren. Für ihre Sozialisation als Kursleiter war die therapeutische Ausbildung eher nebensächlich. Beim Übergang in den Trainerberuf spielten der Wunsch nach Veränderung im bisherigen Beruf sowie die Offenheit für kommende Ereignisse eine gewisse Rolle. Die treibende Motivation für den Beruf des Trainers liegt bei diesen Kursleitern in der Möglichkeit, die eigenen Talente für diese Art von Tätigkeit umzusetzen, und in der Vielseitigkeit der Aufgabe, die einfach „Spaß" macht.

> „Und wenn ich merke, dass ich an meine Kraft komme und auch Spaß hab, ja, ich will ja auch Spaß haben bei der Arbeit, dann is es gut." (KL2, Z. 319–322)

Im Gegensatz zu den Grundmotiven der anderen Kursleiter ist hier keine Berufung zu erkennen in der Hinsicht, dass eine bestimmte Lehre, ein bestimmtes Wissen weitergegeben werden soll oder diese Kursleiter eine Art ‚höheren' Auftrag für ihr Tun wahrnehmen. Die enge Verbindung zwischen einer eigenen intensiven Lernerfahrung (Typ 4) durch die therapeutische Ausbildung und der Tätigkeit als Kursleiter ist hier also nicht gegeben.

Für ihre weitere berufliche Zukunft planen die Kursleiter keine größeren Veränderungen, sondern lediglich eine stärkere Profilbildung und Fokussierung auf bestimmte Themengebiete. Der Trainerberuf ist also zunächst Zielpunkt der beruflichen Entwicklung und kein Zwischenschritt.

„Also Präsentationstrainings hab ich schon lange aufgegeben, weil da bin i nimmer, da is die Frage der Glaubwürdigkeit, das können andere besser. Also ähm besondere Pläne für mich noch stärker rauszuarbeiten, wo sind eigentlich meine Stärken, welche Sachen möcht ich in Zukunft machen, wo ich auch für jemand, mit dem ich zu tun habe, glaubwürdig bin. Ja insofern gibt's keine konkreten Pläne, aber irgendwo doch so im Hinblick darauf, meine eigene, mein eigenes Profil noch zu stärken oder noch zu schärfen." (KL4, Z. 1178–1188)

Der berufliche Kontext, in dem sich diese Kursleiter von Anfang an bewegen, ist der des Managementtrainings. Das bedeutet, die Auftraggeber sind zunächst Unternehmen und die Teilnehmer und Teilnehmerinnen kommen als Mitarbeiter in die Seminare. Allein schon durch die Tatsache, dass die Teilnehmenden nicht als Privatperson, sondern in einer gewissen Rolle an den Seminaren teilnehmen, begrenzt die möglichen Inhalte (vgl. hierzu auch Kap. 9.3).

„Aber ähm ich würd betrieblich, mich auf betriebliche Kontexte ähm beziehen. Die könnt man auch natürlich auf die Familie wieder übertragen, aber das gehört da einfach nicht hin, ja, und wenn das jemand machen will, dann äh, dann muss er sich dann ein anderes Setting suchen, ja [...]." (KL2, Z. 192–197)

Ein weiteres wichtiges Element dieses Kontexts ist der doppelte Auftraggeber. In erster Linie kommt ein Auftrag natürlich von den Unternehmen. Allerdings nehmen die Kursleiter auch die Teilnehmenden als Auftraggeber wahr. Es gilt beide Interessen unter einen Hut zu bringen. Dadurch bezieht sich die Reichweite der Kursleitertätigkeit zwar auch auf das Unternehmen, durch die Trainertätigkeit aktiv auf Unternehmen Einfluss zu nehmen steht jedoch nicht unbedingt im Zentrum des Berufskonzepts.

Bei diesem Kursleitertyp ist die vielseitige Verwendung therapeutischer Elemente für die eigene Professionalität bei gleichzeitig klarer Grenzsetzung in Richtung Therapie besonders interessant. Die Bedeutung der therapeutischen Qualifikation für eine sicherere professionelle Grundhaltung als Trainer gibt wichtige Anregungen für weitere Überlegungen hinsichtlich der Professionalität von Trainern im Themenbereich „soziale Kompetenzen und Persönlichkeitsentwicklung" (siehe hierzu auch Kap. 9.1.4). Im Vergleich zu den anderen Kursleitertypen gehen diese Kursleiter bei ihren Seminaren am stärksten von einem bestimmten Thema aus – jedoch ohne dadurch in eine Fachschulung zu verfallen. Die thematische Gestaltung der Lernumgebung steht im Vordergrund und weniger die Anregung von Selbstreflexion oder eine genaue Problemanalyse.

8.3 Charakterisierung Typ 2: Trainer und Helfer

Dieser Kursleitertyp ist von seinem Berufskonzept her dem Kursleitertyp 1 am nächsten, was auch durch den Begriff ‚Trainer' in der Typenbezeichnung deutlich werden soll. Auch diese Kursleitenden orientieren sich an dem Problembezug der Kompetenz und sehen sich in ihrer Arbeit in der Erwachsenenbildung als Trainer oder Trainer und Coach. Das Selbstbild wird jedoch dadurch ergänzt, dass die Kursleitenden gleichzeitig auch als Therapeuten tätig sind und sich noch stark mit ihrer Grundausbildung als Psychologen identifizieren.

> „Und meistens will ich die Leute nicht überfahren und würde sagen, ich bin Managementtrainerin, Persönlichkeitstrainerin und Therapeutin und dann bin ich im Moment bei den zwei Letzten. Aber ich verdien mein Hauptgeld immer noch als Managementtrainerin." (KL6, Z. 918–923)

Im Gegensatz zu Kursleitertyp 3 können sich diese Kursleiter gut mit dem Beruf des Trainers identifizieren, lehnen aber wie Typ 1 ein Verständnis von Trainern als reinen Präsentatoren von Wissen eher ab. Zu dem Berufsbild Trainer gehört für sie der kompetente und professionelle Umgang mit anderen Menschen. Sie grenzen sich von den Trainern ab, die mit den Teilnehmenden und ihren Gefühlen nicht gut umgehen können.

> „Weil, für mich ist das kein Trainer, der einen Teilnehmer nicht auffangen kann, der an seine Trauer kommt. Also, das muss nicht heißen, dass meine Teilnehmer weinen müssen, und natürlich auch nicht heißen, dass sie an Trauer kommen müssen. Aber ich muss damit rechnen, dass ein Mensch an Gefühle kommt, die er negativ bewertet. Weil, wir bewerten ja nicht all unsere Gefühle positiv. Und wenn ich als Trainer nen Widerstand habe, bin ich der Meinung, unterstütze ich meine Teilnehmer nicht." (KL6, Z. 966–977)

Anders als Typ 1 sehen diese Kursleiter ihre Aufgabe nicht nur in der Gestaltung einer entsprechenden Lernumgebung und der Ermöglichung das vorgegebene Thema zu lernen. Sie haben den Anspruch, den Teilnehmern etwas mehr zu ‚geben‘.

> „Ich hab da früher logischerweise Präsentations- und Moderationsseminare gemacht und so und ich mach die Sachen auch noch total gerne, weil man kann wirklich so viel reinstecken, dass die Leute mit mehr rausgehen als nur: wie groß schreibe ich, wie viel Zeilen, und so was ähm und das ist für mich die Herausforderung, ihnen mehr zu geben und sie wissen noch nicht mal, was." (KL6, Z. 1872–1880)

Es geht also darum, nicht nur Interaktionswissen, sondern immer auch Identitätswissen zu vermitteln. Die Teilnehmenden sollen nicht nur in der Sache etwas lernen, sondern auch etwas über sich selbst.

> „Und egal, ob ich Dir Kommunikation beibringe [Pause] oder irgend ne mathematische Aufgabe, gerade in der Kommunikation bringe ich Dir immer was über Deine Persönlichkeit bei, weil ich Dir immer Feedback gebe […]." (KL5, Z. 1039–1043)

Hinzu kommt, dass es diese Kursleitenden auch als ihre Aufgabe ansehen, den Teilnehmern bei auf das Thema bezogenen Lernproblemen *zu helfen*. Daher steht auch der Begriff Helfer in ihrer Typenbezeichnung. Die Integration von Identitätslernen in den Lernprozess wird in einem Zitat von Kursleiterin KL5 besonders gut deutlich.

> „Und ich denke, da liegen meine Qualitäten drin. Dass ich nicht sage, durch so ein Drehkreuz kommen Sie durch, indem Sie die Füße auf den Boden machen und drei mal tief durchatmen und die Hände ballen und denken, den Kerl krieg ich schon irgendwie, ja, sondern wirklich zu kucken, was hindert mich, wie hindere ich mich im Grunde genommen daran, indem ich bestimmte Glaubenssätze habe, über mein Leben, wie es zu gehen hat, über mich, wie ich zu sein habe und wie kann ich Glaubenssätze eigentlich auch verändern, indem ich mir genau diesen biographischen Teil ankucke, und des hab ich immer gemacht." (KL5, Z. 1014–1026)

Mit diesem ‚biographischen Teil‘, mit den ‚Glaubenssätzen‘, sind auch unbewusste Persönlichkeitsanteile angesprochen. Dies ist allerdings nicht der Hauptfokus der Tätigkeit, sondern wird vor allem bei Lernschwierigkeiten, bei der Umsetzung einer bestimmten Kompetenz relevant. Zunächst sollen die Teilnehmenden jedoch auf den Ebenen der Kognition/Emotion erreicht werden.

„Und die meisten Menschen, die ich in Trainings da habe, sind emotional eher schwer zugänglich, und da ist es sehr hilfreich mit Konzepten zu arbeiten, wo man sie auf jeden Fall mal auf der Verstandesebene erreicht. Und wenn man Glück hat und sie dann sich öffnen, kann man auch schauen – wie sehr kann man weiterarbeiten. (KL6, Z. 348–355)

Lernen hat bei diesem Kursleitertyp zunächst viel mit Wissen annehmen und verstehen zu tun, ist also eher reproduktiv ausgerichtet. Allerdings kommen in bestimmten Phasen des Lernprozesses auch die Übung, das Tun und das Erleben hinzu. Aufgabe der Kursleiter ist es, die Inhalte didaktisch gut aufzubereiten und zu präsentieren, einen entsprechenden Lernraum zu gestalten und bei Schwierigkeiten Möglichkeiten zur Problemanalyse zu geben und eine Deutung anzubieten.

Die Interventionsform Training wird nicht als defizitär, sondern als für diese Ziele geeignet betrachtet. Es geht diesen Kursleitenden gerade darum, möglichst vielen Menschen den Zugang zu einem bestimmten Wissen zu ermöglichen.

„Wo ich gemerkt habe, ja eigentlich müsste man, also das, das Wissen auch, was ich habe, nicht nur des Theoretische, was natürlich immer mehr geworden is, sondern auch der praktische unmittelbare Umgang mit Menschen, was meine enorme Stärke is, wo ich gedacht habe, eigentlich is des schade, wenn ich das hier so brachliegen lasse […]." (KL5, Z. 384–390)

Die Position der eigenen Arbeit zu therapeutischer Arbeit ist sowohl durch klare Abgrenzung als auch durch gezielte Integration gekennzeichnet. Die Unterschiede zwischen Therapie und Erwachsenenbildung werden einmal in rein äußerlichen Faktoren gesehen (z.B. Zeitdauer, Freiwilligkeit der Teilnehmer) aber auch in der unterschiedlichen Interaktionsstruktur.

„Also dadurch, dass es da einfach mehr Mithörer gibt und Mitseher, ist es für mich ein totaler Unterschied. Weil es nicht so intim ist, wie wenn ich zu zweit Themen anspreche." (KL6, Z. 803–807)

Im Gegensatz zu Kursleitertyp 1 schließen diese grundsätzlichen Unterschiede zwischen Therapie und Erwachsenenbildung die Nutzung eher therapeutischer Lernprozesse im Seminar jedoch nicht aus. Während Kursleitertyp 1 vor allem aus der Therapie kommende Techniken zur Erreichung der ansonten stark an Interaktionswissen orientierten Seminarziele integriert, sehen diese Kursleiter ihre Aufgabe auch in der Bearbeitung von Lernproblemen oder Lernhindernissen durch die Gewinnung von Identitätswissen. In diesen Fällen kommt das Therapeutische mehr zum Tragen.

„Aber wenn ich rein jetzt die Kommunikationstrainings mache und es keine auffälligen Hürden gibt, dann mach ich rein die Theorie und die Praxis. Dann bleib, bin ich eher Trainerin und lass das Therapeutische, weil dann vermittel ich ja auch viel Fakten. Ja. Und dann lass ich das eher im Hintergrund. Aber so wie es um die Selbsterfahrung geht, dann kommt der therapeutische Teil, kann der stärker wieder reinkommen." (KL5, Z. 1616–1624)

Der Umgang mit ‚Grenzüberschreitungen' hebt sich vor allem durch zwei Elemente von den Reaktionen der anderen Kursleitertypen ab: Während zum Beispiel Kursleitertyp 1 bei Grenzsituationen, also Situationen, die den Rahmen Training verletzen, mit Abblocken reagiert, gehen diese Kursleitenden auf das Problem ein und prüfen, inwieweit es sich direkt im Seminar oder in einem Einzelgespräch in der Pause bearbeiten lässt. Wichtig ist in dem Zusammenhang, dass für die Bearbeitung des Problems im Seminar sozusagen ein neuer Auftrag der Teilnehmenden eingeholt wird. Das heißt, diese Kursleitenden erkennen, dass durch ein Eingehen auf eine bestimmte Äußerung eines Teilnehmers der ursprüngliche Rahmen des Seminars verlassen wird und dass ein neuer Aushandlungsprozess hinsichtlich der Grenzen notwendig ist. Es wird aber auch die Lernchance gesehen, die durch die veränderte Wissensebene gegeben ist.

„Und auch wenn die sagen, kann ich das nur für die Arbeit verwenden oder geht das auch privat, dann hör ich schon raus, aha, ne, so und dann steig ich eher wieder da ein. Und ich sage, trauen Sie sich das hier öffentlich zu machen, ist es erlaubt, dürfen wir es wissen, ja. Und viele finden das schon alleine, ja, dass ich nachfrage, ist es erlaubt, dürfen wir alle das hören, ja, sehen die schon als ne Form von Schutz an, manche bleiben in dem Schutz und sagen, will ich nicht sagen, manche sagen, ach ja, is ne Gelegenheit, mach ich mal. Dann kann es sein, dass ich switche." (KL5, Z. 1605–1616)

„Ist es jetzt möglich, das als Beispiel zu nehmen, was viele andere Teilnehmer auch betrifft – und hol mir erst natürlich das Einverständnis des Teilnehmers – um das Beispiel dann vielleicht durchzuarbeiten, dass andere für sich da was draus ziehen." (KL6, Z. 798–803)

Es gibt jedoch auch für diesen zweiten oder neu gesetzten Rahmen im Seminar eine Grenze hin zur Therapie. Eine vollkommene Offenheit, was die Äußerung von Themen angeht beziehungsweise welche Themen in welcher Ausführlichkeit bearbeitet werden, ist auch dann nicht gegeben. Die Gruppe insgesamt und die Möglichkeiten des Settings werden nicht aus den Augen verloren.

„Und wenn jemand dabei ist und, und äh kommt zu ner Situation, wo er weint, ist das im Seminar für mich völlig in Ordnung und den trage ich da auch durch und ähm so weiter. Aber ähm es kann sein, dass ich da nicht nur einen zu tragen hab, sondern noch 15 andere, weil, weil die kommen ja auch an ihre Gefühle. Positiv oder negativ zum Thema Weinen oder was auch immer, ja. Und das eskaliert, das würde ja irgendwann ausarten, wenn das alles, wenn ich dadrauf einginge." (KL6, Z. 815 – 825)

In diesem Zitat wird außerdem das zweite Element in der Reaktion auf Grenzüberschreitungen deutlich: Der Teilnehmende wird durch die Situation ‚hindurchgetragen'. Die Metapher des ‚Tragens' weist auf eine gewisse Verantwortungsübernahme in diesem Moment hin.

Die therapeutische Qualifikation ist für diese Kursleiter ein selbstverständlicher Bestandteil ihrer Professionalität, auf den sie bei Gelegenheit jederzeit zugreifen können. Sie ist eine zentrale Schlüsselqualifikation im Umgang mit Menschen, die für verschiedene Handlungsfelder einsetzbar ist. Durch die enge Bindung der therapeutischen Ausbildung sowohl an die eigene Person als auch an den Beruf hat die therapeutische Qualifikation fast schon etwas von einem Persönlichkeitsmerkmal.

„Ich sag, ich bin ich. Ich bin Psychologin, ich bin Therapeutin, ich bin Trainerin […]. Ich kann es nicht trennen, ich trenne es von Situation zu Situation, aber äh ich bin ich. Ja. Ich kann nicht sagen, ich bin jetzt hier nur Psychologin oder ich bin jetzt hier nur Mutter, sondern ich bin alles, ja. Und je nachdem, was grad mehr in den Vordergrund gehört, präsentier ich sicherlich mehr, […]." (KL5, Z. 2045 – 2054)

In ihrem Werdegang ist die therapeutische Zusatzqualifikation sowohl mit der Grundausbildung, mit der eigenen Person und mit dem Beruf des Kursleiters verbunden, also vor allem mit der eigenen Biographie.

„Ja. Ähm [kurze Pause] meine ganz persönliche Meinung, des gilt für niemand
anders, aber für mich gilt des, ähm es gibt viele Situationen, die ich äh als Super-
visorin, aber natürlich auch als Psychotherapeutin für Kinder und für Erwachsene,
ähm erlebt habe, und auch als Trainerin, und ich denke, meine gesamte Biographie
und ein fachliches Können, meine Ausbildung, die haben mir dabei geholfen diese
Situation immer zu managen. Ich bin der Überzeugung, wenn man in der Erwachsenenbildung arbeitet [Pause], dann weiß, ich weiß ja, wie ich angefangen habe als
Trainerin, in was für Situationen ich reingelaufen bin, in die ich gar nicht mehr heute reinlaufen würde, ja, äh und des is zurückzuführen auf nicht können und nicht
wissen. Umgang mit Menschen, des A und des O." (KL5, Z. 825 – 848)

Auffallend ist, wie sehr der Beruf oder die Berufe insgesamt mit der eigenen Lebensgeschichte und den eigenen Lebensthemen in Verbindung gebracht werden. Wie
auch bei Kursleitertyp 4 (und etwas schwächer bei Kursleitertyp 3) ist der Beruf auch
Berufung. Die Grundmotivation liegt in dem Wunsch, anderen etwas zu geben, zu
helfen, das eigene Wissen weiterzugeben und mit anderen Menschen zu arbeiten.

„[...] und gottfroh war ich eigentlich, wie ich ne gute Ausrede hatte, warum ich
nicht BWL studier, und dann habe ich mich für das entschieden, was meins ist. War
schon immer meins gewesen. Interesse für den Menschen, die Psyche, die Seele,
würde ich mal sagen." (KL6, Z. 327 – 332)

Die Zukunftspläne der Kursleitenden, die sich auf eine noch intensivere Unterstützung von Menschen in Prozessen der Persönlichkeitsentwicklung richten, machen
dies ebenfalls deutlich.

Die therapeutische Qualifikation bezieht sich als eine Art Schlüsselqualifikation auf
den Gesamtprozess in Seminaren, kommt aber vor allem in bestimmten Situationen,
z.B. bei Lernschwierigkeiten, die biographisch gedeutet werden sollen, oder bei einer
Grenzüberschreitung in Richtung Psychotherapie, voll zum Tragen.

In dieser Hintergrundfunktion durchdringt die therapeutische Qualifikation viele Bereiche des professionellen Selbst (Fachwissen, Berufswissen, Handlungsrepertoire,
vgl. hierzu auch Kap. 9.1). Im Gegensatz zu der Funktion, die sie bei Kursleitertyp
4 einnimmt, ist sie aber nicht alleiniger Bezugspunkt für das Handeln in Seminaren.
Vor allem die Beziehung zu den Teilnehmenden, eine therapeutische Grundhaltung,
der Umgang mit Menschen sind dabei das entscheidende Element, für die erfolgreiche Arbeit als Kursleiter.

„Es sind oftmals gar nicht die Methoden, die einen Menschen wieder gesund machen, da kannste Gestalt, VT, Tiefenpsychologie, alles nehmen, ja, Psychodrama, was es alles gibt an therapeutischen Richtungen, ich denke, das ist nicht das Wichtige. Das Wichtige is, dass die Beziehung zwischen mir und dir stimmt. Meine Grundhaltung als Therapeutin, meine Zuversicht für dich, wenn du sie verlierst, äh mein Stehenbleiben, wenn du verzweifelst, mein Mitgefühl, wenn du, wenn es dir schlecht geht, aber auch gleichzeitig meine Abgrenzung, ja, um auch konfrontativ, manchmal muss man konfrontativ arbeiten, des machen zu können, das hab ich in den therapeutischen Ausbildungen gelernt. Und ich glaube, äh, das ist oft das, was ich mitkriege, die Trainer, die ich kennen gelernt habe, was denen von Grund auf fehlt." (KL5, Z. 849–865)

Der professionelle Kontext, in dem sich diese Kursleiter bewegen, ist der des Managementtrainings. Allerdings ist eine deutlich geringere Anbindung an Unternehmen erkennbar als bei den Kursleitertypen 1 und 3. Die Reichweite der eigenen Tätigkeit geht ‚nur' bis zum Einzelnen. Diese Kursleitenden haben keine Ambitionen die Unternehmen selbst zu verändern oder zu beeinflussen. Die Unternehmen treten hier rein als Auftraggeber und nicht als Komplementärrolle auf. Bei KL5 wird dies besonders deutlich, da sie sogar den Kontakt zur Auftragsgewinnung ablehnt. Im Zentrum der Tätigkeit steht die direkte Arbeit mit den Menschen. Auftragsverhandlungen mit Unternehmen und Akquise sind eher ein lästiges Übel. Im Gegensatz zu Kursleitertyp 3 und auch 1 besteht also eher keine Identifikation mit diesem professionellen Kontext. Er ist lediglich das Handlungsfeld und der Rahmen, in dem die eigene Arbeit realisiert wird.

Die Besonderheiten dieses Kontextes, die sich durch die Rolle der Teilnehmenden auch als Mitarbeiter und den doppelten Auftraggeber äußern, werden jedoch wahrgenommen und respektiert.

„Hab dann auch gesagt, ich sage, man könnte jetzt so arbeiten und so arbeiten und bei Ihnen glaub ich, lieg ich ganz richtig, wenn ich sage, Sie müssen sich auch gegenseitig hier schützen und ich sag, ich will's nur ansprechen, damit Sie's, damit die nicht drauf hocken bleiben, ich bin ja verpflichtet auch Sachen anzusprechen, die ich vermute, die da sein könnten, und des war eigentlich immer so ganz zustimmend [Lachen] bestätigt worden. Ja." (KL5, Z. 1638–1642)

Die hervorstehenden Merkmale dieses Kursleitertypus sind die Verwendung der therapeutischen Qualifikation als zentraler Schlüsselqualifikation, die Verbindung der Arbeit als Kursleiter mit der gesamten Biographie sowie der Aufgabenbereich als Trainer, der auch die Bearbeitung von Lernproblemen oder Lernhindernissen umfasst. Obwohl Seminare auch durch eine therapeutisch-psychologische Brille betrachtet werden, reduzieren sie sich nicht auf therapeutische Prozesse.

Die Vermittlung eines bestimmten Wissens hat einen hohen Stellenwert im Berufskonzept dieser Kursleiter. Entsprechend wird auch der Didaktik eine große Bedeutung beigemessen. Die Rückbindung des (Interaktions-)Wissens an die eigene Person und damit die Erarbeitung von Identitätswissen wird beim Auftreten von Lernschwierigkeiten zentral.

8.4 Charakterisierung Typ 3: Berater zur Leistungssteigerung und Personalentwicklung

Auch bei diesem Kursleitertyp sind durch die Bezeichnung schon wichtige Eckpunkte des Berufskonzepts genannt. Die Begriffe Leistungssteigerung und Personalentwicklung verweisen sowohl auf den Problembezug als auch auf den professionellen Kontext.

Das Berufskonzept dieser Kursleiter ist auf die Verwirklichung von Performanz ausgerichtet. Wie in Kapitel 7.2.2 schon dargestellt, betont dieser Problembezug die Erbringung einer bestimmten Leistung und steht in Verbindung zu einer Orientierung am Zentralwert der Effizienz. Die Wissensform ist zunächst eher offen und pendelt zwischen Interaktions- und Identitätswissen. Es ist abhängig von den Voraussetzungen der Teilnehmenden, ob ein Interaktionswissen oder ein Identitätswissen für die Erbringung einer bestimmten Leistung erforderlich ist. Aus den Darstellungen in den Interviews lässt sich jedoch schließen, dass der Schwerpunkt der Arbeit auf der Erarbeitung von Identitätswissen liegt.

„Und welche Muster hindern hier jemanden, also dieses große Bild zu geben und zu schauen, wo will ich hin, was ist das, was ich brauch, was sind da die einzelnen Schritte, die zu gehen, […]. Zu sagen Personalentwicklung muss vom Einzelnen ausgehen, wenn ich als Einzelner mein Bild klarer hab, wo ich hin will, was ich brauch, und das mit dem Lebensbereich in Einklang bringe, und dann zu schauen, und woran, also wo ist eigentlich die Stelle, wo ich das Gefühl hab, ich komm nicht weiter. Und diese Hebelwirkung rauszuarbeiten, und zu sehen, genau da müssen wir was machen." (KL8, Z. 836–850)

Die Kursleitenden sehen sich selbst vor allem als Berater. Mit dieser Berufsbezeichnung verbinden sie eine sehr individuelle, auf die Bedürfnisse des jeweiligen Teilnehmers ausgerichtete Arbeit, die auch mit einem Begleiten von längeren Veränderungsprozessen einhergeht. Sie grenzen sich von „klassischen Trainern" mit ihrer „Katalogware" (KL8, Z. 125, 145) ab.

> „Und dann habe ich gemerkt, so, wo ich eben in dieser externen Trainerrolle da zwei drei Jahre richtig mich auch reingelegt hab, ich komm genau in das Fahrwasser rein, was mir immer wieder bei Trainern früher aufgefallen ist, wo ich in der Personalentwicklung war, ja mach's, zieh dein Training schön runter, schau möglichst ne Teilnehmerbegeisterung und gute Feedbackbögen zu kriegen, also jetzt mal en bisschen bissig gesagt, notfalls teilste en paar Gummibärchen aus, ja und äh schick die Leute in ner guten Stimmung heim, alle sind begeistert, des PE kriegt ne gute Rücklaufquote, sagt unsere Teilnehmer waren begeistert, die Statistik schaut wunderbar aus, ich krieg en nächsten Auftrag, was will man mehr." (KL8, Z. 130–144)

Allein zufriedene Teilnehmende reichen diesen Kursleitenden nicht aus. Ihre Arbeit ist für sie vor allem dann erfolgreich, wenn die Teilnehmenden wirklich etwas über sich erkannt haben und wenn außerdem eine Veränderung in den Unternehmen erreicht wird.

Der angestrebte Lernprozess der Teilnehmenden ist stark durch das Element des Erkennens und des Bewusstwerdens geprägt. Die jeweiligen Inhalte werden durch Reflexion also erst erarbeitet. Eine Veränderung im Verhalten – denn das ist das Ziel – ist nur dann möglich, wenn die jeweiligen Gründe für das aktuelle Verhalten zunächst aufgedeckt und dann entsprechend bearbeitet werden.

> „[…] und dann zu sehen, was sind quasi auch innere Barrieren, weniger hilfreiche Glaubenssätze, Grundprogramme, die demjenigen da im Weg stehen, seine Ziele zu erreichen." (KL7, Z. 883–886)

Das bedeutet, das Lernkonzept dieser Kursleiter zielt auch auf unbewusste Prozesse und vor allem auf die Bearbeitung von (unbewussten) Verhaltens- und Denkmustern ab. Das Aufdecken unbewusster Persönlichkeitsanteile ist Bestandteil der Lernprozesse. Veränderungen sollen nicht nur oberflächlich, sondern auch in ‚tiefer' liegenden Glaubens- und Verhaltensmustern stattfinden. Kursleiter KL8 unterscheidet zwischen einer oberflächlichen, dem Bewusstsein leichter zugänglichen Ebene und einer eher unbewussten Ebene, auf der zentrale Verhaltensmuster sozusagen ‚programmiert' sind und die für eine nachhaltige Veränderung im Verhalten erreicht werden muss.

„Und erst wenn ich zwischen diesen unterschiedlichen Ebenen das Arbeiten anfang, ne Differenzierung, wo hängt was damit zusammen, wie eben diese Stressmuster, die aus dem Betriebssystem kommen, ich entscheide mich nicht, sondern es passiert, und erst wenn ich anfange, auf diesen Ebenen zu arbeiten, dann kann ich en Unterschied machen auf der Benutzeroberfläche. Und die klassischen pädagogischen Herangehensweisen, die sind auf der Benutzeroberfläche und kollidieren damit an diesem Thema, wie komm ich ans Betriebssystem überhaupt ran, eine nachhaltige Veränderung." (KL8, Z. 384–395)

Hinter der Idee einer Benutzeroberfläche und einem Betriebssystem unseres Verhaltens sowie einer direkten Verbindung zwischen beiden Ebenen wird die Vorstellung eines Ursache-Wirkung-Zusammenhangs sichtbar. Kursleiter KL7 verwendet hier die Metapher der Erdoberfläche und tiefer liegender Wurzeln „dass man da mal so tiefer reinschauen kann und gucken kann, was sind die Wurzeln, was sind die Nährstoffe für den Baum da draußen, warum gedeiht der, warum gedeiht der nicht?" (KL7, Z. 1031–1034). Insbesondere bei Kursleiter KL8 erinnert die beschriebene Tätigkeit an eine medizinische Behandlung: Nach einer sorgfältigen Diagnose wird die richtige ‚Medizin' – hier das richtige Wissen – verabreicht.

„Und jetzt in diesem Aspekt oder der bei mir den, heute ein Schwerpunkt meiner Arbeit ausmacht, […] dort war dann immer mehr der Versuch, wo krieg ich denn die Hebelwirkung, wenn ich etwas verändern will, wo setz ich überhaupt an […]." (KL8, Z. 194–200)

Ihre Aufgabe sehen diese Kursleiter daher vor allem in der genauen Analyse der Ursachen für die noch nicht zufrieden stellende Leistung und in der Bearbeitung dieser Ursachen, oft in Form des ‚Ratgebens'. Der Ausgangspunkt ihrer Arbeit pendelt dabei zwischen den Bedürfnissen des Teilnehmenden und dem vorgegebenen Ziel hin und her.

Da diese Art der Arbeit, die sich vor allem durch Problemanalyse und -diagnose auszeichnet, stark auf einzelne Personen bezogen ist, sehen diese Kursleiter Seminare auch nur in seltenen Fällen als geeignete Intervention an (dann, wenn die Problemanalyse ein Wissensdefizit ergeben hat, das durch ein Seminar behoben werden kann).

Die Gestaltung der Seminare ist dann auch so ausgerichtet, dass entweder durch das Angebot von Einzelarbeit in den Pausen oder durch bestimmte Methoden immer wieder eine recht individualisierte Arbeit möglich ist.

„So dass ich da auch probiere, die unterschiedlichen Lernbedürfnisse, und natürlich auch bei so einem Thema, das ist ja schon auch intim und vertraulich, und da sind Ängste und Befürchtungen und alle möglichen Manager, die da auftauchen und sagen: ‚Sieh zu‘ oder ‚Pass auf‘, das ist gefährlich, ja. Also das so zu bauen, dass ähm derjenige quasi das sehr, auch wieder individualisiert quasi sich abholen kann. Das ist nicht ganz einfach, dann auch noch so was wie so einen Gruppenkörper entstehen zu lassen, denn das ist ja im Training auch immer so ein Punkt, aber in der Regel gelingt es dennoch, ne.“ (KL7, Z. 1054–1066)

Vor dem Hintergrund dieser sehr an Beratung orientierten Arbeit, vielfach auch im Einzelsetting, erklärt sich die Position zu therapeutischer Arbeit. Die Grenze zur Psychotherapie wird weniger durch ein zu persönliches Thema oder das Aufdecken unbewusster Persönlichkeitsanteile markiert. Die Unterschiede zwischen Therapie und Erwachsenenbildung werden vor allem in den Voraussetzungen der Teilnehmenden gesehen beziehungsweise in der ‚Schwere‘ eines Problems. Ist es einem Teilnehmenden nicht mehr möglich, die Verantwortung für sein eigenes Handeln zu übernehmen, ist ein Punkt erreicht, der den Rahmen des Seminars sprengt.

„Und das ist für mich ein Unterschied, jetzt auch zu einem therapeutischen Prozess, wo ich als Therapeut ähm eben an manchen Stellen tatsächlich so die Verantwortung übernehme und sage: O.K., ich weiß, dass derjenige jetzt so mit sich beschäftigt ist und ich manche Dinge manage, die er zumindest jetzt in der Therapiestunde z.B. nicht mehr managen muss, was aber im normalen Leben dazugehört. Und das wäre so ein Punkt, wo, also, wo, wo es selten passiert – es passiert auch mal, dass jemand dahin kommt, und wo ich mir dann auch in der Pause oder so eine 1/2 Stunde Zeit für den nehme […]. Und dass es manchmal dann so ist, dass ich bei demjenigen sehe, da gibt es irgendein Thema, wo der jetzt hängt und wo ich dann denjenigen einfach anspreche und sage: ‚Aus meiner Wahrnehmung, also ist das ist ein Thema, was wir hier nicht erledigen können, aber ich würde Ihnen empfehlen da weiterzumachen und sich äh also einen Therapeuten zu suchen und das Thema zu bearbeiten.‘ Ja?“ (KL7, Z. 1143–1174)

Die Reaktionen auf einen ‚Grenzübertritt‘ umfasst die Konfrontation der Teilnehmenden mit einem Hinweis darauf, wo man an dem Problem weiterarbeiten kann, aber auch ein direktes Bearbeiten der akuten Problemlage:„ Das passiert und dann begleite ich die, aber quasi auch wieder eher so mit dem Ziel, Handlungsfähigkeit herzustellen […].“ (KL7, Z. 1211–1113)

In diesem Zusammenhang ist jedoch wichtig, dass diese Kursleitenden sich als Berater begreifen und in der Einzelarbeit die ideale Arbeitsform sehen. Die Notwendigkeit, Teilnehmer oder in dem Fall eher Klienten davor zu schützen, sich vor einer Gruppe zu weit zu öffnen, besteht in einem Einzelsetting nicht. Werden Probleme angesprochen, die diese Kursleiter dem Bereich der Therapie zuordnen – es geht nicht mehr um eine Steigerung von Leistungskraft, sondern zunächst überhaupt um die Herstellung von Handlungsfähigkeit –, so kann in einem Einzelsetting anders damit umgegangen werden, da nicht auch noch die Bedürfnisse einer Gruppe zu berücksichtigen sind.

Darüber hinaus erlaubt das eigene Verständnis als Personalentwickler sowie der stark an Unternehmen orientierte professionelle Kontext keine Thérapie. Therapieaufträge kommen vom Klienten selbst und nicht von einem Unternehmen. Die Frage nach dem grundsätzlichen Verhältnis von Therapie und Erwachsenenbildung ist bei diesen Kursleitern eher eine Frage nach dem Verhältnis von Unternehmen und Therapie.

„Aber dass ich jetzt nicht denke, dass jetzt ein Unternehmen quasi verantwortlich für Therapie ist oder so, wenn da jemand ein Thema hat, dann, dann gibt es da andere äh Baustellen, oder, oder Möglichkeiten, Beratungsstellen usw., wo man das dann [unverständlich] kann." (KL7, Z. 693–699)

„Der [kurze Pause] Haupt- [Räuspern], Hauptunterschied ist für mich: Beim Training [kurze Pause] habe ich einen Auftrag von meinem Auftraggeber, was jetzt das Unternehmen ist, bestimmte Ziele mit den, Lernziele mit den Teilnehmern zu erreichen. Äh bei der Therapie ist der Auftraggeber für mich das Individuum, und der definiert dann die Ziele, also auch wenn jetzt die Krankenkasse zahlt oder auch wenn ein Unternehmen das zahlen würde." (KL7, Z. 1343–1353)

Die therapeutische Ausbildung hat für diesen Kursleitertyp eine hohe Bedeutung für die Ausübung seiner Tätigkeit. Im Vergleich mit den anderen Kursleitertypen ist sie am stärksten funktionalisiert. Die therapeutische Qualifikation beziehungsweise das therapeutische Wissen ist ein Werkzeug, das zur Erreichung bestimmter Ergebnisse eingesetzt wird. Es geht um einen „Zugang zu inneren Wahrheiten" (KL7) oder um die „Hebelwirkung" (KL8), um einen Lernprozess in Gang zu bringen. Entsprechend der Vorstellung, dass ein wichtiger Schritt von Veränderungen Bewusstwerdung und Erkenntnis unbewusster Muster ist, wird die therapeutische Qualifikation als Werkzeug zur Unterstützung oder Hervorrufung dieser Prozesse angewandt.

„Und die Therapieausbildung ist eher eine Möglichkeit, ich sage mal, einer Tiefenbohrung. Ja? Also wenn man da jetzt merkt, dass ein Mensch irgendwie mit irgendeinem Thema gerade kämpft oder nicht weiterkommt oder so, also wo ich dann ganz stark sozusagen individuell arbeiten kann." (KL7, Z. 655–661)

Die therapeutische Ausbildung ist jedoch nicht alleiniger Bezugspunkt für die Arbeit. Im Gegensatz zu den Kursleitertypen 4 und 5 handelt es sich ähnlich wie bei Kursleitertyp 1 um eine Zusatzqualifikation. Diese richtet sich allerdings auf einen zentralen Teilprozess der Tätigkeit, hat also im Gesamt der Professionalität eine andere Stellung und Funktion als bei Kursleitertyp 1.

Die Entscheidung für eine therapeutische Ausbildung steht von Anfang an in einem direkten, engen Bezug zum Beruf des Trainers und Beraters. Auch die Therapierichtung wurde bei diesen Kursleitern am wenigsten durch äußere Gegebenheiten bestimmt, sondern ist Ergebnis eines bewussten Auswahlprozesses.

> „Unter anderem war das halt mit so ein Teil. Und dann eben zu sehen, hier gibt's noch was Heikles [?] hier fühl ich mich ziemlich äh blank. Äh, was könnt denn das sein. Und dann war's über den Kontakt mit einer Trainerin, die mir ganz begeistert von ihrer, die ist von ihrer Herkunft Sozialpädagogin und die ganz begeistert davon gesprochen hat und da bin ich einfach zu nem ersten 5-Tage-Workshop mal gegangen." (KL8, Z. 1483–1490)

Der Beruf des Trainers und Beraters scheint dabei eine konsequente Weiterentwicklung von einer Stellung im Bereich der Personalentwicklung in einem Unternehmen zu sein. Treibende Kraft für die Entscheidung aus einer festen Stellung in eine selbständige Tätigkeit zu wechseln ist vor allem der Wunsch Veränderungsprozesse aktiv mitzugestalten.

> „Also ich würds als ehestes über diese Veränderung, wie gestalte ich Veränderungsprozesse, das ist so das ungeschriebene Motto, was mich antreibt und was ich bei den Kunden, Klienten dann auch einbring." (KL8, Z. 1741–1745)

Die Reichweite der eigenen Tätigkeit reicht dabei nicht nur bis hin zum einzelnen Teilnehmer, sondern ist auch auf Unternehmen und die Gesellschaft gerichtet. Es besteht der Wunsch hier einen Beitrag zu leisten.

> „Und eben halt diesen entdeckten, wie komm ich diesem Stück einer veränderten Wahrnehmung näher und wie kann ich damit dem Kunden Nutzen aufzeigen und das in die Welt bringen. Das ist so meine Vision, was ich vorhab und womit ich mich auseinandersetze." (KL8, Z. 1406–1310)

Der Beruf wird ein Stück weit als Berufung aufgefasst. Im Vergleich zu den anderen Kursleitertypen begreifen sich diese Kursleiter auch am stärksten als Unternehmer. Zielpunkt ihrer Tätigkeit ist ein noch stärkerer Ausbau der unternehmerischen Komponente. Der rote Faden ihrer beruflichen Entwicklung verläuft von einer innerbetrieblichen Tätigkeit in der Personalentwicklung über den Job als Managementtrainer und -berater hin zum Geschäftsführer einer Unternehmensberatung. Der Beruf des Trainers ist demnach nur ein Zwischenschritt. Ein weiterer wichtiger Aspekt der eigenen Professionalität ergibt sich daher aus der Erfahrung im Bereich der Personalentwicklung und der Kenntnis von Unternehmensprozessen.

Der professionelle Kontext dieser Kursleiter ist stark durch die Orientierung an Unternehmen geprägt. Dabei sind Unternehmen nicht nur die zentralen Auftraggeber, sondern nehmen auch eine Komplementärrolle ein. Nicht nur Lernprozesse von einzelnen Teilnehmern sollen angeregt, sondern durch gezielte Interventionsmaßnahmen auch Veränderungen in Unternehmen bewirkt werden.

> „Und das ist quasi auch so mein Interesse, ne, dass äh ich – jetzt auch durch meine Sozialisation aus der Firma raus – also, ich erlebe manche anderen Kollegen, also, die haben so eine Traineridentität, ja, weil sie eben gerne irgendwie nette Trainings mit den Leuten machen, und wo ich sage, im Prinzip ein nettes Training, interessiert mich eigentlich nicht. Ja? Also wo die Leute vom Training high sind, aber nach einer Woche nichts mehr da ist. Sondern das, was mich immer interessiert, wenn ich was mache, ist quasi dieses Andocken an das Thema Strategie und Unternehmen." (KL7, Z. 674–686)

Eine Besonderheit dieses Kursleitertyps ist die enge Bindung an Unternehmen, was an der starken Orientierung an den Zentralwerten des Systems Wirtschaft deutlich wird. Vor diesem Hintergrund wird auch verständlich, warum es diesen Kursleitern weniger um das Verhältnis von Therapie und Erwachsenenbildung, sondern mehr um das Verhältnis von Therapie und Unternehmen beziehungsweise Effektivität und Leistung geht. Die Einbindung therapeutischer Prozesse und Elemente ist erlaubt, solange es den gesetzten Zielen dient.

Der Begriff ‚Personalentwicklung' im Namen dieses Kursleitertyps ist also sehr wörtlich zu nehmen. Diesen Kursleitern geht es tatsächlich um die Veränderung von Personal. Die deutliche Grenze hin zur Therapie, die durch die Komplementärrolle von Mitarbeitern als Teilnehmern von den anderen Kursleitertypen wahrgenommen wird, wird hier nicht so ausgeprägt wahrgenommen, da Intervention mittels Einzelarbeit die bevorzugte Form ist.

„[...] und wo wir dann ziemlich individualisierte Bedarfe mit demjenigen erarbeiten können. So dass derjenige, ich sag mal wirklich an dem Thema arbeitet, was für ihn wichtig ist und was wirklich einen Fortschritt bringt, und nicht einfach nur zu sagen: ‚Mach das so!' Und wenn man so arbeitet, dann kommt man eben stärker auch in so einen Einzelcoaching-Bereich rein, ne [...]" (KL7, Z. 729 – 735)

Die zentralen Charakteristika dieses Kursleitertyps liegen in dem gezielten Einsatz therapeutischer Elemente und deren starker Funktionalisierung in Bezug auf das Ziel der eigenen Tätigkeit. Sowohl die Auswahl einer therapeutischen Zusatzausbildung und die Entscheidung für eine solche als auch die Verwendung der Qualifikation sind klar an die Vorstellung des eigenen Berufskonzepts gekoppelt. Im Gegensatz zu Kursleitertyp 4 wird jedoch schon eine Grenze hin zur Therapie gesehen. Die therapeutischen Elemente richten sich auch nicht auf den Gesamtprozess der Arbeit, sondern lediglich auf einen, wenn auch zentralen, Teilprozess.

Die weniger klare Grenze im Vergleich zu Kursleitertyp 1, obwohl es sich um den gleichen beruflichen Kontext handelt, lässt sich neben der stärkeren Konzentration auf Einzelarbeit zum einen mit einem Lernkonzept erklären, das auch auf unbewusste Prozesse abzielt, und zum anderen durch eine größere Offenheit, was die Inhalte und die Wissensform angeht. Schließlich ist die enge Bindung an Unternehmen und damit auch an Unternehmensstrategien, wie eben schon aufgeführt, kennzeichnend.

8.5 Charakterisierung Typ 4: Begleiter persönlichen Wachstums

Die Bezeichnung „Begleiter persönlichen Wachstums" enthält schon drei zentrale Kennzeichen des Berufskonzepts dieser Kursleitenden. Zunächst zeigt der Begriff Wachstum den grundsätzlichen Problembezug auf. Es geht um eine Veränderung der Persönlichkeit, die sich auf kein konkretes Ziel hin bezieht. Der Problembezug „persönliches Wachstum" umfasst verschiedene Veränderungs- oder Persönlichkeitsbereiche. Es geht um die gesamte Persönlichkeit, nicht um eine gezielte Persönlichkeitsentwicklung. Neben Zielen der Sinnstiftung kann durchaus auch der Zentralwert Gesundheit angestrebt werden. Im Zentrum steht die Wissensform des Identitätswissens, aber auch Orientierungswissen kann Bestandteil der Seminare sein.

Das besondere dieser Kursleiter ist nicht nur, dass sie ihre Seminare als „nach allen Seiten offen" (KL11, Z. 808 – 809) bezeichnen, sondern auch, dass sie sich dabei nicht vorrangig als Therapeuten, sondern vor allem als Pädagogen, Lehrer und Begleiter begreifen.

„[...] weil ich sehe mich heute eigentlich auch äh in erster Linie als Lehrer, nicht als Therapeut. Ähm, also ich mach zwar therapeutische Arbeit immer noch, äh aber auch in der therapeutischen Arbeit äh nehme ich oft ne Funktion ein, die der Funktion eines Lehrers entspricht, das heißt äh die Klienten zu lehren anders mit sich selbst oder mit ihren Gefühlen umzugehen, zum Beispiel. Und ähm also, wenn ich Lehrer sage, dann meine ich das nicht im schulischen Sinn, sondern im ursprünglichen Sinne, also vielleicht jemand, der Menschen etwas beibringen kann, was, was den äh Menschen zunächst einmal noch fern ist und wofür sie vielleicht nicht gleich aufgeschlossen sind, und der das aber auf so ne Weise kann, dass die dann doch sich mehr und mehr öffnen und Feuer fangen, ne. Und ich glaube da, also so sehe ich mich heute, dass da meine besondere Stärke liegt [...]." (KL10, Z. 717−732)

Sie grenzen sich von anderen Kursleitenden ab, die einen weniger ganzheitlichen Blick auf die Teilnehmenden haben und nicht den Menschen im Seminar, sondern ein vorgegebenes Thema und Konzept als Ausgangspunkt ihrer Arbeit haben.

„Also das heißt, ich halte mich eigentlich immer an das, was in der Situation gerade ist und äh und lass mich dann von der Intuition leiten und hab natürlich schon so'n Konzept im Hintergrund, aber ich halt mich nicht sklavisch an ein Konzept. Und ich fände das auch äh, [Ausatmen, leichtes Lachen] ich hab geradezu Verachtung dafür übrig [leichtes Lachen], also wenn jemand sich so sklavisch an Konzepte hält, äh weil das, wie soll ich sagen, einem natürlichen Lernprozess nicht entspricht, also wenn man jetzt wieder so in Kategorien von Lebensenergie denkt, ist es am besten vielleicht mal mit dem fließenden Wasser, das heißt en Fluss fließt da lang, äh wo das jeweils größte Gefälle ist und nicht, wo man sich das vorher ausdenkt. Und wo das größte Gefälle im Gelände ist äh, das kann man äh ja vorher als Planer von so einem Kurs nicht wissen, weil das hängt ab von den Menschen, die dann da sind." (KL10, Z. 1102−1118)

Der Inhalt ihrer Seminare ergibt sich aus dem subjektiven Erleben im Hier-und-Jetzt, das heißt er wird im Seminar erst erarbeitet. Es geht also weniger darum, ein bestimmtes Thema zu entwickeln oder eine ganz bestimmte Kompetenz zu erlernen, als darum, einen grundsätzlichen Entwicklungs- oder Wachstumsprozess in Gang zu bringen. Die Wissensform ist daher fast ausschließlich Identitätswissen.

„Also die haben nichts gelernt im Sinne von Gesprächsführung oder Gott weiß was, gar nichts. Aber sie sind halt sich selber ein, viel näher gekommen und das hat also wirklich so einen unmittelbaren, direkten Effekt, ja?" (KL11, Z. 2183−2187)

Das vorrangige Ziel der Seminare dieser Kursleiter ist, dass die Teilnehmenden sich selbst kennen lernen. Dies geschieht nicht durch die Präsentation bestimmter Wissensinhalte, die eine mögliche Selbstreflexion auslösen, sondern durch die Bearbeitung von im Kurs hervorgerufenen Erlebnissen. Die Empfindungen und das Erleben der Teilnehmenden ausgelöst durch bestimmte Methoden/Gruppenprozesse, ergeben die Inhalte des Seminars.

Das Erleben und dessen Reflexion richtet sich dabei auf alle Persönlichkeitsebenen: Kognition, Emotion, Körper, Einstellungs- und Verhaltensmuster sowie Spiritualität. Es ist das Ziel, unbewusste Elemente auf verschiedenen Ebenen ins Bewusstsein zu rufen und so eine „Weitung" und „Öffnung", ein Wachstum der Persönlichkeit zu erreichen.

> „[…] also jede Veränderung im, in Richtung Öffnung erleb ich als ein Erfolgsmerkmal. Also in Richtung Öffnung sei es jetzt auf der intellektuellen Ebene oder auf der emotionalen Ebene, selbst wenn in ner bestimmten Situation vielleicht jemand ärgerlich wird und mit dem Ärger dann aber auch rauskommt, das heißt den nicht zurückhält, empfinde ich das als ne Öffnung, die ich auch eher als äh was Positives ansehen würde, ne, oder ansehe." (KL10, Z. 1370–1378)

Da es um den Menschen als Ganzes geht, wird auch die spirituelle Ebene bewusst in die Lernprozesse integriert.

> „Wir haben ja noch mal [stottert], haben ja schon auch einen spirituellen Hintergrund, ne, oder so eine größere Idee noch mal, die jetzt äh hinter all dem auch steht, was wir machen, ähm weil die einfach so davon ausgeht, dass es in allen ursprünglichen Kulturen ja immer spezielle Bereiche gab, die wichtig waren für die Menschen, wo es halt um, im weitesten Sinne, Entwicklung gegangen ist." (KL11, Z. 1624–1631)

Die Aufgabe des Kursleitenden ist es, den geeigneten Rahmen für diese Lernprozesse beziehungsweise Selbsterfahrungsprozesse zu gestalten. Dazu kann auch gehören, den Teilnehmenden (theoretische) Erklärungsmodelle für ihre Erfahrungen anzubieten. Im Zentrum steht jedoch die Ermöglichung von neuen Erfahrungen, damit auf diese Weise persönliches Wachstum erreicht wird im Sinne einer höheren Selbstkenntnis, aber auch im Sinne eines Bearbeitens als belastend empfundener Persönlichkeitsmerkmale. Dabei können durchaus auch Heilungsprozesse in Gang kommen.

> „Meine Aufgabe als Leiter dabei ist ja, lediglich eine Struktur anzubieten, die es den Leuten ermöglicht, … mehr oder ein Stückchen weiter äh eben sich öffnen zu können, als es sonst der Fall ist." (KL11, Z. 1255–1258)

Ausgangspunkt ist also das Selbst und dessen Erleben.

Neben der Initiierung von Selbsterfahrungsprozessen sehen es diese Kursleitenden als Ihre Aufgabe an, diese zu begleiten. Als Begleiter bauen sie eine vertrauensvolle Beziehung zu den Lernenden auf und ermuntern sie, die jeweils nächsten Schritte in ihrem Lernprozess zu gehen. Sie kennen das Terrain und können die Teilnehmenden durch Deutungs- und Erklärungsangebote in ihrem Lernen unterstützen.

> „Und Begleiter, der da eben dann mitgeht und immer wieder schaut, also bist du bereit den nächsten Schritt zu machen, wenn ja, in welche Richtung soll das gehen und dann vielleicht auch was Vorschläge oder ein Angebot macht, und wenn er dann wieder was ausprobiert, sagen wir Erfahrungen damit macht, und wenn man das Gefühl hat, das ist sehr gut gegangen oder das ermutigt mich oder so, dann vielleicht noch en Schritt weitergehen, also dann, also einen Schritt, den er sich vorher vielleicht noch nicht getraut hat oder so. Also Begleiter find ich eigentlich en ganz passendes Wort dafür." (KL10, Z. 993–1004)

Hierbei ist nicht nur die Beziehung zu einem einzelnen Teilnehmer wichtig, sondern auch die Beziehungen der Teilnehmenden untereinander, die in diesem Zusammenhang wie eine Reisegruppe betrachtet werden können.

> „Was wir versuchen, das ist eben das, der pädagogische Anteil unserer Seminare, was wir versuchen, ist ja, die Gruppe insgesamt in den Zustand zu bringen, wo sie so als, als Reisegruppe sich gegenseitig unterstützt und hilft auf ihrem Weg durch den Prozess durch." (KL11, Z. 1026–1032)

Im Gegensatz zu den Kursleitern des Typs 3 sehen diese Kursleiter Seminare nicht als defizitär im Vergleich zum Coaching, zur Einzelarbeit, an. Ihre Kurse leben davon, dass sie in der Gruppe stattfinden. Die Lernprozesse werden ja auch durch Gruppenprozesse initiiert.

In ihren Seminaren setzen die Kursleiter keine Grenze hin zu therapeutischen Prozessen. Die Interaktionsstruktur in den Seminaren ist für die Arbeit an jedem Thema und auf jeder Persönlichkeitsebene offen.

> „Hm, nein, nein. Also jetzt in den Seminaren, die wir anbieten, da gibt es überhaupt keine Grenzen. Das ist nach allen Seiten völlig offen." (KL11, Z. 807–809)

Der Gestaltung ihrer Kurse entspricht der grundsätzliche Blick auf das Verhältnis von Erwachsenenbildung und Therapie, das für sie nicht durch Abgrenzung, sondern durch einen fließenden Übergang oder als integrativ gekennzeichnet ist. Therapeutische Prozesse werden als Bestandteil von Wachstum, von pädagogischen Prozessen, gesehen.

Da sie selbst in ihren Seminaren keine Grenzen in Richtung Therapie setzen, kann es auch nicht zu wahrgenommenen Grenzüberschreitungen von Seiten der Teilnehmenden mit einer entsprechenden Reaktion kommen. Es kann jedoch passieren, dass von den Teilnehmenden selbst Grenzen gesetzt werden. Hier ist es dann die Aufgabe der Kursleitenden diese Grenzen wahrzunehmen und zu schützen.

„Das kommt immer sehr auf, also wenn das jetzt ne Gruppe ist, auf die Gruppe an. Also es gibt Gruppen, da spürt man irgendwie von Anfang an, dass die Gruppe sehr schnell zu ner Gruppe zusammenwächst, zu ner Gemeinschaft könnte man vielleicht auch sagen, die solche Prozesse mitträgt. Also wo man das Gefühl hat, auch wenn einer jetzt vielleicht so für das, was ihn betrifft, sehr öffnet und sich darauf einlässt, dass die anderen nicht sich zurücklehnen, so als hätten sie nix damit zu tun, und das so wie distanzierte Beobachter betrachten, sondern dass die wirklich mit ner Anteilnahme oder ihrer Präsenz das mittragen. Und wenn, wenn man das spürt, dann is so, in so ner Gruppe sehr viel möglich, also was auch vielleicht in ne therapeutische Ebene schon geht. Aber dann gibt es auch andere Gruppen, da merkt man, da geht das nicht, also da ist einfach diese Tragkraft von der Gruppe nicht da und es wäre nicht nur nicht gut, es wäre vielleicht fatal, wenn einer sich da so weit vorwagt, in ner Situation, die die anderen dann vielleicht so ‚was soll en das‘ und äh und dann brüskiert oder echauffiert reagieren oder so, ne also äh. Ja und da, da schau ich dann schon auch immer auf die Gruppe so in, also wie die, wie offen die dafür ist oder wie sehr die so was auch mitträgt und äh halt mich daran. Also [Pause] streng genommen kann man da eigentlich auch keine Regel sagen, sondern es ist viel möglich in der einen Richtung, und aber auch, kann auch sein, dass gar nix geht und äh man ganz kleine Brötchen backen muss [kurzes Lachen] oder so." (KL10, Z. 951–978)

Für ihre Professionalität als Kursleiter wird die therapeutische Ausbildung als grundlegende Voraussetzung begriffen. Die Art der Beziehung zu den Teilnehmenden und die Gestaltung eines Rahmens für Erlebensprozesse, die für die Initiierung der gewünschten Lernprozesse notwendig sind, wären ohne eine therapeutische Ausbildung nicht möglich. Pädagogische und psychotherapeutische Prozesse haben für diese Kursleitenden die gleichen Grundlagen.

„Aber ich glaube schon, dass die ähm Mechanismen in dem pädagogischen Bereich, pädagogischen Bereichen genauso funktionieren wie jetzt dann im therapeutischen. Ja? Weil, du kannst ja auch sagen, dieser therapeutische Bereich ist ja lediglich ne [seufzt], ne kleine Aus- oder Vertiefung dessen, was ja eh ist, was hier passiert oder das, was den Menschen sowieso ausmacht. Also von dem her ist das ja gehupft wie gesprungen. Ja?" (KL11, Z. 1272–1280)

Die therapeutische Ausbildung ist damit auch die zentrale Qualifikation für die Tätigkeit als Kursleiter. Im Gegensatz zum Kursleitertyp 1 und 3 werden therapeutische Elemente weniger instrumentalisiert oder auf bestimmte Funktionen beschränkt, sondern mehr als Grundlage für das gesamte Tätigkeitsspektrum genutzt. Dies lässt sich vor allem aus der Funktion ableiten, die die therapeutische Ausbildung im Werdegang einnimmt.

Ihren beruflichen Werdegang begreifen diese Kursleiter eher als konsequente Weiterentwicklung ihrer Person. Die Grundausbildung steht schon in einem gewissen Zusammenhang mit dem jetzigen Beruf und ist ein wichtiger Bestandteil der Professionalität. Die Entscheidung für eine therapeutische Ausbildung ist sowohl an die eigene Person wie auch an die Tätigkeit als Kursleiter gebunden. Dies kann damit erklärt werden, dass die Tätigkeit als Kursleiter als Berufung angesehen wird und ein Stück Selbstverwirklichung ist. Das Grundmotiv dieser Kursleitenden, das sie in ihrer beruflichen Entwicklung angetrieben hat, ist der Wunsch, anderen Menschen eine Entwicklung, ein Wachstum ihrer Person zu ermöglichen. Dabei geht es auch darum, eine bestimmte Weltanschauung zu verbreiten. Die Reichweite der eigenen Tätigkeit geht über die des einzelnen Teilnehmenden hinaus. Durch die Veränderung der Teilnehmenden soll auch eine Veränderung der Gesellschaft erreicht werden.

> „Genau, die Reise nach innen oder sich selbst zu entdecken oder so was. Ja? Wenn der Mond erforscht ist und dies und jenes und so was, aber dieses Abenteuer wird der Menschheit bleiben bis zum [lacht] Sanktnimmerleinstag. Genau, und des, das ist halt, also war oder war und ist im Prinzip meine, ja Lebensaufgabe, auch dass ich das durchziehe seit meinem 15. Lebensjahr. [...] das ist also eine ganz klare äh ne Berufung. Und, ja gut, das nimmt größere Dimensionen dadurch, dass wir immer mehr Leute ausbilden auch in dem Bereich." (KL11, Z. 1701–1713)

Die Entscheidung für eine therapeutische Zusatzausbildung war bei diesem Kursleitertyp mit einer vorangegangen intensiven, auf die eigene Person bezogenen Lernerfahrung verbunden. Es entstand der Wunsch, selbst einmal solche Lernerfahrungen als Kursleiter zu gestalten.

> „[...] und am Schluss des Jahres kam raus, dass ich äh ne Therapieausbildung machen will, und zwar hing das ja [kurze Pause] oder war motiviert dadurch, dass ich im Studium schon in [OrtX, K.H.] drei Semester sehr intensiv Gruppendynamik gemacht hatte bei einer Frau, die das damals angeleitet hat, die sehr gut war und zu der ich auch großes Vertrauen hatte, und das war für mich eigentlich im Studium die tief greifendste Lernerfahrung überhaupt gewesen. Also weil ich gemerkt hatte, das war eben nicht nur was für den Intellekt, sondern also auch für das Gemüt oder für die ganze Person, hab ich da irgendwie profitiert." (KL10, Z. 305–316)

Der Beruf des Kursleiters ist in ihrem Werdegang kein Zwischenschritt, wie das bei Typ 3 der Fall ist, sondern zunächst Zielpunkt der beruflichen Karriere. Berufliche Veränderungen sind höchstens dahin gehend geplant, einen anderen professionellen Kontext zu erschließen und/oder ein eigenes Seminarhaus für die Durchführung der Kurse einzurichten.

Der professionelle Kontext, in dem sich die Kursleitenden überwiegend bewegen, ist der des freien Psycho- oder Weiterbildungsmarktes (in der Literatur findet sich auch die Bezeichnung „Psychoszene" oder „alternativer Gesundheitsmarkt"). Innerhalb dieses Marktes gehören die Kursleitenden der humanistischen Bewegung an.

Ihre Seminarangebote sind für jedermann offen und werden, sofern sie nicht an irgendeine Institution angebunden sind, auch inhaltlich und methodisch nicht kontrolliert. Die Seminare werden als Angebot ausgeschrieben und durch die Teilnahme an den Seminaren geben die Teilnehmenden einen entsprechenden Auftrag. Die Teilnehmenden nehmen also als private Person und nicht, wie bei den anderen Kursleitenden in ihrer Rolle als Mitarbeiter, an den Seminaren teil.

Bewegen sich die Kursleiter aus diesem Kontext heraus, wird eine andere Wahrnehmung von Grenzen in Richtung Therapie erkennbar. Die thematische Offenheit ist nicht mehr gegeben, eine andere Interaktionsstruktur muss aufgebaut werden. Der Problembezug des „Wachstums" bekommt eine gewisse Richtungsvorgabe, das heißt, es gibt eine Veränderung hin zu Kompetenz oder Performanz. Diese Veränderung der eigenen Arbeit äußert sich dann ganz konkret in einer anderen Selbstdarstellung in Internet und Broschüren, siehe hierzu auch Kapitel 9.3.

> „Wo ich Moment aktuell äh die meisten ha, wie soll ich sagen, jetzt nicht Diskussionen, sondern Abgrenzungen habe zwischen therapeutischer Arbeit und pädagogischer Arbeit, das ist tatsächlich in der Firmenwelt, wo der Auftrag ähm halt, dass es schon ist, was Persönlichkeitreflektierendes zu machen, ja, wo aber dann der Auftraggeber, also im Prinzip der Personalreferent [unverständlich] dann auch von nem großen Konzern dann sagt: ‚ja, wir wollen da was, allerdings darf das natürlich nicht ins Therapeutische rutschen'." (KL11, Z. 766–776)

Kennzeichnend für diesen Kursleitertyp ist ein Berufskonzept, das sich gezielt auf Lernprozesse richtet, die auch im Rahmen einer Therapie angeregt werden. Dementsprechend gibt es in den Seminaren dieser Kursleiter in Richtung ‚therapeutischer' Prozesse keine Grenzen, es sei denn, die Teilnehmenden setzen sie. Ihre Tätigkeit betrachten die Kursleitenden jedoch als eine pädagogische, da sie Lernen als Zentrum von Wachstumsprozessen betrachten und sie sich nicht als jemanden sehen, der andere heilen kann. In einer derart ausgerichteten Aufgabe ist die therapeutische Ausbildung nicht nur methodische Ergänzung des Handlungsrepertoires, sondern zentraler Bezugspunkt für die Tätigkeit.

8.6 Charakterisierung Typ 4a: Begleiter zielgerichteter Persönlichkeitsentwicklung

Der Kursleitertyp ‚Begleiter zielgerichteter Persönlichkeitsentwicklung' kann als eine Variante des Kursleitertyps 4 betrachtet werden, der sich ein Stückchen hin zu Kursleitertyp 3 bewegt. Die angestrebten Lernprozesse und das Verständnis der eigenen Aufgaben sind dem Kursleitertyp 4 sehr ähnlich. Die zentralen Unterschiede sind ein anderer professioneller Kontext mit den entsprechenden Auswirkungen auf die Tätigkeit sowie eine andere Grundmotivation für den Beruf. Während Kursleitertyp 4 überwiegend in einem offenen Weiterbildungsmarkt agiert, bewegen sich die Kursleiter dieses Typus im Kontext des Managementtrainings. Die ‚begrenzende' Wirkung des professionellen Kontexts (vgl. Kap. 9.3) kann in ihren Auswirkungen auf das Berufskonzept hier nochmals gut beobachtet werden.

Die Arbeit orientiert sich an einem Problembezug, der zwischen dem des persönlichen Wachstums und dem der Performanz liegt. Im Gegensatz zu Kursleitertyp 4 ist die Arbeit in Seminaren immer auch an äußeren Zielen ausgerichtet. Eine Orientierung an freiem Wachstum, egal in welche Richtung, ist also nicht gegeben. Vielmehr geht es um themenbezogene (Persönlichkeits-)Entwicklungsprozesse der Teilnehmenden. Dabei ist der Ausgangspunkt jedoch nicht eine ganz bestimmte Kompetenz, wie bei Kursleitertyp 1, sondern eher die Erreichung von erfolgreichem Verhalten auf einem Gebiet. Wie bei Kursleitertyp 3 ist es daher auch wichtig, den genauen Lernbedarf zu analysieren, herauszufinden, warum ein bestimmtes Verhalten noch nicht umgesetzt werden kann.

> „[...] und dann kann man effizienter beraten, weil man, um das, was es wirklich geht, auch reden kann, ja." (KL9, Z. 294–296)

Die Erkenntnis über sich selbst und die Arbeit daran durch entsprechende Prozesse zu fördern steht im Zentrum ihrer Tätigkeit.

> „Der Mensch und die Gruppe stehen für sie immer an erster Stelle, dass sie so geschützt wie möglich an ihrer Problematik arbeiten können. Das fehlt oft im Trainerbereich." (Mitschrieb KL12, Z. 323–326)

Das Selbstbild der Kursleitenden schwankt dabei zwischen Trainer, Berater und Therapeut. Sie distanzieren sich von den Trainern, die den Inhalt ins Zentrum stellen und dabei die notwendige Anbindung an die Persönlichkeit der Teilnehmer vernachlässigen. Aus der Sichtweise von KL12 sind andere Trainer oft zu „oberflächlich", es ist „zu viel Show" dahinter und es kommt dann „die Therapeutin in ihr raus" (Mitschrieb KL12, wörtliche Zitate, Z. 244–246).

„[...] viele Trainer machen sich's halt leicht, also das ist jetzt kein [unverständlich] Vorwurf an die Zunft, dass die halt sagen, ok, ihr müsst Eure Konflikte klären, bevor es weitergeht, ja, Punkt. Nächster Punkt." (KL9, Z. 990–994)

Die Vorstellungen über die Inhalte und die notwendigen Schritte des Lernprozesses stimmen weitestgehend mit den Vorstellungen von Typ 4 überein und entsprechend werden auch die Aufgaben als Kursleiter vergleichbar wahrgenommen. Ausgangspunkt des Lernprozesses ist das Erleben, die ganzheitliche Erfahrung. Ziel ist es, dass Wissen über die eigene Person, also vor allem Identitätswissen, erworben wird. Die Vermittlung eines bestimmten theoretischen Wissens ist dabei eher nebensächlich. Im Zentrum steht vielmehr die Erkenntnis über die eigene Person, ein individuelles ‚Aha-Erlebnis' in Bezug zu einem bestimmten Thema, ausgelöst durch Erfahrungen im Gruppenkontext.

„[...] und die haben dazwischen ganz viel Beziehungsklärung gemacht, ja, wir haben null Theorie gemacht, wir haben kein Feedbackmodell gemacht [kurzes Lachen], die wissen gar nichts, die wissen gar nichts über die Teamentwicklungskurve [kurzes Lachen] und diesen ganzen Schmarrn, den eh kein Mensch braucht, aber sie wissen, dass sie leistungsfähig sind." (KL9, Z. 935–942)

Die initiierten Prozesse können und sollen auch die Persönlichkeitsebene der ‚Muster', das heißt grundsätzlicher Verhaltensprogramme, erreichen. Bisher unbewusste Persönlichkeitsanteile sollen erkannt und gegebenenfalls bearbeitet werden.

„Es muss schon so auch ein inneres Umprogrammieren stattfinden." (KL9, Z. 859–860)

Ihre Aufgabe zur Erreichung der angestrebten Ziele und Lernprozesse sehen diese Kursleitenden vor allem in der Initiierung und Begleitung von Erfahrungen, um damit einen Impuls für weitere Entwicklung zu geben. Die eigene Arbeit wird als „prozessorientiert" beschrieben, da nur ein Teilbereich der Kurse geplant und der Rest ‚aus dem Bauch heraus' gestaltet wird.

„Mein Thema, ja, weil das is am meisten Energie, das is am spannendsten, das is am unberechenbarsten, ja, da kann ich mich am wenigsten drauf vorbereiten, was mir auch liegt, mich wenig vorzubereiten [lachen], aber kann in dem Moment, wo die Energie da is, unglaublich viel arbeiten, ja und auch Dinge neu [orientieren ?] in Teams und auch zwischen Menschen und bei Einzelpersonen, is einfach toll." (KL9, Z. 242–251)

Die Orientierung an einem bestimmten Thema beziehungsweise an dem Ziel einer bestimmten Performanz ist dennoch gegeben. Im Vordergrund steht jedoch der Weg dorthin, der von den Teilnehmenden und ihren Voraussetzungen bestimmt wird.

„Man muss schon im Thema bleiben, wer bezahlt, muss schon das bekommen, was er bucht, ja, aber letztlich is der Weg, der dahin führt immer von den Menschen abhängig, die da sind." (KL9, Z. 1015–1018

Die Grenzen der eigenen Arbeit in Richtung Therapie werden vor allem durch den Kontext des Managementtrainings gesetzt: Der Firmenkontext erfordert eine gewisse Orientierung an der Leitkategorie des Wirtschaftssystems (Effizienz und Leistung), die Teilnehmenden nehmen als Mitarbeiter und nicht als Privatperson an den Seminaren teil.

„Also in Seminaren muss es eindeutig ne Sprache von eff-, der Sprache der Firma entsprechen und auch dem Vertrautheitsgrad der Leute." (KL9, Z. 298–300)

Im Gegensatz zu Kursleitertyp 4 werden jedoch auch grundsätzliche Unterschiede zwischen Training und Therapie wahrgenommen. Diese liegen zum einen in einem anderen Problembezug, zum anderen in einem Setting, das keine längerfristigen therapeutischen Prozesse möglich macht.

„Also bei ner Familientherapie oder Einzeltherapie kann man Dinge besprechen, die in nem Unternehmen oder in ner Teamentwicklung gar nicht angesprochen werden dürfen, was ich auch ganz wichtig find, auch wenn sie offensichtlich sind oder in ner anderen Sprache angesprochen werden müssen, und äh beim Coaching wiederum geht's einfach um Effizienz, geht's um äh, sag ich mal, funktionierende Dinge noch, noch effizienter zu machen, was auch was Schönes ist, also nicht bloß, wie kann ich überleben, sondern wie bin ich profitabel oder wie kann ich auch meine Ressourcen einsetzen, ja wie find ich das, was ich haben möchte [...]." (KL9, Z. 50–63)

In der Aussage von KL12 ist schon die Vorstellung erkennbar, dass eine bestimmte Art von Training verglichen mit stärker persönlichkeitsorientierter Arbeit eher defizitär ist. Dabei geht es weniger um den Vergleich zur Einzelarbeit als vielmehr um eine Trainingsform oder auch Lernumgebung, die in dem Kontext Managementtraining nicht machbar ist. Die Integration therapeutischer Lernprozesse ist schwieriger.

„Also für die Fragen, für die man gebucht wird, ich muss mit dem nicht Therapie machen, um, dass die ihre Führungsproblematik lösen, ja. Es ist nur effizienter [lachen] aber, ja, sie zahlen auch für nen Umweg." (KL9, Z. 322–325)

„Schade in Training ist, dass eigentlich eine intensive Lernerfahrung möglich sei, Trainings aber von den Teilnehmern beziehungsweise der Teilnehmererwartung in ein Schema gepresst werden (z.B. durch die Erwartung, wie bestimmte Medien und dass bestimmte Medien eingesetzt werden). Alternative Lernerfahrungen fehlen im ‚strengen' Firmenbereich." (Mitschrieb KL12, Z. 427–435)

Wie bei Kursleitertyp 4 ist die Beziehung zwischen Teilnehmenden und Kursleiter für den Lernprozess wichtig. Die Aufgabe der Kursleiter umfasst eine intensive Arbeit mit den einzelnen Teilnehmern.

„Sie fühlt sich ganz in den Menschen rein und lässt den Prozess entstehen. Das geht nur mit viel Wissen und Erfahrung und Intuition." (Mitschrieb KL12, Z. 312–314)

Die Grenzen werden also vor allem durch den Firmenkontext und die Erwartungen der Teilnehmer gesetzt. Die Kursleiter selbst würden eine „intensivere" Arbeit bevorzugen. Alles andere wird – wie im Zitat von KL9 deutlich wurde – als Umweg wahrgenommen. Dabei werden die Grenzen, die von den Teilnehmern gesetzt werden, jedoch respektiert. Kommen Themen zur Sprache, die der übliche Rahmen Training nicht vorsieht, wird mit den Teilnehmern zusammen entschieden, ob ähnlich wie bei Kursleitertyp 2 ein zweiter Rahmen aufgemacht wird. Hierzu wird dann explizit ein neuer Auftrag eingeholt. Eine thematische Offenheit wie bei Kursleitertyp 4 herrscht demnach nicht. Allerdings besteht grundsätzlich die Bereitschaft, auch ‚therapeutischer' zu arbeiten, und durch die Darstellung der eigenen Person mit der therapeutischen Qualifikation ist dies eventuell schon angedeutet (was andere Kursleiter aus genau diesem Grund nicht machen). KL 9 beschreibt in einer längeren Passage den Umgang mit einer Situation, in der Teilnehmer den Rahmen Training durch eine Äußerung brechen.

„[…] oft erwähnen es die Teilnehmer selber, dass sie, ich habe das schon bei meinem Vater gehabt, kein Wunder, dass es mir so schwer gefallen is, die wissen natürlich, dass ich Familientherapeut bin, das verheimlich ich ja nich, ja, und damit is es eigentlich das Angebot schon da, und dann schon, wenn der eine das Wort Vater oder Geschichte oder Kindheit erwähnt, manchmal wird er auch alleine gelassen dann, von den anderen, oder es sagt ein anderer aus der Gruppe, kenn ich aus meiner Geschichte auch. Dann weißte, aha, von 12 Leuten sehen [unverständlich] en bisschen was, ja, und dann muss man auch fragen, wie geht es euch denn, wenn es wirklich jetzt auch tiefer, sollen wir an der Stelle weitermachen, sollen wir äh, die, die können's auch bestimmen, ja. Also das offen zu machen, dass es ne Möglichkeit is. Ab und zu geht's so schnell, dass man gar nicht schauen kann, ja und ab und zu denkt man, es wär so gut und die machen einfach nicht auf. Und dann macht es keinen Sinn gegen den Widerstand zu gehen. Das ist, bringt überhaupt nix. Oder es gibt Seminare, die sag ich mal auch [leichtes Lachen] im Flachen bleiben." (KL9, Z. 338–360)

Die Verwendung therapeutischer Elemente im Firmenkontext ist bei Einverständnis der Teilnehmer nach Ansicht dieser Kursleitenden grundsätzlich möglich und wird von ihnen auch angestrebt, sie erfordert aber eine gewisse Übersetzungsarbeit. Die durch die psychotherapeutische Zusatzausbildung erworbenen Fähigkeiten und Kenntnisse fungieren auch im pädagogischen Rahmen als Ausgangspunkt und Deutungsmuster. Eine gewisse Anpassung an den pädagogischen Rahmen durch eine ‚Übersetzungsarbeit' muss dennoch geschehen.

„In ner anderen Sprache. Also ich sage zum Beispiel nicht, du der Konflikt mit dem Chef hat was mit deinem Vater zu tun, sondern, also wenn ich am mutigsten bin, sag ich äh, das sind Autoritätsfragen, ich erahne, dass da ein lebensgeschichtlicher Hintergrund ist, aber dann is auch schon Schluss." (KL9, Z. 268–273)

Die therapeutische Qualifikation stellt bei diesen Kursleitern gemeinsam mit der Erfahrung in therapeutischen und beratenden Tätigkeiten die Grundqualifikation für ihre Arbeit dar. So stellt KL12 sehr selbstbewusst fest: „Wenn ich's nicht kann, wer dann?" (Mitschrieb KL12, wörtliches Zitat, Z. 211–212)

Der gesamte Lernprozess wird stark in Rückbezug auf die therapeutische Qualifikation gestaltet und diese wirkt sich somit auf viele Bereiche der Professionalität aus: sowohl das inhaltliche Fachwissen als auch das Handlungsrepertoire wie auch die professionelle Haltung werden durch die therapeutische Qualifikation in hohem Maße bestimmt. Die therapeutische Ausbildung ist daher weniger eine Zusatzqualifikation als vielmehr eine grundlegende Qualifikation für die Arbeit als Kursleiter.

Die Entscheidung für eine therapeutische Zusatzausbildung ist bei diesen Kursleitenden vor allem an den Grundberuf gekoppelt. Vor der Kursleitertätigkeit – und teilweise auch heute noch – haben diese Kursleiter zunächst im sozialpädagogisch-therapeutischen Bereich gearbeitet. Gleichzeitig wurde jedoch auch die Möglichkeit antizipiert mit dieser Ausbildung als Trainer im Wirtschaftsbereich zu arbeiten. Bei KL9 ist dieser Hintergedanke auch bei der Entscheidung für die therapeutische Ausbildung erkennbar.

„Und ja, und dann war aber die Idee, aha, ich kann nicht nur systemischer Familientherapeut werden, also mit dieser Ausbildung, [unverständlich] Ausbildung, sondern ich kann auch im, meinetwegen auch im Unternehmenskontext Teamentwicklung machen, Coaching machen und so mein anfänglicher Wunsch von doch in die Wirtschaft zu gehen, äh eigentlich mir doch wieder erfüllen, aber eben in ner Sinnhaftigkeit [leichtes Lachen]." (KL9, Z. 35–43)

Das Grundmotiv, das diese Kursleiter antreibt eine Tätigkeit als Trainer zu beginnen, erscheint vielschichtig. Da ist einmal der Wunsch in der Wirtschaft zu arbeiten, bei KL9 eindeutig auch mit dem Wunsch nach Anerkennung und Prestige verbunden. Daneben steht das Interesse an einer sinnhaften Arbeit und der Arbeit mit Menschen und wie bei Kursleitertyp 1 der Spaß an der Tätigkeit. Es geht also im Vergleich mit Kursleitertyp 4 und 3 weniger darum einen ‚Beitrag zur Veränderung' zu leisten oder einen gesellschaftlichen Auftrag zu erfüllen. Der Beruf ist in diesem Sinne keine Berufung, sondern eher Verwirklichung der eigenen Talente.

Anders als Kursleitertyp 3 möchten diese Kursleiter keinen direkten Einfluss auf die auftraggebenden Firmen ausüben und diese verändern. Es geht ihnen wie Kursleitertyp 4 um die Menschen und deren Entwicklungsprozesse. Dies entspricht ihrer Grundausbildung und auch der vorangegangenen Tätigkeit als Therapeuten.

Das Interessante dieser Kursleiter als Untertyp von Typ 4 ist, dass an ihrem Berufskonzept und der Gestaltung ihrer Tätigkeit sehr gut zu erkennen ist, wie der professionelle Kontext die Arbeit beeinflusst. Die in den Interviews des Kursleitertyps 4 angedeuteten Veränderungen der eigenen Tätigkeit im Rahmen von Firmenseminaren werden hier deutlich dargestellt.

9. Typenübergreifende Ergebnisse mit Implikationen für die Erwachsenenbildung

Die Auswertung der Interviews hat auch Kategorien hervorgebracht, die sich *typenübergreifend* als relevant für die Fragestellung erwiesen. Das bedeutet, in Bezug auf diese Kategorien ist aufgrund der Datenbasis eine Unterscheidung zwischen den Typen kaum oder gar nicht möglich. Dennoch sind diese Kategorien für die Arbeit der Kursleitenden und für meine Fragestellung wichtig. Insbesondere die Frage nach der Funktion der therapeutischen Zusatzausbildung für die Professionalität konnte im Zusammenhang mit der Typenbildung nicht geklärt werden. Die Daten zeigen jedoch grundsätzlich auf, welche Bereiche der Professionalität durch eine therapeutische Zusatzausbildung aus Sicht der Kursleitenden positiv beeinflusst werden und lassen erste Vermutungen über Zusammenhänge mit den Kursleitertypen zu.

Neben der Funktion der therapeutischen Zusatzausbildung werden in den folgenden Absätzen noch zwei weitere, typenübergreifende, Ergebnisse kurz skizziert: die Bedeutung einer *‚sicheren'* und *‚schützenden' Lernumgebung* sowie die *Auswirkungen des professionellen Kontextes* auf die eigene Arbeit.

Es soll an dieser Stelle auch erwähnt werden, dass drei Kursleitende auch auf mögliche *negative Aspekte* einer therapeutischen Zusatzausbildung zu sprechen kamen: übertriebene Ängste und Hoffnungen, die mit einer therapeutischen Qualifikation eines Kursleitenden verbunden werden. Aus diesem Grund wird die therapeutische Zusatzausbildung auch nicht immer vor Auftraggebern oder Teilnehmenden erwähnt.

„Hm des glaub ich, also die therapeutischen Geschichten nicht, die halte ich auch meistens zurück, weil da viele Ängste haben und dann vielleicht so Assoziationen wie Gehirnwäsche und so weiter und des mach ich ja auch nicht, und da möchte ich auch keine falschen Ängste wecken oder auch keine falschen Erwartungen oder so." (KL1, Z. 653–659)

Diese Ängste werden jedoch als ‚falsch' bewertet und es überwiegt auch bei den Kursleitenden, die solche Ängste wahrnehmen, eindeutig die positive Einschätzung der therapeutischen Zusatzausbildung für die eigene Professionalität. (Ein Gegenargument zu möglichen Ängsten bringen darüber hinaus die Kursleitenden, die glauben, ihre Aufträge gerade wegen ihrer therapeutischen Zusatzausbildung zu bekommen.)

9.1 Professionalisierung durch eine psychotherapeutische Zusatzausbildung

In einer therapeutischen Ausbildung erworbenes Wissen und erworbene Fertigkeiten werden von den Kursleitenden in verschiedenen Bereichen ihres professionellen Handelns nutzbar gemacht. Auch wenn sich vermuten lässt, dass es hier Unterschiede zwischen den Kursleitertypen gibt, konnte dies aus den Daten nicht eindeutig herausgearbeitet werden. Die Hinweise aus den Daten, in welchen Aspekten von Professionalität sich eine therapeutische Zusatzausbildung nach Einschätzung der Kursleitenden positiv auswirkt, sind jedoch auch als typenübergreifende Ergebnisse für meine Fragestellung wichtig.

Abbildung 33 zeigt eine Übersicht über die verschiedenen Verwendungsmöglichkeiten therapeutischen Wissens und Könnens:

Fachwissen	Thema/Inhalt, Erklärungshintergrund/Deutung
Hintergrundwissen	Anthropologie/Veränderungstheorie
Diagnose/Fallverstehen	Diagnose-Kompetenz/geschulte Wahrnehmung
Methodisch-didaktisches Handlungsrepertoire	Themenbearbeitung: Übung/Tun Themenfindung: Problemanalyse/Tiefenbohrung Themenfindung: Gestaltung von Erlebensprozessen
Psycho-soziales Handlungsrepertoire	Erste-Hilfe-Repertoire bei Notfällen, Konflikten Beratungs-Kompetenz für Einzelgespräche
Professionelle Grundhaltung	Grundhaltung zu Teilnehmenden/Umgang mit Menschen Grundhaltung bezogen auf Aufgabenbereich/Rolle Grundhaltung bezogen auf die eigene Person

Abb. 33: Qualifizierungselemente therapeutischer Zusatzausbildungen

Eine therapeutische Ausbildung kann also auf ganz vielfältige Weise zu einer Erweiterung *pädagogischer* Professionalität beitragen. Nach den Ergebnissen meiner Studie erscheint es mir eher unangebracht, hier pauschal von einem Professionalisierungsersatz zu sprechen, weder auf der Ebene der individuellen Professionalisierung noch bezogen auf die Pädagogik oder Erwachsenenbildung insgesamt. Natürlich kann es im Seminaralltag dennoch zu einem Missbrauch therapeutischer Techniken und zu ethisch fragwürdigem Handeln kommen. Es wäre jedoch falsch, deswegen den Nutzen einer therapeutischen Qualifikation zu übersehen.

In den folgenden Unterkapiteln werden die von den Kursleitenden wahrgenommen Qualifizierungselemente einer therapeutischen Zusatzausbildung eingehender beschrieben und mit Zitaten aus den Interviews anschaulich gemacht. Dabei wird vor allem die professionelle Grundhaltung ausführlicher betrachtet, da dieser Aspekt von allen Kursleitenden erwähnt wird und in bisherigen Studien nicht zur Sprache kam.

9.1.1 Fachwissen, Hintergrundwissen und Fallverstehen

Der inhaltliche Aspekt einer therapeutischen Ausbildung kann auch als Fachwissen an Teilnehmende weitergegeben werden oder – je nach Berufskonzept – in einer mehr subjektorientierten Vorgehensweise als Erklärungs- oder Deutungsmuster bei bestimmten Problemen angeboten werden.

> „Ja, also die Inhalte, gut es sind auch einige Inhalte dazugekommen, also das Thema Führung hab ich eigentlich erst durch diese Ausbildung angefangen. Auch das Thema Teamentwicklung hab ich dadurch angepackt." (KL2, Z. 574–578)

> „Insgesamt also die [AusbildungX, K.H.] hat da auch noch mal geholfen ähm Menschen auch ähm Erklärungsmuster anbieten zu können, die sie nachvollziehen können, die sie logisch nachvollziehen können und wo sie dann sagen können, ja genau, jetzt seh ich's ein […]." (KL4, Z. 224–229)

Es ist zu vermuten, dass psychotherapeutische Wissenselemente zwar bei den meisten Kursleitenden auch in irgendeiner Form den Inhalt eines Seminars mitbestimmen, für die Kursleitertypen 3 und 4 jedoch einen besonders hohen Stellenwert haben. Gerade das psychotherapeutische Wissen ist es, was in den Seminaren vermittelt werden soll. Was hier aufgrund der Aussagen in den Interviews nicht weiter ausdifferenziert werden kann, ist welches therapeutische Wissen als Seminarinhalt genommen wird. Es ist zu vermuten, dass es sich hierbei um die Persönlichkeitstheorien der verschiedenen psychotherapeutischen Richtungen handelt.

Bastian (1997) hat in einer empirischen Studie die Bedeutung des Fachgegenstands in der Biographie und der Professionalität von Kursleitenden in der Erwachsenenbildung untersucht. Die Ergebnisse ihrer Studie weisen auf einen Zusammenhang zwischen der Alltagsbedeutung des Unterrichtsfachs und den jeweiligen Kompetenzprofilen der Kursleitenden hin (vgl. Bastian 1997, S. 136 ff.).

Bestandteil der verschiedenen therapeutischen Richtungen sind Erklärungsansätze zu menschlichem Verhalten, zu ‚gesunden‘ und ‚kranken‘ Verhaltensweisen und den Voraussetzungen, unter denen Menschen sich verändern können. Je nach Richtung handelt es sich hierbei um anerkannte Theorien oder um weniger ausgereifte Ansätze – ein bestimmtes Menschenbild steht jedoch hinter jeder therapeutischen Schule. Ein solches in einer therapeutischen Ausbildung erworbenes anthropologisches Hintergrundwissen ist auch für die Arbeit in der Erwachsenenbildung zentral.

„Und da ist es dann hilfreich, also jetzt in der Therapieausbildung, halt auch einfach so ein paar Grundideen zu bekommen, ja wie Menschen agieren oder was da wichtig ist. Ne? Also, es geht eigentlich stärker darum, so die Toleranz zu erhöhen oder, ich nenn das jetzt mal so, so die Verrücktheiten oder Unverständlichkeiten äh also selbst erst mal zu verstehen und nicht gleich irgendwie zu bewerten, abzuwerten und irgendwo hinzutun, sondern mein Job ist es dann, mich dafür zu interessieren."
(KL7, Z. 887–897)

Dieses Hintergrundwissen kann auch zu einer geschulteren Wahrnehmung der Teilnehmenden und ihrer Bedürfnisse und Probleme verhelfen.

„[…] ja, und äh wenn Angst da is, des auch zum Beispiel is professionell, des zu spüren, ja und auch zu sehen, ich kalibrier den ja, ich seh ja, ob der jetzt hier entspannt atmet oder hier oben hängt und ob dem der Schweiß läuft oder was die Haut macht und Stimmlagen, des krieg ich ja mit, da bin ich ja geschult genug […]."
(KL5, Z. 1304–1310).

Die Kursleitenden erleben sich durch ihre therapeutische Zusatzausbildung in diesem Bereich als professioneller und kompetenter. Die professionelle Kategorie des Fallverstehens wird durch eine geschulte Wahrnehmung verbessert (vgl. auch Bauer/Kopka/Brindt 1999).

„[…] von den Möglichkeiten bestimmte Dinge wahrzunehmen, bestimmte Konflikte oder bestimmte innere Haltungen oder so was wahrzunehmen, äh da erleb ich mich als wesentlich kompetenter jetzt als vor diesen Ausbildungen insgesamt."
(KL4, Z. 220–224)

Die geschulte Wahrnehmung kann sich zum einen direkt auf die pädagogische Arbeit mit den Teilnehmenden beziehen:

„Und zu sagen, wie kann ich das, was jemand sagt und das, wie jemand äh nicht im Sinn von Körpersprache, welche Wirkung da noch mal ist, wie kann ich das in Relation setzen. Und an welcher Stelle, so das Banalste wär, fangen die Augen das Leuchten an." (KL8, Z. 1189–1193)

Zum anderen können aber auch mögliche Krankheitssymptome bei den Teilnehmenden rechtzeitig erkannt werden Dadurch kann der eigene Zuständigkeitsbereich,
können die Grenzen der eigenen Arbeit besser abgesteckt werden.

> „Ähm ich sag mal so, ich bin sehr froh um meine therapeutische Ausbildung, weil
> i, oder Ausbildungen, weil i ähm damit gelernt habe, bestimmte Krankheitssymp-
> tome relativ früh zu erkennen und bestimmte, bestimmte ähm Symptome für mich
> besser einordnen zu können." (KL4, Z. 1117–1122)

Das anthropologische Hintergrundwissen und die geschulte Wahrnehmung stehen
damit auch in Zusammenhang mit dem methodisch-didaktischen und dem psychosozialen Handlungsrepertoire.

9.1.2 Methodisch-didaktisches Handlungsrepertoire

Die Verwendung therapeutischer Methoden oder Techniken orientiert sich an den angestrebten Lernprozessen. Je nachdem, welche Persönlichkeitsebene erreicht, welche
Wissensform vermittelt werden soll, bekommen therapeutische Methoden eine unterschiedliche Bedeutung. Als Methoden der Themenbearbeitung dienen sie vor allem
dem Einüben bestimmter Inhalte und als Methoden der Themenfindung werden sie
zur Gestaltung von Erlebensprozessen oder zur Problemanalyse verwendet.

Methoden der Themenbearbeitung: Steht das zu erarbeitende Thema oder die zu erlernende Kompetenz schon fest, so werden aus Psychotherapien stammende Methoden vor allem zur vertiefenden Einübung von Verhaltensweisen verwandt. Es geht
auch um die Rückbindung der Inhalte an die eigene Person, das heißt um den Aspekt
der Reflexion, allerdings weniger mit dem Ziel, unbewusste Persönlichkeitsanteile zu
bearbeiten. Im Vordergrund steht die Vermittlung, das ‚Rüberbringen' eines vorgegebenen Themas. Die Methoden unterstützen dabei die Lernform des Übens/Tuns.

> „Aber also, dass man bestimmte Methoden versucht zu integrieren so und da hab
> ich dann ganz viel gemacht von der Transaktionsanalyse oder Familienstellen und
> so aus den Fortbildungen, da kann ich immer methodische Elemente nehmen, aber
> der Inhalt wird halt vorgegeben durch des, was die Firma will oder was die Gruppe
> will, so. Und dann versuche ich es über äh so ja en ganzen Pool von Methoden des
> halt rüberzubringen. […] Und so im Prinzip hoff ich halt, dass die Leute mindes-
> tens einmal am Tag ne Erfahrung machen sollen […]." (KL1, Z. 260–275)

Methode der Problemanalyse und Tiefenbohrung: Diese Verwendung therapeutischer Kenntnisse zur Problemanalyse kann zwei Zielrichtungen haben: einmal, den eigenen Zuständigkeitsbereich abzustecken, das heißt, abzuklären, ob die Bearbeitung bestimmter Anfragen von Teilnehmenden noch zum eigentlichen Auftrag gehört (siehe oben den Aspekt der geschulten Wahrnehmung); zum anderen kann diese Tätigkeit im Zentrum des professionellen Handelns stehen. Die Diagnose des Problems, weshalb ein Klient an einem Training oder Coaching teilnimmt, ist als Standortbestimmung grundlegend für die weitere Arbeit. Ein Interviewpartner hat das sehr treffend als „Tiefenbohrung" bezeichnet. Therapeutische Kenntnisse fungieren dann auch als Hintergrundwissen, mit dem das Problem des anderen gedeutet werden kann.

> „[…] und mich dann quasi mit demjenigen auf die Spur zu machen, ne. Und da sind schon viele Dinge, die ich jetzt in der Ausbildung gelernt habe, einfach Zugänge, ja, zu inneren Wahrheiten, die ich so jetzt nicht nur mit reinem gesunden Menschenverstand hätte, ne." (KL7, Z. 903–908)

Weniger im Zentrum, aber mit der gleichen Absicht, wird die Problemdiagnose auch zur Erkennung und Bearbeitung von Lernwiderständen eingesetzt. Es geht um das Bewusstmachen von ‚Mustern', von grundlegenden Verhaltensweisen.

Methoden zur Gestaltung von Erlebensprozessen: Die methodische Gestaltung der Seminare ist darauf ausgerichtet, bestimmte Erlebensprozesse oder Selbsterfahrung zu ermöglichen.

> „Das is ne intensive Selbsterfahrungsarbeit äh auf der, also haupt-, mit, hauptsächlich auf der Grundlage der Gestalttherapie." (KL11, Z. 589–591)

Bisher nicht bekannte Aspekte der Persönlichkeit sollen erfahrbar und bearbeitbar gemacht werden.

> „Wenn jetzt das Vertrauensverhältnis so weit ist, dann zwischen Teilnehmer und Leiter oder eben das Umfeld oder eben die Struktur, […] dann fängst du an, na, so ein bisschen mehr loszulassen, und dann kommt da ein bissel mehr Gefühl dazu, da wieder ein bissel mehr Gefühl dazu, und du machst erste Erfahrungen, wo du spürst: ‚Hoppla, ja, da geht was, ich fühle mich jetzt besser als vorher.'" (KL11, Z. 860–868)

Die Themen, an denen die Teilnehmenden arbeiten, werden auf diese Weise erst gefunden. Grundlage für diese Gestaltung der Seminare sind Methoden aus der Psychotherapie. Dabei werden die Methoden nicht gezielt eingesetzt, um wie oben dargestellt ein bestimmtes Thema zu vermitteln oder um den Ursachen eines bestimmten Problems auf die Spur zu kommen. Vielmehr stehen der offene Wachstumsprozess und das Erleben neuer Persönlichkeitsbestandteile im Zentrum.

„Und es sind viele Meth-, also viele Methoden, mit denen wir arbeiten, die funktionieren auch nicht, so lange du was willst von den Methoden, weil du dann eben blockiert bist und nicht in der Erfahrung bist, ja. Sondern halt, du bist halt im, im Reflektieren oder sonst was, aber eben nicht in der Erfahrung, das ist äh so ein Hauptding, womit wir viel arbeiten." (KL11, Z. 1202–1208)

Wie den Ausführungen teilweise schon zu entnehmen ist, besteht ein gewisser Zusammenhang zwischen der Art der Verwendung der therapeutischen Methoden und dem Berufs- und Lehr-Lernkonzept der Kursleitenden. Da sich dieser Bezug jedoch nicht in allen Interviews klar herstellen ließ, können hier lediglich erste Hypothesen aufgestellt werden. So lässt sich vermuten, dass Kursleitertyp 1 die therapeutischen Methoden überwiegend zum Einüben eines bestimmten Inhaltsbereichs verwendet. Kursleitertyp 3 nutzt sie hingegen vor allem zur individuellen Problemanalyse und Kursleitertyp 4 gestaltet die Struktur seiner Seminare so, dass bestimmte Erlebensprozesse bei den Teilnehmenden möglich sind. Bei Kursleitertyp 2 ist sowohl die Verwendung der Themenvermittlung als auch der Themenfindung zu erkennen und Kursleitertyp 4a hat ebenfalls eher die Erlebensprozesse als Grundlage.

9.1.3 Psycho-soziales Handlungsrepertoire

Das Handlungsrepertoire der Kursleitenden wird nicht nur hinsichtlich der schon erläuterten Methoden zur Vermittlung oder Gewinnung der Seminarinhalte erweitert. Auch in zum Kursalltag gehörenden Konfliktsituationen oder bei besonderen Bedürfnissen von Teilnehmenden greifen die Kursleitenden auf ein Handlungsrepertoire zurück, das sie sich in der therapeutischen Zusatzausbildung angeeignet haben.

Erste Hilfe bei Notfällen und Konflikten:
Therapeutische Kenntnisse und Fähigkeiten kommen bei Situationen zum Einsatz, die als Notfall-, Konflikt- oder kritische Situationen wahrgenommen werden. Die Interviewpartner äußern, eine erhöhte Handlungssicherheit zu besitzen. Diese Funktion unterscheidet sich von der Grundhaltung dadurch, dass hier der Handlungsaspekt, das Wissen, was zu tun ist, betont wird.

„Also es kommt, es gibt ja so Situationen, kommt jemand von der Rezeption rein und sagt ‚Herr Sowieso, Ihre Frau is grad auf der Autobahn verunglückt' und ja des is so und äh ‚mit dem Hubschrauber abtransportiert worden' und so schön vor allen so und dann [Räuspern] natürlich erst mal die Stimmung weg und da muss man halt mit der Gruppe und mit dem auch gut umgehen. Und des, denk ich, des konnte ich aufgrund der Erfahrungen mit dieser therapeutischen Ausbildung." (KL1, Z. 147–156)

Aber auch in Situationen, in denen die Konflikte im Seminar zwischen den Teilnehmenden oder dem Kursleiter und den Teilnehmenden entstehen, hilft eine Professionalität im Umgang mit den Beteiligten. Kursleiterin 5, die ihre therapeutische Ausbildung als wichtigen Teil ihrer Professionalität betrachtet, beschreibt dies folgendermaßen:

„Es geht da drum äh, und ich denke, das ist auch professionell, weil im richtigen Moment, solchen Krisensituationen, die du ja nicht voraussehen kannst, du weißt ja nicht, mit wem du es zu tun hast, das rechtzeitig mit ganz viel Klarheit und Struktur anzubringen. Ja. Und da glaub ich, wären vielleicht jüngere Kollegen oder äh Kollegen mit weniger Erfahrung, äh, hätten vielleicht dazu gelächelt und hätten irgendwie so was [macht ein verlegen lachendes Geräusch] Verlegenes, nicht, das die's gutheißen, ja. Aber da hab ich oft drüber nachgedacht, wie wohl manch andere damit umgegangen wären? So des is für mich auch Professionalität, äh den Leuten auch einfach, wenn sie Scheiße reden, denen auch zu sagen äh, aber auf ne gute Art und Weise [Lachen]. Ja, so. Und äh, ja, und ich denke, des mach ich eigentlich ganz gut." (KL5, Z. 1780–1796)

Beratungskompetenz:

Die meisten der interviewten Kursleiter verbinden ihre Seminare mit einem Angebot von Einzelgesprächen oder bieten Coaching an, falls Teilnehmende bei bestimmten Themen eine individuelle Beratung benötigen oder wünschen. Die dafür notwendige Kompetenz wurde auch durch eine therapeutische Ausbildung erworben.

„Ich denk das ist etwas, wo ich versucht hab, verschieden Sachen zu kombinieren. So die Supervisionsausbildung und die therapeutische Ausbildung und das in irgendeiner Weise zu kombinieren, das hat, das war zunächst einmal so die Geschichte, dass ich ähm im Rahmen eines Seminars mal angeboten hab, wer will, kann sich am Abend mit mir ne Stunde unterhalten oder so was, und dass ich dann auch festgestellt hab, ich kann des, ich hatte da früher eher Bedenken, früher die Arbeit mit Einzelnen oder mit Kleingruppen häufig abgelehnt, weil ich nur gewohnt war mit Gruppen und mit Teams zu arbeiten, und hab dann einfach aus der Arbeit heraus gemerkt, ich kann das eigentlich ganz gut. Und dann ähm hab ich das auf Seminaren angeboten und dann kamen halt immer wieder so, kamen Aufträge, wo jemand nachgefragt hat ähm, Coaching für, für ne bestimmte, für ne bestimmte Zielgruppe und äh das hab ich dann gemacht und ja, seitdem mach ich des eigentlich." (KL4, Z. 420–438)

9.1.4 Die Professionelle Grundhaltung

Die als Vergleichsdimension schon angesprochene Kategorie der Grundhaltung soll hier nochmals aufgegriffen und vertieft werden. In fast allen (9 von 12) Interviews sprechen die Kursleitenden von der Bedeutung einer bestimmten Grundhaltung den Menschen beziehungsweise den Teilnehmenden gegenüber. Damit ist zwar auch die Rolle als Kursleiter angesprochen, dennoch geht diese Kategorie über ein reines Rollenverständnis hinaus. Teils durch die Beschreibung dieser Grundhaltung, teils in direktem Bezug wird ein Vergleich mit der vor allem von Rogers (vgl. z.B. Rogers 1999, S. 211 ff.) eingeführten therapeutischen Grundhaltung mit den Elementen Wertschätzung, Empathie und Kongruenz hergestellt.

Die in den Interviews identifizierten Aspekte dieser professionellen Grundhaltung beschreiben zunächst eine wertschätzende Haltung gegenüber den Teilnehmenden, aus der sich auch ein bestimmter Umgang mit Menschen ergibt. Darüber hinaus beeinflusst diese Grundhaltung die Wahrnehmung des eigenen Aufgaben- und Verantwortungsbereichs. Ergebnis sowie Voraussetzung ist zudem ein Gefühl der Selbstsicherheit, das sich aus der wertschätzenden Kenntnis der eigenen Person heraus entwickelt. Die Grundhaltung richtet sich demnach auf die *Teilnehmenden, den Aufgabenbereich* und die *eigene Person*. Die Kursleitenden stellen dabei einen Zusammenhang zwischen der professionellen Grundhaltung und der therapeutischen Ausbildung her.

Kursleiterin KL5 rückt im unten stehenden Zitat den Umgang mit Menschen ins Zentrum ihrer Arbeit, worauf es vor allem in schwierigeren Situationen ankommt. Der ‚erfolgreiche‘ Umgang mit Menschen hängt dabei mit einer von Wertschätzung, Respekt und Empathie geprägten Grundhaltung zusammen. Diese betrachtet sie als durch ihre Biographie und durch ihre gesamte Ausbildung erworben:

„[...] und ich denke, meine gesamte Biographie und ein fachliches Können, meine Ausbildung, die haben mir dabei geholfen diese Situation immer zu managen. Ich bin der Überzeugung, wenn man in der Erwachsenenbildung arbeitet [Pause], dann weiß, ich weiß ja, wie ich angefangen habe als Trainerin, in was für Situationen ich reingelaufen bin, in die ich gar nicht mehr heute reinlaufen würde, ja, äh und des is zurückzuführen auf nicht können und nicht wissen. Umgang mit Menschen, des A und des O. Ja. Da gibt's ja die Theorien, unter anderem, ich nenn mal jetzt nur den Rogers, ja, ähm, aber da gibt's natürlich zig, zig andere, die sich genau in diese Theorie Wertschätzung, Respekt und Empathie einhaken." (KL5, Z. 831–844)

Für die Entwicklung einer derartigen Grundhaltung beschreibt Kursleiter KL7 ein gewisses Grundwissen über das menschliche Verhalten, also anthropologische Kenntnisse, als hilfreich. Er betrachtet es als seine Aufgabe sich genau dafür zu interessieren.

> „Und da ist es dann hilfreich, also jetzt in der Therapieausbildung, halt auch einfach so ein paar Grundideen zu bekommen, ja wie Menschen agieren oder was da wichtig ist. Ne? Also, es geht eigentlich stärker darum, so die Toleranz zu erhöhen oder, ich nenn das jetzt mal so, so die Verrücktheiten oder Unverständlichkeiten äh also selbst erst mal zu verstehen und nicht gleich irgendwie zu bewerten, abzuwerten und irgendwo hinzutun, sondern mein Job ist es dann, mich dafür zu interessieren." (KL7, Z. 886–897)

Diese Einstellung gegenüber anderen Menschen und ihren besonderen Verhaltensweisen hat auch eine entlastende Wirkung.

Durch das Verständnis über menschliches Verhalten und dessen Veränderungsmöglichkeiten ergibt sich auch ein neues Verständnis der eigenen Aufgaben. Kursleiterin KL2 beschreibt ein verändertes Aufgabenverständnis, das anschlussfähig in Bezug auf die aktuelleren konstruktivistischen Lerntheorien der Erwachsenenbildung ist. Man kann den Teilnehmenden die Lernprozesse nicht abnehmen, sondern lediglich Impulse dafür liefern:

> „Also davor als Trainerin hab ich mich sehr als jemand erlebt, der für die Leute machen muss. Ja, der, der ähm als Kraftquelle reinkommt und Prozesse anschiebt, ja, so. [unverständlich] natürlich Quatsch is. Das weiß ich heute [Lachen]. Heute erlebe ich mich einfach eher ähm, eher so als Spiegel und, und jemand, der mal neue Sichtweisen, neue Gedanken reingibt und Fragen reingibt [...]". (KL2, Z. 254–261)

Auch Kursleiter KL9 beschreibt eine Grundhaltung, die im Gegensatz zu einer Vorstellung von den Teilnehmenden als defizitär steht, die beinhaltet, dass diesen noch etwas ‚fehlt‘, was ein Kursleiter ihnen geben kann.

> „Dass ich äh, hat auch was mit Respekt zu tun, also wirklich den Leuten auch zuzutrauen, dass die ihr Leben selber lösen können, ja. Dass ich nur tragen kann ja, dass ich sie vielleicht unterstützen kann, oder [mobilisieren?] kann bei nem Veränderungsprozess, ja, aber dass jemand, der, sag ich mal, im mittleren Management tätig is, schon bewiesen hat, dass er alles hat und irgendwo steht, vielleicht mit nem sehr, sehr hohen Energieaufwand oder durch Wegstreifen von irgendwelchen anderen Teilen, die ihm fehlen, aber dazu kann ich ihn nur beraten, aber ich darf nicht diese Grundhaltung haben, ihr seid defizitär, ich kann euch was geben." (KL9, Z. 1171–1184)

Das Verständnis der eigenen Aufgaben und Möglichkeiten wirkt sich dabei nicht nur auf das direkte Lehr-Lerngeschehen aus, sondern beeinflusst auch das Verhältnis zu Auftraggebern, sofern diese unabhängig von den Teilnehmenden sind. Die eigene Grundhaltung bedingt auch, wer als Kunde und Teilnehmer in Frage kommt und somit die Auftragsannahme.

> „Also, das hat sich sehr geändert auch, ich glaube auch ein bisschen durch meine innere Haltung und die systemische Arbeit bin ich an andere Kunden gekommen, ja. Früher hab ich, ganz am Anfang hab ich Kunden gehabt, die, also so Klienten, die, auch Trainingsteilnehmer, da wollt ich mehr als die, ja und das hat sich gedreht. Mittlerweile wollen die Klienten und die Teilnehmer [mehr?], das hat sich verändert, is schön." (KL2, Z. 361–369)

Als ein direktes Ergebnis der therapeutischen Ausbildung beschreibt Kursleiter KL4 „mehr persönliche Sicherheit" (KL4, Z. 232). Auch Kursleiter KL1 nimmt als positive Veränderung ein ‚In-sich-Ruhen' wahr, das den Umgang mit schwierigen Situationen erleichtert.

> „[...] was auch ganz wichtig is, dass ich halt einfach selber in mir mehr geruht hab und anschließend, einfach vor der Situation, wenn jemand weint oder irgendwelche Probleme hat, dann hab ich keine Angst mehr gehabt und konnte damit umgehen." (KL1, Z. 142–146)

In Diskussionen und Studien über Professionalität in der Erwachsenenbildung taucht der Aspekt einer professionellen Grundhaltung bisher noch nicht direkt auf. Es lassen sich Verbindungen zum professionellen Selbstverständnis (vgl. Peters 2004, S. 162 ff.), zu Fragen einer Professionsethik, zu didaktischen Prinzipien und neueren Lerntheorien und zur Beziehung zu Teilnehmenden herstellen. Für die Kursleitenden scheint diese Grundhaltung jedoch eine eigene Kategorie ihres professionellen Selbst zu sein, die sich auf das Verhalten gegenüber den Teilnehmenden auswirkt. Durch die bessere Kenntnis der eigenen Grenzen und Möglichkeiten, was den Einfluss auf das Verhalten und Lernen der Teilnehmenden angeht, kann eine konkretere Kenntnis der eigenen Selbstwirksamkeit entwickelt werden.

Die Kursleitenden empfanden therapeutische Ausbildung für die Entwicklung dieser Grundhaltung als hilfreich. Es kann also nicht davon ausgegangen werden, dass sich so etwas ‚automatisch' entwickelt. Um eine professionelle Grundhaltung zu entwickeln, scheinen zum einen anthropologische Kenntnisse und zum anderen ‚die Arbeit an sich selbst', an den eigenen Stärken und Schwächen, wichtig.

„Also ich, also so, wie ich gelernt hab, is äh, auch so noch, dass die Seminare ja en sehr, sehr, sehr hohen Selbsterfahrungsanteil haben, ja, damit alles, was man später macht, erleidet man selber, Gruppendynamik, Konfliktseminare und macht die." (KL9, Z. 393–397)

„Deswegen glaube ich auch, dass wenn ein Lehrer äh gute Persönlichkeitstrainings macht, jetzt einfach nur mal für sich selber, wird das gnadenlos direkte positive Auswirkungen auf seinen Job haben. Einfach, weil er anders dasteht, und weil noch mehr in der Lage ist, in, in Kontakt zu gehen." (KL11, Z. 1292–1297)

9.2   In Seminaren einen „sicheren Rahmen" schaffen

Vor allem bei den Kursleitertypen 2, 3 und 4 wird die Bedeutung einer sicheren, ‚tragenden' Lernumgebung für die eigene Arbeit betont. Dieser sichere *Rahmen,* der dabei geschaffen wird, hat vor allem zwei Aspekte: Zum einen geht es darum, eine Interaktionsstruktur zu gestalten, die den angestrebten Lernprozess ermöglicht, das heißt das Lernen auf einer bestimmten Bewusstseins-/Persönlichkeitsebene sowie die Aneignung einer bestimmten Wissensform.

„[...] mir ist eher wichtig, dass ich gucke, wo gibt's die Sicherheit, mir so den Rahmen zu geben und, und dann so ein Glaube, so erlebe ich das auch, dass sich die Dinge dann zeigen können. Also wenn sich diese Manager beruhigen können, die immer gucken: Ist das hier sicher genug? Ja? Das ist auch im therapeutischen Prozess also so der Anfang, dass man immer guckt: Kann ich auch dem Therapeuten vertrauen und quatscht der jetzt nicht oder was passiert mir da und, und, und, ne." (KL7, Z. 1198–1209)

„Und das ist für mich auch eher die Form der Arbeit, also dass ich, wenn jetzt Ängste, Befürchtungen da sind, ähm also das eher unterstütze und quasi eher so einen sehr sicheren Rahmen probiere zu kreieren, und das ist auch die Rückmeldung, die ich dann in der Regel kriege, dass die halt sagen: ‚Ja, das war irgendwie getragen von viel Vertrauen, oder ich konnte mich hier öffnen, ich bin ganz erstaunt.' Also wo eher das Thema für mich Sicherheit ist, und dass ich den Leuten aber ganz klar sage: ähm ‚Es ist auch richtig äh und real, dass man gut für sich sorgen und aufpassen muss, wem erzähle ich da jetzt was', gerade wenn das Kollegen sind und da vielleicht direkt auch eine Konkurrenzsituation um einen Job da ist oder sein könnte usw. ähm, so dass die schon immer in der Führung bleiben. Ja?" (KL7, Z. 1126–1143)

Die Schaffung eines sicheren Rahmens ist also die Grundvoraussetzung für die Arbeit an bestimmten Themen und Inhalten.

Die Sicherheit für die Teilnehmenden liegt außerdem darin, dass die Kursleitenden darauf achten, dass dieser Rahmen nicht überschritten wird. Im Fall eines Überschreitens ist es umso wichtiger, dass die Kursleitenden mit dieser Situation umgehen können.

> „Weil ich schon höre, dass die Teilnehmer sagen ähm: ‚Bei Ihnen hätt ich den Eindruck, wenn irgendetwas schief läuft', also das mit dem Getragenwerden, die formulieren es anders, aber dass ich das auch auffangen kann." (KL6, Z. 955–960)

Teilnehmende brauchen im Bereich des Identitätslernens die Sicherheit, dass jemand zur Not die Verantwortung übernehmen kann, die eigenen Grenzen, die nicht mehr gewahrt werden können, stellvertretend schützt und ihnen hilft, ihre Handlungsfähigkeit wieder zurückzuerlangen.

Die Gestaltung der Lernumgebung ist zwar eine der zentralen Aufgaben der Kursleitenden. Sie wird jedoch stark von den anwesenden Teilnehmenden als Einzelne und als Gruppe mitbestimmt.

> „Also es gibt Gruppen, da spürt man irgendwie von Anfang an, dass die Gruppe sehr schnell zu ner Gruppe zusammenwächst, zu ner Gemeinschaft könnte man vielleicht auch sagen, die solche Prozesse mitträgt. Also wo man das Gefühl hat, auch wenn einer jetzt vielleicht so für das, was ihn betrifft, sehr öffnet und sich darauf einlässt, dass die anderen nicht sich zurücklehnen, so als hätten sie nix damit zu tun, und das so wie distanzierte Beobachter betrachten, sondern dass die wirklich mit ner Anteilnahme oder ihrer Präsenz das mittragen. Und wenn, wenn man das spürt, dann is so, in so ner Gruppe sehr viel möglich, also was auch vielleicht in ne therapeutische Ebene schon geht. Aber dann gibt es auch andere Gruppen, da merkt man, da geht das nicht, also da ist einfach diese Tragkraft von der Gruppe nicht da und es wäre nicht nur nicht gut, es wäre vielleicht fatal, wenn einer sich da so weit vorwagt, in ner Situation, die die anderen dann vielleicht so ‚was soll en das' und äh und dann brüskiert oder echauffiert reagieren oder so, ne also äh. Ja und da, da schau ich dann schon auch immer auf die Gruppe so hin, also wie die, wie offen die dafür ist oder wie sehr die so was auch mitträgt und äh halt mich daran." (KL10, Z. 952–974)

In den beiden letzten Interviewzitaten wird der Begriff des ,Tragens' verwendet (,Tragkraft einer Gruppe', ,getragen werden'). Damit ist neben der Sicherheit m. E. eine wichtige Charakteristik dieser Lernumgebung angesprochen. Die Metapher des Tragens beziehungsweise des Getragenwerdens steht dafür, dass jemand hier Unterstützung erhält, einen Teil einer Last abgeben kann. Die Bedeutung einer „holding environment" (Kegan 2000) wird auch in neueren Studien zur Erwachsenenbildung betont (vgl. Cozolino/Sprokay 2006, Taylor 2006), vor allem im Zusammenhang mit dem ,transformational learning' (Mezirow 2000).

Eine sichere, tragende Lernumgebung ist eine zentrale Grundvoraussetzung für erfolgreiche Lernprozesse, vergleichbar mit der Beziehung zwischen Therapeut und Klient in einem therapeutischen Setting.

Was in den verschiedenen Zitaten jedoch auch anklingt, ist die Gefahr einer gewissen Eigendynamik psychischer Prozesse, wenn es darum geht, die Teilnehmenden sozusagen vor sich selbst zu schützen.

> „Und es ist auch so, dass die sagen, whoa, das war aber echt intensiv, oder es war die Warnung, die ich mal gekriegt hab, die sagen, einmal ist es echt intensiv, aber sie buchen dich nicht wieder, weil sie Angst haben, weil sie sagen, hey, der, danach merken sie, Scheiße, ich weiß zu viel von denen, oder, die wissen zu viel von mir, also man nimmt, den Leuten auch den Schutz nehmen. Und das darf nicht sein. Und es muss auch nicht sein, ja." (KL9, Z. 313–321)

Zum einen kann eine gewisse Offenheit der Interaktionsstruktur in der aktuellen Situation womöglich zu mehr persönlicher Offenheit führen, als den Teilnehmenden hinterher lieb ist. Zum anderen können Themen, die die eigene Identität betreffen, natürlich auch immer an verdrängten Problemen rühren, die dann ,hochkommen' und die dazu führen, dass Teilnehmende das eigene Verhalten nicht mehr gut steuern können.

Bei allem Schutz und aller Sicherheit, die ein Kursleiter in einer aktuellen Lernsituation bieten kann, sehe ich jedoch ein Problem bei stark identitätsorientierten Lernprozessen im Rahmen von Erwachsenenbildung. Die Heftigkeit, mit der einzelne Teilnehmende auf bestimmte Interventionen reagieren können, ist von Personen, die noch nie therapeutische oder therapieähnliche Prozesse erlebt haben, nicht wirklich vorhersehbar und damit beängstigend.

„So, und wenn wir jetzt in Bereiche kommen, wo es dann wirklich äh bisschen zur Sache geht, ähm dann ist es extrem wichtig, dass wenn du dich entscheidest, in so einen Bereich reinzugehen, also wirklich loszulassen, dann gehst du in einen Bereich rein, der für dich hochgradig sensibel ist, wo du hochgradig verletzlich bist, was auf der anderen Seite, aber letztlich auch hochgradig neugierig bist, [lacht] was denn da jetzt wohl an Neuem äh in dir passiert. Und jetzt, keine Ahnung, schaust das Gefühl XY an, und du äh wirst stinkwütend oder sonst was. Wenn ich jetzt in diesem Moment als Leiter, oder anders ausgedrückt: Wenn du in diesem Moment das Gefühl hast, dass ich mit diesem Gefühl in irgendeiner Art und Weise komisch umgehe oder das nicht ‚handeln‘ kann oder es mir irgendwie blöd kommt oder so was – das ist das Kritische, was passieren kann. Also wir sagen dann so äh theoretisch schon, wenn ich den Kontakt zu dir nicht aufrechterhalte. Weil dann erlebst du im Prinzip dasselbe, was damals zur Verdrängung geführt hat. Dass nämlich auf irgendeiner Ebene eine Kontaktunterbrechung war. Ja? Wir leben hauptsächlich davon, dass wir im Prinzip dir diesen Kontakt anbieten, der halt hoffentlich noch ein bisschen stabiler ist, als er das früher war, und dadurch dann, ja, so ein Stück Weitung halt wieder äh möglich ist, ne." (KL11, Z. 870–895)

9.3 Die begrenzende Wirkung des professionellen Kontexts

Wie in verschiedenen Zusammenhängen schon dargestellt, wirkt sich der Kontext der jeweiligen Tätigkeit auf verschiedene Weise ‚begrenzend‘ auf die Arbeit aus, was ihre Öffnung hin zu Lernprozessen anbelangt, die häufig mit ‚Therapie‘ verbunden werden. Um mit den Kategorien dieser Studie zu sprechen: Es werden Grenzen in Bezug auf die Erarbeitung von identitätsbezogenen Wissensformen, das Aufdecken oder Verändern ‚tieferer‘ Persönlichkeitsebenen, die Arbeit mit problembeeinträchtigten Teilnehmern und auf die dafür notwendigen intimeren Interaktionsstrukturen gesehen.

Ich möchte diesen Aspekt hier nochmals vertiefend aufgreifen, da ich ihn vor dem Hintergrund ethischer Fragen gerade für die Thematik dieser Studie als wichtig erachte. So muss das Initiieren von Lernprozessen, die bisher eher als therapeutische Lernprozesse wahrgenommen werden, per se noch nicht aus ethischen Gründen fraglich erscheinen. Allerdings muss dabei immer der gegebene Kontext mitbedacht werden. Was in einem einwöchigen Seminar mit Teilnehmenden, die sich selbst als Privatpersonen angemeldet haben, ein förderlicher und wünschenswerter Lernprozess ist, kann in einem zweitägigen Teamtraining der Firma XY der Professionsethik der Erwachsenenbildung und auch der Psychotherapie komplett widersprechen.

„Aber das sind dann, das ist immer so, ich erleb das häufig als ne Grenzsituation, wo i, wo ich mir manchmal denk, ähm, ähm eigentlich könnt ma da jetzt mehr machen, eigentlich müsst ma da jetzt therapeutisch reingehen und ich kann's aber net, also ich kann's net in dem Setting. Ich kann nicht bei ner Bank oder bei ner Versicherung oder wo auch immer ähm dann plötzlich zu therapieren anfangen." (KL4, Z. 327–334)

Diese Grenze im Setting oder in den Rahmenbedingungen wird von den interviewten Kursleitenden deutlich wahrgenommen. Dabei geht es oft weniger um eine grundsätzliche Grenze zwischen Erwachsenenbildung und Therapie, als eben um den Rahmen, in dem das Seminar stattfindet. Es geht hier also weniger um das Handeln von Kursleitenden bei Rahmenbrüchen beziehungsweise um die Analyse, was der von ihnen gesetzte Seminarrahmen beinhaltet und was er ausschließt. Vielmehr sollen die Elemente des Kontexts bestimmt werden, die therapeutische Lernprozesse von vornherein ausschließen. Wie insgesamt bei der Studie dienten hierbei auch professionstheoretische Kategorien als analytischer Bezugsrahmen.

Der Kontext der ‚öffentlichen Erwachsenenbildung' scheint vor allem durch die Leitkategorie ‚Bildung', die von den Verantwortlichen, aber auch von den Teilnehmenden, eingefordert wird, auf die Art möglicher Lernprozesse einzuwirken. „Und dann […] ähm kam es zu der großen Diskussion: Ist das, was wir tun noch pädagogische Arbeit?" (KL11 Z. 551–554)

Für den Kontext ‚Managementtraining' wurden von den Kursleitenden in den Interviews jedoch noch weitere ‚begrenzende' (Rahmen)Elemente erwähnt. Sie weisen auf die besonderen Bedingungen vor allem betrieblicher Weiterbildung hin. Da betriebliche Weiterbildung mittlerweile rein quantitativ einen großen Teil der Erwachsenenbildung ausmacht und Seminare im Bereich Persönlichkeitsentwicklung ebenfalls eine nicht unbedeutende Größe einnehmen, erscheint es mir angebracht, auf die einzelnen Faktoren kurz einzugehen. Sie helfen außerdem, nochmals den Blick für die notwendigen Rahmenbedingungen ‚therapeutischer' Lernprozesse zu schärfen, die in der betrieblichen Weiterbildung höchstens im Einzelsetting gegeben sind.

Betriebliche Weiterbildung heißt zunächst nichts anderes, als dass Bildung im System Wirtschaft stattfindet. Entsprechend wirkt sich die *Leitkategorie* dieses Systems auch auf die in ihm stattfindenden Bildungsprozesse aus. In den Interviews wird dies durch die Begriffe ‚Effizienz' und ‚Leistung' deutlich. Es geht darum, „funktionierende Dinge noch, noch effizienter zu machen, was auch was Schönes ist, also nicht bloß, wie kann ich überleben, sondern wie bin ich profitabel oder wie kann ich auch meine Ressourcen einsetzen […]" (KL9, Z. 58–62).

‚Krankheit' oder schwerere Probleme fallen damit nicht mehr in den Zuständigkeits-bereich, da die Herstellung einer Normalleistung zunächst nicht unter den Begriff Effizienzsteigerung fällt.

Die *Komplementärrolle* in der betrieblichen Weiterbildung weist drei Besonderheiten auf: eine freiwillige Teilnahme an den Seminaren kann nicht garantiert werden, es gibt einen doppelten Auftraggeber, nämlich das Unternehmen und den Teilneh-menden, und Teilnehmer nehmen in einer Rolle als Mitarbeiter oder Führungskraft an den Seminaren teil.

„Also in der Trainingssituation ist für mich ganz klar, dass die meisten Teilnehmer nicht freiwillig da sind [lacht]. Also, so kann man auch nicht sagen, manche freuen sich natürlich auch auf ein Seminar. Aber ich hab einen anderen Auftraggeber als den Teilnehmer und ich hab jemanden anders, der zahlt als der Teilnehmer und ich hab manchmal noch andere Interessen als die, die der Teilnehmer hat, wenn der Teilnehmer zum Seminar eingeladen wird. Und von daher ist das für mich ein ganz anderer Kontext, als wenn ein Mensch sich freiwillig zu einem Persönlichkeitsse-minar anmeldet [...]." (KL6, Z. 742–755)

In einem Firmenseminar kommt der Auftrag von einer Firma und erst aus dem inhalt-lich durch die Firma schon vorgesteckten Rahmen ergibt sich ein weiterer Auftrag durch die Teilnehmenden. Dieser doppelte Auftraggeber kann natürlich zu Konf-likten führen, wenn die Ziele der Firma den Zielen der Teilnehmenden entgegenste-hen. Für meine Fragestellung ist jedoch der Einfluss dieser Gegebenheit auf die Lern-prozesse im Seminar interessant.

Ein Therapieauftrag kann grundsätzlich nur von einem Teilnehmenden selbst kom-men. Das heißt, dass explizit der Wunsch dazu geäußert werden muss, und zwar von den Teilnehmenden. Kommt es im Rahmen eines Seminars zu einem Therapieauf-trag von Seiten der Teilnehmenden, gehen die Kursleitenden unterschiedlich, ent-sprechend ihrem Berufskonzept damit um.

Eine weitere Besonderheit der Komplementärrolle ist, dass die Teilnehmer in ihrer Rolle als Mitarbeiter/Führungskraft an einem Training teilnehmen. Insbesondere, wenn die Teilnehmer von ein und derselben Firma kommen, wirkt sich das einschrän-kend auf die Möglichkeit der ansprechbaren Themen aus. Eine Interaktionsstruktur, wie sie für die Bearbeitung potentiell ‚therapeutischer' Themen notwendig ist, kann somit nicht entstehen.

„Man, es macht auch noch mal en Unterschied, ob ich sag, ich biete in nem Seminarhaus, oder was ich auch mach, bei der [FirmaXY, K.H.], [...] und dann kommt einer aus Hamburg, einer aus Bremen, 2 aus München, aus 2 verschiedenen Häusern, da kann man noch mal offener arbeiten und auch solche Themen benennen, wenn es entsteht, [außer?] es entsteht am Anfang nicht die Vertrautheit in ner Gruppe, als wenn man en Inhouse-Seminar bei der Firma Y macht, ja. Und Leute aus einer Abteilung kommen. Da geht's eigentlich gar nicht. Also ich hab's mich noch nicht getraut, ja."(KL9, Z. 300–314)

Die Teilnehmenden nehmen im Rahmen der betrieblichen Weiterbildung nicht als Privatpersonen, sondern als Mitarbeiter oder Führungskräfte an den Seminaren teil. Damit können private Aspekte ihrer Persönlichkeit in diesen Seminaren nur begrenzt zur Disposition stehen. Kursleitende müssen dies bei der Gestaltung ihrer Seminare beachten, um den Teilnehmenden nicht den ‚Schutz zu nehmen', wie es KL9 ausgedrückt hat; oder, wie KL11 bei dem Vergleich von Inhouse-Seminaren und Angeboten im freien Weiterbildungsmarkt feststellt:

„Und das, dann würde man ja im Prinzip erstmals an dem Punkt überhaupt erst anfangen, richtig zu arbeiten. Das ist der Level, wo im Prinzip unsere normalen Seminare eigentlich beginnen. Und jetzt, in so einem Inhouse-Seminar sozusagen, ja ähm das ist im Prinzip die Grenze, die nicht überschritten ist, ne." (KL11, Z. 823–828)

Kursleitende, die in verschiedenen Kontexten unterwegs sind oder einen neuen Kontext erschließen wollen, richten auch ihr Angebot nach außen dementsprechend aus. Das bedeutet, dass sie unterschiedliche Profile entwickeln und nach außen hin präsentieren.

„[...] ich hab im Internet auch so ne Webseite, die hab ich dann erstmal angefangen zu verändern, dass sie nicht mehr so therapeutisch ausgerichtet ist, und äh dann hab ich meinen Prospekt, den ich vorher auch schon hatte, auch entsprechend verändert, so schrittweise, und dann hab ich aber gemerkt, das reicht nicht. Also ich muss das wirklich ganz trennen, also das heißt diesen, das therapeutische Angebot von dem Angebot jetzt für Führungskräftetraining [...]" (KL10, S. 11, Z. 35–41)

10. Implikationen für die Erwachsenenbildung: Zusammenfassung und Bewertung der Ergebnisse

In meiner Studie habe ich Kursleitende der Erwachsenenbildung mit einer therapeutischen Zusatzausbildung aus professionstheoretischer Sicht untersucht. Dabei bin ich der Frage nachgegangen, welche Bedeutung und Funktion die Kursleitenden dieser Ausbildung im Zusammenhang mit ihrer Tätigkeit in der Erwachsenenbildung zuschreiben. Ihre subjektiven Sichtweisen wurden von mir im Rahmen von problemzentrierten Interviews erhoben, die anschließend mit dem Ziel einer Typenbildung und in Orientierung an den Kodiermethoden der Grounded Theory ausgewertet wurden.

Die Typologie der Kursleitenden kann einen Beitrag zur Erkenntnisgewinnung über das ‚lehrende Personal‘ in der Erwachsenenbildung liefern, das trotz der gewachsenen Aufmerksamkeit in den letzten Jahren immer noch weitgehend unerforscht ist. Darüber hinaus werden verschiedenc Berufskonzepte und -werdegänge an der Schnittstelle zur Psychotherapie deutlich. Einer psychotherapeutischen Zusatzausbildung kommen dabei breit gefächerte und ganz unterschiedliche Bedeutungen zu: von der reinen Zusatzqualifikation bis hin zu einer als grundlegend betrachteten Qualifizierung, vom Einsatz einzelner Methoden bis hin zur Gestaltung der Beziehung zu den Teilnehmenden und der gesamten Lernumgebung. Die Verwendung dieser therapeutischen Zusatzqualifikation wiederum steht in Wechselwirkung zum jeweiligen Berufskonzept, zum Lehr-Lernkonzept, zum professionellen Kontext und der Berufsbiographie der Kursleitenden.

Nicht nur die Vergleichskategorien als Basis für die Typenbildung, sondern auch die Kategorien, die von allen Kursleitenden in ähnlicher Weise beschrieben wurden, geben wertvolle Hinweise zu Fragen der Professionalität und Professionalisierung innerhalb der Erwachsenenbildung. So konnten verschiedene Auswirkungen einer therapeutischen Zusatzausbildung auf die Professionalität von Kursleitenden, die Bedeutung einer ‚schützenden Lernumgebung‘ und der Einfluss eines bestimmten Kontexts auf die Arbeit herausgefunden werden.

Die Studie liefert somit einen Beitrag zur Strukturierung der Diskussion über eine mögliche ‚Therapeutisierung‘ der Erwachsenenbildung, die vor dem Hintergrund der Besonderheiten der erwachsenenpädagogischen Berufsfelder und der damit verbundenen anhaltenden Professionalisierungsbemühungen innerhalb der Erwachsenenbildung stattfindet.

10.1 Die Auswirkung einer therapeutischen Zusatzqualifikation auf die Professionalität der Kursleitenden

Um die Auswirkungen einer therapeutischen Zusatzqualifikation auf die Professionalität der Kursleitenden zusammenfassend darzustellen und zu bewerten, wird auf die Ergebnisse der Typologie, aber auch auf die typenübergreifenden Ergebnisse der Studie Bezug genommen und diese in den theoretischen Rahmen der Studie eingebettet.

Abbildung 34 zeigt das Modell des professionellen Selbst, ergänzt mit den Ergebnissen der empirischen Untersuchung.

Abb. 34: Das professionelle Selbst der Kursleitenden mit therapeutischer Zusatzausbildung

Das Schaubild zeigt die in den vorangegangen Kapiteln dargestellten vergleichs- und typenübergreifenden Theorien, integriert in das Modell des professionellen Selbst. Damit werden die Aspekte und Bereiche von Professionalität angezeigt, die durch eine therapeutische Zusatzausbildung beeinflusst werden können oder Hinweise für die Positionierung einer Kursleitertätigkeit zwischen Erwachsenenbildung und Psychotherapie geben. Die Positionierung einer Kursleitertätigkeit wird zunächst von den Kursleitenden selbst vorgenommen, kann aber auch von außen, durch die Professionen der Erwachsenenbildung und Psychotherapie, bestimmt werden. Das ist davon abhängig, wie die Professionen ihren gesellschaftlichen Auftrag wahrnehmen.

Das professionelle Selbst wird unter anderem durch ein Berufskonzept bestimmt, das jedoch nicht als etwas Äußerliches zum professionellen Selbst zu verstehen ist, sondern den zentralen Bezugspunkt der eigenen Professionalität darstellt. Dieser wird durch ein Grundmotiv von innen und den jeweiligen professionellen Kontext von außen mitbestimmt. An den Kategorien des Berufskonzepts, dem Selbstbild, dem Problembezug und der angestrebten Reichweite, wird eine Orientierung an professionellen Strukturen des Kontexts deutlich.

Durch die Orientierung an einem bestimmten Problembezug und durch das Berufsbild der Kursleitenden wird eine erste Positionierung ihrer Berufskonzepte zwischen Erwachsenenbildung und Psychotherapie möglich. Zunächst wird mit der bei allen Kursleitenden als Bestandteil ihrer Seminare vorzufindenden Wissensform des Identitätswissens ein grundsätzlicher Überschneidungsbereich von Psychotherapie und Erwachsenenbildung berührt. Für alle Kursleitenden stellt sich demnach die Aufgabe, die eigene Arbeit in diesem Überschneidungsbereich zu positionieren. Die Orientierung am Zentralwert Gesundheit verschiebt bei einigen Kursleitenden das Berufskonzept mehr in Richtung Psychotherapie.

Die Positionierung der eigenen Arbeit wird durch das Lehr-Lernkonzept der Kursleitenden konkretisiert. Die Kategorien der Persönlichkeitsebene, der Lernform, der Aufgabe der Kursleitenden und das favorisierte Setting geben weitere Hinweise auf das Maß an Offenheit der eigenen Arbeit für psychotherapeutische Elemente oder Prozesse. Dieses zeigt sich daran, inwieweit unbewusste Persönlichkeitsanteile durch ein Seminar berührt werden sollen oder in welchem Ausmaß Wissen über die eigene Person erst durch Erleben und Reflexion erarbeitet werden soll. Die Aufgaben der Kursleitenden bewegen sich dabei zwischen der Vermittlung von Wissen, der Problemanalyse, dem Angebot von Deutungsmustern, der Initiierung von Erlebens- und Reflexionsprozessen und der Gestaltung einer bestimmten Beziehungs- und Interaktionsstruktur. Auch hier zeigen sich Überschneidungsbereiche zur Tätigkeit von Psychotherapeuten.

Das Verhältnis der eigenen Arbeit zur Psychotherapie zeigt sich auf der Handlungsebene in den Reaktionen der Kursleitenden auf ‚Grenzüberschreitungen' von Teilnehmenden, sofern die Kursleitenden diese Grenzen in ihrer Arbeit wahrnehmen. Die interviewten Kursleitenden haben eine sehr genaue Vorstellung über ihren persönlichen Auftrag in einem Seminar entwickelt. Einmal durch ihr Berufs- und Lehr-Lernkonzept, und zum anderen durch den konkreten Auftrag der Auftraggebenden. Außerdem werden die Möglichkeiten und Grenzen eines bestimmten Kontexts genau wahrgenommen und in der eigenen Arbeit beachtet. Der Kontext gibt über die Leitkategorie des gesellschaftlichen Systems des Kontexts, über die spezifische Komplementärrolle der Teilnehmenden, das heißt, ob sie in der Rolle als Mitarbeiter oder als Privatperson an einem Seminar teilnehmen, sowie über den Auftrag des Auftraggebers einen Rahmen für die Arbeit der Kursleitenden vor.

Die therapeutische Zusatzausbildung wird zu einem Bestandteil des professionellen Selbst, ist zunächst aber auch Bestandteil des professionellen Kontexts. Im Laufe ihrer Biographie kommen die Kursleitenden auf verschiedenen Wegen in Berührung mit therapeutischen Zusatzausbildungen. Die bisherige Grundausbildung, das Grundmotiv und die Strukturen eines bestimmten Kontexts können dabei ähnlich wie ‚Gatekeeper' Möglichkeiten vorgeben oder einschränken. Die Verknüpfung der therapeutischen Ausbildung mit dem beruflichen Werdegang der Kursleitenden gibt erste Hinweise darauf, welche Bedeutung die therapeutische Zusatzausbildung für die Professionalität als Kursleiter einnehmen kann. Ist die Entscheidung für eine therapeutische Zusatzausbildung im Laufe des beruflichen Werdegangs direkt mit dem Berufsziel Kursleiter verknüpft, so ist die Zusatzausbildung auch ein zentraler, wenn nicht gar grundlegender Bestandteil der Professionalität. Wird die therapeutische Zusatzausbildung hingegen mehr mit dem Ziel der eigenen Persönlichkeitsentwicklung begonnen, so stellt sie für die Professionalität der Kursleitenden auch ‚nur' eine Zusatzqualifikation dar.

Ob die therapeutische Zusatzausbildung für die Kursleitenden die Bedeutung einer Zusatzqualifikation oder einer grundlegenden Qualifikation einnimmt, hängt wiederum mit ihrem Berufskonzept, ihrem Lehr-Lernkonzept und natürlich mit der Positionierung ihrer Arbeit zur Psychotherapie zusammen. Kursleitende mit Berufs- und Lehr-Lernkonzepten, die in Richtung Psychotherapie ‚offener' sind, messen der psychotherapeutischen Zusatzausbildung naturgemäß eine größere Bedeutung zu als die Kursleitenden, die hier ‚engere' Berufs- und Lehr-Lernkonzepte haben. Im ersten Fall werden Psychotherapie und Erwachsenenbildung als zwei sich überschneidende und ergänzende Bereiche mit gleichen Grundlagen betrachtet und im zweiten Fall als getrennte Bereiche, aus denen jedoch gezielt Elemente übertragen werden können. Zwischen diesen beiden Polen konnten bei den Kursleitertypen auch Zwischenpositionen ausgemacht werden.

Mit Blick auf das professionelle Selbst nimmt die therapeutische Zusatzausbildung verschiedene Funktionen ein. Die Kursleitenden beschrieben positive Auswirkungen auf ihre Professionalität in den Bereichen Fachwissen, Hintergrundwissen, Wahrnehmung/Diagnose, im methodisch-didaktischen und psycho-sozialen Handlungsrepertoire sowie in einer professionellen Grundhaltung. Vor allem die professionelle Grundhaltung schien für die Kursleitenden ein wichtiger Bestandteil ihres professionellen Selbst zu sein, der stark durch die therapeutische Zusatzausbildung geprägt wurde.

Es kann daher angenommen werden, dass die therapeutische Zusatzausbildung auch das Berufskonzept und das Lehr-Lernkonzept der Kursleitenden prägen und verändern kann. Konkrete Zusammenhänge mit den Kursleitertypen konnten aus den Daten jedoch leider nicht gewonnen werden. Festzuhalten ist jedoch, auf welch vielfältige Weise die therapeutische Zusatzausbildung die Professionalität der Kursleitenden nach deren eigener Wahrnehmung positiv beeinflusst hat.

Berufsbiographie, professionelles Selbst und professioneller Kontext stehen insgesamt in einem Verhältnis der wechselseitigen Beeinflussung und Durchdringung. Als professioneller Kontext wurde hier der unmittelbare Handlungskontext der Kursleitenden bezeichnet. Dieser ist jedoch nochmals in einen größeren, gesellschaftlichen Kontext eingebettet. Durch verschiedene gesellschaftliche Funktionssysteme, durch gesellschaftliche Zentralwerte und einen gesellschaftlichen Auftrag wirkt sich dieser umfassende Rahmen auch auf das Berufs- und Lehr-Lernkonzept der Kursleitenden aus. Erwachsenenbildung und Psychotherapie sind sowohl Bestandteil des gesellschaftlichen als auch des professionellen Kontexts der Kursleitenden. Die jeweiligen Strukturen der beiden professionellen Bereiche beeinflussen das professionelle Selbst der Kursleitenden und zwingen diese, sich mit ihren Berufskonzepten in diesen Bereichen zu positionieren.

Welche Rückschlüsse für die Erwachsenenbildung in Bezug auf ihre Professionalisierungsbestrebungen und in Bezug auf ihr Verhältnis zur Psychotherapie aus den Ergebnissen der Studie gezogen werden können, soll im Folgenden dargestellt werden.

10.2 Erweiterung des professionellen Auftrags der Erwachsenenbildung ohne Therapeutisierung

Durch veränderte gesellschaftliche Bedingungen und steigende Komplexität in allen Bereichen steht die Erwachsenenbildung in Zukunft vor der Aufgabe, sich hinsichtlich der Anforderungen und Angebote im Bereich des Identitäts- und Orientierungswissens neu zu positionieren. Für welche Arten von Lernprozessen möchte und kann sie einen gesellschaftlichen Auftrag wahrnehmen und professionell umsetzen? Wo wird eine Grenze gezogen und die Bearbeitung anderen Professionen überlassen?

Dabei stellt sich gleichzeitig natürlich die Frage, welche Qualifikation für die Umsetzung der Aufgaben erforderlich ist. Die Aussagen der Kursleitenden in meiner Studie geben Hinweise darauf, welche Elemente aus bisher psychotherapeutischen Ausbildungen wichtig sind, um die Professionalität im Themenbereich des Identitäts- und Orientierungswissens zu erhöhen.

Die Weiterbildung von Kursleitenden durch eine therapeutische Zusatzausbildung wurde teilweise auch als ‚Professionalisierungsersatz' kritisiert (siehe auch Kap. 3.1). Einen Professionalisierungsersatz in dem Sinne, dass keine Professionalisierung hin zu höherer Professionalität stattgefunden hat, stellen die therapeutischen Zusatzausbildungen aus Sicht der befragten Kursleitenden jedoch nicht dar. Sie betrachten ihre Professionalität durchweg als durch die therapeutische Zusatzausbildung erhöht und haben sich damit aus ihrer Sicht auch ‚professionalisiert'.

Therapeutische Zusatzausbildungen können aber insofern als ‚Ersatz' aufgefasst werden, als es in der Erwachsenenbildung selbst keine vergleichbaren Angebote gibt, das heißt keine Angebote, die umfassend für den Bereich des Identitäts- und Orientierungswissens qualifizieren würden.

Wenn die Erwachsenenbildung auch einen Auftrag zur Vermittlung von Identitäts- und Orientierungswissen bewusst wahrnehmen möchte, müssen bei der Bestimmung und Förderung der Professionalität von Kursleitenden in diesem Bereich folgende Aspekte berücksichtigt werden:

- Der *Person* des Kursleitenden muss eine noch größere Beachtung geschenkt werden. So wie in psychotherapeutischen Ausbildungen eine Eigentherapie oder zumindest Selbsterfahrung ein integraler Bestandteil ist, sollte auch Kursleitenden die Möglichkeit gegeben werden, sich in ihrer professionellen Rolle und Wirkung besser kennen zu lernen und sich damit weiterzuentwickeln. Gerade bei Themen des Identitätswissens ist dies bedeutsam. Eine professionelle Grundhaltung gegenüber Teilnehmenden (Beziehungsaspekt) und gegenüber sich selbst und der eigenen Rolle ist ein wesentlicher Bestandteil der Professionalität von Kursleitenden. Die Entwicklung dieser Grundhaltung kann und muss jedoch aktiv unterstützt werden. Kursleitende, die sich ihres eigenen Berufs- und Lehr-Lernkonzepts sowie des eigenen Auftrags und der eigenen Grenzen bewusst sind, fühlen sich in ihrem Handeln sicherer und können dann auch grenzüberschreitende Situationen besser gestalten.

- Das – rechtzeitige – *Erkennen von Krankheitsbildern* bei Teilnehmenden kann helfen, kritische Situationen in Seminaren zu vermeiden. Kursleitende, die hier eine geschulte Wahrnehmung haben, können auf ,Störungen' in ihren Seminaren gezielt reagieren.
- Schließlich muss eine *Fachdidaktik* für den Wissensbereich des Identitätswissens entwickelt werden. Die Arbeit mit teilweise unbewussten Persönlichkeitsbereichen und das Ansprechen auch sehr privater Themen erfordern andere Methoden, als sie in Standardwerken der Erwachsenenbildung oder in Standardweiterbildungen für Kursleitende zu finden sind. Wie in der Studie dargestellt, erfordert gerade die Herstellung einer ,intimen aber nicht zu intimen' Interaktionsstruktur und damit die Gestaltung eines ,sicheren Rahmens' in einer Seminarsituation ein hohes Maß an Professionalität. Um dies nicht allein der Intuition oder der natürlichen Begabung eines Kursleitenden zu überlassen, muss der Einsatz entsprechender Methoden in einer bestimmten Interaktionsstruktur auf eine professionelle Basis gestellt werden. Das heißt, hier ist die Erwachsenenbildung gefordert, Wissen und konkrete Handlungsempfehlungen bereitzustellen, um die Umsetzung ihres professionellen Auftrags zu gewährleisten [117]. Die Idee einer Fachdidaktik betont außerdem, dass es um *Bildung und Wissen* geht. Sowohl für das Selbstverständnis der Kursleitenden als auch im Hinblick auf die Erwartungen von Teilnehmenden kann so eine klarere Positionierung von Erwachsenenbildung zur Psychotherapie in Bezug auf den Auftrag und seine Umsetzung hergestellt werden.

Es ist daher notwendig, Konzepte dafür zu entwickeln, wie sich Kursleitende im Rahmen der Profession Erwachsenenbildung in den Bereichen Person des Kursleiters, Erkennen von Krankheitsbildern und Fachdidaktik qualifizieren können. Die Gefahr einer Therapeutisierung steigt, wenn die Kursleitenden ausschließlich im Bereich der Psychotherapie qualifiziert und damit auch sozialisiert werden. Fehlen oben erwähnte Angebote im Bereich der Erwachsenenbildung, so bleiben die Kursleitenden auf der Suche nach einer entsprechenden Qualifizierung weiterhin sich selbst und einem unübersichtlichen ,Psychomarkt' überlassen.

---

117 Um die Kursleitenden dabei zu unterstützen Grenzüberschreitungen innerhalb von Seminaren zu vermeiden oder professionell damit umzugehen, ist noch weitere Forschungsarbeit nötig. Meines Erachtens würde sich hier ein Blick auf die Interaktionsstruktur in Seminaren und darauf, wie diese gemeinsam von Teilnehmenden und Kursleitenden in einem bestimmten Kontext hergestellt werden, lohnen. Aus der Beobachtung und Analyse gelungener und nicht gelungener Situationen, könnten hier Erkenntnisse gewonnen werden.

Ein weiteres Argument für Qualifizierungsangebote im Bereich der Erwachsenenbildung, ist in den Erwartungen – und teilweise auch Ängsten – der Teilnehmenden in Bezug auf Kursleitende mit einer therapeutischen Zusatzausbildung zu sehen. In den Interviews haben die Kursleitenden darauf hingewiesen, dass eine therapeutische Zusatzausbildung auch bestimmte Erwartungshaltungen und Hoffnungen hinsichtlich einer ,Heilung' oder Problemlösung hervorruft. Findet die Ausbildung im Kontext der Erwachsenenbildung statt, so wird diese Bedeutungszuschreibung vermieden.

Die Frage ist: Will sich die Erwachsenenbildung diesem Lernbereich widmen, der sich wie die Psychotherapie gezielt auf die Identität der Teilnehmenden richtet? Wenn ja, muss sie sich auch in ihrem professionellen Aufgaben- und Kompetenzbereich entsprechend verändern. Das heißt, auch auf der Ebene der Profession, des eigenen professionellen Selbstverständnisses, muss eine Integration dieses Anspruchs stattfinden. Dies betrifft vor allem eine Erweiterung und zugleich Klärung des bisherigen Lernbegriffs, der Interventionsformen und der Berufskonzepte der Kursleitenden. Die Erwachsenenbildung steht dabei vor der Herausforderung, bisher als ,therapeutisch' betrachtete Aspekte so in die Erwachsenenbildung zu integrieren, ohne dass eine ,Therapeutisierung' stattfindet.

Aus den Ergebnissen meiner Studie kann abgeleitet werden, wie dies gelingen könnte. Dass an diesen Veränderungen bereits gearbeitet wird, zeigen neuere Veröffentlichungen zu den einzelnen Elementen:

- In den Lernbegriff der Erwachsenenbildung müssen künftig die Ebenen der Emotion, des Körpers und des Unbewussten einbezogen werden. Durch die lange Zeit stark dominierende konstruktivistische Perspektive wurde der kognitive Aspekt des Lernens zu sehr in den Vordergrund gestellt. Zur Integration auch der anderen Persönlichkeitsebenen gibt es in der Erwachsenenbildung auch bereits erste Bestrebungen, wie neuere Veröffentlichungen zeigen (z.B. Arnold 2003; Kunert 1997).

– Um hier eine möglichst klare Grenze in Richtung Psychotherapie zu ziehen, erscheint es jedoch notwendig, den Aspekt des Lernens und der Arbeit an einem Thema zu betonen, auch wenn das Thema durch die Bedürfnisse der Teilnehmenden bestimmt wird. Der gezielte Einsatz von ,Lernerfolgskontrollen' auch in persönlichkeitsorientierten Seminaren könnte eine Möglichkeit sein den Lern- und Wissensaspekt auch über die eigene Person in den Vordergrund zu rücken. Damit wird deutlich, dass die Erwachsenenbildung keinen Therapieauftrag wahrnimmt. Wie Lernerfolgskontrollen so gestaltet und eingesetzt werden können, dass das Lernen und nicht die Kontrolle im Vordergrund steht, zeigt z.B. die Studie von Kaiser/Kaiser/Hohmann (2007; vgl. auch Kaiser/Buddenberg/Hohenstein 2007, insbesondere die Artikel von Uemminghaus).

- Lernumgebungen oder Lehr-Lernarrangements in der Erwachsenenbildung werden bisher sowohl in der Realität als auch in den Vorstellungen stark vom Lernen in einer Gruppe im Rahmen eines Seminars oder durch selbstreguliertes Lernen in Blended-Learning-Lernumgebungen bestimmt (vgl. z.b. Hof 2007). Gerade im Bereich des Identitätswissens lohnt sich jedoch auch der Blick auf eine Lernbegleitung/-ermöglichung außerhalb des Gruppenrahmens, z.b. in einem Einzelsetting beziehungsweise auch in der Kombination von Seminar und Einzelberatung, wie es die Kursleitenden der Studie teilweise handhaben. Lernen in einem Einzelsetting findet derzeit vor allem im Kontext Managementtraining als ‚Coaching' statt. Die Flut an Veröffentlichungen zum Thema ‚Beratung' entweder als grundsätzlicher Bestandteil pädagogischer Kompetenz oder als eigenständiger Angebotsform zeigt, dass die Bedeutung von Beratung erkannt wurde, aber auch wie schwer ihre Positionierung im Bereich der Erwachsenenbildung fällt. So werden Coaching und (Persönlichkeits-)Beratung häufig auch als Zwischenformen von Erwachsenenbildung und Psychotherapie begriffen (vgl. Dewe 2005; Nussle-Stein 2005).
- Schließlich gilt es die unterschiedlichen Anforderungen an Kursleitende der verschiedenen Wissens- und Themenbereiche in der Erwachsenenbildung auch durch eine Ausdifferenzierung des Berufs ‚Kursleiters' anzuerkennen. Das heißt, um nochmals den Gedanken einer spezifischen Fachdidaktik aufzugreifen, in den Ausbildungs- und Qualifizierungsangeboten, aber auch in der wissenschaftlichen Forschung und Diskussion müssen die jeweiligen Besonderheiten, was das Selbstverständnis, die Grundhaltung, die Methoden, die Interaktionsgestaltung etc. anbelangt, mitbedacht werden. Auch hier zeigen Veröffentlichungen, dass dies in Ansätzen bereits umgesetzt wird.

Gelingt es der Erwachsenenbildung, ihr Professionsverständnis sowohl entsprechend auszuweiten als auch zu schärfen, bietet sie damit den Kursleitenden klarere Orientierungspunkte für ihr professionelles Selbst. Berufskonzepte im Bereich des Identitätswissens würden damit nicht mehr zwischen Erwachsenenbildung und Psychotherapie stehen, sondern sich klar der Erwachsenenbildung zuordnen lassen.

Literatur- und Quellenverzeichnis

Andritzky, Walter: Alternative Gesundheitskultur. Eine Bestandsaufnahme mit Teilnehmerbefragung. Berlin 1997.

Alheit, Peter: „Patchworkers": Über die Affinität biographischer Konstruktionen und professioneller Habitualisierungen – eine Fallstudie über Weiterbildungsstudenten. In: Hoerning, Erika M.; Corsten, Michael (Hrsg.): Institution und Biographie: die Ordnung des Lebens. Pfaffenweiler 1995, S. 57–69.

Alheit, Peter; Dausien, Bettina: Die biographische Konstruktion der Wirklichkeit. Überlegungen zur Biographizität des Sozialen. In: Hoerning, Erika, M. (Hrsg.): Biographische Sozialisation. Stuttgart 2000, S. 257–285.

Angiletta, Salvatore Pasquale: Individualisierung, Globalisierung und die Folgen für die Pädagogik. Opladen 2002.

Arabin, Lothar: Unterrichtende an hessischen Volkshochschulen. Ein Einblick in die Studie. In: Hessische Blätter für Volksbildung, 1996, H. 4, S. 315–324.

Arnold, Rolf: Betriebliche Weiterbildung. Selbstorganisation – Unternehmenskultur – Schlüsselqualifikationen. Baltmannsweiler 1995.

Arnold, Rolf (Hrsg.): Lehren und Lernen im Modus der Auslegung: Erwachsenenbildung zwischen Wissensvermittlung, Deutungslernen und Aneignung. Baltmannsweiler 1998.

Arnold, Rolf: Die emotionale Konstruktion der Wirklichkeit. Beiträge zu einer emotionspädagogischen Erwachsenenbildung. Baltmannsweiler 2005.

Arnold, Rolf; Milbach, Brigitte: Biographische Erfahrungen und Einfluss auf die professionelle Handlungskompetenz von Lehrerinnen. Schriftenreihe: Pädagogische Materialien der Universität Kaiserslautern, H. 13, Kaiserslautern 2003.

Arnold, Rolf; Siebert, Horst: Konstruktivistische Erwachsenenbildung. Von der Deutung der Wirklichkeit zur Konstruktion von Wirklichkeit. Baltmannsweiler 1999.

Assmann, Maren Mareile: Beratung – eine Profession der Zukunft? Entwicklung, Probleme und Chancen in Deutschland. Göttingen 2006.

Atteslander, Peter: Methoden der empirischen Sozialforschung. Berlin; New York 7. bearb. Auflage 1993.

Barz, Heiner; May, Susanne (Hrsg.): Erwachsenenbildung als Sinnstiftung? Zwischen Bildung, Therapie und Esoterik. Bielefeld 2001.

Bastian, Hannelore: Kursleiterprofile und Angebotsqualität. Bad Heilbrunn 1997.

Bauer, Karl O.: Pädagogisches Handlungsrepertoire und professionelles Selbst von Lehrerinnen und Lehrern. In: Zeitschrift für Pädagogik, 44. Jg. 1998, H. 3, S. 343–359.

Bauer, Karl-Oswald; Kopka, Andreas; Brindt, Stefan: Pädagogische Professionalität und Lehrerarbeit: eine qualitativ empirische Studie über professionelles Handeln und Bewußtsein. Weinheim; München 2. Aufl. 1999.

Bauer, Walter: Identitätsbildung und gesellschaftlicher Wandel. In: Friedrichs, Werner; Sanders, Olaf (Hrsg.): Bildung/Transformation. Kulturelle und gesellschaftliche Umbrüche aus bildungstheoretischer Perspektive. Bielefeld 2002, S. 129–147.

Baumeister, F. Roy (Hrsg.): The Self in Social Psychology. Philadelphia 1999.

Bechberger, Harald: Freie Mitarbeiter in der außerbetrieblichen, beruflichen Weiterbildung: empirische Untersuchungen zur Berufsentwicklung in der Weiterbildung. Frankfurt/Main 1990.

Beck, Ulrich: Risikogesellschaft. Auf dem Weg in eine andere Moderne. Frankfurt/Main 1986.

Becker, Howard; Carper James: Elemente der Berufsidentifikation. In: Luckmann, Thomas; Sprondel, W. Michael (Hrsg.): Berufssoziologie. Köln 1972, S. 263–275.

Beerlage, Irmtraud; Kleiber, Dieter: Konflikte und Probleme professioneller Identität in der psychosozialen Versorgung. In: Flick, Uwe u.a. (Hrsg.): Handbuch qualitative Sozialforschung. München 1991, S. 327–330.

Behrens, Johann; Rabe-Kleberg, Ursula: Gatekeeping in the Life Course: A Pragmatic Typology. In: Heinz, Walter R. (Hrsg.): Institutions and gatekeeping in the life course. Weinheim 1992, S. 237–260.

Berthold, Hans-Joachim; Gebert, Dieter; Rehmann, Barbara; Rosenstiel, Lutz von: Schulung von Führungskräften – ein empirische Untersuchung über Bedingungen und Effizienz. In: Zeitschrift für Organisation, 1980, H. 4, S. 221–229.

Best, Dieter: Organisationsstrukturen des Arbeitsfeldes: Psychotherapie in der niedergelassenen Praxis. In: Hiller, Wolfgang u.a. (Hrsg.): Lehrbuch der Psychotherapie für die Ausbildung zur/zum psychologischen PsychotherapeutIn und für die ärztliche Weiterbildung. Band 1: Wissenschaftliche Grundlagen der Psychotherapie. München 2004, S. 441–455.

Bielser, Marco: Zum Selbstverständnis der Erwachsenenbildung zwischen Beratung und Therapie: Irrwege – Auswege – Wege. In: Tietgens, Hans (Hrsg.): Wissenschaft und Berufserfahrung: zur Vermittlung von Theorie und Praxis in der Erwachsenenbildung Bad Heilbrunn/Obb. 1987, S. 86–103.

Blättner, Beate: Gesundheit lässt sich nicht lehren. Professionelles Handeln von KursleiterInnen in der Gesundheitsbildung aus systemisch-konstruktivistischer Sicht. Bad Heilbrunn 1998.

Blumer, Herbert: Symbolic Interactionism. Perspective and Method. Berkeley; Los Angeles; London 1969.

Böhm, Andreas: Grounded Theory – Wie aus Texten Modelle und Theorien gemacht werden. In: Böhm, Andreas; Mengel, Andreas; Muhr, Thomas (Hrsg.): Texte verstehen. Konzepte, Methoden, Werkzeuge. Konstanz 1994, S. 121–140.

Böhm, Winfried: Über die Unvereinbarkeit von Erziehung und Therapie. In: Vierteljahresschrift für wissenschaftliche Pädagogik, 68. Jg. 1992, H. 2, S. 129–151.

Böttcher, Wolfgang (Hrsg.): Die Bildungsarbeiter. Situation – Selbstbild – Fremdbild. Weinheim; München 1996.

Brokmann-Nooren, Christiane; Grieb, Ina; Raapke, Hans-Dietrich: Handreichungen für die nebenberufliche Qualifizierung (NQ) in der Erwachsenenbildung. Weinheim; Basel 1994.

Bromme, Rainer: Der Lehrer als Experte: zur Psychologie des professionellen Wissens. Bern; Göttingen; Toronto 1992.

Bucher, Rue; Strauss, Anselm: Wandlungsprozesse in Professionen. In: Luckmann, Thomas; Sprondel, Walter Michael (Hrsg.): Berufssoziologie. Köln 1972, S. 182–197.

Buchholz, B. Michael: Ist Psychotherapie Profession oder Wissenschaft? In: Ummel, Hannes (Hrsg.): Konstruktion von Professionalität im beruflichen Alltag. Dokumentation des 4. Workshops des Arbeitskreises „Professionelles Handeln" 27./28. November 1998. Jena 1998.

Buddrus, Volker (Hrsg.): Humanistische Pädagogik. Eine Einführung in Ansätze integrativen und personenzentrierten Lehrens und Lernens. Bad Heilbrunn 1995.

Combe, Arno (Hrsg.): Pädagogische Professionalität. Untersuchungen zum Typus pädagogischen Handelns. Frankfurt/Main 1996.

Combe, Arno; Helsper, Werner: Einleitung: Pädagogische Professionalität. Historische Hypotheken und aktuelle Entwicklungstendenzen. In: Combe, Arno (Hrsg.): Pädagogische Professionalität. Untersuchungen zum Typus pädagogischen Handelns. Frankfurt/Main 1996, S. 9–48.

Cornish, Mary Jean: Die Entwicklung eines professionellen Selbstbildes. In: Luckmann, Thomas; Sprondel, Walter Michael (Hrsg.): Berufssoziologie. Köln 1972, S. 255–262.

Corsten, Michael: Beruf als kulturelle Institution. In: Hoerning, Erika M.; Corsten, Michael (Hrsg.): Institution und Biographie: die Ordnung des Lebens. Pfaffenweiler 1995, S. 39–53.

Cozolino, Louis: The Neuroscience of Psychotherapy: Building and Rebuilding the Human Brain. New York 2002.

Cozolino, Louis; Sprokay, Susan: Neurososcience and Adult Learning. In: Johnson, Sandra, Taylor Kathleen (Hrsg.): The Neuroscience of Adult Learning. San Francisco 2006, S. 11–19.

Czichos, Reiner: Entertrainment für Knowbodies. Train-the-Trainer einmal anders. München zweite Auflage 2004.

Datler, Wilfried: Bilden und Heilen: auf dem Weg zu einer pädagogischen Theorie psychoanalytischer Praxis. Mainz 1995.

Dausien, Bettina: Biographie und Geschlecht: zur biographischen Konstruktion sozialer Wirklichkeit in Frauenlebensgeschichten. Bremen 1996.

Dausien, Bettina: Biographie und/oder Sozialisation? Überlegungen zur paradigmatischen und methodischen Bedeutung von Biographie in der Sozialisationsforschung. In: Kraul, Margret; Marotzki, Winfried (Hrsg.): Biographische Arbeit. Opladen 2002, S. 65–91.

Denzin, Norman K.: Symbolischer Interaktionismus. In: Flick, Uwe; Kardorff, Ernst von; Steinke, Ines (Hrsg.): Qualitative Forschung. Ein Handbuch. Reinbek bei Hamburg 2000, S. 136–150.

Deutsche Gesellschaft für Psychoanalyse, Psychotherapie, Psychosomatik und Tiefenpsychologie (DGTP) e.V.: Aus- und Weiterbildungsrichtlinien. Stand Nov. 2004.

Deutsche Gesellschaft für Systemische Therapie/Familientherapie (DGSF): Richtlinien für die Zertifizierung der Weiterbildung „Systemische Therapie und Beratung (DGSF)". www.dgsf.org/service/richtlinien-zertifikate/richtlinien-fuer-die-zertifizierung-der-weiterbildung–201esystemische-therapie-und-beratung-dgsf–201c. 11.05.2007.

Deutsche Gesellschaft für Verhaltenstherapie (DGVT) e.V.: Informationen zur Ausbildung „Psychologische Psychotherapie mit Schwerpunkt Verhaltenstherapie". www.pab-info.de/fileadmin/user-upload/Psychotherapieausbildung/Wegweiser PP.pdf. 09.08.2007.

Deutsche Vereinigung für Getalttherapie (DVG) e.V.: Ausführungsbestimmungen. www.dvg-gestalt.de/downloads/Ausfuehrungsbestimmungen-05.pdf. 09.08.2007.

Deutsche Vereinigung für Neurolinguistisches Programmieren (DVNLP): Curricula. www.dvnlp.de/fileadmin/dvnlp-daten/docs/Curriculaseit2000.pdf. 09.08.2007

Dewe, Bernd (Hrsg.): Erziehen als Profession: zur Logik professionellen Handelns in pädagogischen Feldern. Opladen 1992.

Dewe, Bernd: Einheit – Differenz – Übergänge: Auf dem Weg zu einer Metatheorie der Kommunikationsformate Erwachsenenbildung, Beratung, Therapie. In: REPORT, 28. Jg. 2005, S. 150–157.

Dewe, Bernd; Ferchhoff, Wilfried; Radtke, Frank-Olaf: Auf dem Wege zu einer aufgabenzentrierten Professionstheorie pädagogischen Handelns. In: Dewe, Bernd (Hrsg.): Erziehen als Profession: zur Logik professionellen Handelns in pädagogischen Feldern. Opladen 1992. S. 7–20.

Dewe, Bernd; Ferchhoff, Wilfried; Radtke, Frank-Olaf: Das „Professionswissen" von Pädagogen. Ein wissenstheoretischer Rekonstruktionsversuch. In: Dewe, Bernd (Hrsg.): Erziehen als Profession: zur Logik professionellen Handelns in pädagogischen Feldern. Opladen 1992, S. 70–91.

Dewe, Bernd; Wiesner, Gisela; Wittpoth, Jürgen (Hrsg.): Professionswissen und erwachsenpädagogisches Handeln. Bielefeld 2002. (= Beiheft zum REPORT)

Dlugosch, Andrea: Professionelle Entwicklung und Biografie. Impulse für universitäre Bildungsprozesse im Kontext schulischer Erziehungshilfe. Bad Heilbrunn/Obb. 2003.

Döring, Klaus W.: System Weiterbildung. Zur Professionalisierung des quartären Bildungssektors. Weinheim; Basel 1987.

Doerry, Gerd: Über die Last und Lust selbsterfahrungsorientierten Lernens: In: Evers, Reimund u.a. (Hrsg.): Leben lernen: Beiträge der Erwachsenenbildung. Münster u.a. 1999, S. 105–123.

Dröll, Hajo: Weiterbildung als Ware: ein lokaler Weiterbildungsmarkt – das Beispiel Frankfurt. Schwalbach 1999.

Duxa, Susanne: Fortbildungsveranstaltung für DaZ-Kursleiter in der Weiterbildung und ihre Wirkungen auf das professionelle Selbst. Aachen 2001.

DVNLP Homepage: www.dvnlp.de, 10.08.2007

Eckert, Jochen.: Schulenübergreifende Aspekte der Psychotherapie. In: Reimer, Christian; Eckert, Jochen; Hautzinger, Martin; Wilke, Eberhard: Psychotherapie. Ein Lehrbuch für Ärzte und Psychologen. Berlin u.a. 2. überarbeitete und erweiterte Auflage 2000, S. 413–428.

Engler, Stefanie: Zur Kombination von qualitativen und quantitativen Methoden. In: Friebertshäuser, Barbara; Prengel, Annedore (Hrsg.): Handbuch Qualitative Forschungsmethoden in der Erziehungswissenschaft. Weinheim; München 2003, S. 118–130.

Fabel, Melanie; Tiefel, Sandra: Biographie als Schlüsselkategorie qualitativer Professionsforschung – eine Einleitung. In: Fabel, Melanie; Tiefel, Sandra (Hrsg.): Biographische Risiken und neue professionelle Herausforderungen. Wiesbaden 2004, S. 11–40.

Faulstich, Peter: Höchstens ansatzweise Professionalisierung. Zur Lage des Personals in der Erwachsenenbildung. In: Böttcher, Wolfgang (Hrsg.): Die Bildungsarbeiter. Situation – Selbstbild – Fremdbild. Weinheim; München 1996, S. 50–80.

Faulstich, Peter: Transformationsprozesse im Institutionenspektrum der Erwachsenenbildung. In: Derichs-Kunstmann, Karin; Faulstich, Peter; Tippelt, Rudolf (Hrsg.): Enttraditionalisierung der Erwachsenenbildung. Frankfurt/Main 1997, S. 60–70.

Faulstich, Peter: Deprofessionalisierung des Personals der Erwachsenenbildung und Neoregulierung. In: Bolder, Axel; Heinz, Walter R.; Kutscha, Günter (Hrsg.): Deregulierung der Arbeit – Pluralisierung der Bildung? Opladen 2001, S. 278–293.

Faulstich, Peter; Vespermann, Per: Strukturen und Perspektiven der Weiterbildung. In: Faulstich, Peter; Vespermann, Per (Hrsg.): Weiterbildung in den Bundesländern. Weinheim; München 2002, S. 15–69.

Faulstich, Peter; Wiesner, Gisela; Wittpoth, Jürgen (Hrsg.): Wissen und Lernen, didaktisches Handeln und Institutionalisierung. Befunde und Perspektiven der Erwachsenenbildungsforschung. Bielefeld 2001. (= Beiheft zum REPORT)

Flanagan, John C.: The Critical Incident Technique. In: Psychological Bulletin, 51. Jg. 1954, H.4, S. 327–358.

Flick, Uwe: Qualitative Sozialforschung. Eine Einführung. Reinbek bei Hamburg 6. vollständig überarb. und erweiterte Aufl. 2002.

Flick, Uwe; Kardorff, Ernst von; Steinke, Ines (Hrsg.): Qualitative Forschung. Ein Handbuch. Reinbek bei Hamburg 2000.

Flick, Uwe; Kardorff, Ernst von; Steinke, Ines: Was ist qualitative Forschung? Einleitung und Überblick. In: Flick, Uwe; Kardorff, Ernst von; Steinke, Ines (Hrsg.): Qualitative Forschung. Ein Handbuch. Reinbek bei Hamburg 2000, S. 13–29.

Friebertshäuser, Barbara: Interviewtechniken – ein Überblick. In: Friebertshäuser, Barbara; Prengel, Annedore (Hrsg.): Handbuch Qualitative Forschungsmethoden in der Erziehungswissenschaft. Weinheim; München 2003.

Friebertshäuser, Barbara; Prengel, Annedore (Hrsg.): Handbuch Qualitative Forschungsmethoden in der Erziehungswissenschaft. Weinheim; München 2003.

Fuchs-Brüninghoff, Elisabeth: Professionalität und Bewusstheit. Positionen – Fragen – Anstöße. In: Meisel, Klaus (Hrsg.): Veränderungen in der Profession Erwachsenenbildung. Frankfurt/Main 1997, S. 110–117.

Fuhr, Thomas: Kompetenzen und Ausbildung des Erwachsenenbildners: eine Studie zur Professionalisierung der Erwachsenenbildung. Bad Heilbrunn/Obb. 1991.

Galiläer, Lutz: Pädagogische Qualität. Perspektiven über Schule, Soziale Arbeit und Erwachsenenbildung. München 2005.

Geißler, Karlheinz A.: Politische Bildung – Beratung – Therapie. In: Materialien zur Politischen Bildung, Jg. 1986, H. 4, S. 13–19.

Gerhard, Uta: Typenbildung. In: Flick, Uwe (Hrsg.): Handbuch qualitative Sozialforschung: Grundlagen, Konzepte, Methoden und Anwendungen. München 1991, S. 435–439.

Gerl, Herbert: Praktischer Konstruktivismus – Anmerkungen zur Bedeutung von NLP für eine Erwachsenenpädagogik als Handlungswissenschaft. In: Arnold, Rolf (Hrsg.): Erwachsenenpädagogik – zur Konstitution eines Faches: Festschrift für Horst Siebert zum 60. Geburtstag. Hohengehren 1999, S. 69–77.

Gesellschaft für wissenschaftliche Gesprächspsychotherapie (GWG) e.V.: Richtlinien und Durchführungsbestimmungen für die Weiterbildung in Klientenzentrierter Psychotherapie. www.gwg-ev.org/download/richtl-gt.pdf. 09.08.2007.

Giesecke, Hermann: Pädagogik als Beruf. Grundformen pädagogischen Handelns. Weinheim; München 7. Auflage 2000.

Gieseke, Wiltrud: Habitus von Erwachsenenbildnern. Eine qualitative Studie zur beruflichen Sozialisation. Oldenburg 1989.

Gieseke, Wiltrud: Der Habitus von Erwachsenenbildnern: Pädagogische Professionalität oder plurale Beliebigkeit? In: Combe, Arno (Hrsg.): Pädagogische Professionalität. Untersuchungen zum Typus pädagogischen Handelns. Frankfurt/Main 1996, S. 678–713.

Gieseke, Wiltrud: Professionalität und Fortbildungsbedarf. In: Baldauf-Bergmann, Kristine; Küchler, Felicitas von; Weber, Christel (Hrsg.): Erwachsenenbildung im Wandel – Ansätze einer reflexiven Weiterbildungspraxis. Festschrift zum 60. Geburtstag von Prof. Dr. Ortfried Schäffter. Baltmannsweiler 2005, S. 28 – 51.

Glaser, Barney G.: Theoretical Sensitivity. Advances in the Methodology of Grounded Theory. Mill Valley 1978.

Glaser, Barneg G.; Strauss, Anselm L.: Grounded Theory: Strategien qualitativer Forschung. Bern u.a. 1998.

Goffman, Erving: Wir alle spielen Theater. Die Selbstdarstellung im Alltag. München 1969.

Goffman, Erving: Rahmen-Analyse. Ein Versuch über die Organisation von Alltagserfahrungen. Frankfurt/Main 1977.

Goldner, Colin: Die Psycho-Szene. Erweiterte und völlig überarbeitete Neuaufl. München 2000.

Grawe, Klaus; Donati, Ruth; Bernauer, Friederike: Psychotherapie im Wandel. Von der Konfession zur Profession. Göttingen 1994.

Greve, Werner: Psychologie des Selbst – Konturen eines Forschungsthemas. In: Greve, Werner (Hrsg.): Psychologie des Selbst. Weinheim 2000, S. 15 – 36.

Gunkel, Stefan; Kruse, Gunther (Hrsg.): Salutogenese, Resilienz und Psychotherapie: Was hält gesund? – Was bewirkt Heilung? Hannover 2004.

Harney, Klaus; Körzel, Randolf: Weiterbildung als System. In: Derichs-Kunstmann, Karin; Faulstich, Peter; Tippelt, Rudolf (Hrsg.): Enttraditionalisierung der Erwachsenenbildung. Frankfurt/Main 1997, S. 50 – 59.

Hartmann, Heinz: Arbeit, Beruf, Profession. In: Luckmann, Thomas; Sprondel, W. Michael (Hrsg.): Berufssoziologie. Köln 1972.

Haug, Christoph V.: Trendarbeit: Bilden oder Heilen?: Erwachsenenbildung zwischen Psychotherapie und Persönlichkeitsentfaltung. Frankfurt/Main 1985.

Haupert, Bernhard: Vom narrativen Interview zur biographischen Typenbildung. In: Garz, Detlef; Krainer, Klaus (Hrsg.): Qualitativ-empirische Sozialforschung: Konzepte, Methoden, Analysen. Opladen 1991, S. 213 – 254.

Heese, Carl: Erwachsenenbildung und Psychoanalyse – Bedingungen einer andragogischen Rezeption der Psychoanalyse. Inaugural-Dissertation zur Erlangung des Doktorgrades der Philosophisch-Pädagogischen Fakultät der Katholischen Universität Eichstätt 1995.

Heinz, Walter R.: Status Passages as Micro-Macro Linkages in Life Course Research. In: Weymann, Ansgar; Heinz, Walter R. (Hrsg.): Society and Biography. Interrelationships between Social Structure, Institutions and the Life Course. Weinheim 1996, S. 51 – 65.

Heinz, Walter R.: Selbstsozialisation im Lebenslauf. Umrisse einer Theorie biographischen Handelns. In: Hoerning, Erika M. (Hrsg.): Biographische Sozialisation. Stuttgart 2000, S. 165 – 186.

Held, Josef: Subjektbezogene Forschungsverfahren für die Berufspraxis. Marburg 1985.

Helle, H. Jürgen: Theorie der symbolischen Interaktion. Ein Beitrag zum Verstehenden Ansatz in Soziologie und Sozialpsychologie. Wiesbaden 3. überarbeitete Aufl. 2001.

Helsper, Werner: Lehrerprofessionalität als antinomische Handlungsstruktur. In: Kraul, Margret; Marotzki, Winfried; Schweppe, Cornelia (Hrsg.): Biographie und Profession. Bad Heilbrunn 2002, S. 64–102.

Helsper, Werner: Pädagogische Professionalität als Gegenstand des erziehungswissenschaftlichen Diskurses. In: Zeitschrift für Pädagogik, Jg. 50, 2004, H. 2, S. 303–307.

Hemminger, Hansjörg: Eine Erfolgspersönlichkeit entwickeln? Psychokurse und Erfolgstechniken in der Wirtschaft. Stuttgart 1996.

Hemminger, Hansjörg: Psychotherapie – Weg zum Glück? Zur Orientierung auf dem Psychomarkt. München 1987.

Hettlage, Robert: Rahmenanalyse – oder die innere Organisation unseres Wissens um die Ordnung der Wirklichkeit. In: Hettlage, Robert; Lenz, Karl (Hrsg.): Erving Goffman – ein soziologischer Klassiker der zweiten Generation. Bern; Stuttgart 1991, S. 95–154.

Heuer, Ulrike: Ich will noch was anderes! Frauen experimentieren mit Erwachsenenbildung. Pfaffenweiler 1993.

Heuer, Ulrike (Hrsg.): Neue Lehr- und Lernkulturen in der Weiterbildung. Bielefeld 2001.

Hildenbrand, Bruno: Die Rahmung therapeutischer Situationen. In: Ummel, Hannes (Hrsg.): Konstruktion von Professionalität im beruflichen Alltag. Dokumentation des 4. Workshops des Arbeitskreises „Professionelles Handeln" 27./28. November 1998. Jena 1998. S. 47–75.

Hoerning, Erika M.: Biographien und Institution – die Ordnung des Lebens. In: Hoerning, Erika M.; Corsten, Michael (Hrsg.): Institution und Biographie: die Ordnung des Lebens. Pfaffenweiler 1995, S. 15–25.

Hoerning, Erika M.: Biographische Sozialisation. Theoretische und forschungspraktische Verankerung. In: Hoerning, Erika, M. (Hrsg.): Biographische Sozialisation. Stuttgart 2000, S. 1–20.

Hof, Christiane: Konzepte des Wissens: eine empirische Studie zu den wissenstheoretischen Grundlagen des Unterrichtens. Bielefeld 2001.

Hof, Christiane: Wissen als Thema der Erwachsenenbildung. In: Dewe, Bernd; Wiesner, Gisela; Wittpoth, Jürgen (Hrsg.): Professionswissen und erwachsenenpädagogisches Handeln Bielefeld 2002, S. 9–17. (=Beiheft zum REPORT)

Hof, Christiane: Ein empirisch fundierter Vorschlag zur Typisierung von Lernumgebungen. In: Kaiser, Arnim; Kaiser, Ruth; Hohmann, Reinhard (Hrsg.): Lernertypen – Lernumgebung – Lernerfolg. Erwachsene im Lernfeld. Bielefeld 2007, S. 35–59.

Hopf, Christel: Hypothesenprüfung und qualitative Sozialforschung. In: Strobl, Rainer; Böttger, Andreas (Hrsg.): Wahre Geschichten? Zur Theorie und Praxis qualitativer Interviews. Baden-Baden 1996, S. 9–21.

Huber, Günter L.: Qualität versus Quantität in der Inhaltsanalyse. In: Bos, Wilfried; Tarnai, Christian (Hrsg.): Angewandte Inhaltsanalyse in Empirischer Pädagogik und Psychologie. Münster; New York 1989a, S. 33–47.

Huber, Günter L.: Analyse qualitativer Daten mit Computerunterstützung: Das Software-Paket Aquad. In: Bos, Wilfried; Tarnai, Christian (Hrsg.): Angewandte Inhaltsanalyse in Empirischer Pädagogik und Psychologie. Münster; New York 1989b, S. 268–285.

Huber, Günter L.: Qualitative Analyse mit Computerunterstützung. In: Huber, Günter L. (Hrsg.): Qualitative Analyse. Computereinsatz in der Sozialforschung. München 1992, S. 115–175.

Huber, Günter L; Gürtler, Leo: Aquad Sechs. Manual zur Software Aquad 6. Tübingen 2003/www.aquad.de/ger/manual.pdf.

Huber, Günter L.; Mandl, Heinz (Hrsg.): Verbale Daten: eine Einführung in die Grundlagen und Methoden der Erhebung und Auswertung. Weinheim; Basel 2. bearb. Aufl. 1994.

Huber, Günter L.; Mandl, Heinz: Verbalisationsmethoden zur Erfassung von Kognitionen im Handlungszusammenhang. In: Mandl, Heinz; Huber, Günter L. (Hrsg.): Verbale Daten: eine Einführung in die Grundlagen und Methoden der Erhebung und Auswertung. Weinheim; Basel 2. bearb. Aufl. 1994, S. 11–42.

Hughes, Everett C.: The Sociological Eye. New Brunswick 1984.

James, William: Psychology, Briefer Course. Harvard College USA 1984.

Jüttemann, Gerd (Hrsg.): Qualitative Forschung in der Psychologie. Grundfragen, Verfahrensweisen, Anwendungsfehler. Weinheim; Basel 1985.

Kade, Jochen: Kursleiter und die Bildung Erwachsener: Fallstudien zur biographischen Bedeutung der Erwachsenenbildung. Bad Heilbrunn/Obb. 1989.

Kaiser, Arnim: Sinn und Situation. Grundlinien einer Didaktik der Erwachsenenbildung. Bad Heilbrunn/Obb. 1985.

Kaiser, Arnim; Buddenberg, Verena; Hohenstein, Kerstin u.a. (Hrsg.): Kursplanung, Lerndiagnose und Lernerberatung. Handreichung für die Bildungspraxis. Bielefeld 2007.

Kaiser, Arnim; Kaiser, Ruth; Hohmann, Reinhard (Hrsg.): Lernertypen – Lernumgebung – Lernerfolg. Erwachsene im Lernfeld. Bielefeld 2007.

Kaiser, Ruth: Informelles Lernen – informelle Lerner. In: Kaiser, Arnim; Kaiser, Ruth; Hohmann, Reinhard (Hrsg.): Lernertypen – Lernumgebung – Lernerfolg. Erwachsene im Lernfeld. Bielefeld 2007, S. 81–102.

Kegan, Robert: What „Form" Transforms? A Constructive-Developmental Approach to Transformative Learning. In: Mezirow, Jack (Hrsg.): Learning as Transformation: Critical Perspectives on a Theory in Progress. San Francisco 2000, S. 35–70.

Kelchtermans, Geert: Teachers and Their Career Story: A Biographical Perspective on Professional Development. In: Day, Christopher; Calderhead, James; Denicolo, Pam (Hrsg.): Research on Teacher Thinking: Understanding Professional Development. London; Washington 1993, S. 198–220.

Kelchtermans, Geert; Vandenberghe, Roland: Teachers' professional development: a biographical perspective. In: Journal of Curriculum Studies, 26. Jg. 1994, H. 1, S. 45–61.

Kelle, Udo: Empirisch begründete Typenbildung: zur Logik und Methodologie interpretativer Sozialforschung. Weinheim 1994.

Kelle, Udo: Die Bedeutung theoretischen Vorwissens in der Methodologie der Grounded Theory. In: Strobl, Rainer; Böttger, Andreas (Hrsg.): Wahre Geschichten? Zur Theorie und Praxis qualitativer Interviews. Baden-Baden 1996, S. 23–47.

Kelle, Udo: Computergestützte Analyse qualitativer Daten. In: Flick, Uwe; Kardorff, Ernst von; Steinke, Ines (Hrsg.): Qualitative Forschung. Ein Handbuch. Reinbek bei Hamburg 2000, S. 485–502.

Kelle, Udo; Erzberger, Christian: Qualitative und quantitative Methoden: kein Gegensatz. In: Flick, Uwe; Kardorff, Ernst von; Steinke, Ines (Hrsg.): Qualitative Forschung. Ein Handbuch. Reinbek bei Hamburg 2000, S. 299–309.

Kivits, Tonja: Handbuch Psychotherapie. Die wichtigsten Therapieformen im Überblick. Düsseldorf; Wien 1993.

Klein, Rosemarie; Reutter, Gerhard (Hrsg.): Lehren ohne Zukunft? Wandel der Anforderungen an das pädagogische Personal in der Erwachsenenbildung. Baltmannsweiler 1998.

Kluge, Susann: Empirisch begründete Typenbildung. Opladen 1999.

Kluge, Susann; Kelle, Udo: Vom Einzelfall zum Typus: Fallvergleich und Fallkontrastierung in der qualitativen Sozialforschung. Opladen 1999.

Knoll, Jörg: Gruppentherapie und pädagogische Praxis: Ansätze, Arbeitsformen und Konsequenzen für die Arbeit mit Gruppen in Schule und Erwachsenenbildung. Bad Heilbrunn 1977.

Koring, Bernhard: Erwachsenenbildung und Professionalisierungstheorie. Überlegungen im Anschluss an Oevermann. In: Harney, Klaus; Jütting, Dieter H.; Koring, Bernhard (Hrsg.): Professionalisierung in der Erwachsenenbildung: Fallstudien – Materialien – Forschungsstrategien. Frankfurt/Main. u.a. 1987, S. 358–400.

Körner, Jürgen: Zum Verhältnis pädagogischen und therapeutischen Handelns. In: Combe, Arno (Hrsg.): Pädagogische Professionalität. Untersuchungen zum Typus pädagogischen Handelns. Frankfurt/Main 1996. S. 781–809.

Koring, Bernhard: Die Professionalisierungsfrage der Erwachsenenbildung. In: Dewe, Bernd (Hrsg.): Erziehen als Profession: zur Logik professionellen Handelns in pädagogischen Feldern. Opladen 1992. S. 171–199.

Kowal, Sabine; O'Conell, Daniel C.: Zur Transkription von Gesprächen. In: Flick, Uwe; Kardorff, Ernst von; Steinke, Ines (Hrsg.): Qualitative Forschung. Ein Handbuch. Reinbek bei Hamburg 2000, S. 429–437.

Kraft, Susanne: „Modernisierung" und „Individualisierung". Eine kritische Analyse ihrer Bestimmungen. Regensburg 1992.

Kraul, Margret; Marotzki, Winfried; Schweppe, Cornelia (Hrsg.): Biographie und Profession. Bad Heilbrunn 2002.

Krawitz, Rudi: Pädagogik statt Therapie: vom Sinn individualpädagogischen Sehens, Denkens und Handelns. Bad Heilbrunn 3. überarbeitete Auflage 1996.

Kunert, Kristian: Transpersonale Pädagogik: In: Kunert, Kristian (Hrsg.): Neue Lernmethoden für pädagogische Berufe. Baltmannsweiler 1997, S. 169–200.

Langenbach, Marie-Luise: Fortbildung zum Weiterbildungslehrer: Praxisanforderungen, Qualifikationsprofil und Lehrgangskonzept. Berlin; Bonn 1990.

Leary, Mark R.; Tangney June P.: The Self as an Organizing Construct in Behavioral Social Sciences. In: Leary, Mark R.; Tangney June P. (Hrsg.): Handbook of Self and Identity. New York 2003, S. 3–14.

Leary, Mark R.; Tangney June P.(Hrsg.): Handbook of Self and Identity. New York 2003.

Leffers, Carl-Josef: Erwachsenenbildung – Förderung individuellen Wachstums und/oder sozialen Wandels? Sozialethische und ideologiekritische Problemanalyse angewandter Methoden Humanistischer Psychologie im Bereich der Erwachsenenbildung. Münster 1980.

Legewie, Heiner: Globalauswertung von Dokumenten. In: Böhm, Andreas; Mengel, Andreas; Muhr, Thomas (Hrsg.): Texte verstehen. Konzepte, Methoden, Werkzeuge. Konstanz 1994, S. 177–182.

Leidenfrost, Jana; Götz, Klaus; Hellmeister, Gerhard: Persönlichkeitstraining im Management: Methoden, subjektive Erfolgskriterien und Wirkungen. München; Mering 2. verb. und erweiterte Aufl. 2000.

Leinweber, Stephan: Der Erwachsenenbildner als Führungsperson eigener Art. Ein Beitrag zur Professionalisierung der erwachsenbildnerischen Tätigkeit. Eichstätt 2002.

Lewin, Kurt: Some Social-Psychological Differences between the United States and Germany. In: Character and Personality, 1936, H. 4; S. 265–293.

Lieverscheidt, Hille: Auf dem Weg zu einer neuen Lehr-/Lernkultur. Was müssen die Lehrenden können? In: Heuer, Ulrike (Hrsg.): Neue Lehr- und Lernkulturen in der Weiterbildung. Bielefeld 2001, S. 108–113.

Lumma, Klaus: Neuorientierung – Grundlagen der pädagogischen Psychotherapie. Eschweiler 1988.

Luckmann, Thomas; Sprondel, W. Michael (Hrsg.): Berufssoziologie. Köln 1972.

Mader, Wilhelm: Lernen oder Heilen? Zur Problematik offener und verdeckter Therapieangebote in der Erwachsenenbildung. In: Schlutz, Erhard (Hrsg.): Erwachsenenbildung zwischen Schule und sozialer Arbeit: einführende Beiträge in gegenwärtige Aufgaben und Handlungsprobleme. Bad Heilbrunn/Obb. 1983, S. 184–198.

Mader, Wilhelm: Dilemmata im Verhältnis von Bildung und Therapie. In: Materialien zur Politischen Bildung, 1986, H. 4, S. 5–13.

Mader, Wilhelm: Individualität als soziales Problem von Bildung und Therapie. In: Tietgens, Hans (Hrsg.): Wissenschaft und Berufserfahrung: zur Vermittlung von Theorie und Praxis in der Erwachsenenbildung. Bad Heilbrunn/Obb. 1987, S. 66–85.

Mader, Wilhelm (Hrsg.): Weiterbildung und Gesellschaft. Grundlagen wissenschaftlicher und beruflicher Praxis in der Bundesrepublik Deutschland. Bremen 1993.

Mader, Wilhelm: Die Bedeutung der Psychologie für die Weiterbildung. In: Mader, Wilhelm (Hrsg.): Weiterbildung und Gesellschaft. Grundlagen wissenschaftlicher und beruflicher Praxis in der Bundesrepublik Deutschland. Bremen 1993, S. 244–263.

Mader, Wilhelm: Weiterbildung und Beratung. In: Tippelt, Rudolf (Hrsg.): Handbuch der Erwachsenenbildung, Weiterbildung. Opladen 2. überarb. und aktualisierte Aufl.1999, S. 317–326.

Marotzki, Winfried: Qualitative Biographieforschung. In: Flick, Uwe; Kardorff, Ernst von; Steinke, Ines (Hrsg.): Qualitative Forschung. Ein Handbuch. Reinbek bei Hamburg 2000. S. 175–186.

Marotzki, Winfried: Allgemeine Erziehungswissenschaft und Biographieforschung. In: Kraul, Margret; Marotzki, Winfried (Hrsg.): Biographische Arbeit. Opladen 2002, S. 49–64.

Mayer, Bernd; Götz, Klaus: Funktionen und Wirkungen persönlichkeitsorientierter Trainings in Organisationen. Eine Untersuchung in der Führungskräfteförderung der Daimler-Benz AG. In: Gruppendynamik, 29. Jg. 1998, H. 3, S. 275–294.

Mayring, Philipp: Qualitative Inhaltsanalyse. In: Flick, Uwe; Kardorff, Ernst von; Steinke, Ines (Hrsg.): Qualitative Forschung. Ein Handbuch. Reinbek bei Hamburg 2000, S. 468–474.

Mayring, Philipp: Einführung in die qualitative Sozialforschung. Weinheim; Basel 5. überarb. und neu ausgestattete Aufl. 2002.

Meier-Gantenbein, Karl F.; Späth, Thomas: Handbuch Bildung, Training und Beratung. Zehn Konzepte der professionellen Erwachsenenbildung. Weinheim; Basel 2006.

Meinefeld, Werner: Hypothesen und Vorwissen in der qualitativen Sozialforschung. In: Flick, Uwe; Kardorff, Ernst von; Steinke, Ines (Hrsg.): Qualitative Forschung. Ein Handbuch. Reinbek bei Hamburg 2000, S. 265–275.

Mezirow, Jack (Hrsg.): Learning as Transformation: Critical Perspectives on a Theory in Progress. San Francisco 2000.

Munk, Elfriede: Der/die Lehrende in der Erwachsenenbildung: Idealvorstellungen und die sie bestimmenden Faktoren, dargestellt am Beispiel von Carl R. Rogers und Paulo Freire. Tübingen 1988.

Miller, Melvin E.: Adult Development, Learning and Insight Through Psychotherapy: The Cultivation of Change and Transformation. In: Hoare, Carol (Hg.): Handbook of Adult Development and Learning. Oxford; New York 2006, S. 219–239.

Mollenhauer, Klaus: Das pädagogische Phänomen „Beratung". In: Mollenhauer, Klaus; Müller, Wolfgang, C.: „Führung" und „Beratung" in pädagogischer Sicht. Heidelberg 1965, S. 25–41.

Nagel, Norbert (Hrsg.): Erlaubnis zum Wachsen. Beiträge aus der Arbeit mit Transaktionsanalyse in Pädagogik und Erwachsenenbildung. Paderborn 1992.

Nassehi, Armin: Beratung, Orientierung, Bestätigung. Erwachsenenbildung zwischen Wissensvermittlung, Sinnsuche und Therapie. In: Barz, Heiner; May, Susanne (Hrsg.): Erwachsenenbildung als Sinnstiftung? Zwischen Bildung, Therapie und Esoterik. Bielefeld 2001, S. 12–20.

Nittel, Dieter: Gefühlsarbeit als Erkenntnisquelle. Professionstheoretische Blicke auf „Psycho-Kurse" an Volkshochschulen. In: Arnold, Rolf (Hrsg.): Lehren und Lernen im Modus der Auslegung: Erwachsenenbildung zwischen Wissensvermittlung, Deutungslernen und Aneignung. Baltmannsweiler 1998, S. 24–68.

Nittel, Dieter: Von der Mission zur Profession? Stand und Perspektiven der Verberuflichung in der Erwachsenenbildung. Bielefeld 2000.

Nittel, Dieter: Professionalität ohne Profession? In: Kraul, Margret; Marotzki, Winfried; Schweppe, Cornelia (Hrsg.): Biographie und Profession. Bad Heilbrunn 2002a, S. 253–286.

Nittel, Dieter: Berufliche Selbstbeschreibung im Spiegel von Praxisberichten. In: Hessische Blätter für Volksbildung, 2002b, H. 2, S. 137–152.

Nittel, Dieter; Schütz, Julia: Veränderte Aufgaben und neue Profile. Professionalisierung und Professionalität in der Erwachsenenbildung. In: Erwachsenenbildung, Jg. 51, 2005, H. 2, S. 54–59.

Nittel, Dieter; Völzke, Reinhard (Hrsg.): Jongleure der Wissensgesellschaft. Das Berufsfeld der Erwachsenenbildung. Neuwied; Kriftel 2002.

Nussle-Stein, Cornelia: Professionalität und Qualität in Beratung und Therapie. Eine disziplinen- und theorie/praxis-übergreifende Betrachtung. Bern; Stuttgart; Wien 2005.

Oevermann, Ulrich: Theoretische Skizze einer revidierten Theorie professionalisierten Handelns. In: Combe, Arno (Hrsg.): Pädagogische Professionalität. Untersuchungen zum Typus pädagogischen Handelns. Frankfurt/Main 1996, S. 70–182.

Oevermann, Ulrich: Professionalisierungsbedürftigkeit und Professionalisiertheit pädagogischen Handelns. In: Kraul, Margret; Marotzki, Winfried; Schweppe, Cornelia (Hrsg.): Biographie und Profession. Bad Heilbrunn 2002, S. 19–64.

Orlinsky, David E.: Learning from many masters. In: Psychotherapeut, 1994, Jg. 39, S. 2–9.

Oswald, Hans: Was heißt qualitativ forschen? Ein Einführung in Zugänge und Verfahren. In: Friebertshäuser, Barbara; Prengel, Annedore (Hrsg.): Handbuch Qualitative Forschungsmethoden in der Erziehungswissenschaft. Weinheim; München 2003, S. 71–87.

Otto, Volker: Berufspositionen in der Erwachsenenbildung. In: Hessische Blätter für Volksbildung, 1996, H. 4, S. 307–314.

Petek, Edwin: Bildung und Psychotherapie: vom pädagogischen Charakter therapeutischen Handelns; Versuch einer zeitgemäßen Neubestimmung des Bildungsbegriffs. Aachen 1991.

Peters, Roswitha: Erwachsenenbildungs-Professionalität. Ansprüche und Realitäten. Bielefeld 2004.

Peters, Roswitha: Jongleure ohne Profession? Kritische Anmerkungen zu einer Berufskultur. In: Erwachsenenbildung, Jg. 51, 2005, Heft 2, S. 60–65.

Petzold, Hilarion (Hrsg.): Die Rolle des Therapeuten und die therapeutische Beziehung. Paderborn 3. Auflage 1996. Vorwort von Petzold.

Petzold, Hilarion; Schuch, Hans Waldemar: Grundzüge des Krankheitsbegriffs im Entwurf der Integrativen Therapie. In: Pritz, Alfred; Petzold, Hilarion (Hrsg.): Der Krankheitsbegriff in der modernen Psychotherapie. (Reihe Vergleichende Psychotherapie, Bd. 9). Paderborn 1992, S. 371–486.

Pratt, Daniel D.: Five Perspectives on Teaching in Adult and Higher education. Malabar; Florida 1998.

Pritz, Alfred; Petzold, Hilarion (Hrsg.): Der Krankheitsbegriff in der modernen Psychotherapie. Paderborn 1992.

Rad, Michael von: Psychotherapie als Beruf. In: Janssen, Paul L.; Cierpka, Manfred; Buchheim, Peter (Hrsg.): Psychotherapie als Beruf. Göttingen 1997, S. 27–41.

Ragin, Charles C.: The Comparative Method. Moving Beyond Qualitative and Quantitative Strategies. Berkley; Los Angeles; London 1987.

Rahn, Sylvia: „Telling more than we can know". In: Dewe, Bernd; Wiesner, Gisela; Wittpoth, Jürgen (Hrsg.): Professionswissen und erwachsenpädagogisches Handeln. Bielefeld 2002, S. 153–162. (=Beiheft zum REPORT)

Randolph, Rainer: Psychotherapie – Heilung oder Bildung? Pädagogische Aspekte psychoanalytischer Praxis. Heidelberg 1990.

Rogers, Carl: Therapeut und Klient. Grundlagen der Gesprächspsychotherapie. Frankfurt/Main 14. Auflage 1999.

Roos, Karen: Verantwortungsbewusste Konfliktbewältigung: ethische Fragestellungen und Ansätze aus der humanistischen Psychologie als Basis eines Konflikttrainings in der Andragogik. Neuried 1996.

Rosenstiel, Lutz von: Ist der Mensch machbar? Möglichkeiten und Grenzen der Persönlichkeitsbildung. In: Barz, Heiner; May, Susanne (Hrsg.): Erwachsenenbildung als Sinnstiftung? Zwischen Bildung, Therapie und Esoterik. Bielefeld 2001, S. 21–47.

Ross, Colin A.: Brain Self-Repair in Psychotherapy: Implicants for Education. In: Johnson, Sandra; Taylor Kathleen (Hrsg.): The Neuroscience of Adult Learning. San Francisco 2006, S. 29–33.

Sackmann, Reinhold; Wingens, Matthias: Theoretische Konzepte des Lebenslaufs: Übergang, Sequenz und Verlauf. In: Sackmann, Reinhold; Wingens, Matthias (Hrsg.): Strukturen des Lebenslaufs. Übergang – Sequenz – Verlauf. Weinheim; München 2001, S. 17–48.

Sagebiel, Juliane B.: Persönlichkeit als pädagogische Kompetenz in der beruflichen Weiterbildung. Frankfurt/Main; Berlin; Bern u.a. 1993.

Sauer-Schiffer, Ursula: Die Handlungskompetenz Beratung: Herausforderungen für Pädagoginnen und Pädagogen in der Erwachsenenbildung und außerschulischen Jugendbildung. In: Sauer-Schiffer, Ursula (Hrsg.): Bildung und Beratung. Beratungskompetenz als neue Herausforderung für die Weiterbildung und außerschulische Jugendbildung? Münster 2004, S. 275–289.

Schachtner, Christina: Ärztliche Praxis. Die gestaltende Kraft der Metapher. Hamburg 1999.

Schaeffer, Doris: Psychotherapie zwischen Mythologisierung und Entzauberung. Therapeutisches Handeln im Anfangsstadium der Professionalisierung. Opladen 1990.

Schaeffer, Doris: Tightrope Walking. Handeln zwischen Pädagogik und Therapie. In: Dewe, Bernd (Hrsg.): Erziehen als Profession: zur Logik professionellen Handelns in pädagogischen Feldern. Opladen 1992, S. 200–229.

Schäffter, Ortfried: Entwicklung und Erwerb berufsfeldbezogener Kompetenzen in der Erwachsenenbildung – Überlegungen zur Organisation praxiserschließender Selbstqualifizierung. In: Schlutz, Erhard; Siebert, Horst (Hrsg.): Ende der Professionalisierung? Die Arbeitssituation in der Erwachsenenbildung als Herausforderung für Studium, Fortbildung und Forschung. Bremen 1988, S. 188–210.

Schäffter, Ortfried: Gruppendynamik und die Reflexionsfunktion der Erwachsenenbildung. In: Tietgens, Hans (Hrsg.): Studienbibliothek für Erwachsenenbildung, herausgegeben von der Pädagogischen Arbeitsstelle des Deutschen Volkshochschul-Verbandes: Kommunikation in Lehr-Lern-Prozessen mit Erwachsenen. Frankfurt/Main 1992, S. 70–93.

Scherer, Alfred: Freie Mitarbeiter in der Erwachsenenbildung. Frankfurt/Main; Bern; New York 1987.

Scherer, Alfred: Zur Professionalisierung freier erwachsenpädagogischer Tätigkeit am Beispiel der Ostwestfalen-Studie. In: Hessische Blätter für Volksbildung, 1988, H. 2, S. 111–117.

Schiedeck, Jürgen; Schäfer, Thomas: Therapie – eine Pädagogik höherer Ordnung. Zur wachsenden Bedeutung therapeutischer Techniken und Betrachtungsweisen in pädagogischen Kontexten. In: Psychologie und Gesellschaftskritik, 14. Jg. 1990, H. 2/3, S. 27–46.

Schiersmann, Christiane: Frauenbildung: Konzepte, Erfahrungen, Perspektiven. Weinheim; München 1993.

Schlutz, Erhard (Hrsg.): Erwachsenenbildung zwischen Schule und sozialer Arbeit: einführende Beiträge in gegenwärtige Aufgaben und Handlungsprobleme. Bad Heilbrunn/Obb. 1983.

Schlutz, Erhard; Siebert, Horst (Hrsg.): Ende der Professionalisierung? Die Arbeitssituation in der Erwachsenenbildung als Herausforderung für Studium, Fortbildung und Forschung. Bremen 1988.

Schmidt, Christiane: Analyse von Leitfadeninterviews. In: Flick, Uwe; Kardorff, Ernst von; Steinke, Ines (Hrsg.): Qualitative Forschung. Ein Handbuch. Reinbek bei Hamburg 2000, S. 447–455.

Schmitz, Enno: Zur Struktur therapeutischen, beratenden und erwachsenpädagogischen Handelns. In: Schlutz, Erhard (Hrsg.): Erwachsenenbildung zwischen Schule und sozialer Arbeit: einführende Beiträge in gegenwärtige Aufgaben und Handlungsprobleme Bad Heilbrunn/Obb. 1983, S. 60–78.

Schmitz, Enno: Erwachsenenbildung als lebensweltbezogener Erkenntnisprozeß. In: Schmitz, Enno; Tietgens, Hans (Hrsg.): Erwachsenenbildung. Enzyklopädie Erziehungswissenschaft. Band 2. Stuttgart 1984, S. 95–123.

Schmitt, Rudolf: Metaphern des Helfens. Weinheim 1995.

Schön, Bärbel: Therapie statt Erziehung? Chancen und Probleme der Therapeutisierung pädagogischer und sozialer Arbeit. Frankfurt/Main 1993.

Schön, Bärbel: Therapie statt Erziehung? Chancen und Probleme der Therapeutisierung pädagogischer Arbeit. Frankfurt/Main völlig neu bearb. und aktual. Ausgabe 2005.

Schrader, Josef: Lerntypen bei Erwachsenen: empirische Analysen zum Lernen und Lehren in der beruflichen Weiterbildung. Weinheim 1994.

Schrader, Josef: Wachsende Verantwortung, fragiler Status. Zur Situation der Lehrkräfte in der Erwachsenenbildung. In: Heuer, Ulrike (Hrsg.): Neue Lehr- und Lernkulturen in der Weiterbildung. Bielefeld 2001, S. 136–147.

Schrader, Josef: Wissensformen in der Weiterbildung. In: Gieseke, Wiltrud (Hrsg.): Institutionelle Innensichten der Weiterbildung. Bielefeld 2003, S. 228–253.

Schütz, Alfred; Luckmann, Thomas: Strukturen der Lebenswelt. Band 1. Frankfurt/Main 4. Auflage 1991.

Schütze, Fritz: Kognitive Figuren des autobiographischen Stegreiferzählens. In: Kohli, Martin; Robert, Günther (Hrsg.): Biographie und soziale Wirklichkeit: neue Beiträge und Forschungsperspektiven. Stuttgart 1984, S. 78–117.

Schütze, Fritz: Organisationszwänge und hoheitsstaatliche Rahmenbedingungen im Sozialwesen. Ihre Auswirkungen auf die Paradoxien des professionellen Handelns. In: Combe, Arno (Hrsg.): Pädagogische Professionalität. Untersuchungen zum Typus pädagogischen Handelns. Frankfurt/Main 1996, S. 183.

Schütze, Fritz: Supervision als ethischer Diskurs. In: Kraul, Margret; Marotzki, Winfried; Schweppe, Cornelia (Hrsg.): Biographie und Profession. Bad Heilbrunn 2002, S. 135–164.

Schuchardt, Erika: Weiterbildung als Krisenverarbeitung. Bad Heilbrunn/Obb. 4. Aufl. 1990.

Schumann, Wolfgang: Therapie und Erziehung. Zum Verständnis beider Begriffe und zu ihrem Verhältnis zueinander unter schulischen Aspekten. Bad Heilbrunn 1993.

Siebert, Horst: Didaktisches Handeln in der Erwachsenenbildung: Didaktik aus konstruktivistischer Sicht. Neuwied; Kriftel; Berlin 2. Aufl. 1996.

Steinke, Ines: Gütekriterien qualitativer Forschung. In: Flick, Uwe; Kardorff, Ernst von; Steinke, Ines (Hrsg.): Qualitative Forschung. Ein Handbuch. Reinbek bei Hamburg 2000, S. 319–331.

Stets, Jan E.; Burke, Peter J.: A Sociological Approach to Self and Identity. In: Leary, Mark R.; Tangney June P. (Hrsg.): Handbook of Self and Identity. New York 2003, S. 128–152.

Stichweh, Rudolf: Professionen in einer funktional differenzierten Gesellschaft. In: Combe, Arno (Hrsg.): Pädagogische Professionalität. Untersuchungen zum Typus pädagogischen Handelns. Frankfurt/Main 1996. S. 49–69.

Strauss, Anselm L.: Work and the Division of Labor. In: The Sociological Quarterly, 26. Jg. 1985, H. 1. S. 1–19.

Strauss, Anselm L.: Creating Sociological Awareness. Collective Images and Symbolic Representations. New Brunswick 1991.

Strauss, Anselm L.; Corbin, Juliet M.: Grounded Theory: Grundlagen qualitativer Sozialforschung. Weinheim 1996.

Strichau, Dorothea: Bildung und Beragung – ein starkes Paar. Das Projekt ‚Begleitung und Beratung für Eltern-/Mutter-Kind-Gruppen'. In: Heuer, Ulrike (Hrsg.): Neue Lehr- und Lernkulturen in der Weiterbildung. Bielefeld 2001, S. 148–157.

Strotzka, Hans: Psychotherapie: Grundlagen, Verfahren, Indikationen. München 2. Aufl. 1978.

Stryker, Sheldon: Symbolic Interactionism. A Social Structural Version. Menlo Park, California u.a. 1980.

Stumm, Gerhard; Pritz, Alfred (Hrsg.): Wörterbuch der Psychotherapie. Wien 2000.

Tausch, Reinhard; Tausch Anne-Marie: Erziehungspsychologie. Begegnung von Person zu Person. Göttingen; Toronto; Zürich gänzlich neugest. Aufl. 1977.

Taylor, Kathleen: Brain Function and Adult Learning. Implicants for Pracice. In: Johnson, Sandra; Taylor Kathleen (Hrsg.): The Neuroscience of Adult Learning. San Francisco 2006, S. 71–85.

Tice, Dianne M.; Wallace, Harry M.: The Reflected Self: Creating Yourself as (You Think) Others See You. In: Leary, Mark R.; Tangney June P. (Hrsg.): Handbook of Self and Identity. New York 2003, S. 91–105.

Tietgens, Hans (Hrsg.): Wissenschaft und Berufserfahrung: zur Vermittlung von Theorie und Praxis in der Erwachsenenbildung. Bad Heilbrunn/Obb 1987.

Tietgens, Hans: Psychologisches im Angebot der Volkshochschulen. Frankfurt/Main 1994.

Tietgens, Hans: Maßgaben der Professionalität. In: Klein, Rosemarie; Reutter, Gerhard (Hrsg.): Lehren ohne Zukunft? Wandel der Anforderungen an das pädagogische Personal in der Erwachsenenbildung. Baltmannsweiler 1998, S. 39–45.

Tippelt, Rudolf (Hrsg.): Handbuch der Erwachsenenbildung, Weiterbildung. Opladen 2. überarb. und aktualisierte Aufl.1999.

Triebel, Axel: Lernvorgänge in psychoanalytischer Therapie. Die Technik der Bestätigung – ein empirische Untersuchung. Bern 1977.

Ummel, Hannes (Hrsg.): Konstruktion von Professionalität im beruflichen Alltag. Dokumentation des 4. Workshops des Arbeitskreises „Professionelles Handeln" 27./28. November 1998. Jena 1998.

Völzke, Reinhard: Professionelle Selbstbeschreibung erwachsenpädagogischen Handelns. In: Dewe, Bernd; Wiesner, Gisela; Wittpoth, Jürgen (Hrsg.): Professionswissen und erwachsenpädagogisches Handeln Bielefeld 2002, S. 65–77. (=Beiheft zum REPORT)

Vogel, Norbert: Bildung und erwachsenpädagogische Professionalität – Ein Beitrag zur Theorie pädagogischen Handelns. In: Derichs-Kunstmann, Karin; Faulstich, Peter; Tippelt, Rudolf (Hrsg.): Theorien und forschungsleitende Konzepte der Erwachsenenbildung. Frankfurt/Main 1995, S. 160–166.

Vogel, Norbert; Wörner, Alexander: Erwachsenpädagogische Kompetenz für die Weiterbildung. In: Clement, Ute; Arnold, Rolf (Hrsg.): Kompetenzentwicklung in der beruflichen Bildung. Opladen 2002, S. 81–92.

Wagner, Hans-Josef: Eine Theorie pädagogischer Professionalität. Weinheim 1998.

Wahl, Diethelm: Handeln unter Druck: der weite Weg vom Wissen zum Handeln bei Lehrern, Hochschullehrern und Erwachsenenbildnern. Weinheim 1991.

Weinberg, Johannes: Einführung in das Studium der Erwachsenenbildung. Bad Heilbrunn/Obb. 2000.

Welzer, Harald: Transitionen. Zur Sozialpsychologie biographischer Wandlungsprozesse. Tübingen 1993.

Wirsching, Michael: Psychotherapie: Grundlagen und Methoden. München 1999.

Witthpoth, Jürgen: Rahmungen und Spielräume des Selbst. Ein Beitrag zur Theorie der Erwachsenensozialisation im Anschluß an George H. Mead und Pierre Bourdieu. Frankfurt/Main 1994.

Witzel, Andreas: Das problemzentrierte Interview. In: Jüttemann, Gerd (Hrsg.): Qualitative Forschung in der Psychologie. Grundfragen, Verfahrensweisen, Anwendungsfehler. Weinheim; Basel 1985. S. 227–255.

Witzel, Andreas: Auswertung problemzentrierter Interviews. Grundlagen und Erfahrungen. In: Strobl, Rainer; Böttger, Andreas (Hrsg.): Wahre Geschichten? Zur Theorie und Praxis qualitativer Interviews. Baden-Baden 1996, S. 49–75.

Witzel, Andreas: Das problemzentrierte Interview. In: Forum Qualitative Sozialforschung/Forum: Qualitative Social Research [On-line Journal], 1. Jg. 2000, H. 1, 26 Absätze.

Zech, Rainer: Gesellschaftliche Modernisierung als Bedingung und Aufgabe für die Erwachsenenbildung. In: Zech, Rainer (Hrsg.): Pädagogische Antworten auf gesellschaftliche Modernisierungsanforderungen. Bad Heilbrunn 1997, S. 12–21.

Ziep, Klaus-Dieter: Der Dozent in der Weiterbildung. Professionalisierung und Handlungskompetenzen. Weinheim 1990.

Zimbardo, Philip G.; Gerrig, Richard J.: Psychologie. Berlin/Heidelberg/New York 7. Aufl. 1999.

Die Autorin

Kerstin Hohenstein
Jahrgang 1975

hat 2000 an der Universität Tübingen ihr Studium als Diplom-Pädagogin mit dem Schwerpunkt Erwachsenenbildung abgeschlossen. Danach war sie einige Jahre als Personalreferentin in der betrieblichen Weiterbildung eines mittelständischen Unternehmens tätig. Seit 2005 arbeitet sie in Forschung und Lehre am Pädagogischen Institut der Universität der Bundeswehr in München mit den inhaltlichen Schwerpunkten Analyse und Förderung von Lernprozessen bei Erwachsenen sowie Professionalität von Lehrenden in der Erwachsenenbildung.

Herausgeber der Buchreihe: RA Jörg E. Feuchthofen; Prof. Dr. Michael Jagenlauf MA; Prof. Dr. Arnim Kaiser

Horst Siebert

Didakt. Handeln in der Erwachsenenbildung

Didaktik aus konstruktivistischer Sicht
5. überarbeitete Auflage
336 Seiten, Format 14 x 21 cm
99 Abb. / Graf. / Tab.
19,90 € (D) / 20,50 € (A) / 36,00 sFr
ISBN 978-3-937 210-76-6 (Softcover)

Didaktik ist der Kern der Bildungsarbeit in Theorie und Praxis. Didaktik ist jedoch nicht nur Lehre, sondern Ansprache von Zielgruppen sowie Gestaltung von Bildungsprogrammen und Lernkulturen. Zur Didaktik gehören deshalb auch die Ermittlung des Bildungsbedarfs und der Bildungsbedürfnisse, die Qualitätssicherung und eine ökologische Bilanzierung. Das hier dargestellte didaktische Konzept orientiert sich an der Erkenntnistheorie des Konstruktivismus. Diese neurobiologisch fundierte Theorie betont, dass Lernen ein selbstgesteuerter, biographisch beeinflusster Prozess ist. Lernen wird also nicht lediglich als eine Reaktion auf Lehre verstanden. Überspitzt formuliert: Erwachsene sind lernfähig, aber unbelehrbar; sie lernen nur das, was für sie relevant und „viabel" ist; sie hören nur zu, wenn sie zuhören wollen. Konstruktivisten gesehen ist Didaktik vor allem die Planung von Lernmöglichkeiten, die die Selbstverantwortung der Lernenden respektiert. Hierzu liefert das Buch zentrales Didaktik-Wissen und gibt wertvolle Orientierungshilfen zum didaktischen Handeln.

Aus dem Inhalt:
Bedingungen der Didaktik – Angebot und Nachfrage – Didaktische Theorien – Didaktische Prinzipien – Modelle der Didaktik – Didaktische Handlungsfelder – Glossar

Horst Siebert

Selbstgesteuertes Lernen und Lernberatung

Konstruktivistische Perspektiven
2. überarbeitete Auflage
181 Seiten, Format 14 x 21 cm
49 Abbildungen und Grafiken
16,90 € (D) / 17,40 € (A) / 30,90 sFr
ISBN 978-3-937 210-55-1 (Softcover)

„Selbstgesteuertes Lernen" ist ein Konzept, das derzeit in Bildungspolitik, Bildungswissenschaft und Bildungspraxis diskutiert wird. Grundlegend ist die konstruktivistische Annahme, dass Lernende ihre Lernprozesse aktiv gestalten und dass die Lernberatung an Bedeutung gewinnt. Hintergrund für diese neuen Sichtweisen des Lehrens und Lernens sind soziokulturelle Veränderungen der Lern- und Wissenskulturen sowie der Lernmentalitäten, in einer Zeit, die als postmodern interpretiert werden kann. Das Buch wendet sich an Studierende und Praktiker der beruflichen und allgemeinen Weiterbildung. Es enthält didaktisch-methodische Impulse und Anstöße zur Reflexion der Bildungsarbeit. Neu sind in dieser 2. Auflage u.a. die Kapitel über subjektive Lerntheorien, konstruktivistische Grundlagen der Lernberatung, milieuspezifische Lerneinstellungen.

Aus dem Inhalt:
Selbstgesteuertes Lernen: zur Geschichte einer reformpädagogischen Idee – Theoretische Aspekte – Empirische Befunde zum selbstgesteuerten Lernen – Lernberatung – Lernkulturen

Horst Siebert

Konstruktivistisch lehren und lernen

208 Seiten, Format 14 x 21 cm
zahlreiche Abb. / Graf. / Tab.
16,90 € (D) / 17,40 € (A) / 30,90 sFr
ISBN 978-3-940 562-04-3 (Softcover)

Konstruktivistische Ideen werden in der Pädagogik und Erwachsenenbildung engagiert diskutiert. Der Autor versucht Bilanz zu ziehen und macht auf die Vielfalt, aber auch die Einheit dieses erkenntnistheoretischen Paradigmas aufmerksam.

Die Kernthemen lauten:
• Wirklichkeit ist nicht vorhanden, sondern wird durch unsere Beobachtungen erzeugt.
• Lernen ist eine konstruktive, selbstgesteuerte Tätigkeit.
• Lehre ist vor allem Gestaltung teilnehmerorientierter Lernsituationen.

Der systemisch-konstruktivistische Blick ist für Didaktik und Methodik, aber auch für Beratung, Wissensmanagement und den alltäglichen sozialen Umgang anregend.

Horst Siebert

Vernetztes Lernen

Systemisch-konstruktivistische Methoden der Bildungsarbeit
2. überarbeitete Auflage
188 Seiten, Format 14 x 21 cm
83 Abb. / Graf. / Tab.
19,90 € (D) / 20,50 € (A) / 36,00 sFr
ISBN 978-3-937 210-89-6 (Softcover)

Eine global vernetzte Welt, in der vieles mehrdeutig und unübersichtlich ist, erfordert ein Denken in Zusammenhängen. Systemisch-konstruktivistisches Denken wird auch in Pädagogik, Erwachsenenbildung und Bildungsmanagement immer wichtiger. Das Buch greift die aktuelle pädagogische Diskussion in der Bildungsarbeit auf und gibt Hinweise, wie vernetztes Lernen gestaltet werden kann. Im Mittelpunkt steht der Praxisteil, in dem verschiedene Methoden aus der Bildungsarbeit sowie neue vernetzte Lehr-/Lernkulturen dargestellt werden. Das Buch schließt im dritten Teil mit der Reflexion über die notwendigen Kompetenzen des pädagogischen Personals. Zahlreichen Beispiele und Anekdoten machen es zu einer verständlichen und kurzweiligen Lektüre.

Aus dem Inhalt:
Braucht die Bildungspraxis eine Neuorientierung? – eine Typologie – Didaktik des vernetzten Lernens – Instruktionsmethoden – Konstruktionsmethoden – Vernetzte Lehr-/Lernkulturen – Wissensmanagement in lernenden Organisationen – Systemisch-konstruktivistisches Denken als pädagogische Kompetenz

Bestellungen bitte an:

ZIEL – Zentrum für interdisziplinäres erfahrungsorientiertes Lernen GmbH
Zeuggasse 7–9, 86150 Augsburg
Tel. (08 21) 420 99 77, Fax (08 21) 420 99 78
E-Mail: verlag@ziel.org

Die Bücher der Reihe „Grundlagen der Weiterbildung" geben Raum für Theorien, die das berufliche Handeln anregen und vertiefen und bieten praktische Grundlagen und Tools. Konkurrierende Theorien, Praxen, Modelle und Ansätze werden gedanklich und empirisch weitergeführt.

Grundlagen der Weiterbildung

Herausgeber der Buchreihe: RA Jörg E. Feuchthofen; Prof. Dr. Michael Jagenlauf MA; Prof. Dr. Arnim Kaiser

Gernot Graeßner

Moderation – das Lehrbuch

**352 Seiten, Format 14 x 21 cm
zahlreiche Abb. / Graf. / Tab.
19,90 € (D) / 20,50 € (A) / 36,00 sFr
ISBN 978-3-940 562-06-7** (Softcover)

Moderation bringt Gruppen dazu, ihre Ressourcen bestens zur Geltung zu bringen.
Moderation schafft effektive Ergebnisse, schafft ein gutes Gruppengefühl, bringt den Einzelnen Zufriedenheit und Erfolg für den Auftraggeber.
Moderation ist eine Kunst, die viel Erfahrung erfordert, aber zunächst auf breitem Wissen beruht.

Dieses Buch lehrt die Kunst der Moderation. U. a. werden behandelt:
- Die Rolle der Moderatoren – die Möglichkeiten der Teilnehmenden
- Techniken und Methoden der Moderation
- Moderationsarten: wie wird z.B. ein Konflikt moderiert?
- Wie werden Veranstaltungen vom Seminar bis zum Open Space moderiert
- Was machen Gruppen mit dem Moderator, was macht der Moderator mit Gruppen?
- Welche Theorien stecken eigentlich hinter der Moderation

Das Lehrbuch bietet eine Wissensgrundlage für den Erwerb professionelle Kompetenzen der Moderation. Ergänzt wird das Buch um praktische Erfahrungen – aus Fehlern lernen und wie die Erfahrungen aus Trainings in die Praxis transferiert werden können.

Klaus Götz

Wettbewerb um Wissen

**236 Seiten, Format 14 x 21 cm
28 Abb. / Graf. / Tab.
19,90 € (D) / 20,50 € (A) / 36,00 sFr
ISBN 978-3-940 562-18-0** (Softcover)

Wissen ist eine Ressource, die sich durch Teilen nicht vermindert, sondern vermehrt. Wissensmanagement wird zu einer tragenden Säule unserer Gesellschaft. Vernetzungs- und Kommunikationskompetenzen bestimmen damit nachhaltig den Bestand und den Erfolg von sozialen Systemen. In diesem Buch wird der Zusammenhang von „Wettbewerb um Wissen" (Wissenswettbewerb) und „Wissen über Wettbewerb" (Wettbewerbswissen) aufgezeigt.
Es geht um die Bedeutung von Wissensmanagement für die Weiterbildung, indem die Notwendigkeit der Verknüpfung und Integration von Wettbewerb mit Wissen aufgezeigt werden soll. Es wird gezeigt, wie durch Wissenskommunikation Systementwicklung geschehen kann.

Aus dem Inhalt:
Wettbewerbsrelevanz des Wissens – Wissensmanagement – Wissen als Dienstleistung – Wissenskommunikation – Verknüpfung von Innovation und Kooperation – Open Source / Open Innovation – Intellectual Property Management – Konsequenzen für das Weiterbildungs- und das Personalrisikomanagement

Monika Uemminghaus

Lernen und Lernerfolgskontrolle in der WB

**272 Seiten, Format 14 x 21 cm
24 Abb. / Graf. / Tab.
19,90 € (D) / 20,50 € (A) / 36,00 sFr
ISBN 978-3-940 562-25-8** (Softcover)

Im Zuge der modernen Wissensgesellschaft wird lebenslanges, selbstgesteuertes Lernen zur zentralen Ressource. Damit rücken der Lerner und sein Lernprozess in den Mittelpunkt des Interesses. Monika Uemminghaus nimmt als innovatives Moment gezielt den in der Erwachsenenbildung oft vernachlässigten Aspekt der Lernerfolgskontrolle in den Blick.
Mit dem Begriff der Lernstandortbestimmung wird ein Ansatz generiert, der den individuellen, selbstbestimmten Aspekt des Lernens betont. Dem Lernenden kommt dabei die Funktion als Co-Experte für sein eigenes Lernen zu.
Neben Tests werden vor allem prozessorientierte Methoden zur Erfassung von Lernerfolg in ihren praktischen Einsatzmöglichkeiten aufgezeigt.

Aus dem Inhalt:
- Umsetzung der Lernstandortbestimmung in der Weiterbildung
- Mikrokosmos Seminargeschehen / Makrokosmos Weiterbildungseinrichtung
- Notwendigkeit von Lernstandortbestimmung in der Erwachsenenbildung
- Interviews mit in der Weiterbildung tätigen Kursleitenden

Harry Friebel

Die Kinder der Bildungsexpansion

**und das „Lebenslange Lernen"
186 Seiten, Format 14 x 21 cm
27 Abb. / Graf. / Tab.
19,90 € (D) / 20,50 € (A) / 36,00 sFr
ISBN 978-3-940 562-13-5** (Softcover)

Das Hamburger Biografie- und Lebenslaufpanel (HBLP)
Drei Jahrzehnte Bildungsentwicklung im Spannungsfeld zwischen gesellschaftlich determinierter Bildungsstruktur und individuellen Bildungschancen
Harry Friebel stützt seine Ergebnisse auf eine groß angelegte Längsschnittstudie des Hamburger Biografie- und Lebenslaufpanel (HBLP), das Schulabsolventen von 1979 nunmehr fast 30 Jahre begleitet – auf ihre Bildungsbiografie hin befragt, deren Herkunft, Karriereerfolg, Familienbildung erfasst und die Vermittlung von Bildung in die nächste Generation untersucht.
Friebels Auswertung des umfangreichen empirischen Materials wirft einen erhellenden Blick auf Strukturwandel und Individualisierung der Bildungsbeteiligung, auf Chancen und Risiken innerhalb der institutionellen Bedingungen des Bildungssystems.
Und es gibt und es gilt beides: die Emanzipation des Lebenslaufs und die prägende Sozialstruktur; Selbststeuerungs- und Gestaltungsmöglichkeiten der Personen und strukturelle Steuerung durch die Gelegenheiten des Systems.

Bestellungen bitte an:

ZIEL – Zentrum für interdisziplinäres erfahrungsorientiertes Lernen GmbH
Zeuggasse 7–9, 86150 Augsburg
Tel. (08 21) 420 99 77, Fax (08 21) 420 99 78
E-Mail: verlag@ziel.org

Die Bücher der Reihe „Grundlagen der Weiterbildung" geben Raum für Theorien, die das berufliche Handeln anregen und vertiefen und bieten praktische Grundlagen und Tools. Konkurrierende Theorien, Praxen, Modelle und Ansätze werden gedanklich und empirisch weitergeführt.

Grundlagen der Weiterbildung

Herausgeber der Buchreihe: RA Jörg E. Feuchthofen; Prof. Dr. Michael Jagenlauf MA; Prof. Dr. Arnim Kaiser

Manuel Schulz, Heinz Glump (Hrsg.)

Fernausbildung ist mehr...

Auf dem Weg vom technologischen Potenzial zur didaktischen Innovation
448 Seiten, Format 14 x 21 cm
111 Abb. / Graf. / Tab.
39,80 € (D) / 41,00 € (A) / 68,00 sFr
ISBN 978-3-937 210-57-5 (Softcover)

Der Diskurs zum Lehren und Lernen mit Neuen Medien wird – nach wie vor und mehr denn je – sowohl aus theoretischer Perspektive als auch aus Sicht der Anwender gesucht. Vor allem hinsichtlich der pädagogisch-didaktischen Grundlagen der Nutzung Neuer Medien im Bildungsbereich besteht offensichtlich großer Bedarf zum kritisch-konstruktiven Dialog.
Der Tagungsband des 1. Fernausbildungskongresses im Jahr 2004 dokumentiert die zahlreichen wie vielfältigen Beiträge, die während des Kongresses Impulse für Perspektiven und Diskussion geliefert haben. Die Beiträge bieten in dieser Zusammenstellung einen Überblick über den Stand der wissenschaftlichen wie anwendungsbezogenen Diskussion sowie die vielfältigen Argumentationslinien und geben einen Anstoß zum Weiterdenken.

Aus dem Inhalt:
▪ Innovative didaktische Konzepte
▪ Pädagogische, organisatorische und technische Grundlagen
▪ Best Practice in öffentlicher Verwaltung, Wissenschaft und Wirtschaft

Manuel Schulz, Andrea Neusius (Hrsg.)

Fernausbildung geht weiter...

Zum aktuellen Stand aus Forschung und Praxis der technologiegestützten Aus-, Fort- und Weiterbildung
316 Seiten, Format 14 x 21 cm
zahlreiche Abb. / Graf. / Tab.
39,80 € (D) / 41,00 € (A) / 68,00 sFr
ISBN 978-3-937 210-98-8 (Softcover)

Die Diskussion zum didaktisch sinnvollen Einsatz neuer Ausbildungstechnologie in der Aus-, Fort- und Weiterbildung wird gegenwärtig intensiv geführt. Der Fernausbildungskongress der Bundeswehr hat vor allem hinsichtlich der pädagogisch-didaktischen Grundlagen zur technologiegestützten Bildung den kritisch-konstruktiven Dialog sowohl in der Wissenschaft als auch in der Praxis angestoßen. Die Beiträge im vorliegenden Tagungsband zum 3. Fernausbildungskongress der Bundeswehr dokumentieren den aktuellen interdisziplinären Diskurs über zukunftsfähige Konzepte, Entwicklungen und Perspektiven technologiegestützter Bildung.

Aus dem Inhalt:
▪ Simulation und Fernausbildung
▪ Lernkultur – Bildungskultur – Organisationskultur
▪ Innovative Bildungskonzepte für Kleine und Mittelständische Unternehmen

M. Schulz, H. Breyer, A. Neusius (Hrsg.)

Fernausbildung fair-netzt alle...

Neue Beiträge zur Weiterentwicklung technologiegestützter Bildung aus pädagogisch-didaktischer Perspektive
400 Seiten, Format 14 x 21 cm
87 Abb. / Graf. / Tab.
39,80 € (D) / 41,00 € (A) / 68,00 sFr
ISBN 978-3-937 210-84-1 (Softcover)

Nach der Ernüchterung in den vergangenen Jahren zeigt sich inzwischen wieder ein zunehmendes Interesse an der Entwicklung und Erprobung neuer Möglichkeiten in der didaktischen Nutzung moderner Ausbildungstechnologie. Dabei ist eine Trendwende von sehr „techniklastigen" Analysen und Beschreibungen hin zur pädagogisch-didaktischen Auseinandersetzung festzustellen. Diese pädagogisch-didaktische Ausrichtung des Einsatzes Neuer Medien in Aus-, Fort- und Weiterbildung – stand und steht im Zentrum des Konzepts Fernausbildung und des Fernausbildungskongresses. Die Beiträge des 2. Fernausbildungskongresses dokumentieren eine rege Diskussion um Konzepte, Entwicklungen und Perspektiven der technologiegestützten Bildung in Wissenschaft und Praxis.
Thematische Schwerpunkte des vorliegenden Tagungsbandes sind neben pädagogisch-didaktischen Konzepten technologiegestützter Bildung, die Nutzung moderner Ausbildungstechnologie im öffentlichen Dienst und innovative Bildungsszenarien in Aus-, Fort- und Weiterbildung.

Aus dem Inhalt:
▪ Pädagogisch-didaktische Konzepte technologischer Bildung
▪ Nutzung moderner Ausbildungstechnologie: Entwicklung im öffentl. Dienst
▪ Sachstand und Perspektiven innovativer Bildungsszenarien in Aus-, Weiter- und Fortbildung
▪ Technologiebasierte Bildungsangebote: „Exportware" auf dem Bildungsmarkt Europa?

Frank Strikker (Hrsg.)

Coaching im 21. Jahrhundert

Kritische Bilanz und zukünftige Herausforderungen in Wissenschaft und Praxis
213 Seiten, Format 14 x 21 cm
45 Abb. / Graf. / Tab.
19,90 € (D) / 20,50 € (A) / 36,00 sFr
ISBN 978-3-937 210-95-7 (Softcover)

Coaching hat sich in den letzten Jahren in Unternehmen, sozialen Organisationen und für viele Privatpersonen als ein zentrales Instrument der persönlichen Weiterentwicklung fest etabliert. In diesem Band reflektieren langjährig erfolgreiche Coaches und renommierte Wissenschaftler die Entwicklung von Coaching. Zugleich schauen sie nach vorne und diskutieren zukünftige Herausforderungen anhand neuer Themenfelder.
Mit Beiträgen von: U. Böning, H. Geißler, G. Graeßner, E. König, S. Kühl, A. Leão, Chr. Rauen, A. Schreyögg, F. Strikker, H. Strikker, K. Trebesch u.a.

Aus dem Inhalt:
▪ Professionalität
▪ Qualität und Ausbildung von Coaching
▪ Coaching in Change Management und im Topmanagement
▪ Multifunktionales Rollenverständnis
▪ Coaching bei Konflikten
▪ Systemisches Coaching
▪ Return-on-Invest
▪ Selbst-Coaching
▪ Life-Coaching
▪ Coaching und Moderation

Bestellungen bitte an:

ZIEL – Zentrum für interdisziplinäres erfahrungsorientiertes Lernen GmbH
Zeuggasse 7–9, 86150 Augsburg
Tel. (08 21) 420 99 77, Fax (08 21) 420 99 78
E-Mail: verlag@ziel.org

Die Bücher der Reihe „Grundlagen der Weiterbildung" geben Raum für Theorien, die das berufliche Handeln anregen und vertiefen und bieten praktische Grundlagen und Tools. Konkurrierende Theorien, Praxen, Modelle und Ansätze werden gedanklich und empirisch weitergeführt.

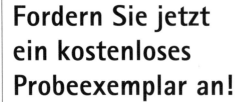